千古人物

党明放 ◎ 著

唐玄宗传

中国书籍出版社
China Book Press

图书在版编目(CIP)数据

唐玄宗传 / 党明放著. -- 北京：中国书籍出版社，2023.7

ISBN 978-7-5068-9504-0

Ⅰ.①唐… Ⅱ.①党… Ⅲ.①唐玄宗(685-762)—传记 Ⅳ.①K827=423

中国国家版本馆CIP数据核字(2023)第131207号

唐玄宗传

党明放 著

策划编辑	杨铠瑞
责任编辑	杨铠瑞
责任印制	孙马飞　马　芝
封面设计	美迪文化
出版发行	中国书籍出版社
地　　址	北京市丰台区三路居路97号（邮编：100073）
电　　话	(010) 52257143（总编室）　　　(010) 52257140（发行部）
电子邮箱	eo@chinabp.com.cn
经　　销	全国新华书店
印　　厂	三河市富华印刷包装有限公司
开　　本	787毫米×1092毫米　1/16
印　　张	26
字　　数	383千字
版　　次	2023年7月第1版　2023年7月第1次印刷
书　　号	ISBN 978-7-5068-9504-0
定　　价	58.00元

版权所有　翻印必究

序　言

拜根兴

去年年底，收到文化学者、台湾兰台出版社驻北京总编辑党明放先生《唐玄宗传》书稿，嘱我作序。

和党先生结识，纯属偶然。自 20 世纪九十年代始，先生师从著名学者丁家桐致力于郑板桥研究，是海内外颇负盛名的研究专家。代表作有《郑板桥》《郑板桥年谱》等，在学界产生了广泛的影响。其中《郑板桥》，2018 年荣获江苏省政府奖及日文版权贸易奖。党先生精勤广业，以乐为学，以识见行，遂将目光投向中国历史上的大唐王朝。

开元四年（716）十月二十八日，玄宗葬其父睿宗于同州蒲城县城西北之丰山桥陵。为奉山陵，诏改蒲城县为奉先县，隶属京兆府。开元十七年（729），升为赤县。蒲城是著名的唐五陵所在地。

据党先生讲述，他出生地距玄宗泰陵仅有七八公里路程，距睿宗桥陵稍远一些。更为蹊跷的是：十五年前，先生出于对唐陵石刻艺术的挚爱和地表石刻遗存的关注，孤身穿行在关中道两市六县的帝陵和祖陵之间，浑身上下侵染着大唐文化和艺术的浓郁气息，逐陵探访拍摄，方显魄力和胆识。风尘仆仆，浑然不知其苦。后来，又与西安的两位唐陵痴迷者多有出行的约定，被称为走陵三剑客。即将出版的《唐陵石刻遗存图集》就是先生走陵的辉煌成果。对唐陵地表石刻遗存的首次系统整理，填补了我国出版史上的一项空白。先生之举，为社会、为人类留下了唐陵石刻艺术的神韵和永恒。诚如先生所感慨：花开花落的风情，覆盖了心灵追寻的过往；冬去冬来的轮回，承载了生命记忆的斑斓；文字清清浅浅，嫣然了灵魂深处的执着；低吟痴痴绵绵，婉转了时光变迁的流连……

先生除《唐陵石刻遗存图集》外，尚有《聆听唐朝》《陵寝文化》及《唐朝公主及其婚姻考论》（合著）等著作出版。其中《陵寝文化》作为优秀国学读本，2020年荣获第九届陶风图书奖。这一成果的推出，无意中促使先生又将研究的方向和兴趣转向泰陵的主人——千百年来充满故事"绯闻"的唐玄宗李隆基，使得这部《唐玄宗传》应运而生。

李隆基系唐睿宗李旦第三子。唐隆元年（710）六月二十日夜，因铲除韦后政治集团势力，拥立其父李旦复位之功，加上嫡长子宋王李成器（后来改名李宪）以功见让，平王李隆基被册立为皇太子。延和元年（712）七月二十五日，睿宗制传位于太子，太子坚辞。八月初三，李隆基即位，是为玄宗。

玄宗在位长达四十四年之久，安史之乱爆发后，逼迫弃京奔蜀，太子李亨于灵武即位，是为肃宗。玄宗退为太上皇。至德二载（757）十月二十三日，肃宗奉迎父皇还京，住南内兴庆宫。上元元年（760）七月十九日，权宦李辅国矫诏，软禁太上皇于西内太极宫。宝应元年（762）四月初五，绝望中的太上皇于太极宫神龙殿离世，享年七十八岁。群臣谥曰至道大圣大明孝皇帝。门下侍郎、同平章事王缙奉诏撰《元宗大明皇帝哀册文》。宝应二年（763）三月十八日，代宗李豫葬其祖父李隆基于同州奉先县（今陕西蒲城县）东北二十五里的金粟山泰陵。八天后，即三月二十七日，代宗再葬其父皇李亨于京兆醴泉县（今陕西礼泉县）西北三十里的武将山建陵。

据相关资料统计，在中国历史上，从夏至清的四千一百余年间，先后就出现过四十余次"之治"，著名的有西周周成王姬诵及周康王姬钊的"成康之治"、西汉汉文帝刘恒及汉景帝刘启的"文景之治"、唐太宗李世民的"贞观之治"等，其共同特征都是发生在创建王朝的初期。"中兴"有十余次，著名的有汉昭帝刘弗陵及汉宣帝刘询的"昭宣中兴"、唐宪宗李纯的"元和中兴"、明孝宗朱祐樘的"弘治中兴"等，中兴之前的王朝往往陷入低迷状态。"盛世"，先后有过十多次，著名的有汉武帝刘彻的"汉武盛世"、唐玄宗李隆基的"开元盛世"、清圣祖爱新觉罗·玄烨及清高宗爱新觉罗·弘历的"康乾盛世"。其共同特征是指在较长的时间内，保持国家繁荣昌盛，统治集团文治武功到达一定水平的社会现象。

开元时期，玄宗尊贤使能，设官分职；拯社稷之危，救君亲之难；以雄武之才，再开唐统。"我开元之有天下也，纠之以典刑，明之以礼乐，爱之以慈俭，律之以轨仪。黜前朝佞倖之臣，杜其奸也；焚后庭珠翠之玩，戒其奢也；禁女乐而出宫嫔，明其教也；赐酺赏而放哇淫，惧其荒也；叙友于而敦骨肉，厚其俗也……"(《旧唐书》卷九)贤臣左右，威至在己。姚崇、宋璟为政以公，才干出众；治乱兴衰，强国理政；姚崇不以官高而凌下，不以位尊而专横。姚、宋相继为相，谋长久之策，行固本之举。姚崇善于应变成务，宋璟善于守法持正，虽二人志操不同，然协心辅佐，使赋役宽平，刑法清省，百姓富庶。

唐代贤相，前称房杜，后称姚宋。每当姚崇或宋璟觐见，"上辄为之起，去则临轩送之。"(《资治通鉴》卷二百一十一)杜牧曾高度称赞姚崇"首佐元宗起中兴业凡三十年，天下几无一人之狱"。(《全唐文》卷七百五十二)

开元十三年(725)十月，玄宗将于泰山封禅，诏命尚书右丞相兼中书令张说为封禅使。张说擅权妄为，自定登山吏员。中书舍人张九龄极力劝阻，张说拒劝。封禅后循例推恩赏赐：凡三公以下，例迁一阶。凡扈从车驾士卒，只加勋而不赐物，朝野内外怨声载道。张说趁机将自己九品小官的女婿郑镒编入随行。须知：开元时期，凡三品以上着紫色，四品深绯，五品浅绯，六品深绿，七品浅绿，八品深青，九品浅青。朝品之间，服色各异，不得逾越。玄宗赐宴群臣，见郑镒官位腾跃，骤至五品，兼赐绯服，便唤来盘问，郑镒一时语塞，在旁的一位名叫黄幡绰的宫廷艺人幽默地说："此泰山之力也。"群臣一听，皆掩口哧笑。此言妙语双关，明指泰山封禅，暗指岳父张说。玄宗笑了笑，算是默认了。

轰动天下的泰山封禅庆典极大地满足了唐玄宗对功成名就的夸赞和对开元盛世的炫耀。张说奉诏撰《大唐封祀坛颂》一篇，洋洋洒洒二千一百言。实质上，《大唐封祀坛颂》以及"崇道尊儒""博采文士"等学说皆为张说政治主张的公然践行。

"宰相者，上佐天子理阴阳，顺四时，下育万物之宜，外镇抚四夷诸侯，内亲附百姓，使卿大夫各得任其职焉。"(《史记》卷五十六)唐循隋制，以三省首长为宰相，共同"佐天子，总百官，治万事"。张说曾谓张嘉贞曰："宰相者，时来即为，岂能长据？"（《旧唐书》卷九十九）一人之下、万人之上的宰相尚有贤相、奸相、权相和庸相之分。在唐朝，包括武周时期，辅佐皇帝的宰相约有五百二十位，而大多数则是三品以下的职官加衔。

让有为者有位，无为者让位。玄宗执政之初，以刘幽求、张说、郭元振为宰相格局。为了吸取以往宫廷祸变的惨痛教训，开元元年（713）十月十三日，玄宗于骊山讲武，目的就是展示朝廷的军事武装力量。在讲武过程中，玄宗突然以军容不整，命将兵部尚书、同中书门下三品郭元振逮捕处斩，史书称"将斩以徇"，朝廷功勋瞬间变成了阶下囚，后流于新州。翌日，玄宗以同州刺史姚崇替代郭元振为兵部尚书、同中书门下三品。不久，玄宗征拜身在东都洛阳主持铨选事务的黄门侍郎卢怀慎为宰相，又拜源乾曜为首席宰相，拜军旅出身的张嘉贞为副。再到后来，由于姚崇的举荐，玄宗拜宋璟为首席宰相，苏颋为副。开元九年（721），玄宗召拜张说为首席宰相，此时的相局为张说、源乾曜、张嘉贞。开元十一年（723）二月，张嘉贞因受张说排挤而被罢相。两个月后，玄宗再罢张说相位。以礼部尚书王晙为兵部尚书、同中书门下三品替代张说为相。八个月后，即十二月二十九日，玄宗以王晙违诏罪名，贬其为蕲州（今湖北蕲春）刺史。

开元十七年（729），户部侍郎李元纮因言获拜中书侍郎、同平章事。杜暹以边功知用为相，此时的相局为源乾曜、李元纮、杜暹、萧嵩。是年六月十五日，玄宗罢源乾曜、李元纮、杜暹三人相位，拜兵部侍郎裴光庭为中书侍郎、户部侍郎宇文融为黄门侍郎，一并同平章事。三个月后，罢宇文融相位。由于萧嵩的举荐，玄宗拜尚书右丞相韩休为相。四年后，玄宗同时罢黜萧嵩和韩休的相职，另拜侍中裴耀卿、中书令张九龄为宰相。

开元二十三年（735），李林甫以礼部尚书、同中书门下三品拜相，此时的相局为裴耀卿、张九龄、李林甫。翌年十一月，玄宗罢裴耀卿、张九龄相位，由于李林甫的举荐，玄宗拜朔方行军大总管牛仙客入为工部尚书、同平章事。天宝十一载（752）十一月二十四日，李林甫病逝。玄宗遂拜杨国忠、陈希烈为相。因其二人不和，天宝十三载（754），陈希烈表辞相位，改授太子太师。天宝元年（742），因杨国忠举荐，拜韦见素、李适之为相。天宝五载（746）玄宗罢李适之的相位，改授太子少保。安史之乱爆发后，杨国忠被六军将士斩于马嵬坡，韦见素、李适之扈从玄宗奔蜀。途中，玄宗陆续拜剑南节度使崔圆、宪部侍郎房琯、巴西太守崔涣为相。李亨于灵武即位，玄宗退为太上皇，遣使三相赴灵武辅佐肃宗，而肃宗待之各异。在本书中，作者通过悉心梳理，对刘幽求、郭元振、姚崇、宋璟、张说、张九龄、李元纮、李林甫、杨国忠等宰相的任免起落有着客观的叙述。

在玄宗朝宰相中，张说以燕许大手笔著称。在政治上，三登左右丞相，三为中书令；在军事上，三次总戎临边；在文学上，执掌文坛三十年。被誉为当朝文伯。张说病逝后，玄宗于光顺门举哀，罢元正朝会，亲撰神道碑文，谥文贞，赠太师，赐物五百段。

玄宗执政的后期，好大喜功，怠于政事，蔽塞言路，排斥贤才。重用李林甫，宠幸杨玉环，致使外戚杨国忠参政乱政，最终导致安史之乱的爆发，大唐王朝亿万臣民的安稳生计硬生生被掰成两半，大唐王朝在盛衰转换中跄跄前行，历史则义无反顾地持续其戏剧般的轮回。正所谓：所托得人，故有开元之治；所托非人，故有天宝之乱。

路虽远，行则将至；事虽难，做则必成。为唐玄宗立传，非具过人之学之才之识，不易为功，更何况学界已有数种同类著作出版，上述历史学者往往烦琐引证和宏大叙事。好在党先生广泛涉猎唐代史书、文集、笔记等文献史料，熟练运用《旧唐书》《新唐书》《资治通鉴》《唐会要》等唐史研究的基本史料，以崭新的人文视野，凝重的历史笔触，探寻历史纵深处的思想交锋；以清新流畅的语言，融情于事的技巧，写尽权力博弈中的人性挣扎。能将一千二百余年前唐朝发展的恢宏气势、历史变迁的复杂诡异，以及各种人物命运的神秘莫测充分地展现出来，唐玄宗充满传奇色彩的生命历程，在作者精心梳理和无缝链接语境下娓娓道来。相信读者阅读本书，一定会有不同的感受。

在书末，作者依据唐史研究文献整理出《唐朝职官的品阶爵勋》，以及《唐玄宗大事纪年》等作为附录，平正、公允、通达，以期帮助读者诸君能更深入地了解传主——风流天子李隆基。

期待党先生能有更多的著述问世。

是为序。

2023 年 5 月 3 日于西安南郊陋室

作者系中国唐史学会会长，陕西师范大学历史文化学院教授、博士生导师。

目 录 Contents

一　引　言	1
二　幼年封王	7
三　祖母称帝	11
四　宫廷角逐	15
五　神龙宫变	23
六　中宗复位	29
七　贬杀五王	32
八　太子兴兵	38
九　上官婉儿	41
十　潞州别驾	50
十一　韦后临朝	56
十二　唐隆政变	59
十三　以功见让	65
十四　发难东宫	74
十五　斩将立威	80
十六　新丰拜相	84
十七　诸王外刺	97

十八	大义灭亲	105
十九	怒拒改判	107
二十	待诏之所	110
二一	训注孝经	113
二二	诗画风流	119
二三	梨园弟子	137
二四	官修史书	153
二五	开元诗案	161
二六	天宝诗案	164
二七	入唐使节	168
二八	科技成就	179
二九	汉蕃和亲	185
三十	崇奉道术	192
三一	股肱之臣	205
三二	泰山封禅	212
三三	张说圬台	225
三四	嘉贞其人	232
三五	千秋佳节	237
三六	轮岗侍寝	244
三七	废后风波	248
三八	还宫夺宠	252
三九	不期而遇	257
四十	巧夺风情	259
四一	推恩杨门	269

四二 册立太子	273
四三 边将崛起	277
四四 怒开杀戒	281
四五 贬杀心腹	285
四六 奸相专权	290
四七 出奔剑南	302
四八 马嵬兵变	305
四九 蜀途拜相	308
五十 灵武称帝	314
五一 李泌出山	318
五二 四相出蜀	321
五三 收复两京	325
五四 劫后重逢	334
五五 命断长安	342
五六 遗恨绵绵	348
附 录	353
一 唐朝职官的品阶爵勋	353
二 唐玄宗大事纪年	364
后 记	401

唐长安城坊平面图

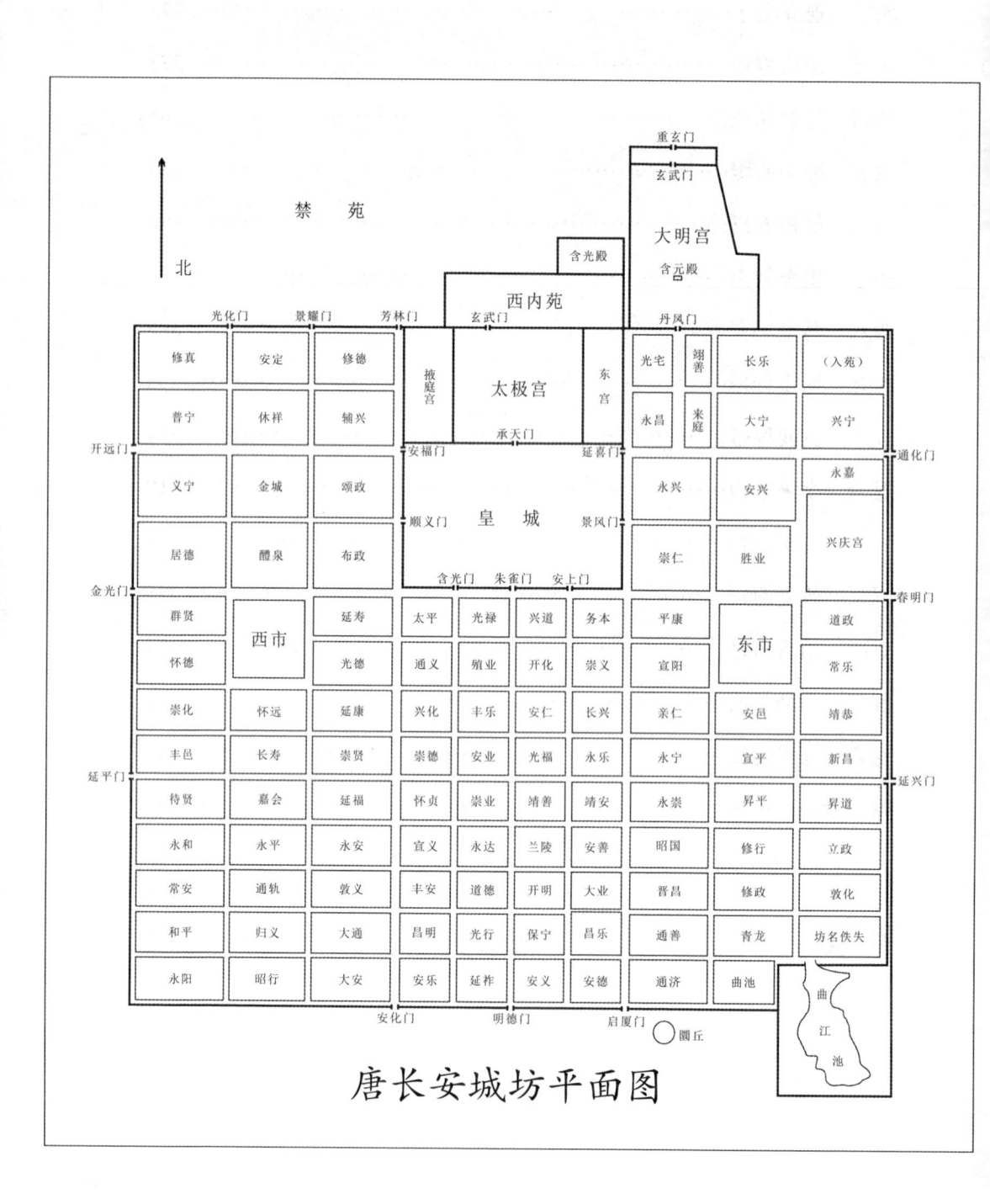

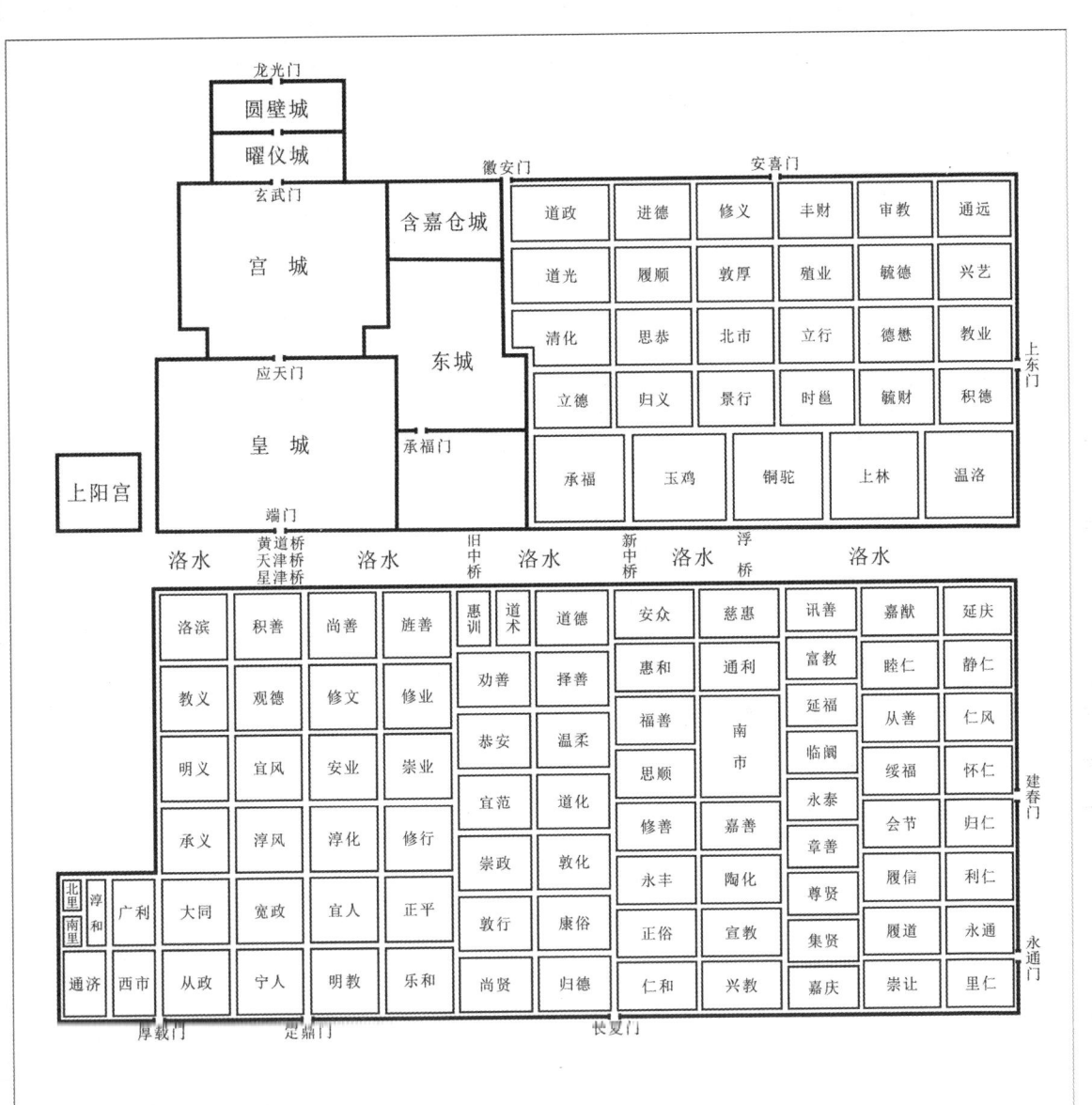

唐洛阳城坊平面图

宫城及皇城区域

- 龙光门
- 圆壁城
- 曜仪城
- 徽安门
- 安喜门
- 玄武门
- 宫城
- 含嘉仓城
- 应天门
- 东城
- 皇城
- 承福门
- 上阳宫
- 端门

洛水北坊（自西向东）

道政	进德	修义	丰财	审教	通远
道光	履顺	敦厚	殖业	毓德	兴艺
清化	思恭	北市	立行	德懋	教业
立德	归义	景行	时邕	毓财	积德
承福	玉鸡	铜驼	上林	温洛

上东门

洛水（桥梁）

黄道桥　天津桥　星津桥　旧中桥　新中桥　浮桥

洛水南坊

洛滨	积善	尚善	旌善	惠训	道术	道德	安众	慈惠	讯善	嘉猷	延庆
教义	观德	修文	修业	劝善	择善	惠和	通利	富教	睦仁	静仁
明义	宜风	安业	崇业	恭安	温柔	福善	南市	延福	从善	仁风
承义	淳风	淳化	修行	宜范	道化	思顺		临阛	绥福	怀仁
				崇政	敦化	修善	嘉善	永泰	会节	归仁
北里 南里	广利	大同	宽政	宜人	正平	敦行	康俗	永丰	陶化	章善 尊贤	履信	利仁
淳和								正俗	宣教	集贤	履道	永通
通济	西市	从政	宁人	明教	乐和	尚贤	归德	仁和	兴教	嘉庆	崇让	里仁

建春门　永通门

厚载门　定鼎门　长夏门

一 引 言

贞观十七年（643）四月初一，皇太子李承乾遭其卫士纥干承基诬告：太子与汉王李元昌、驸马都尉杜荷、兵部尚书侯君集等人勾连，企图谋反。唐太宗李世民敕令李承乾舅父、司徒、赵国公长孙无忌，司空、梁国公房玄龄，特进萧瑀，朔州道行军总管李世勣与大理寺、中书省、门下省一同审讯。四月初六，太宗废太子承乾为庶人，流放黔州（治今重庆市彭水县）。赐汉王李元昌家中自尽，侯君集、杜荷、李安俨、赵节等人悉被处斩。纥干承基因"举报"之功，被擢为祐川府折冲都尉，赐爵平棘县（治今河北赵县东南）公。翌日，太宗御承天门楼，颁《立晋王为皇太子诏》，大赦天下，赐宴三天。诏书云：

> 昔者哲王受图，上圣垂范，建储贰以奉宗庙，总监抚以宁邦国。既义在于至公，亦事兼于权道。故以贤而立，则王季兴周；以贵而升，则明帝定汉。详诸方册，岂不然乎？并州都督右武侯大将军晋王治，地居茂亲，才惟明哲，至性仁孝，淑质惠和。凤著梦日之祥，早流乐善之誉。好礼无倦，强学不怠。今承华虚位，率土系心，畴咨文武，咸所推戴。古人云："知子莫若父，知臣莫若君。"朕谓此子，实允众望。可以则天作贰，可以守器承祧，永固百世，以贞万国。宜立治为皇太子，可令所司，备礼册命。①

从此以后，太宗每视朝，皆令太子李治在侧观决庶政，或令参议。

---

① （清）董诰.《全唐文》卷七[M]. 上海：上海古籍出版社，1990年，第30页。

贞观二十三年（649）五月二十六日，一代英主李世民驾崩于终南山（位于陕西境内秦岭山脉中段）翠微宫含风殿，享年五十二岁。六月初一，二十二岁的皇太子李治即位，是为高宗。

皇后，系皇帝的正室，乃后宫之主，母仪天下，人伦之本，理乱之端，其地位尊崇，与皇帝齐体，出同车，入同座。供奉天地，祗承宗庙，亲蚕献茧，被称为海内小君。在元旦、皇帝以及本人生日时，都要接受百官的朝贺，还有权对后宫嫔妃施以杖刑。

唐代册立皇后讲究门第，据两唐书记载，二十几位皇后大多出自贵胄之门。皇后的地位和身份具有一定的政治意义和政治影响。以车舆制度而言，唐朝皇后的车舆有重翟、厌翟、翟车、安车、四望车及金根车六种，重翟用于受封、从祀、享庙之礼；厌翟用于采桑礼；翟车用于省亲；安车用于临幸或吊丧；四望车用于谒陵；金根车则为皇后日常所用。

武则天系木材商人、荆州都督武士彠的次女。贞观十一年（637）十一月，太宗驾幸东都洛阳，听闻十四岁的武则天芳容妖娆，秀色可人，遂召其入宫。果真是挨一刻似三秋，盼一时如半夏，遂被太宗诏为才人，赐号武媚，宫人称武媚娘。

永徽六年（655），中书舍人、弘文馆学士李义府因得罪了宰相长孙无忌，被贬为壁州（今四川通江县）司马，中书舍人王德俭献计于李义府，当晚，李义府代替王德俭值宿，趁机叩门上表，支持高宗"废王立武"。高宗大喜，召见李义府，并收回贬官敕书，以原职留用。十月十三日，高宗下诏，废王皇后和萧淑妃为庶人，并囚于别院。十月十九日，百官上表请立皇后，高宗颁布《立武昭仪为皇后诏》：

> 武氏门著勋庸，地华缨黻，往以才行，选入后庭，誉重椒闱，德光兰掖。朕昔在储贰，特荷先慈，常得侍从，弗离朝夕。宫壶之内，恒自饬躬；嫔嫱之间，未尝迕目。圣情鉴悉，每垂赏叹，遂以武氏赐朕，事同政君，可立为皇后。①

---

① （清）董诰.《全唐文》卷十一[M].上海：上海古籍出版社，1990年，第57页。

意思是说：武氏出身于功勋之门，世代都任官职，之前，因才德出众而被选入后宫，品质德行照耀宫闱。朕从前为太子时，武氏就蒙受吾母的恩宠，侍奉父皇，日夜不离左右，并且非常检点自己，与嫔妃之间相处融洽，这些情况，父皇都看得一清二楚。于是，便将武氏赏赐给朕，如同汉宣帝将宫女王政君赐给皇太子一样。可以立武氏为皇后。

是年十一月初一，"临轩命司空李勣赍玺绶册皇后武氏"。[①]当天，百官朝拜三十二岁的新皇后武氏于肃义门。初七，追赠武后父武士彟为司空。

上元元年（674）八月十五日，加号天后，与高宗并称"二圣"。高宗驾崩后，皇太后武氏继续临朝称制。

高宗李治和皇后武则天育有四子二女：李弘、李贤、李显、李旦、安定公主（早夭）、太平公主。

弘道元年（683）十月，因来年泰山封禅，身在东都洛阳的高宗病情加重，急召太子李显和侍中、长安留守裴炎赶赴东都侍疾。十一月，高宗令太子监国，裴炎奉诏与黄门侍郎刘齐贤、中书侍郎郭正一同为东宫平章事。十二月初四，病入膏肓的高宗本想登上则天门楼宣布赦令，终因气喘不能乘马，便召集文武百官于贞观殿前听令。是夜，高宗急召裴炎入宫，裴炎领受遗命，辅佐朝政。"遗诏太子柩前即位，军国大事有不决者，兼取天后进止。"[②]十二月十一日，二十八岁的太子李显于柩前即位，是为中宗。中宗尊母后武则天为皇太后，政事完全取决于母后。泽州（今山西泽州县）刺史、韩王李元嘉身份尊贵，威望崇高，武后担心作乱，为慰其心，便为其加了三公衔。

嗣圣元年（684）正月，册立太子妃韦氏为皇后。同时，中宗擢升自己的岳父、普州参军韦玄贞为豫州（今河南豫州市）刺史。此时，中宗感到自己虽君临天下，但却处处受制于母后，备感窝囊。为了扩大自己的政治势力，欲再任命岳父韦玄贞为侍中，还打算授予乳母之子五品官职。不料，却遭到中书令裴炎的抵制，中宗大怒："我让国与玄贞岂不得，

---

① （宋）司马光.《资治通鉴》卷第二百[M].北京：中华书局，2009年，第8308页。
② （宋）司马光.《资治通鉴》卷第二百三[M].北京：中华书局，2009年，第8456页。

何为惜侍中耶？"①意思是说，我就是把天下给了韦玄贞还有什么不可以的！何况只是一个侍中的官位。裴炎听后，恐惧万分，急忙禀报了武太后。

二月初六，太后召集百官于乾元殿，中书令裴炎与中书侍郎刘祎之、羽林将军程务挺、张虔勖勒兵入内，太后命裴炎宣布太后懿旨，废中宗李显为庐陵王。中宗嚷嚷道：我犯了什么罪？太后说："汝欲以天下与韦玄贞，何得无罪！"②即幽于别所，屈指算来，中宗在位仅仅五十五天。翌日，太后立李隆基之父、雍州牧、豫王李轮（旦）即位，史称睿宗。改元文明。这一年，李旦二十三岁。立豫王妃刘氏为皇后。二月初八，流韦玄贞于钦州（今广西钦州市）。不久，册立睿宗嫡长子、永平郡王李成器为皇太子，大赦天下。

二月十五日，太后遣使自己的侄子、礼部尚书武承嗣于长安大明宫紫宸殿前举行册封即位仪式。太后命睿宗居于别殿，自己常到紫宸殿，于殿内垂挂浅紫色帷帐临朝称制。武承嗣以为武氏当有天下，心有所图，为姑母武则天称帝大造舆论。

图1 历史纪录片《大唐帝陵》中乾元殿复原图

---

① （后晋）刘昫．《旧唐书》卷八十七 [M]．北京：中华书局，1975年，第2843页。
② （宋）司马光．《资治通鉴》卷第二百三 [M]．北京：中华书局，2009年，第8458页。

四月二十二日,徙庐陵王李显及王妃韦氏于房州(今湖北房县)。行前,睿宗获准为兄长送行。突然,宫外昏天暗地,沙石横飞,睿宗茫然地对庐陵王说:哥哥你垮台的速度也太快了,我还没有做好准备呢。睿宗说罢,笑了:我们兄弟四人,九年前,大哥李弘暴毙于洛阳合璧宫,二哥李贤被废后流放巴州,被迫自杀。如今三哥你也遭流放,恐怖啊,我虽身在长安,真不知道将来能是何等命运?现在,就剩我们兄弟二人,竟然被天各一方。庐陵王嘱咐弟弟睿宗谛观天命,隐忍自重。二十六日,改徙庐陵王及王妃韦氏于均州(今湖北丹江口市)濮王李泰旧宅。闰五月,太后任命礼部尚书武承嗣为太常卿、同中书门下三品。从此,武承嗣正式跨入宰相行列。

八月二十七日,也就是葬高宗李治于雍州好畴县(今陕西乾县)乾陵的第十六天,武太后罢免了武承嗣的宰相职务,左迁礼部尚书。九月初六,武太后改元光宅,"旗帜改从金色,饰以紫,画以杂文"。①

又改洛阳为神都,宫名为太初。尚书省为文昌台,左右仆射为左右相,六曹为天、地、春、夏、秋、冬六官;门下省为鸾台,中书省为凤阁,侍中为纳言,中书令为内史,御史台为左肃政台,新增右肃政台。其余省、寺、监、率将按意义分类改名。

武承嗣奏请太后追祖为王,并建议筑武氏七庙,太后准请。不料,却遭到了宰相裴炎的极力反对,太后不听,依旧追祖为王为后,又在山西文水县建武氏祠堂。

据唐人笔记小说记载,太宗朝司空李勣孙子李敬业扬州起兵,拉拢裴炎做内应,并请长安主簿骆宾王写了一篇《代李敬业传檄天下文》在洛阳散播,暗指裴炎将成为皇帝。裴炎大喜过望,当即决定与李敬业合谋造反。监察御史崔詧弹劾道:裴炎身为顾命大臣,不思讨平叛乱,却让太后还政,必怀异心。此时,有人截获了裴炎传给李敬业的密信,信中仅见"青鹅"二字,群臣们面面相觑,不解其意。太后却用拆字法破解:"青"字可拆分为"十二月","鹅"字拆为"我自与"。裴炎的意思是暗示要在十二月做内应。于是,太后命左肃政大夫骞味道、侍御

---

① (后晋)刘昫.《旧唐书》卷六[M].北京:中华书局,1975年,第116页。

史鱼承晔将裴炎拘捕入狱。凤阁侍郎胡元范、纳言刘齐贤上疏，并以身家性命力保裴炎无反之心。而凤阁舍人李景谌则力主裴炎久有谋反之心，太后也坚称裴炎有谋反之意。自知必死的裴炎在狱中叹道："宰相下狱，焉有更全之理！"①

裴炎虽为受遗老臣，倔强难制，然也抱定必死之念。同年十月，太后命斩裴炎于洛阳都亭驿之前街。并派人查抄裴炎的家产，裴炎廉洁得竟无担石之粟。十一月初四，太后命左鹰扬大将军黑齿常为江南道大总管，率兵讨伐李敬业。不久，曾为裴炎申辩过的朝臣相继获罪：流胡元范于巂州（今四川西昌市），贬刘齐贤为吉州（今江西吉安市吉州区）长史，斩大将军程务挺于军中。

这，便是李隆基在降生前宫廷角斗的一个侧面。

---

① （后晋）刘昫.《旧唐书》卷八十七[M]. 北京：中华书局，1975年，第2845页。

二　幼年封王

垂拱元年（685）八月初五，李隆基出生于东都洛阳，父亲李旦，母亲德妃窦氏，扶风平陵（今陕西咸阳市）人。在李旦为相王时，纳窦氏为孺人，史书称其"姿容婉顺，动循礼则"。① 光宅元年（684），被立为德妃。生李隆基及金仙、玉真二公主。

窦德妃曾祖父窦抗（？—621），系唐高祖太穆皇后族兄，隋文帝杨坚外甥。起家千牛备身，历任梁、岐、幽三州总管，袭爵陈国公。后因遭到隋炀帝杨广的猜忌，去职归田。隋大业十三年（617）五月，太原留守李渊于晋阳起兵，窦抗闻讯前来，凭借功勋，被命为将作大匠。历任纳言、左武侯大将军。曾参与秦王李世民平定陇西薛举、洛阳王世充等割据势力。卒赠司空，谥号密。

祖父窦诞（580—648），窦抗第三子。隋义宁二年（618），被李渊征为大丞相府祭酒，册封安丰郡公，尚高祖次女襄阳公主为驸马都尉。秦王李世民于陇西讨伐薛举时，窦诞担任元帅府司马，累迁太常卿、梁州（今河南商丘市）都督。武德八年（625），李渊复置十二军，历任参旗将军、刑部尚书、太常卿、上柱国兼国子祭酒。太宗即位，入为殿中监、加左光禄大夫、右领军卫大将军、宗正卿，封莘国公，以光禄大夫致仕。卒赠工部尚书、荆州刺史，谥号安。

父亲窦孝谌（？—697），窦诞次子，隋太祖杨忠的外玄孙，唐高祖李渊的外孙，唐玄宗李隆基的外祖父。以门荫入仕，授太常少卿。因将其长女嫁与冀王李旦，授润州（今江苏镇江市润州区）刺史，迁检校并

---

① （后晋）刘昫.《旧唐书》卷五十一 [M]. 北京：中华书局，1975年，第2176页。

州都督。长寿二年（693），因其女窦妃与刘妃被户婢团儿诬陷诅咒武则天，被贬罗州（今广东化州市）司马，后卒于任。李旦复位，循例追赠太保、荆州大都督。并追封窦德妃为昭成顺圣皇后，"招魂葬于都城之南，陵曰靖陵。又立庙于京师，号为坤仪庙。"①李隆基即位，追赠外祖父窦孝谌为上柱国、太尉、邠国公，并迁葬于咸阳洪渎原。

李隆基降生时，父亲作为傀儡皇帝，已经被祖母武太后钳制了一年零六个月。此时，也正是武则天加快步伐疯狂夺取李唐政权的关键时期，也是李唐皇族及忠于李唐朝臣极力反对和阻扰武氏篡权的非常时期。

垂拱元年（685）十一月初一，太后命天官尚书、同凤阁鸾台三品韦待价为燕然道行军大总管征讨突厥。命薛怀义修故白马寺，并为寺主。翌年正月，太后欲"还政"于睿宗李旦，睿宗深知其母并非诚意，因而上表固辞，睿宗此举，正中母后下怀。于是，武太后又继续心安理得地临朝称制。

李隆基同父异母弟兄六人、姐妹十一人。在兄弟中，李隆基排行第三，故有"三郎"之称。大哥李宪（679—742），生母肃明顺圣皇后刘氏。文明元年（684）二月，睿宗即位，册立年仅六岁的李宪为皇太子。后因推让天下与李隆基，历封永平郡王、寿春郡王、太子太师、司空、雍、扬、岐、泽、泾等州刺史，以及宋王、宁王，李宪恭谨自守，不妄交结，不议朝政，素为玄宗所敬重。卒谥让皇帝，葬惠陵（今陕西蒲城县桥陵镇三合村）。二哥李成义（683—724），生母柳宫人。性弘裕，仪形环伟。历封恒王、衡阳郡王、申王，卒谥惠庄太子，陪葬桥陵（今陕西蒲城县）。大弟李隆范（686—726），生母崔孺人。历封郑王、卫王、巴陵郡王、岐王，卒谥惠文太子，陪葬桥陵。二弟李隆业（？—735），生母王德妃。历封赵王、中山郡王、薛王，卒谥惠宣太子，陪葬桥陵。三弟李隆悌（692—702），生母宫人。封汝南郡王，早薨，追赠荆州大都督、隋王，爵位不传，陪葬桥陵。兄弟间关系融洽，或习业或游猎，无不相随。

垂拱三年（687）闰正月，也就是武则天临朝称制步入第四个年头，徙封年仅三岁的李隆基为楚王，李成义为恒王、李隆范为卫王、李隆业

---

① （后晋）刘昫.《旧唐书》卷五十一[M]. 北京：中华书局，1975年，第2176页。

为赵王。五月初七，凤阁侍郎、同凤阁鸾台三品刘祎之私下对凤阁舍人贾大隐议论太后专权，理应归政于睿宗，以安定天下人心。不料，贾大隐向武太后告发，太后震怒，就这样，堂堂朝廷宰相刘祎之被武则天赐死家中。九月十八日，虢州（今河南卢氏县）人杨初成为了驱逐武太后临朝称制和傀儡皇帝李旦，伪称郎将，假传太后懿令，于都邑招募将士前往房州迎接庐陵王复位，既而事泄，被收捕处斩。

乾元殿，系唐神都洛阳紫微城正殿。武德四年（621），高祖李渊以其正殿奢华而焚毁。显庆元年（656），高宗李治在隋乾阳殿旧址上重新建造，麟德二年（665）三月十二日成。乾元殿高一百二十尺（一尺约0.294米，合35.28米），东西三百四十五尺（合101.43米），南北一百七十六尺（合51.74米）。垂拱四年(688)春二月，太后命毁乾元殿，就地造明堂，以僧怀义充使督作，役数万人。

图2 明堂复原图 杨鸿勋绘

就在此时，武承嗣暗中指使他人在一块白色石头上凿刻"圣母临人，永昌帝业"八字，然后杂药染石成紫，再指使雍州人唐同泰上表献石，奏称此石得自洛水。太后大喜，遂将此石命为宝图，并提拔唐同泰为游击将军。五月十一日，太后令祭拜洛水，接受宝图，并于南郊告谢昊天。命各州都督、刺史以及皇族、外戚于祭拜洛水前十天会集。五月十八日，睿宗率群臣上母后武氏尊号为圣母神皇。六月十六日，太后作神皇三玺。七月初一，太后改宝图为天授圣图，洛水为永昌洛水，封洛水神为显圣侯，加特进，禁渔钓。圣图所出之地称圣图泉，泉旁置永昌县。八月二十三日，博州（今山东聊城市）刺史、琅琊王李冲与其父豫州（今属河南）刺史、越王李贞等起兵谋匡复唐，兵败身卒，起兵前后不过七天。韩王李元嘉、鲁王李灵夔、霍王李元轨、纪王李慎、江都王李绪、黄国公李撰、东莞郡公李融及常乐公主等，或被逼令自杀，或被斩首市曹，或死于流途。至此，李唐宗室几乎被杀戮殆尽。

是年十二月二十五日，神皇武氏朝拜洛水，接受天授圣图，命皇帝、太子、内外文武百官、蛮夷首领扈从，并各依方叙立。珍禽、异兽、宝物列于坛前，其礼乐仪仗之盛，自唐兴以来未曾有之。二十七日，明堂落成，高二百九十四尺，见方三百尺。凡三层，下层按照四季划分，每一方设置一种颜色；中层按照十二时辰划分，上为由九条龙捧起的圆顶，上装铁凤，高十尺，以黄金装饰；中间有贯通上下的大木，粗十围，下置铁质水槽，似辟雍之样，号万象神宫。僧怀义以功拜左威卫大将军，赐爵梁国公。

是年，江南道巡抚大使、冬官侍郎狄仁杰奏废吴楚淫祠，焚毁一千七百多所，仅留夏禹、吴太伯、季礼、伍员四祠。

永昌元年（689）正月初一，神皇身穿皇帝礼服，头戴皇帝礼冠祭万象神宫，"执镇圭为初献，皇帝为亚献，太子为终献"。[①] 正月初三，神皇驾临明堂，接受群臣朝贺。初四，"布政于明堂，颁九条以训百官"。[②] 翌日，神皇再次驾临明堂，赐宴群臣。二月十四日，神皇又追封其父魏忠孝王为周忠孝王太皇，母为忠孝皇后，改文水陵为章德陵、咸阳陵为明义陵。是月，神皇于神都紫微城洛城殿策问贡士，由此创立殿试制度。

---

① （宋）司马光.《资治通鉴》卷二百四 [M]. 北京：中华书局，2009 年，第 8504 页。
② （宋）司马光.《资治通鉴》卷二百四 [M]. 北京：中华书局，2009 年，第 8504 页。

三　祖母称帝

天授元年（690）正月，"神皇自以'曌'字为名，遂改诏书为制书。"①是月初十，神皇以其侄武承嗣为文昌左相，岑长倩为文昌右相，裴居道为太子少保，皆同凤阁鸾台三品。武承嗣再度入相。神皇堂侄、凤阁侍郎武攸宁为纳言，邢文伟为内史。

在武承嗣、武三思当权时，地官尚书、同凤阁鸾台三品韦方质因病在家休养，武承嗣和武三思前往探视，韦方质硬是靠着床不行礼。后来，有人劝他不必这样，韦方质说：富贵在天，生死由命，堂堂大丈夫怎么能委身侍奉太后的亲戚来求取荣华富贵呢？不久，他便遭到了酷吏周兴的陷害，流放儋州市（治今海南儋州市西北南滩），并抄没家产。

是年三月，武承嗣又指使周兴诬告唐高祖李渊第三子、杞王、随州（今湖北随州市）刺史李上金及高宗第四子、许王、舒州（今安徽潜山县）刺史李素节谋反。李素节在押解途中听见有人因丧事痛哭，遂仰天长叹：生不带来，死不带去，有什么可哭的呢？当李素节行至龙门，被人缢杀，李上金于狱中自杀，儿子及亲信悉被处斩。

是年七月，有数十名和尚伪撰《大云经》表上，神皇欣然笑纳。"制颁于天下，令诸州各置大云寺，总度僧千人。"② 八月二十八日，神皇再杀嗣鲁王李道坚之子、南安王李颖等李唐皇族十二人，又命人用马鞭鞭死自己的亲孙子、故太子李贤的两个儿子，余皆流放岭南。

唐高祖李渊第十八女千金公主，是唐太宗李世民的亲妹妹。按照辈分，

---

① （后晋）刘昫．《旧唐书》卷六 [M]．北京：中华书局，1975年，第120页。
② （后晋）刘昫．《旧唐书》卷六 [M]．北京：中华书局，1975年，第121页。

当为武则天的姑姑。初嫁温挺,再嫁郑敬玄。千金公主曾把自己的面首、洛阳街头售卖狗皮膏药的江湖游医冯小宝慷慨地献给了寡居多年的侄女武则天,又自我降低辈分,转身成为神皇的义女,改姓武,神皇又以天折长女的封号改封其为安定公主(作者按:《资治通鉴》卷二百四记为延安大长公主)。安定公主每入宫不限早晚,因其献媚才得以保全性命。至此,在通往权力巅峰的道路上,真正来自李唐皇族的障碍基本被武则天清除干净。

九月初三,侍御史傅游艺率领关中百姓千余人上表,请求改唐为周,赐皇帝姓武。神皇表面不许,但却立即提拔傅游艺为给事中。三天后,神皇恩准了来自睿宗李旦及群臣的请求。

九月初九,神皇登上则天楼,篡唐为周,改元天授,大赦天下,赐酺七日,被尊为圣神皇帝,降睿宗李旦为皇嗣,复名轮,赐姓武,迁居东宫,一切礼仪皆比照皇太子规格。封武氏外戚为王。至此,李旦便成了武氏诸王中的一员,以及酷吏攻击的首选目标,李旦开始了艰难而恐惧的皇嗣生涯。

九月十三日,武则天在洛阳立武氏七庙,追尊周文王为始祖文皇帝,妣姒氏为文定皇后;周平王的幼子姬武为睿祖康皇帝,妣姜氏为康睿皇后;太原靖王为严祖成皇帝,妣为成庄皇后;赵肃恭王为肃祖章敬皇帝,周安成王为显祖文穆皇帝,父亲周忠孝王太皇为太祖孝明高皇帝,母亲称孝明高皇后。同时,封文昌左相武承嗣为魏王、天官尚书武三思为梁王、武攸宁为建昌王,武则天伯父之孙武攸归、武重规、武载德、武攸暨等人为郡王,诸姑姊为长公主。以司宾卿史务滋

图3 武则天像 明刻《历代百美图》

为纳言，凤阁侍郎宗楚客为内史。"给事中傅游艺为鸾台侍郎，仍依旧知凤阁鸾台平章事。"① 改内外官员所佩鱼袋为龟袋。

十一月初一，武皇祭献万象神宫。改永昌元年十一月为载初元年正月，十二月为腊月，夏正月为一月。十六日，司刑少卿周兴上奏废除唐朝宗室的家族名册。二十三日，武皇拜其面首薛怀义为右卫大将军，赐爵鄂国公。又拜武士彟兄长之孙、凤阁侍郎武攸宁为纳言。

天授二年（691）二月，武皇贬杀酷吏周兴、索元礼。凤阁舍人张嘉福指使洛阳人王庆之率百人上表，请立武承嗣为皇太子。文昌右相、同凤阁鸾台三品岑长倩以为皇嗣在东宫，故不宜提出这样的建议，为此，奏请武皇严责上表人。武皇转身又征求地官尚书、同凤阁鸾台平章事格辅元的意见，格辅元也同样认为不可以。这样一来，他二人就严重地违背了诸武掌权的意愿。于是，武皇便开始整治岑长倩，先令他西征吐蕃，行至半道，又令其返回，关进监狱。武承嗣一边诬陷格辅元，一边又指使酷吏来俊臣胁迫岑长倩之子岑灵原，让他诬陷司礼卿兼判纳言事欧阳通等数十人谋反。十月二十日，岑长倩、格辅元及欧阳通等十人皆被处死。

武皇为了有效地控制政治局面，肆意任用来俊臣及丘神勣等酷吏，宠僧人薛怀义，以及张昌宗、张易之兄弟，铸铜匦，大开告密之风。

凤阁侍郎李昭德奉武皇之命，于光政门外杖杀王庆之。之后，又向武皇进言：天皇是陛下的丈夫，皇嗣是陛下的儿子。陛下拥有天下，应作为万代家业传给儿子，怎么能让侄子作为继承人呢？自古以来，还没有听说过作为天子的侄子为姑母立庙，况且陛下曾受天皇临终前的遗托。陛下如果将天下交给武承嗣，天皇就不会有人祭祀了。这一次，武皇打心眼里认可了李昭德的说教。

长寿元年（692）正月初四，酷吏来俊臣诬陷地官侍郎、同凤阁鸾台平章事狄仁杰等人谋反，武皇遂贬狄仁杰为彭泽县（今江西彭泽县）令，贬任知古为江夏县（今湖北鄂州市）令，贬司礼卿崔宣礼为夷陵县（治今湖北宜昌市东南）令，贬御史中丞魏元忠为涪陵县（治今重庆彭水县郁山镇）令，贬前文昌左丞卢献为西乡县（今陕西西乡县）令，流放冬

---

① （后晋）刘昫．《旧唐书》卷六 [M]．北京：中华书局，1975年，第121页。

官侍郎、同凤阁鸾台平章事裴行本、潞州刺史李嗣真于岭南。

五月，夏官侍郎李昭德私下向武皇进言：魏王武承嗣的权势太重。武皇回道：他是我侄儿，我得重用他。李昭德说：侄儿对于姑母怎么能比得上儿子对于母亲的亲近？父母亲还有被儿子杀害的，何况是侄儿！武承嗣现在既是亲王，又是宰相，权势已经与君王基本等同了，我很担心陛下将不能久安于皇位啊！武皇听后，备感震惊。武承嗣得知此事后，又在武皇面前诋毁李昭德，武皇道：我起用李昭德，才能睡得安稳，他能替我分忧，你不要再说了。八月十六日，武皇诏命文昌左相、同凤阁鸾台三品武承嗣为特进，拜太子太保。纳言武攸宁为冬官尚书，从此，二人不再参与朝政管理。

图4 狄仁杰像 明刻《历代古人像赞》

童年时代的李隆基备受祖母的宠爱，七岁出阁，开府置官属，富有少年贵族气魄。十月十五日，是朝臣例行朝拜之日。一大早，文武百官分班序列于武皇御座两旁。宫中突然传来了一阵清脆的马蹄声，是少年临淄王李隆基的车骑。当时，值班的是武皇从侄、金吾卫大将军武懿宗。武懿宗见状，即命卫士上前阻拦，就在卫士把长矛将要挑向车帘时，车内小孩抢先用随身佩剑挑开了车帘，厉声喝道：是谁给你们这么大的胆子，竟然敢拦本王的车驾？这里是我家朝堂，本王想怎么上朝就怎么上朝，还不赶快闪开，当心本王斩了你们！在李隆基童稚的话语里，居然饱含着如此刚烈之气。一阵怒斥，直惊得武懿宗及其卫士目瞪口呆，不知所措。李隆基信步来到朝堂，武皇立刻命人将其领到御座旁，抱起隆基坐在自己的膝上。

四　宫廷角逐

长寿二年（693）正月初一，武皇于东都洛阳祭献万象神宫，以魏王武承嗣为亚献，以梁王武三思为终献。武皇还自编神宫乐，用乐舞人员九百名，可谓规模庞大。翌日，皇嗣妃刘氏和李隆基的母亲德妃窦氏在嘉豫殿参拜婆婆武皇后不知所踪。相王李旦因惧怕母后武则天，吓得不敢说话，并且还在母后面前表现得"容止自如"。后来得知，宫中惨案的发生源自户婢韦团儿。韦团儿聪明伶俐，善于诌媚，深得武皇的宠信。韦团儿觉得相王李旦的前程充满锦绣，出于个人目的，设法接近并色诱相王，不料却遭到了相王的严厉呵斥。于是，便对相王怀恨在心。她用一段桐木刻制了两个小人，在上面写上武则天的名字，趁夜深人静之时，偷偷地埋在窦妃和刘妃的院中，然后，向武皇诬告皇嗣妃刘氏和德妃窦氏同谋施行法术咒诅武皇。武皇听后，这才痛下杀手。与此同时，窦德妃的母亲庞氏因在夜间焚香祈福，亦被奴婢告发。酷吏薛季昶为迎合武皇，欲以"不道"之罪处斩庞氏，幸得侍御史徐有功极力辩护，庞氏才幸免于难，但其三个兄弟皆被流放岭南。武皇为了灭口，最终也将韦团儿处斩。这一年，李隆基八岁。

少年时代的李隆基虽为贵胄，但不幸的遭遇太多：生母宫中遇害，降父亲为皇嗣，并且还成了武氏家族和酷吏攻击的主要目标。

在窦德妃遇难的第二个月，武皇又降李成器为寿春郡王，李成义为衡阳郡王，李隆基为临淄郡王，李隆范为巴陵郡王，李隆业为中山郡王。同时，又令李隆基兄弟五人随例入阁，实际上就是要将他们软禁在宫中。同时也剥夺了他们开府置官属的政治殊遇，以及王公应有的一切政治待遇。身处逆境的李隆基并没有选择悲观失望或信天由命，而是在宫廷政治斗争风云中不断地磨炼自己，"动心忍性，曾益其所不能"。在李隆基幼小的心灵里，不能说没有深深地埋下仇恨之种，或许待到东山再起之时，定当光复李唐基业。

在韦团儿被杀没过多久，少府监裴匪躬、内常侍范云仙因"私谒"皇嗣李旦，皆殊死。所谓"殊死"，即被腰斩于市。事后，又有人诬告皇嗣"潜有异谋"，武皇即派酷吏来俊臣查办。当时，太常寺有位负责宫廷祭祀乐舞的乐工，名叫安金藏，一直侍奉在皇嗣左右。来俊臣大搞刑讯逼供，皇嗣身边的人惧怕酷刑，纷纷欲以"承认"，只有安金藏毫不畏惧。为给皇嗣洗脱罪名，他拼着命对来俊臣疾呼：你既然不相信我安金藏所言，那我就剖心以证明皇嗣没有谋反之心。言罢，抽刀剖腹，五脏俱出，血流满地，昏厥过去。有人立即将此事禀报给了武皇，武皇被安金藏这一壮举镇住了，即命将其抬到宫中医治，御医施以桑白皮缝合，敷药，直至第二天方才苏醒，武皇亲临探视，感叹道：我的儿子有冤，自己却不能辩白，反而让你为他洗脱罪名，我的儿子不如你忠诚呀！由于安金藏的"剖心救驾"，武皇立即终止了来俊臣对皇嗣的政治迫害，皇嗣因此幸免于难。

安金藏，西域安息国（今伊朗伊斯兰共和国）人，粟特族，定远将军安菩之子。睿宗复位，感其忠肝义胆，舍身相救之恩，擢其为右武卫翊府中郎将。玄宗即位，安金藏历任右骁卫将军、员外太常卿，卒赠兵部尚书，谥曰忠。葬于永寿县（今陕西永寿县）监军镇永安村，配享睿宗庙庭。玄宗感其忠义奉国，追封安金藏为代国公，其制曰：

义不辞难，忠为令德，保祐君主，安固邦家，则必荷宠光之休，膺土宇之锡。安金藏忠义奉国，精诚事君，往属酷吏肆凶，潜行谋构。当疑惧之际，激忠烈之诚，突刃剖心，保明先圣。见危授命，沮奸邪之愿；转祸存福，获明夷之贞。虽鸣玉衔珠，已备于休命，而畴庸疏爵，未洽于殊荣。宜锡宠于珪组，兼勒名于金石。①

---

① （清）董诰.《全唐文》卷二十三 [M]. 上海：上海古籍出版社，1990 年，第 113 页。

是年八月，在波斯国（伊朗古名）大酋长阿罗憾（Abraham）等人的号召下，四夷首领请求武皇在神都洛阳武皇听政起居的紫微城正南端门（一说定鼎门）之外建置天枢，武皇准奏。

天枢，全称大周万国颂德天枢，乃武则天的纪功柱，黜唐颂周，寓意"天下中枢"，其制若柱，以姚璹为督作使，建造于皇城端门外，由四夷酋长筹资百万亿购买铜铁，缺口部分又征民间器具补充。东夷人毛婆罗（毛むくじゃら）设计图纸，高丽人泉献诚（샘헌성）奉敕充检校天枢子来使，兼玄武门押运大仪铜等事，高丽人高足酉（고죡유）雕刻，柱身镌刻武三思贬唐颂周铭文。

九月初，魏王武承嗣为了营求太子，亲率五千人上表，请求姑母则天皇帝加尊号金轮圣神皇帝。初九，武皇于万象神宫接受尊号，大赦天下。又命人制作金轮、白象、绀马、神珠、玉女、主藏及兵臣等七宝。七宝，也称国政七宝、轮王七珍宝。佛典记载，相传是古印度转轮圣王治理国家不可缺少的武器、工具、财宝等，转轮圣王乃成就七宝，具足四德，统一须弥四洲，而以正法治世者。每遇朝会，武皇则命人将其陈列在殿廷。

延载元年（694）五月，魏王武承嗣又亲率两万六千多人上表，请求武皇再加尊号越古金轮圣神皇帝。五月十一日，武皇亲临则天门楼接受尊号，大赦天下，改元。

天册万岁元年（695）正月初一，武皇再加尊号慈氏越古金轮圣神皇帝，大赦天下。武皇又因别图所欢，亲近御医沈南璆，而武皇之前的面首、辅国大将军、鄂国公薛怀义一怒之下，当晚纵火天堂，延烧明堂，洛阳城如同白昼一般。之后，武皇又命重建天堂和明堂，仍由薛怀义督工赶筑。又为九州各铸一座高十尺的铜鼎和同等高的十二属相神。武皇因憎恨薛怀义的骄纵行为，二月初四，密令宦官在紫微城九洲池三岛之上的遥光殿前树下将薛怀义逮捕，令建昌王武攸宁率壮士将其活活打死，送尸白马寺，焚之以造塔。

夏四月，天枢柱落成，高一百零五尺，径十二尺，柱身八面，面宽五尺。柱下为一座铁山，周边长一百七十尺，铜质蟠龙及麒麟环绕铁山，顶部四龙立捧火珠，柱上为腾云承露盘（作者案：《新唐书》《大唐新语》皆作"云盖"），径三十尺，高十尺，重二百万斤。柱身碑刻文武百官

图5 洛阳白马寺 孙大鹏 摄

和万国元首的名字,武皇书匾:大周万国颂德天枢。改写"国"为"圀",取天下一统、八方朝拜之义。又把西域梵文中的符号"卍"定音为万,著于天枢。天枢建成后,大宴夷夏群僚,朝士献诗者不可胜纪。其中李峤《奉和天枢成宴夷夏群僚应制》冠绝于时,诗曰:

辙迹光西崦,勋庸纪北燕。何如万方会,颂德九门前。灼灼临黄道,迢迢入紫烟。仙盘正下露,高柱欲承天。山类丛云起,珠疑大火悬。声流尘作劫,业固海成田。帝泽倾尧酒,宸歌掩舜弦。欣逢下生日,还睹上皇年。

开元二年(714),玄宗令"毁天枢,发匠熔其铁钱,历月不尽"。[①] 天枢从建成到拆毁,存世匆匆二十年,就结束了它的历史使命。洛阳尉李休烈作《咏毁天枢》,诗云:"天门街里倒天枢,火急先须御火珠。计合一条丝线挽,何劳两县索人夫。"

---

① (宋)司马光.《资治通鉴》卷第二百一十一[M].北京:中华书局,2009年,第8832页。

万岁通天元年（696）三月十六日，"新明堂成，高二百九十四尺，方三百尺，规模率小于旧。上施金涂铁凤，高二丈，后为大风所损。更为铜火珠，群龙捧之，号曰通天宫。"① 四月，武皇移九鼎于通天宫。豫州鼎高十八尺，能容纳一千八百石，其余各鼎通高十四尺，能容纳一千二百石。各鼎铸有山川物产图像，用铜五十六万零七百余斤。武皇想用一千两黄金涂鼎，后被刑部尚书、同平章事姚璹劝阻。

乔知之（生卒年不详），字知之，唐高祖李渊外孙，同州（今陕西大荔县）刺史乔师望之子。同州冯翊（今陕西大荔县）人。早年隐居，以文词知名。垂拱元年（685），随左豹韬卫将军讨伐同罗、仆固，后随建安王武攸宜讨伐契丹，颇有平边壮志，陈子昂草《为乔补阙论突厥表》，乔知之出任右补阙，迁尚书右司郎中。

乔知之有一美妾，名叫碧玉（作者案：孟棨《本事诗》作"窈娘"），生得娇艳美丽，能歌善舞，又精通文墨，乔知之宠爱至极。为此，他一直都没有婚娶。魏王武承嗣贪恋女色，知道后，便对乔知之说，暂借碧玉去教他的姬妾们梳妆，等碧玉去了之后，武承嗣便强行纳其为妾。乔知之知道真情后，写了一首《绿珠怨》的诗，托人捎给了碧玉，诗中写道：

> 石家金谷重新声，明珠十斛买娉婷。此日可怜君自许，此时可喜得人情。君家闺阁不曾难，常将歌舞借人看。意气雄豪非分理，骄矜势力横相干。辞君去君终不忍，徒劳掩袂伤铅粉。百年离别在高楼，一旦红颜为君尽。

碧玉得诗后，悲痛万分，三天后投井而死。武承嗣命人捞出尸体，在其裙带上发现了此诗，武承嗣大怒，授意酷吏罗织罪状诬告乔知之，最终，斩乔知之于南市（作者案：司马光《资治通鉴》神功元年《考异》引作"市南"），灭其族并没收其全部家产。

司仆少卿来俊臣极度贪色，公然伪造武皇诏令，强夺他人妻妾。监察御史李昭德憎恶来俊臣，又在朝廷侮辱秋官侍郎皇甫文备，皇甫文备

---

① （宋）司马光.《资治通鉴》卷第二百五 [M]. 北京：中华书局，2009 年，第 8560 页。

便衔恨在心。于是，来俊臣勾结皇甫文备诬告李昭德谋反，将其入狱，后被处斩。来俊臣又罗织罪名诬告武氏诸王及武皇之女太平公主、皇嗣、庐陵王李显及南北衙宿卫军谋反，意欲借此窃权。不料，他却遭到河东人卫遂忠告发，有司判处来俊臣极刑，武皇认为来俊臣有功于国，一心想赦免他，处死来俊臣的奏章呈送给武皇已经过了三天，仍无结果。"驱驴宰相"王及善上奏：来俊臣凶残狡猾，贪婪暴虐，是国家的大恶人，不除掉他，必然动摇朝廷。武皇犹豫不决。右肃政台御史中丞吉顼趁机劝武皇诛杀来俊臣。直至六月初三，武皇才痛下决心，命将来俊臣斩于洛阳闹市并陈尸示众，人们为泄心头之恨，争相去剐他的肉。武皇命将其酷吏党徒悉数流放岭南。延续十四年之久的"酷吏政治"从此宣告结束。

六月二十四日，特进武承嗣、春官尚书武三思同为同凤阁鸾台三品，再一次成为武周时期的宰相。后来，武皇又命幽州都督狄仁杰为鸾台侍郎，司刑卿杜景俭为凤阁侍郎，一并同平章事。

九月，宰相狄仁杰上疏武皇，认为政治腐败必然会引起社会阶层矛盾的激化，势必也会引起诸如弘道元年（683）那场在剑南道爆发的十万之众的大暴动，意在提醒武皇注意防范诸武的专横和腐败。结果，武皇贬狄仁杰为魏州（今河北大名县东北）刺史。

神功元年（697）正月初一，太平公主将贞观宰相张行成同族侄孙张昌宗推荐给母皇武则天，张昌宗又趁机向武皇推荐了族兄张易之。张易之年轻貌美，且精通音律，武皇命张昌宗为散骑常侍，张易之为司卫少卿，并追赠其父张希爽为襄州（今湖北襄阳市）刺史，赠张易之生母韦氏及张昌宗生母臧氏皆为太夫人。

圣历元年（698）二月，武承嗣和武三思各自在谋求太子之位，为了达到各自的政治目的，分别指使他人劝说武皇，使武皇又一次陷入困扰之中，于是，召问狄仁杰，狄仁杰禀道：

文皇帝栉风沐雨，亲冒锋镝，以定天下，传之子孙。大帝以二子托陛下。陛下今乃欲移之他族，无乃非天意乎！且姑侄之与母子孰亲？陛下立子，则千秋万岁后，配食太庙，承继无穷；立侄，则未闻侄为天子而祔姑于庙者也。①

大意是说：太宗皇帝冒死平定天下，将江山传与子孙。高宗大帝临终前将两个儿子托付陛下，现在陛下欲将天下交给外姓人，这岂不是违背天意吗？姑侄与母子相比，哪个更亲？陛下若立儿子为太子，则千秋之后，配享太庙。若立侄子为太子，还没有听说过侄子当了皇帝之后将姑母祔祭于太庙的。

武皇听后，显得极不耐烦：这是朕家里的事，你不要参与。狄仁杰道：

王者以四海为家，四海之内，孰非臣妾，何者不为陛下家事！君为元首，臣为股肱，义同一体，况臣备位宰相，岂得不预知乎！②

意思是说：王以四海为家，四海之内，谁不是臣不是妾？什么事不是陛下家里的事。君王是元首，臣下为四肢，意思是说君臣就是一个整体，何况我还忝列宰相之位，哪有不参与的道理呢！

武皇被宰相狄仁杰呛得哑然无言。于是，狄仁杰、王方庆及王及善等分别劝说武则天应及早召回庐陵王李显，武皇这才醒悟。

突厥默啜请求与唐朝和亲，武皇命武承嗣之子、淮阳王武延秀纳阿史那默啜的女儿为妃。"豹韬卫大将军阎知微摄春官尚书，右武卫郎将杨齐庄摄司宾卿，赍金帛巨亿以送之。"③武延秀到达黑沙南庭，阿史那默啜对阎知微说：我想把女儿嫁给姓李的，怎么突然来了个姓武的？这个人能算是皇子吗？我们突厥世代受到的是李氏的恩典，听说李氏将要断后，现在只剩下两个儿子还在世间，我现在就带兵去辅助他登上帝位。

处于进退维谷之中的武皇又问狄仁杰：我梦见了一只大鹦鹉的两只翅膀都已折断，这能是什么预兆？狄仁杰对武皇说道：鹦鹉，武者，是陛下的姓；两翼，是陛下的两个儿子，如果陛下重用您的两个儿子，则两只翅

---

① （宋）司马光.《资治通鉴》卷第二百六 [M]. 北京：中华书局，2009 年，第 8586、8588 页。
② （宋）司马光.《资治通鉴》卷第二百六 [M]. 北京：中华书局，2009 年，第 8588 页。
③ （宋）司马光.《资治通鉴》卷第二百六 [M]. 北京：中华书局，2009 年，第 8588 页。

膀才会击风千里。至此，武皇彻底打消了立武承嗣或武三思为太子的念头。

在武则天统治的末年，天下思唐声浪一浪高过一浪，包括武则天的面首张氏兄弟也都在密切地关注着事态的发展。张氏兄弟甚至还向吉顼打探消息，强干机敏的吉顼说：武皇年事已高，天下应当托付给庐陵王，并希望张氏兄弟能在武皇面前鼓动一番，促其顺应民心民愿。

是年三月初九，武皇假托庐陵王有病，秘密派遣职方员外郎徐彦伯前往房州召庐陵王、王妃及诸子女还神都洛阳。太子太保、魏王武承嗣看到自己谋求太子位置的希望已经破灭，心怀不满。五个月后，忧愤身亡，死年五十岁。卒赠太尉、并州牧，谥曰宣。

武承嗣先后身居要职十余年，除了卖力地为姑母武则天夺权登基制造舆论、排除异己外，并没有什么功绩可言。武承嗣育有儿子武延基、武延义、武延安、武延寿、武延光及武延秀。多年来，武承嗣、武三思、武懿宗、宗楚客、宗晋卿等人时常等候在张易之家门口，争相为其执鞭垂蹬牵马，并呼张易之为五郎，张昌宗为六郎。

九月十六日，庐陵王李哲被重新册立为皇太子，并复名显，册立韦氏为太子妃，裹儿为安乐郡主。这一年，李显四十三岁。

为了征讨突厥，翌日，武皇命新立太子李显为河北道行军元帅。四天后，又命狄仁傑为河北道行军副元帅代行元帅之职。右丞相宋元爽为长史，右台中丞崔献为司马，左台中丞吉顼为监军使。武皇亲临洛阳城定鼎门外为出征军送行。

圣历二年（699）正月初六，徙皇嗣李旦为相王，领太子右卫率。正月初八，武皇设控鹤监丞及主簿，以司卫卿张易之为控鹤监，左散骑常侍张昌宗、左台中丞吉顼、殿中监田归道、夏官侍郎李迥秀、凤阁舍人薛稷、正谏大夫员半千为控鹤监内供奉。正月二十五日，武皇赐太子武姓，大赦天下。

四月十八日，武皇考虑身后太子与诸武不和，遂命太子李显、相王李旦、女儿太平公主与武攸暨等为誓文，"告天地于明堂，铭之铁券，藏于史馆"。[①]

---

① （宋）司马光．《资治通鉴》卷第二百六 [M]．北京：中华书局，2009 年，第 8600 页．

五　神龙宫变

久视元年（700）正月二十八日，武皇罢内史武三思为特进、太子少保，罢天官侍郎、同平章事吉顼为固安县（今河北固安县）尉。腊月初一，徙原皇太孙李重润为邵王，徙其弟李重茂为北海王。六月，改控鹤府为奉宸府，以张易之为奉宸令。

武皇为了掩其秽迹，以御览诸书聚事不详为由，命奉宸令张易之、秘书监张昌宗及文学侍从李峤为修书使，令张昌宗召麟台少监阎朝隐、奉宸大夫薛曜、正谏大夫员半千、卫尉少卿魏知古、司封员外郎于季子、殿中侍御史王无竞、留守东都为判官徐坚、右补阙张说、修文馆学士马吉甫、司礼博士元希声、给事中徐彦伯、定王府仓曹刘知幾、水部郎中房元阳、左奉宸内供奉宋之问、左补阙崔湜、晋阳尉富嘉谟等二十六学士于内殿修撰《三教珠英》，人称珠英学士。

《三教珠英》是一部大型诗歌选集类书，于旧书外，增加佛道二教事典，修书其间，日夕谈论，赋诗聚会。是初唐后期规模最大的一个宫廷诗人盛会，崔融曾辑其诗作，勒成五卷，曰《珠英学士集》。翌年十一月十二日，《三教珠英》修成，全书一千三百一十三卷，目录十三卷，以张昌宗领衔上之。开成初，改名《海内珠英》，今已佚。

武三思为了达到个人的政治目的，上奏武皇，说张昌宗是周灵王太子晋转世。武皇听后大喜，即命张昌宗穿上用羽毛做成的衣裳在内庭骑坐木鹤吹笙，令文学侍从赋诗赞美。

有一次，张易之的弟弟、洛阳令张昌仪在入宫觐见武皇时，有一位薛姓候选官员拿着五十两银子和任职文书拦住他行贿，张昌仪欣然笑纳，并将任职文书看都没看，就随手交给了天官侍郎张锡。后来，张锡不慎将文书丢失，去问张昌仪，张昌仪边骂边说：我也不曾记得，只要是姓薛的都授官。张锡遵办，遂将六十多位薛姓候选者全部注授官职。

武皇想建一尊大佛像，打算让全国的和尚和尼姑每人每天捐赠一文钱作为资费，不料却被狄仁杰谏阻，武皇说："您劝我行善，我怎么能违背您的教诲呢？"武皇常称狄仁杰为国老，后来，狄仁杰去世，武皇流着泪说："老天为什么这么早就将我的国老夺走呢？朝堂上再也没有可以依靠的师长了！"

长安元年（701）八月，布衣出身的苏安恒疏请则天还政于李唐。年迈多病的武皇便将朝廷大事交给张易之、张昌宗兄弟去处理。由此，张氏兄弟权倾朝野。当武皇的病情稍有好转之时，宰相崔玄暐上奏说：皇太子李显和相王李旦，他们都是仁德彰明的君子，且操行高雅，备受瞩目，完全可以在陛下您身旁侍奉汤药。再说，皇宫是皇帝居住的地方，事关重大，祈望陛下还是不要让异姓人随便出入为好。武皇听后，只对崔玄暐淡淡地说：感激您的一片好意。

太子李显嫡长子、邵王李重润和他的妹妹永泰郡主李仙蕙，以及永泰郡主的驸马、武承嗣之子、魏王武延基曾私下议论张氏兄弟与祖母武皇的风流韵事。张易之知道后禀报给了武皇，激起武皇震怒，遂令太子李显对其三人进行处罚，九月初三，李显为了保全太子地位，毅然大义灭亲，逼令三人自缢，事情才算了结。

张昌宗做贼心虚，担心武皇晏驾后会遭到宰相魏元忠的报复，遂在武皇面前诬陷魏元忠和司礼丞高戬等人谋反，高戬乃太平公主的情夫。武皇闻之大怒，令将二人逮捕系狱。最终，魏元忠被贬，高戬被流放，太子仆崔贞慎遭到拘审。九月二十七日，武皇命相王李旦主持左、右羽林卫大将军事务。

长安二年（702）八月二十三日，太子李显、相王李旦及太平公主上表，请封张昌宗为王，不料，此举遭到武皇的断然拒绝。四天后，他们又一次表请封张为王，武皇便赐爵张昌宗邺国公。九月十六日，武皇任命太子宾客武三思为大谷道大总管，洛州长史敬晖为副职。翌日，又命相王李旦为并州道元帅，武三思、武攸宜及魏元忠皆为副职。又任命姚崇为长史，司礼少卿郑果为司马，但最终没能到任。

长安三年（703）四月，吐蕃为了向大周求婚，派遣使者前来献马一千匹，黄金两千两。

六月初一，突厥默啜派遣大臣莫贺干前来长安觐见武皇，希望能把他的女儿嫁给皇太子的儿子。七月十九日，武皇命相王李旦为雍州牧。九月十九日，武皇以左武卫大将军武攸宜充任长安留守。十月初八，武皇车驾离开长安向神都洛阳进发，浩浩荡荡，路满烟尘，途中颠簸了二十天抵达洛阳。

长安四年（704）正月二十一日，武皇令"毁三阳宫，以其材作兴泰宫于万安山"。① 三阳宫与兴泰宫是在武三思的建议下修建的，专为武皇每年巡幸之用，百姓苦不堪言。后来，左拾遗卢藏用奏请武皇：认为这样做有损于陛下的仁德，期望能下令停止这项工程，武皇不听。四月，武皇住进了兴泰宫。为了在洛城以北的白司马坂建造大佛像，并再一次向天下僧尼征税，建设工程由春官尚书武攸宁主持，糜费巨亿。

七月，鸾台侍郎、同凤阁鸾台三品韦安石检举张易之等人所犯罪行，武皇令将张易之等人交给韦安石及右庶子、同凤阁鸾台三品唐休璟审讯。八月初一，武皇突然任命韦安石兼任检校扬州刺史，命唐休璟兼任幽、营二州都督及安东都护。唐休璟在赴任前密语太子："二张恃宠不臣，必将为乱，殿下宜备之。"② 意思是说：现在，张氏兄弟凭借恩宠不尽本分，日后必将作乱，殿下应多加防范。

九月，姚崇出镇灵武（今宁夏吴忠市西南），充任灵武道行军大总管、安抚大使，临赴任前，向武皇举荐张柬之为宰相人选。

之前，武皇曾问狄仁傑：朕想找一位杰出的人才委以重任，您看有谁称职？狄仁傑问：不知陛下想让此人担任什么职务？武皇说：朕想让他出将入相。狄仁傑禀道：如果陛下想要风雅之人，苏味道、李峤就是合适的人选；如果陛下想要出类拔萃的奇才，那就只有荆州长史张柬之了，他的年纪虽然偏大了些，但却具备宰相之才啊！

张柬之（625—706），字孟将，襄州襄阳（今湖北襄阳市）人。少

---

① （宋）司马光.《资治通鉴》卷第二百七 [M]. 北京：中华书局，2009 年，第 8642 页。
② （宋）司马光.《资治通鉴》卷第二百七 [M]. 北京：中华书局，2009 年，第 8648 页。

时广涉经史，补太学士。精通儒家义理，尤好三礼，国子祭酒令狐德棻尤重其才。进士及第，授青城县（今四川都江堰市东南）丞。永昌元年（689），以贤良征试，对策者千余人，年已六十五岁的张柬之名列第一，被授予监察御史。圣历元年（698），迁凤阁舍人。历任合州（今四川合川等地）、蜀州（今四川崇州、新津二地）刺史，荆州（今湖北石首、荆门等）大都督府长史等职。后被命为洛州（今河南洛阳市）司马。长安四年（704）十月二十二日，武皇拜年逾八十岁的张柬之为凤阁鸾台、同平章事。

神龙元年（705）正月初一，洛阳神都。武皇病重卧榻，张氏兄弟借机把持朝政。身为宰相的张柬之认为政变时机已经成熟，于是，便与凤阁侍郎、同平章事崔玄暐，中台右丞敬晖，司刑少卿桓彦范，以及相王府司马袁恕己加快部署政变计划。张柬之问右羽林卫大将军李多祚：将军今天的荣华富贵是谁给的？李多祚流着泪回答说：是高宗大帝给的。张柬之又问：现在，大帝的两个儿子受到了张氏兄弟的威胁，难道将军没有考虑过报答大帝所赐予的恩德吗！李多祚斩钉截铁地说：只要是利于国家的事，我一切听从您的安排，从不顾及个人生死安危！

图6 张柬之像

当张柬之将左、右羽林军的指挥权分别交给桓彦范和敬晖后，不料，却引起了张易之的怀疑。张柬之无奈，只得又将右羽林军交给他们的党羽武攸宜，张易之这才放下了那颗悬着的心。

不久，姚崇也从灵武回朝。桓彦范将已经策划好了的政变方案事先偷偷地告诉了母亲，母亲听后勉励他说：忠孝不能两全，先为国家着想，你这是对的！随后，桓彦范和敬晖一同前往洛阳宫北门拜见太子李显，并如实禀告此次政变计划，取得了太子殿下的大力支持。

正月二十二日，宰相张柬之及桓彦范、崔玄暐、敬晖及袁恕己五人联合左羽林卫大将军李多祚发动宫廷政变,相王李旦率领相王府司马袁恕己、洛州(今河南洛阳市)长史薛季昶等诸卫占据了主要交通要道及重要政府署衙,袁恕己派兵包围了政事堂,逮捕了值班宰相韦承庆、房融及司礼卿崔神庆。张柬之与崔玄暐、桓彦范及左威卫将军薛思行等人率领左、右羽林军五百人直趋玄武门,此时,殿中监田归道正好统领千骑兵把守玄武门,中台右丞敬晖欲强行调集田归道的兵力,结果遭到拒绝。由于田归道事先并不知道要诛杀张氏兄弟等人的

图7 姚崇像 明刻《三才图会》

计划,待宫廷政变结束后,敬晖想趁机诛杀田归道,田归道据理争辩,中宗只好免其殿中监职务,不久,又被命为太仆少卿。

张柬之派左羽林卫大将军李多祚、右散骑侍郎李湛以及大唐驸马都尉、太子典膳郎王同皎前往东宫迎接太子李显。太子怀疑其中有诈,想了想没敢出来。王同皎上前一步禀道:"先帝以神器付殿下,横遭幽废,人神共愤,二十三年矣。今天诱其衷,北门、南牙,同心协力,以诛凶竖,复李氏社稷,愿殿下暂至玄武门以副众望。"①意思是说:先帝传皇位于殿下,殿下却被无故废除和幽禁,天下百姓无不愤慨,至今已经二十三年了。现在人心向善,立志除奸,匡复李唐社稷,惟望殿下能亲至玄武门,以满足将士朝臣的愿望。太子却说:母皇圣体欠安,还请诸位日后再做打算。李湛说:诸位为了国家安危,殿下为什么非得要他们面临灾祸不可呢?请殿下亲自去劝阻前来勤王救难的将士们好了。太子听后,同意出来。此时,驸马王同皎瞅准机会,一把将太子抱上马,并陪同太子先来到玄武门,然后斩关入城。

---

① (宋)司马光.《资治通鉴》卷第二百七[M].北京:中华书局,2009年,第8658页。

此时，武皇卧病在长生殿迎仙宫，张柬之等人先斩张氏兄弟于殿庑之下，然后拥入长生殿。武皇见状，大惊失色，忙坐起来惊问道：何人作乱？张柬之回答说：是张氏兄弟阴谋作乱，臣等已奉太子殿下之命将其诛杀，事先考虑到怕走漏消息，所以没有禀告陛下，在宫禁之地诛杀逆贼，惊动天子，臣等罪该万死！武皇听着听着，忽然在人群中看见了太子李显，便对他说：乱贼已被诛杀，你可以回东宫了！桓彦范上前一步说：群臣不敢忘怀太宗、高宗的恩德，希望陛下将帝位还给太子，以上顺天命，下从民心。武皇忽然又在人群里发现了李义府的儿子、左羽林将军李湛，便喝问道：你也是杀害张易之的将军吗？我平时待你们父子不薄，你何必要这样？李湛听后，被吓得无以言对。武皇转脸又对凤阁侍郎、同平章事崔玄暐说：别人的官职都是经他人推荐之后才授予的，唯有你才是朕亲手提拔起来的，你怎么也在这里？崔玄暐慨然回答道：我之所以这样做，正是为了报答陛下您对我的大恩大德。

随后，张柬之命将汴州（今河南开封市）刺史张昌期、洛阳（今河南洛阳市）令张昌仪及张同休等人逮捕，并在天津桥南将上述人犯连同张易之、张昌宗一同枭首示众。

正月二十三日，处于绝望中的武皇被迫颁下制书，制太子监国，大赦天下。翌日，武皇将帝位还给了年已五十的太子李显，至此，中国历史上唯一的一位女皇帝统治天下的局面宣告结束。

六　中宗复位

神龙元年（705）正月二十五日，太子李显于神都洛阳通天宫复位，史称中宗。翌日，武后从位于紫微城内迎仙宫移居紫微城西上阳宫（上阳宫建筑奢华，被誉为"人间仙境"，备受唐代帝王将相和文人墨客的传颂。唐人王建作《上阳宫》诗，其中云："曾读列仙王母传，九天未胜此中游。"唐人白居易《洛川晴望赋》亦发出"瞻上阳之宫阙兮，胜仙家之福庭"的感慨），由左羽林将军李湛留守宿卫。当武后的马车从迎仙宫出发时，唯有太仆卿、同中书门下三品姚崇独自痛哭。张柬之、桓彦范见状大吃一惊。姚崇哭，从表面上看，是今日泣别旧君，实乃人臣之义也。即便获罪，倒也心甘情愿。是日，姚崇就受到了张柬之的非难，中宗降旨，左迁宰相姚崇为亳州（今安徽亳州市）刺史，并命其立即赴任。

姚崇的"哭"，真的是"人臣之义"吗？从以后事态发展局势看，"五王"被诛，而姚崇独免于难，这充分说明，在紧要关头，是他用泪水为自己冲刷出了一条生路，难怪元人胡三省在音注《资治通鉴》时，不得不为之感叹：此姚元之所以为多智也。

中宗复位后，遂加封其弟相王李旦为安国相王，拜太尉、同凤阁鸾台三品；加封其妹太平公主为镇国太平公主。此外，凡被发配或没入官府为奴的李唐宗室子孙，重新补进族册，封授相应的官爵。凡为人佣保，命州县搜访遗骨，以礼改葬，追封官爵，并命子孙承袭。

正月二十七日，中宗率领文武百官来到上阳宫，上武后则天大圣皇帝尊号。二十九日，中宗任命张柬之为夏官尚书、同凤阁鸾台三品，崔玄暐为内史，袁恕己同凤阁鸾台三品，敬晖、桓彦范为纳言，上述功臣皆赐爵为郡公。赐爵李多祚为辽东郡王，擢王同皎为右千牛将军，赐爵琅琊郡公；擢李湛为右羽林大将军，赐爵赵国公。

二月初四，中宗下诏，"复国号曰唐。郊庙、社稷、陵寝、百官、旗帜、服色、文字皆如永淳以前故事。"① 并恢复神都为东都旧名，北都恢复并州旧名，称老君为玄元皇帝。翌日，中宗着手整顿朝廷，贬凤阁侍郎、同平章事韦承庆为高要县（今广东肇庆市高要区）尉，流放正谏大夫、同平章事房融于高州（今广东高州市），司礼卿崔神庆于钦州（今广西钦州市）。任命杨再思为户部尚书、同中书门下三品，兼长安留守。二月十四日，册立韦妃为皇后，大赦天下，同时追赠韦皇后之父韦玄贞为上洛王，追赠韦皇后之母崔氏为上洛王妃。又令高宗朝西台侍郎、同东西台三品上官仪孙女上官婉儿"专掌制命，深被信任，寻拜为昭容"。②

当年，中宗被自己的亲生母亲武后贬为庐陵王幽居房州（今湖北房县）时，韦氏也随之从皇后的宝座上滚落下来而被降为王妃。在患难的多年中，每当庐陵王李显陷入绝望境地之时，都是韦妃给了他足够的信心和力量，在困苦的磨难中，韦妃成为庐陵王唯一的精神支柱，庐陵王从内心感激韦妃的开明大度和不弃不离之情。

据说，有一次，庐陵王由韦妃陪同前去感德寺探望某僧。途中，庐陵王兴致勃发，随手捡起地上的一枚石子对韦妃说：如果我抛出的这枚石子不落地，假如我再能做皇帝，凡朝中之事任由你随心所欲，我绝不加任何干涉。谁知事情偏有凑巧，李显抛出的这枚石子居然卡在了路旁一棵茂密大树的树枝间而没有落地，韦妃见状，心中窃喜，认为这是苍天赐给他们的吉兆。这次"抛石问天"，确实让庐陵王夫妇兴奋了好长一阵子。

中宗没有食言。复位后，果真对韦皇后放任自由，朝廷之事任由她尽情折腾。中宗之举，无形中助长了韦皇后一心想效仿婆婆武则天称帝的野心。

上官婉儿富有才情，但毕竟只是昭容，与皇后之位相去甚远。上官昭容为了依附韦后，劝韦后承袭武则天时期所施行的典章制度，并向中

---

① （宋）司马光.《资治通鉴》卷第二百八 [M]. 北京：中华书局，2009 年，第 8666 页。

② （后晋）刘昫.《旧唐书》卷五十一 [M]. 北京：中华书局，1975 年，第 2175 页。

宗上表，请求诏令全国士民百姓一律为被父亲休弃的母亲服丧三年，同时，又请求规定天下百姓二十三岁为丁，五十九岁免除劳役，目的是收买人心。

中宗复位后，上官婉儿清楚地看到了韦皇后的强悍和中宗的懦弱。婉儿为了站稳脚跟，一方面极力笼络中宗，另一方面积极迎合韦后。最臭名昭著的事例是，武则天的侄子武三思，在其姑母武则天当政前，就已经担任右卫将军。在其姑母当政时，被封为梁王，先后被拜为夏官尚书、天官尚书、春官尚书、同平章事，权倾朝野。并兼修国史，鉴于这层特殊的家族关系，飞扬跋扈的武三思有机会与姑母的政治秘书上官婉儿多有接触，不管是武三思以情勾引婉儿，还是婉儿以色勾引武三思，总之，他俩私通已经成为不争的事实。婉儿为了谋求更大的政治利益和更高的政治地位，毅然地将自己的情人武三思双手拱让给了中宗的韦皇后。及至后来，武周王朝的重臣武三思在上官昭容和韦皇后的帮助下，摇身一变又成了李唐王朝的司空、同中书门下三品。再加实封五百户，武三思装模作样"固辞"，中宗不但不许，反而又晋封开府仪同三司。更让人难以理解的是，中宗竟然亲自安排韦皇后与武三思幽会。

有一次，韦皇后当着中宗的面和武三思玩起了双陆棋的游戏。双陆，博戏用具，同时也是一种棋盘游戏。或称握槊、长行，传为三国时曹魏陈思王曹子建制，棋子的移动以掷骰子的点数决定，先把所有棋子移离棋盘的玩者可获得胜利。中宗则在一旁平静地手握筹码替他二人计算输赢。韦皇后很放肆，竟然当着中宗的面向武三思眉来眼去，而中宗看在眼里，难受在心里，借口有事，便泥鳅般地溜走了。武三思一参政，立即援引武周旧臣魏元忠、韦安石、杨再思及唐休璟等人，伺机"反易国政"。

上官婉儿姨母之子、左拾遗王昱针对婉儿与韦皇后、武三思联手祸乱朝政的行为，无不担忧地对婉儿母亲郑氏说：武周天下的覆灭乃是天意，绝对不会再有兴起的机会。今婉儿依附武则天之侄武三思，迟早会遭到灭顶之灾，还望姨母费心劝说。后来，郑氏严厉地告诫女儿婉儿收敛，但已经陷入政治旋涡中的婉儿不能自拔，依然我行我素。

七 贬杀五王

神龙元年（705）正月二十二日，凤阁侍郎、同凤阁鸾台平章事张柬之，鸾台侍郎、同凤阁鸾台平章事崔玄暐，尚书台右丞敬晖，司刑少卿桓彦范，相王府司马袁恕己等诛杀张氏兄弟后，洛州（今河南宜阳县西）长史薛季昶曾劝说张柬之应当趁机除掉武三思等人，以绝后患。而张柬之则认为武氏已在朝廷失势，没必要再开杀戒。此时，武三思的儿子武崇训已经是中宗之女安乐公主的驸马。中宗又将张柬之及武三思、郑普思等十六人作为朝廷功臣，赐以铁券，并规定这些人除谋逆之罪外，每人皆可宽恕十次死罪。

权势渐盛的武三思最忌恨张柬之逼其姑母武则天退位还政。于是，武三思与韦皇后串通在一起，经常在中宗面前诬陷张柬之等人"恃功专权，将不利于社稷"。[①] 昏头的中宗偏信谗言，武三思等人趁机又为中宗出谋划策，五月十六日，中宗下《封五王制》，制云：

> 门下：建侯之典，岂独于懿亲；茅土之荣，必覃于茂绩。侍中上柱国齐国公敬晖、侍中上柱国谯郡开国公桓彦范、银青光禄大夫守中书令兼修国史上柱国汉阳郡开国公张柬之、银青光禄大夫中书令博陵郡开国公崔元暐、中书令兼检校安国相王府长史上柱国南阳郡开国公袁恕己等：早竭忠说，凤罄腹心。在身喻于股肱，在物均于舟楫。除凶而殄逆，更安社稷之基；策命而襃崇，爰申建侯之宠。敬晖可封为平阳郡王，彦范可封为扶阳郡王，仍赐姓韦，柬之可封

---

① （宋）司马光.《资治通鉴》卷第二百八 [M]. 北京：中华书局，2009 年，第 8678 页。

为汉阳郡王兼特进，勋及食实封各如故。元晖可封为博陵郡王，恕己可封为南阳郡王。仍令准例朔望朝参，便即不须推让。主者施行。①

郡王，爵名，中国古代爵位等级。西晋以来，封王以郡为国。郡王之称始于南朝梁。自唐以来，皇太子之子封郡王，亲王之子若得皇恩沐浴，也可封为郡王，也有朝臣得封郡王，从一品。唐代以后，郡王通常是亲王无法继承爵位的其他儿子的封号，继承爵位的嫡子封世子，别的则封为郡王。尤其进入五代十国，郡王分封甚滥。

汉阳，即今湖北武汉市。平阳，即今山西临汾市西南。扶阳，即今安徽巢湖市。南阳，即今河南南阳市。博陵，即今河北定州市。以上五人，皆"罢知政事，赐金帛鞍马，令朝朔望"，②准许他们每月初一、十五两次进京朝见。随后，武三思下令朝廷恢复武周时期的政策和法令，凡拒不趋附武氏政治集团者，皆被排斥去位。而遭到张柬之、桓彦范等人免官放逐者悉被召回重用。至此，朝政大权已经全部落入武三思之手。

是年，户部上奏：全国共有六百一十五万户，三千七百一十四万多人。

神龙二年（706）正月二十三日，中宗拜吏部尚书李峤同中书门下三品，中书侍郎于惟谦同平章事。闰正月初十，武三思便将身在京师的敬晖、桓彦范、袁恕己三人分别外放为滑州（今河南滑县）、洺州（今河北永年区广府镇）及豫州（今河南属）刺史。

二月二十一日，中宗拜刑部尚书韦巨源同中书门下三品，并准许他列入韦皇后的家族之中。翌日，中宗将胡僧慧范等九人各加五品官阶，分别赐爵郡公或县公。将道士史崇恩等人各加五品官阶，并任命他们为国子祭酒，员外特置同正员；另加叶静能金紫光禄大夫。

三月，由于武三思和韦皇后的诬陷，中宗再贬敬晖为朗州（今湖南常德市）刺史，贬崔玄暐为均州（今湖北十堰市）刺史，贬桓彦范为亳州（今安徽亳州市）刺史，贬袁恕己为郢州（今湖北钟祥市）刺史，贬张柬之为襄州（今湖北襄阳市）刺史。凡当时随张柬之等一起诛杀张易之、

---

① （清）董诰.《全唐文》卷十六[M].上海：上海古籍出版社，1990年，第79页。
② （宋）司马光.《资治通鉴》卷第二百八[M].北京：中华书局，2009年，第8678页。

张昌宗而立功者皆被当作张柬之的同党而受到贬职处分。

四月,中宗改赠韦皇后之父上洛王韦玄贞为酆王,同时,又赐韦皇后的四个弟弟韦洵、韦浩、韦洞、韦泚为郡王。

之后,武三思又暗中指使许州司功参军郑愔诬告朗州(今湖南常德市)刺史敬晖、襄州(今湖北襄阳市)刺史张柬之、亳州(今安徽亳州市)刺史韦彦范(桓彦范被赐姓韦)、郢州(今湖北钟祥市)刺史袁恕己、均州(今湖北十堰市)刺史崔玄暐五人系王同皎的同谋。六月初六,中宗再下《贬敬晖等诏》:

> 则天大圣皇后往以忧劳不豫,凶竖弄权,晖等因兴甲兵,划除妖孽,朕录其劳效,备极宠荣。自谓勋高一时,遂欲权倾四海,擅作威福,轻侮国章,悖道弃义,莫斯之甚。然收其薄效,犹为隐忍,锡其郡王之重,优以特进之荣,不谓谿壑之志,殊难盈满。既失大权,多怀怨望。乃与王同皎窥觇内禁,潜相谋结,更欲称兵绛阙,图废椒宫,险迹丑词,惊视骇听。属以帝图伊始,务静狴牢,所以久为含容,未能暴诸遐迩。自同皎伏法,衅迹弥彰,傥若无其发明,何以惩兹悖乱?迹其巨逆,合寘严诛,缘其昔立微功,所以特从宽宥。咸宜贬降,出佐遐藩。晖可崖州司马,柬之可新州司马,恕己可窦州司马,元暐可白州司马,并员外置。①

崖州,即今海南琼山东南。新州,即今广东新兴县。窦州,即今广东信宜市。白州,即今广西博白县。并削夺了他们的勋爵,不得随意离任。

武三思又派人向中宗陈说韦皇后行为不检,并将其内容写成字条,张贴在洛阳市的天津桥上,请求中宗废除韦后。中宗听后,勃然大怒,命御史大夫李承嘉严加追查。纪王参军李旻之子、御史大夫李承嘉上奏:这些字条都是敬晖、张柬之、桓彦范、袁恕己和崔玄暐派人书写和张贴的,请陛下将其五人灭族。

另外,武三思又指使儿媳安乐公主对张柬之等五人进行栽赃诬陷。

---

① (清)董诰.《全唐文》卷十六 [M]. 上海:上海古籍出版社,1990 年,第 82 页。

武三思复仇心切，大理丞李朝隐见此情景，急忙上奏说：案子还没有经过详细审问，不能急于将其处斩。中宗考虑到曾赐予张柬之他们铁券，承诺不处死他们。于是，流放敬晖于琼州（今海南海口市琼山区），桓彦范于瀼州（今广西上思县西南），张柬之于泷州（今广东罗定市东南），袁恕己于环州（今广西环江县西北），崔玄暐于古州（今四川理县）。在张柬之五人子弟中，凡年满十六岁以上的皆流放岭外。后来，武三思又暗示太子李重俊上表，要求诛张柬之等五人三族，中宗没有同意。

神龙二年（706），张柬之和崔玄暐已于流放地相继故去。中书舍人崔湜趁机对武三思说：如果敬晖等人再回朝廷，将会成为祸患，"不如遣使矫制杀之"。① 矫制，即伪造皇帝的诏令。武三思表示赞同。于是，崔湜就趁机推荐了自己的表兄、大理正周利贞。

神龙初，身为侍御史的周利贞曾被张柬之等人贬为嘉州（今四川乐山市）司马。因此，他对张柬之等人怀恨在心。此时，周利贞已经被武三思召为刑官。武三思与韦皇后商议后，瞒着中宗，决定周利贞以右台侍御史的身份，带上由上官婉儿草拟的诏书奉命出使岭南，在贵州，周利贞命将桓彦范捆绑在竹筏子上拖行，直至血肉模糊露出骨头时，再行杖杀。将敬晖剐而杀之。逼袁恕己饮野葛汁，袁恕己饮至数升而不死，毒性发作，难受地用手扒土，手上的指甲几乎全被磨光，最后以乱棍打死。周利贞回朝后，被提升为御史中丞。

武三思杀掉桓彦范、敬晖、袁恕己三人后，权势超过中宗。在当时，兵部尚书宗楚客、将作大匠宗晋卿、太府卿纪处讷及鸿胪卿甘元柬都是武三思的党羽。御史中丞周利贞、侍御史冉祖雍、太仆丞李俊、光禄丞宋之逊及监察御史姚绍之皆为武三思的耳目，时称"五狗"。

十一月初二，群臣上中宗尊号为应天皇帝，上韦后尊号为顺天皇后。四天后，中宗和韦皇后移驾太庙，谒拜列宗列祖，诏赦天下罪囚。同时，中宗下诏，加弟弟相王李旦和妹妹太平公主实封户。《加相王实封制》云：

> 鸾台：尊王子弟，分裂山河，式优征赋，永固藩屏。并州牧左

---

① （宋）司马光.《资治通鉴》卷第二百八 [M]. 北京：中华书局，2009年，第8696页。

卫大将军太子左千牛卫率兼安北大都护相王旦,地惟茂亲,躬此明德,性安卑薄,诚切冲让。顷以所食相州,愿入天府,章表恳到,至于再三。朕难违固请,曲成美志。然以王国所费,触类宏多,汉晋已来,宠锡弥盛,或食邑五万户,或连城数十里,岂可遂其揽分之情,忘其推恩之典。宜于相州加实封一万户,进号安国相王,主者施行。①

《加太平公主实封制》云:

鸾台:睦亲之序,诚有节而难逾;襃善之方,谅无和而不洽。太平公主延祥紫极,禀庆彤闱。月至渐宫,下金娥而毓照;星分汉渚,回宝婺以凝姿。践素依仁,更缉柔闲之范;闻诗蹈礼,还表婉顺之容。毓悟发于天机,聪明协于神授。所以特钟先爱,偏荷圣慈,动辄承恩,言必中旨。故秦台下凤,礼越于常仪;鲁馆乘龙,荣该于美选。自蜃轩即路,蛩岩阕寝,途遥千里,时亢九炎,攀从莫由,荒号孰寄?公主亲承委属,代申悲苦。涉履山川,念徒行而弥切;奠奉明夕,哀独荐而逾勤。宫务毕修,闱容胥备,中外咸允,情理兼极。朕以其虽有殊效,盖是恒途,而凡典枢机,固事奏请,岂可以私亲之嫌,累夫公道之分。宜增汤沐之荣,以表肃雍之誉,可加实封五千户,进号镇国公主。②

十一月二十六日,武则天崩于洛阳上阳宫仙居殿,享年八十三岁。临终前,"遗制祔庙、归陵,令去帝号,称则天大圣皇后"。③赦免高宗后妃王氏和萧氏家族,以及褚遂良、韩瑗、柳奭三人的亲属之罪。谥曰则天大圣皇后。中宗遵母"归陵"遗制,将合葬乾陵,给事中严善思上奏曰:

乾陵玄宫以石为门,铁锢其缝,今启其门,必须镌凿。神明之道,体尚幽玄,动众加功,恐多惊黩。况合葬非古,汉时诸陵,皇后多

---

① (清)董诰.《全唐文》卷十六[M].上海:上海古籍出版社,1990年,第78页。
② (清)董诰.《全唐文》卷十六[M].上海:上海古籍出版社,1990年,第78—79页。
③ (后晋)刘昫.《旧唐书》卷六[M].北京:中华书局,1975年,第132页。

不合葬，魏、晋已降，始有合者。望于乾陵之傍更择吉地为陵，若神道有知，幽涂自当通会；若其无知，合之何益！①

意思是说：乾陵墓穴的门是用石头堆砌而成的，石门的门缝又用了熔化的铁水做了浇注，如果要打开石门，就必须使用钻子之类的工具凿挖，而供奉神祇之道，重在保持幽静深远的气氛，如果兴师动众地开凿石门，恐怕是对高宗遗体的亵渎。况且，夫妻合葬并非古制，汉朝皇帝的陵墓，基本上都没有皇后合葬。自魏晋以来，才出现了皇帝与皇后合葬，希望陛下能在乾陵旁选择风水吉壤为皇后修建陵墓，假如帝后神灵有知，在阴间自然会友好往来的。不然的话，即使将帝后合葬在一起又能有什么用处呢？

严善思是根据唐朝《天元房录葬法》中记载"尊者先葬，卑者不合于后开入"认为则天皇后卑于高宗大帝，今开乾陵合葬，就是以卑动尊。

中宗听后，不为所动，不予采纳。翌年正月二十一日，中宗护送则天皇后灵柩西返长安。崔融奉诏作《则天大圣皇后哀册文》。五月十八日，合葬则天大圣皇后于乾陵。

复位后的中宗虽然雄心勃勃，终因势单力薄，加之治国能力有限，朝廷正常运转机制陆续遭到武三思、韦皇后和安乐公主的肆意破坏。为给官民平冤昭雪，曾下《令官民投匦雪冤制》，制曰：

门下：九重严邃，非闾阎之可闻；万邦遐旷，因表疏而方达。朕尊居黄屋，心念苍生。微物不安，每切纳隍之虑；一人失业，更萦宵旰之怀。思欲下情上通，无令壅隔，所以明四聪者也。其官人百姓等，有冤滞未申，或狱讼失职，或贤才不举，或进献谋猷，如此之流，任其投匦。凡百士庶，宜识朕怀。②

中宗复位，不能不说是李唐江山又出现的一个悲剧。

---

① （宋）司马光.《资治通鉴》卷第二百八 [M]. 北京：中华书局，2009 年，第 8686 页。
② （清）董诰.《全唐文》卷十六 [M]. 上海：古籍出版社，1990 年，第 78 页。

八　太子兴兵

李重俊，中宗李显第三子，生母不详。聪颖果决，历封义兴郡王、卫尉员外少卿、卫王、洛州牧，食实封一千户。后迁左卫大将军，遥授扬州大都督。

神龙元年（705），李重俊的二哥李重福因遭韦皇后诬陷，被贬濮州（今山东鄄城县旧城镇）员外刺史。翌年七月初七，卫王李重俊被册立为皇太子。李重俊居东宫，终因没有得到贤师教诲，所行多有不法。左庶子姚珽屡屡进谏，李重俊厌其所言。

武三思其及儿媳安乐公主等依仗权势，崇外戚抑李唐，多次谗言诬陷，致使太子地位受到极大的威胁。

太子因非韦皇后所生，故而经常遭到安乐公主的侮辱和武三思的嘲弄，武三思之子武崇训也乘机从中唆使安乐公主建议父皇废黜李重俊的太子储位，请立其为皇太女。太子忿恨至极。

景龙元年（707）七月初六，太子李重俊秘密会同左羽林大将军李多祚、右羽林将军李思冲，以及李承况、独孤祎之、沙吒忠义等，"矫制发左右羽林兵及千骑三百余人，杀三思及崇训于其第，并杀党舆十余人。"① 随后，李重俊与李多祚又引兵从肃章门斩关杀入宫中，叩击阁门搜捕韦氏、安乐公主及上官昭容。上官昭容逃至中宗和韦后住所，慌忙地对中宗说道：我看太子的动机是先杀了我婉儿，然后再捕弑皇后和陛下。说完，便随中宗、韦皇后、安乐公主仓皇爬上玄武门楼躲避兵锋。此时，中宗派遣右御林将军刘景仁亲率御林兵一百多人聚集在门楼下闭门列守。李

---

① （后晋）刘昫.《旧唐书》卷八十六 [M]. 北京：中华书局，1975年，第2838页。

多祚和李重俊看到守卫玄武门的羽林兵，希望中宗能在门楼上询问一下自己起兵之因。此时，站在中宗身旁的宫闱令杨思勖请求中宗允许他带兵出击，中宗准请。李多祚的女婿、御林中郎将野呼利瞬间被斩首，士气顿丧。中宗看在眼里，手扶栏杆，俯身向楼下喊话：你们都是朕的宿卫亲兵，为什么要跟着李多祚谋反呢！如果你们谁能够杀掉谋反者，将来会有享不尽的荣华富贵！于是，千骑王欢喜等士兵倒戈，遂将李多祚、李承况、孤独祎之及沙吒忠义等人斩首，兵变余党四散逃溃。李重俊见此情景，遂带领一百多骑兵疾出肃章门，向终南山方向逃奔，中宗令长上果毅赵思慎率轻骑追赶，到达鄠西（今陕西西安市鄠邑区西）时，逃亡兵卒所剩无几。太子李重俊在树下休息时，猝不及防，遭到手下袭杀。

中宗接受兵部尚书宗楚客的建议，命将太子首级示众于朝，再献享太庙，再祭奠武三思、武崇训父子灵柩，太子同党尽皆伏诛。就连太子起兵时所经过的诸城门守护者皆连坐流放；韦后党羽上奏中宗，请求将其全部处死，中宗令法司审理，大理卿郑惟忠上奏：截至目前，这桩大案虽然已经了结，但人心依旧惊慌。如果再改判的话，会使更多的人深感不安。于是，中宗下诏，大赦天下。

当初太子遇害时，东宫属僚中竟无一个人敢靠近太子的遗体，永和县丞宁嘉勖实在看不过眼，才脱下自己的衣服裹住太子遗体失声痛哭，宗楚客闻之大怒，遂贬宁嘉勖为兴平丞（作者案：《资治通鉴》卷第二百八记为"兴平丞"，《旧唐书》卷八十六记为"平兴丞"）。

景云元年（710）六月二十四日，镇国相王李旦于太极殿复位，复位后的睿宗，遂下《赠太子重俊谥节愍制》，制云：

> 朕闻曾氏之孝也，慈景惑于疑听；赵虏之族也，明主哀而望思。历考前闻，率由旧典。重俊，大行之子，元良守器，往罹构间，困于谗嫉。莫顾铁钺，轻盗甲兵，有此诛夷，无不悲惋。今四凶咸服，十起何追？方申赤晕之冤，以纾黄泉之痛。可赠皇太子谥曰节愍。陪葬定陵。①

---

① （清）董诰．《全唐文》卷十八 [M]．上海：上海古籍出版社，1990年，第88页。

睿宗追复李重俊的太子名位，赠谥节愍，陪葬定陵（今陕西富平县凤凰山）。并《赠宁嘉勖永和县令制》，制曰：

> 宁嘉勖能重明节，事高栾向。幽涂已往，生气凛然。静言忠义，追崇褒宠。可赠永和县令。①

从某种意义上讲，两份制书，充分体现了睿宗以人为本，君心向善的举动。

---

① （清）董诰.《全唐文》卷十八 [M]. 上海：上海古籍出版社，1990年，第88页。

九　上官婉儿

自太子李重俊发动宫廷政变后，上官婉儿这才感到害怕。同时，她也想起了姨母之子、左拾遗王昱曾对其母郑氏所进之言。于是，为了保全性命收敛了许多。

上官婉儿的祖父上官仪，游情释典，尤精《三论》。"本以词彩自达，工于五言诗，好以奇错婉媚为本。"① 其诗论专著《笔札华梁》，连同他的"上官体"使其成为唐诗格律化的先驱。虽然"上官体"多为应制奉和之作，但深受时人推崇，尤其是当上官仪显贵时，多有效其体者。

又据相关文献记载，《笔札华梁》约于唐元和（806）之前就已传至日本，并为弘法大师空海征引。《笔札华梁》内容有：八阶、六志（阙）、属对、七种言句例、文病、笔四病、文博、第四博、论对属等，上承齐、梁以来音律遗风，下袭元、崔等人理论，在诗论方面的贡献尤为突出。《入朝洛堤步月》系其代表作。而《八咏应制》则是典型的宫体诗。著有《西台文集》三十七卷，《全唐诗》录其诗一卷。

上官仪风流倜傥，丰采儒雅，常以忠言进谏。当初，高宗力排众议，坚持立武氏为皇后。武后得志，恃势专权，高宗想有所作为，却时时受制于武后，高宗为此恼怒不已。

麟德元年（664）十月，太监王伏胜告发道士郭行真出入皇宫，武后指使其搞"厌胜"迷信活动，高宗听后大怒，欲废武后为庶人。立即密召西台侍郎、同东西台三品上官仪商议，上官仪进言：皇后专权扬威，天下百姓失望，还请陛下废其皇后之位，以顺应民心。高宗认同，即命

---

① （后晋）刘昫.《旧唐书》卷八十 [M]. 北京：中华书局，1975年，第2743页。

上官仪起草废后诏书。就在此时，高宗身边的宫人飞报武后，武后赶来时，看见废黜武后的诏书还在高宗手上，高宗畏惧，继而后悔，他便嫁祸于上官仪，从此，武后遂与上官仪结怨。不久，武后指使太子少师、同东西台三品许敬宗诬陷上官仪、王伏胜与废太子李忠通谋背叛朝廷。十二月十三日，五十六岁的上官仪被捕入狱，后与其子上官庭芝、上官庭璋一同被处死。

从某种意义上讲，上官仪的死，代表了初唐士大夫阶层政治命运的演变，更是初唐士大夫精神的终结。

中宗复位后，御赐已故上官仪楹帖：上郢氏族王家楚将；官居西台体效国公。追赠中书令、秦州都督、楚国公，并肖像图形于凌烟阁。追赠其子上官庭芝为黄门侍郎、歧州刺史；追赠上官庭璋为天水郡公。父子三人皆以礼改葬。

当上官仪父子被处死后，襁褓中的婉儿便随母亲郑氏被没入掖庭为奴。在此期间，聪慧的婉儿在母亲的悉心培育下饱读诗书，"及长，有文词，明习吏事。"① 婉儿不仅能吟诗作文，而且还明达吏事。不甘为奴的郑氏为了改变罪臣家属的处境，又送婉儿入宫学馆习文，唯一的寄托就是希望本为相府小姐的女儿将来能奋斗到一个宫官女史之职。

上官婉儿十三四岁的时候，已经成为宫学馆有史以来最具才情的生徒。她的才名很快就传到了武后那里，从而引起了武后的好奇。

仪凤二年（677），武后召见上官婉儿，当她第一眼看到亭亭玉立的上官婉儿时，上官婉儿祖父上官仪的音容笑貌立即就浮现在她的脑海里，武则天当年的心海确实被上官仪的帅气翻腾过。上官婉儿不卑不亢，落落大方，对于武后的所问以礼作答。末了，武后让婉儿以剪彩花为题，构写一阕五言律诗。只见婉儿略加思索，须臾而成：

密叶因栽吐，新花逐剪舒。攀条虽不谬，摘蕊讵知虚。春至由来发，秋还未肯疏。借问桃将李，相乱欲何如？②

---

① （后晋）刘昫.《旧唐书》卷五十一 [M].北京：中华书局，1975 年，第 2175 页。
② 王卢生.《大唐才女上官婉儿诗集》[M].郑州：中州古籍出版社，2011 年，第 23 页。

并将诗题命为《奉和圣制立春日侍宴内殿出剪彩花应制》。诗的前四句是描写彩花，也就是剪出的假花姿态等，后四句则写假花没有春夏秋冬的荣败，与桃李相比，竟可乱真。武后深深被此诗优美的语言和华丽的辞藻所感染。许久，她问婉儿：最末两句是什么意思？婉儿回答：天后陛下，一首诗的解释有多种多样，主要得看解释人的心境怎样。如果陛下认为奴婢是在含沙射影，奴婢也不敢狡辩。话音刚落，在场的人无不大惊失色，认为这是婉儿以言招祸，必死无疑。不料，武后缓缓笑道：回答得好！因为她从婉儿的诗里和话里看到了自己当年的身影，她感叹婉儿诗才不凡，必能赛过须眉。当即下令免其奴婢身份，让其掌管宫中诏命。不久，婉儿又因违忤旨意，罪犯死刑，但武后惜其文才而不杀，仅处以黥面而已。婉儿十分感激武后的不杀之恩，遂尽心侍奉，曲意迎合，甚得武后欢喜。

后来，上官婉儿为了遮掩额上的刺青，便发明了一种梅花妆，即用金银箔剪成梅花状贴在面额上的妆法。再后来，又创造了一种卷曲的发髻，谓之上官髻。

据说，上官婉儿遭遇黥面与武则天面首薛怀义和张昌宗有关。唐人张𡋓小说《控鹤监秘记》中记载，武皇将上官婉儿倚为心腹后，甚至与张昌宗在床榻上交欢时也不避她。处在青春萌动期的婉儿免不得被引动。一天，婉儿与张昌宗私相调情，不料却被武皇撞见，武皇当面拔出金刀对婉儿怒目警告道：你以后再敢勾引张郎，罪当必斩！多亏张昌宗替婉儿跪地求情，才使婉儿得以赦免。另一种说法是，婉儿厌恶武则天男宠薛怀义对自己的调戏而私自关闭甬道，致使皇家明堂因其报复而被纵火烧毁。

图8 上官昭容像　明刻《历代百美图》

上官婉儿在度过太子李重俊政变失败的危机后，又"劝帝侈大书馆，增学士员，引大臣名儒充选"。①中宗遂置昭文馆大学士四人即李峤、宗楚客、赵彦昭、韦嗣立；直学士八人即李适、刘宪、崔湜、郑愔、卢藏用、李乂、岑羲、刘子玄；学士十二人即薛稷、马怀素、宋子问、武平一、杜审言、沈佺期、阎朝隐、韦安石等，以此象征一年中的四时、八节、十二月。每次举行宴会，君臣赋诗唱和，婉儿凭其出众才华，竟一人替代中宗、韦后、长宁及安乐二公主赋诗，"数首并作，辞甚绮丽，时人咸讽颂之"。②对朝臣诗作，中宗又令婉儿评定。凡名列第一者，御赐金爵。因此，在朝廷内外，吟诗作赋蔚然成风。婉儿搜奇猎俊的主要目标就是扩充自己的政治势力，但此举对促成中宗朝宫廷诗作的繁荣和昌盛功不可没。

婉儿母亲郑氏卒，谥曰节义夫人。婉儿请降秩服丧，中宗遂《起复上官氏为婕妤制》，制云：

门下：易著鸣谦，礼称辞贵。以崇让而退满，推心自得，其道弥光。前昭容上官氏，相门积善，儒宗雅训，文学冠时，柔嘉顺则。内守恬淡，外防奢侈，发于少长，持以周旋。乐无靡嫚，衣必汗濯，珠玑不珍，坟籍为宝。故能诚切一室，功宣两朝。谠议日闻，屡授楚笔，忠规岁纳，方轻汉辇。惟此邦媛，郁为宫师。遂能德综十伦，孝高百行。顷雁创巨，爱命权夺。秩茂左嫔，思被光宠；志齐班女，恳陈挚抱。而贤明之业，经济之才，素风逾迈，清辉益远。不成厥美，将蔽斯言，今依表奏，以宪图史。可起复婕妤，主者施行。③

婕妤，亦作倢伃，内官名。西汉武帝刘彻始置，位仅次于皇后，可视上卿，比列侯。上卿，古代官阶。三代时，天子及诸侯国皆设卿，分上、中、下三等，上卿为最高等级。列侯，古代爵位名，始见于战国。秦称

---

① （宋）欧阳修、宋祁.《新唐书》卷七十六 [M]. 北京：中华书局，1975年，第3488页。
② （后晋）刘昫.《旧唐书》卷五十一 [M]. 北京：中华书局，1975年，第2175页。
③ （清）董诰.《全唐文》卷十六 [M]. 上海：上海古籍出版社，1990年，第81页。

彻侯，居二十等爵制之首。西汉时期，为避刘彻讳而改称列侯，又称通侯，其食邑多者万户，少者数百，皆为县侯；东汉时，又有都乡侯、乡侯、都亭侯、亭侯等。及至后来，元帝增设昭仪，婕妤位次昭仪。三国魏太和中，明帝曹叡定为视中两千石。西晋时期，武帝司马炎置为九嫔之一，位视九卿。隋炀帝时，为世妇之首，位于九嫔之下。唐初沿置，自玄宗开元之后取消。

景龙二年（708）九月，中宗于长安幸大慈恩寺佛塔，婉儿献诗，群臣并赋。据《唐诗纪事》载，中宗幸昆明池，命婉儿选新翻御制诗，群臣应制百余篇。如果用"两朝专美"形容婉儿在武后和中宗朝的显赫地位实不为过。除此之外，中宗又派人在婉儿宫外府邸穿池为沼，叠石为岩，穷极雕饰，其风雅程度当属洛阳第一家，中宗常引大臣宴乐其间。而中书侍郎崔湜就是与婉儿因往来而私通，及至后来，崔湜竟被中宗引以为相。

崔湜，字澄澜，咸亨二年（671）生，定州安喜县（今河北定县）人。祖父崔仁师，官中书侍郎。父亲崔挹，官户部尚书。少时以文辞知名。举进士第，初官左补阙，预修《三教珠英》，为北门学士，迁殿中侍御史。神龙初，转考功员外郎、中书舍人。先后依附武三思、韦皇后和上官婉儿。

景龙二年（708），任兵部侍郎。进拜吏部侍郎，转吏部侍郎、同中书门下平章事。

景龙三年（709），崔湜因与礼部尚书、同平章事郑愔在主持铨选时多有违失，并与中书舍人冉祖雍等人遭遇非议，时有"崔冉郑乱政"之说，遭到御史李尚隐弹劾，中宗罢郑愔相位，流放吉州（今江西吉安市吉州区），贬崔湜为江州（广西崇左市江州区）司马。后因上官婉儿与安乐公主从中说情，中宗改贬崔湜为襄州（今湖北襄阳市襄州区）刺史。不久还京，拜尚书左丞。韦氏临朝称制，复同中书门下三品。

当初，婉儿和武三思尚结一份私情。自从见了崔湜，与武三思之间的私情若即若离。如今，韦皇后投怀武三思，孤单凄凉的婉儿便将一缕痴情寄托在了崔湜身上。崔湜一方面私通婉儿，另一方面却将妻女送至东宫侍奉太子。崔湜还借此机会将自己的亲兄弟崔苣、崔液、崔涤一个个地引来与婉儿会面。每当婉儿在府邸饮宴，席间总是坐着这四位美少年,或行令或赋诗,婉儿好不惬意。每次兄弟们饮宴时,崔湜都自比东晋时的王谢贵族。

睿宗即位,贬崔湜为华州(今陕西渭南市华州区)刺史。景云中,太平公主引崔湜为中书令。玄宗即位,流崔湜于岭外。后因宫人元某供述曾与崔湜预谋在玄宗所食用的赤箭粉(俗称天麻,有益寿延年之效)中投毒害帝,玄宗大怒,立即派人追至荆州(今湖北荆州市),将其赐死,崔湜死年四十三岁。

之前,崔湜风光时,常于日暮时分骑马出端门下天津桥,缓辔赋诗。有一次,崔湜吟《酬杜麟台春思》,诗曰:"春还上林苑,花满洛阳城。"张说见之,叹曰:"文与位固可致,其年不可及也。"

婉儿擅诗,尤擅山水诗,其山水诗主要完成于皇亲贵戚的园林别业。景龙三年(709),中宗赴长宁公主山庄,婉儿有《游长宁公主流杯池》诗二十五首,其中三言诗二首、四言诗五首、五言诗十五首、七言诗三首,这些诗从不同侧面抒发了婉儿的山林之赏,显示了她对初唐宫庭诗歌题材及审美趣味的超越,流露出了她对自然的深切热爱与礼赞之情。有学者认为,婉儿的一些山水诗作,已与盛唐山水田园诗派相去不远。

是年十二月,中宗携婉儿及诸学士游幸温泉宫、骊山,婉儿作《驾幸新丰温泉宫献诗三首》,诗云:

　　三冬季月景龙年,万乘观风出灞川。遥看电跃龙为马,回瞩霜原玉作田。

　　鸾旂掣曳拂空回,羽骑骖驔蹋景来。隐隐骊山云外耸,迢迢御帐日边开。

　　翠幕珠帏敞月营,金罍玉斝泛兰英。岁岁年年常扈跸,长长久久乐升平。①

全诗境界开阔,气势非凡,将皇家出行、饮宴的浩大声势与自然界的壮观景象有机地融合在了一起。

---

① 王卢生.《大唐才女上官婉儿诗集》[M].郑州:中州古籍出版社,2011年,第34—38页。

唐隆元年（710）六月二十日夜，临淄王李隆基发动宫廷政变，婉儿为了保命，亲率宫女秉烛跪迎李隆基，并把她与太平公主所拟遗诏底稿呈给刘幽求，刘幽求拿着遗诏在李隆基面前为婉儿求情，李隆基不为所动，命斩婉儿于旗下。

上官婉儿手中的遗诏不但没有成为自己的救命稻草，反倒成了一把刺向自己胸膛的利剑。从此，一代才女香消玉殒。韦皇后、武延秀、安乐公主、宗楚客、韦温、贺娄氏等相继被杀。

景云二年（711）七月二十日，睿宗诏复封上官婉儿为昭容，谥曰惠文，葬雍州咸阳县茂道乡洪渎原（今陕西咸阳市渭城区北杜镇邓村北）。

纵观婉儿的一生，可以说，是上官仪给了婉儿以血脉，而真正造就婉儿的却是上官仪的仇人武则天。

2013年秋，陕西省考古研究院在咸阳发掘了唐昭容上官氏墓，从清理发掘情况看，该墓曾遭到严重的捣毁，有学者分析认为此系官方所为。墓中出土墓志一合，志盖篆顶，青石材质，高75厘米，宽73厘米，厚12.5厘米。顶面正中阴刻篆书"大唐故昭容上官氏铭"，顶盖四周及四侧减地线刻牡丹纹带。志石高74厘米，宽74厘米，

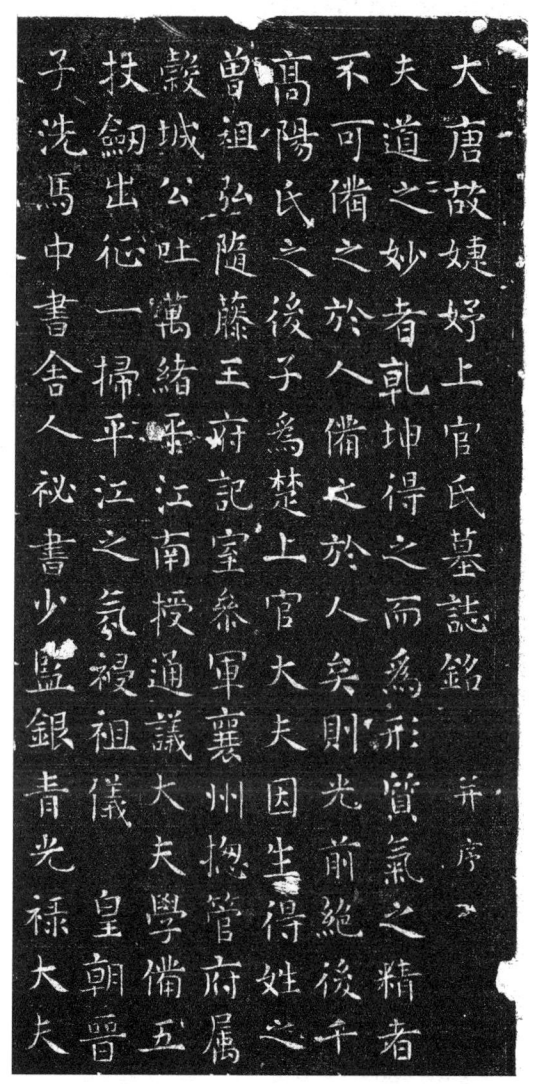

图9 上官婕妤墓志铭（局部） 陕西考古博物馆藏

厚 15.5 厘米，刻细线棋格，阴刻正书三十二行，满行三十三字，共计九百八十二字。其中云："婕妤懿淑天资，贤明神助。诗书为苑囿，捃拾得其菁华；翰墨为机杼，组织成其锦绣。"《大唐故婕妤上官氏墓志铭》是有关上官氏的第一手资料，与两《唐书》《资治通鉴》等文献记载略有出入，此合墓志具有非常重要的史料价值。

雍州为唐京畿所在地。按照"妇从夫葬，未嫁女子从父葬"的丧葬礼仪，上官婕妤理应陪葬定陵。然因其抑李扬武，又系横死，故而不能陪葬中宗定陵也在情理之中。

李隆基即位后，对诛杀婉儿心有所悔，遂派人广泛收集婉儿诗文，编成《唐昭容上官氏文集》二十卷。中书令、燕国公张说奉诏撰《唐昭容上官氏文集序》，其中写道：

明淑挺生，才华绝代，敏识聪听，探微镜理，开卷海纳，宛若前闻，摇笔云飞，咸同宿构……古者有女史记功书过，复有女尚书决事容阁，昭容两朝专美，一日万机，顾问不遗，应接如响，虽汉称班媛，晋誉左嫔，文章之道不殊，辅佐之功则异……独使温柔之教，渐于生人，风雅之声，流于来叶。非夫元黄毓粹，贞明助思，众妙扶识，群灵挟志，诞异人之宝，授兴王之瑞，其孰能臻斯懿乎？[①]

武则天族孙武平一在《景龙文馆记》中评价婉儿道：自通天后，建景龙前，恒掌宸翰。其军国谋猷，杀生大柄，多其决……至幽求英俊，郁兴辞藻，国有好文之士，朝无不学之臣，二十年间，野无遗逸，此其力也。旧题柳宗元撰唐代传奇小说《河东先生龙城录》云其诗歌有绝丽之语。

上官婉儿死后八十年，吕温在《上官昭容书楼歌》赞道："汉家婕妤唐昭容，工诗能赋千载同。自言才艺是天真，不服丈夫胜妇人。"[②]

宋代阮阅《诗话总龟》后集卷四十一引《许彦周诗话》云："唐高

---

① （清）董诰.《全唐文》卷二百二十五[M].上海：上海古籍出版社，1990年，第1004页。
② 王卢生.《大唐才女上官婉儿诗集》[M].郑州：中州古籍出版社，2011年，第113页。

宗燕群臣赏双头牡丹诗，上官昭容一联云'势如连璧友；情若臭兰人。'计之必一英奇女子也。""不服丈夫胜妇人"及"英奇女子"都是后世论者对其才情品性的评价。

相传婉儿将要出生时，其母郑氏梦见一巨人送给她一杆秤，并说："当生贵子，而秉国权衡。"[①]郑氏料想腹中定是个男孩，将来必能成为称量天下之才，谁知生下的却是一个女孩，郑氏心中不乐。

婉儿出生月余，郑氏怀抱女儿则戏语道："称量者岂尔邪？"[②]婉儿呀呀相应。待婉儿内秉机政，并代朝廷品评天下诗文，果然为称量天下之才。《全唐诗》仅收其诗三十二首。

[①] （后晋）刘昫.《旧唐书》卷五十一[M].北京：中华书局，1975年，第2175页。
[②] （宋）欧阳修、宋祁.《新唐书》卷七十六[M].北京：中华书局，1975年，第3488—3489页。

十　潞州别驾

神龙三年（707）七月，安乐公主趁机与兵部尚书、同中书门下三品宗楚客阴谋陷害镇国太平公主及安国相王李旦，暗中指使武三思"五狗"之一冉祖雍向中宗诬告镇国太平公主、安国相王李旦及太子李重俊谋反，请求中宗速将他们逮捕下狱。中宗听信谗言，遂命吏部侍郎兼御史中丞萧至忠拘捕并主审相王李旦和太平公主，彻查相王李旦与太子李重俊联手谋反政治事件。一向对李唐忠心耿耿的萧至忠哭着向中宗进谏道：陛下富有四海，却不能容自己的一弟一妹，怎么能这样随意听信他人的谗言呢？糊涂的中宗听后幡然醒悟，从此停止追查，太平公主这才与哥哥相王李旦幸免于难，但却加深了太平公主与安乐公主之间的怨仇宿恨。

中宗为了瓦解弟弟相王李旦与妹妹太平公主的政治势力，防范手段之一就是将李旦的儿子一律赶出京师，命他们担任地方职务。

景龙二年（708）四月，中宗出临淄王、卫尉少卿李隆基为潞州（今山西长治市）别驾，出巴陵王、员外太府少卿李隆范为陇州（今陕西陇县）别驾，中山王、都水使者李隆业为陈州（河南周口市淮阳区）别驾。李隆基在离开京师长安时，亲朋挚友只送行到城门口，唯有一位名叫崔迪的人恋恋不舍，送了一程又一程。

临淄王李隆基在潞州别驾任上结交了汝州襄城（今河南襄城县）富豪张暐。张暐系武德年间郓州刺史张德政之孙，以门荫入仕。景龙初，授铜鞮（今山西沁县南）令，"家本豪富，好宾客，以弋猎自娱"。[①]曾引荐山东乐人赵元礼之女赵氏给临淄王李隆基，赵氏天生质丽，尤善

---

① （后晋）刘昫.《旧唐书》卷一百六[M].北京：中华书局，1975年，第3247页。

歌舞，临淄王幸之，生下废太子李瑛。

在李隆基外放潞州的一年多时间里，中宗仅仅给其加了一个从三品银青光禄大夫的文散官，李隆基不以为然。但令人振奋的消息是："州境有黄龙白日升天。尝出畋，有紫云在其上，后从者望而得之。前后符瑞凡一十九事。"①所谓"符瑞"十九事，据说是指日抱戴，月重轮，赤龙，逐鹿，嘉禾，黄龙，羊头山北童谣，仙洞，大王山三垒，疑山凿断，赤鲤，黄龙再见，紫云，李树，神蓍，金桥，紫气，大人迹，神人传庆等，李隆基针对这些臆造而出的所谓"祥瑞"，特命同中书门下三品、燕国公张说赋诗以颂。张说以《皇帝在潞州祥瑞颂十九首奉敕撰》为题而作，如：

《月重轮》
皇帝临潞州，景龙元年七月十有四日，夜月重轮。颂曰：维帝潜德，受天眷命。月之重轮，示我金镜。璧彩内澈，环规外映。君心用明，神道协庆。②

《赤龙》
皇帝临潞州，景龙二年四月二十五日，厅事据案假寐，百姓白鹤观道士宋大辩等三十余人，同见赤龙在案。颂曰：圣寐无体，神融气涣。蜿然赤龙，垂首据案。昔有王媪，预睹兴汉。今此潞人，亦兆灵观。③

《嘉禾》
皇帝临潞州，景龙二年八月二十有五日，长子县界内有嘉禾合穗。颂曰：灵气滋液，嘉禾族生。或分九穗，有合双茎。昔效唐叔，归功太平。今于历试，抽此德萌。④

---

① （后晋）刘昫.《旧唐书》卷八 [M]. 北京：中华书局，1975年，第165—166页。
② （清）董诰.《全唐文》卷二百二十一 [M]. 上海：上海古籍出版社，1990年，第984页。
③ （清）董诰.《全唐文》卷二百二十一 [M]. 上海：上海古籍出版社，1990年，第984页。
④ （清）董诰.《全唐文》卷二百二十一 [M]. 上海：上海古籍出版社，1990年，第984页。

《神蓍》

　　皇帝临潞州，景龙三年九月十有五日，召百姓韩拟礼著筮。卦未成，而一著翘立，拟礼曰："此天人之瑞。"洎帝践祚，授拟礼游击将军长上折冲，颂曰：纤纤灵著，下有伏龟。天生神物，以决狐疑。一著特起，自天立之。无卦之卦，告帝之期。①

……

　　景龙三年（709）十一月，临淄王李隆基被召还长安出席中宗李显的南郊祭祀大典。同时征召前修文馆学士崔湜、郑愔入京陪同参加祭祀大礼。十一月十三日，中宗于南郊祭祀天地，祭祀大典"以皇后为亚献，补大臣李峤等女为斋娘，以执笾豆焉"。②斋娘，指侍奉皇后祭祀的女执事。笾、豆，指古代祭祀或宴会时常用的两种礼器，竹制为笾，木制为豆。

　　同时，中宗下诏赦免天下囚徒，即便是犯有十恶之罪的罪犯，也被一律赦免。凡被处以流刑的人犯全部放回原籍，已经成亲的斋娘，皆被任命新的官职。

　　当年，临淄王李隆基在离开潞州之前，曾秘密召见了一位名叫韩凝礼的术士占卜，在占卜过程中，蓍草中有一根茎自直立着，韩凝礼惊呼道：蓍草独立，是不同寻常的奇异征兆，此天人之瑞。依韩凝礼之言，可以推断出此乃龙飞之象，一阳动当登大位。李隆基听后，眼前为之一亮，精神为之一振，心情为之一喜。表面上，李隆基心平如水，但在内心已经开始酝酿如何秘密援引才士协助自己成就王业。

　　另据记载："今上之为潞州别驾，将入朝，有军人韩凝礼，自谓知兆，上因以食箸试之。既布卦，一箸无故自起，凡三偃三起，观者以为大吉征。"③

　　李隆基在京师长安的住宅位于兴庆坊，原称隆庆坊。坊内有一池，

---

① （清）董诰.《全唐文》卷二百二十一[M].上海：上海古籍出版社，1990年，第984—985页。
② （宋）欧阳修、宋祁.《新唐书》卷十三[M].北京：中华书局，1975年，第337页。
③ （唐）刘餗.《隋唐嘉话》卷下[M].北京：中华书局，1979年，第46页。

称兴庆池。原本为平地,垂拱后,因受雨水浸润而潦成小池。又因其靠近五王宅,故称五王子池。北宋史学家宋敏求《长安志》记载:至景龙中,弥亘数顷,常有云龙之谓,后因谓之龙池。意思是说,到了景龙年间,这个水池已经荡拓到百余亩,池内水深十尺,明净如镜,经常有云雾笼罩水面,有人还看见了一条云龙在池中出没,故又称其为龙池。

开元年间,起居郎蔡孚献郊庙歌辞《奉和圣制龙池篇》,歌云:

帝宅王家大道边,神马潜龙涌圣泉。昔日昔时经此地,看来看去渐成川。歌台舞榭宜正月,柳岸梅洲胜往年。莫疑波上春云少,只为从龙直上天。

以此赞美龙池的美妙景象。朝臣们纷纷赋诗唱和,先后收集到一百三十余篇赞美龙池的诗作。

正因为李隆基渐次心怀政治企图,加上膨胀了的政治野心,遂命张说撰写《上党旧宫述圣颂并序》,并树碑勒石,辞曰:

帝德广运,乃圣乃神,天祚圣兮。唐虽旧邦,其命维新,再受命兮。帝初正人,降居上党,天下往兮。黄龙昼见,攀天而上,九五象兮。帝适于野,紫云之下,求必在兮。帝寝于堂,变龙有光,观者骇兮。天迹星谣,木连蓍立,总神异兮。灵钟化穴,缟鹿赤鱼,何诡异兮?上天无声,托类附形,觉悟人兮。圣皇斋栗,在得戒失,昭事神兮。皤皤潞老,乐我王道,爱旧宫兮。赫赫颂功,与天比崇,撼无穷兮。①

临淄王李隆基堂而皇之地为自己在潞州发迹史罩上了一层神圣而耀眼光环。及至后来,又命秘书省校书郎张九龄撰写《圣应图赞并序》:

臣闻启圣者天也,宣有以觉悟;受命者圣也,必有以明徵:故神不言而可知,时将至而先兆。当陛下龙潜上党也,或托类于云物,

---

① (清)董诰.《全唐文》卷二百二十一[M].上海:上海古籍出版社,1990年,第985页。

或效灵于卜筮，意者天之丁宁垂象，唯恐后时。又以潞水之泓深，山鹿之捷走，驰骑是获，厉流不濡，非力所能，以明或跃。《乾》之上体，时在九四，神道幽赞，圣期密迩，自后而占，何著明其若此？苾天福海内，地降圣迹，以瑞非常之后，以决如神之策，至于再三，明必信耳。有郡掾崔弼，时其从行，见龙骑先驰，谓河流可涉，亦既数步，遽已灭顶。不沉也，安足以验，飞无凡也，于何以昭圣？事来自久，命常维新，臣不胜至愿，谨为《圣应图》遂献赞曰：

龙之或跃，泉有何深？神亦成象，化为背禽。凌厉是获，明命则忱。如彼从掾，焉能不沉？①

李隆基在潞州别驾任上总共度过了两年多的时光。理政之余，还在潞州衙署内建造了一所比较宏丽的府第，其后建一亭子，曰：德风亭，取自《论语·颜渊篇》："君子之德风，小人之德草。草上之风，必偃。"②意思是说，君子的德行好比是风，小人的德行好比是草，风吹在草上，草就必定跟着倒，强调了君子做好垂范表率的重要性。

在当时，定天位，因此行也！一致认为李隆基的龙位是从潞州起飞的。直至开元十一年（723）正月十四日，玄宗车驾自东都洛阳启程北上，抵达潞州，算是故地重游。"宴父老，曲赦大辟罪已下，给复五年。别改其旧宅为飞龙宫。"③车驾过上党金桥，玄宗御撰《巡省途次上党旧宫赋》诗：

三千初击浪，九万欲抟空。天地犹惊否，阴阳始遇蒙。存贞期历试，佐贰伫昭融。多谢时康理，良惭实赖功。长怀问鼎气，凤负拔山雄。不学刘琨舞，先歌汉祖风。英髦既包括，豪杰自牢笼。人事一朝异，讴歌四海同。如何昔朱邸，今此作离宫。雁沼澄澜翠，猿岩落照红。

---

① （清）董诰.《全唐文》卷二百九十一 [M]. 上海：上海古籍出版社，1990年，第1304页。
② 陈戍国.《四书五经》（上）[M]. 长沙：岳麓书社，2003年，第41页。
③ （后晋）刘昫.《旧唐书》卷八 [M]. 北京：中华书局，1975年，第185页。

小山秋桂馥,长坂旧兰丛。即是淹留处,乘欢乐未穷。[1]

---

[1] (清)彭定求等:《全唐诗》卷三。

十一 韦后临朝

安乐公主,是韦皇后随庐陵王李显前往贬地途中所生,宠溺豪奢,胡作非为。当时,那些侯王和朝臣经常出入其府。安乐公主甚至私自撰写诏书,拿至中宗面前,以手掩其内容,让中宗签字,中宗总是笑而从之。

安乐公主权欲膨胀,又逼父皇中宗废除皇太子李重俊,改立自己为皇太女,此举遭到左仆射魏元忠的强烈反对,中宗转而许可安乐等七公主开府置官属。开府置官属,本系古代高级官员所享殊遇,故有"开府仪同三司"名号。隋唐以来,皆以开府仪同三司为文散官最高官阶从一品。

左监门卫大将军薛思简等宦官由于纵暴不法,遭到御史的弹劾,御史大夫窦怀贞畏惧安乐公主的淫威,竟然将弹劾表章私自扣压。定州人郎岌上书:"韦后、宗楚客将为逆乱。"[1]韦皇后在中宗面前哭诉,中宗大怒,命人将郎岌杖杀。许州司兵参军燕钦融再次上奏:"皇后淫乱,干预国政,宗族强盛;安乐公主、武延秀、宗楚客图危宗社。"[2]中宗召燕钦融当面质问,燕钦融以头叩地从容辩解,神色自然,一副不屈服的样子。中宗听后,默然不语。之后,兵部尚书、同中书门下三品宗楚客伪造中宗制令,派遣飞骑拘捕燕钦融,将燕钦融重重地摔在宫殿前的石头上,燕钦融被折断了脖子而死去,宗楚客见状称快,"上虽不穷问,意颇怏怏不悦,由是韦后及其党始忧惧"。[3]

景龙元年(707)八月十三日,韦皇后以及王公们上表,上中宗尊号

---

[1] (宋)司马光.《资治通鉴》卷第二百九 [M]. 北京:中华书局,2009 年,第 8748 页。
[2] (宋)司马光.《资治通鉴》卷第二百九 [M]. 北京:中华书局,2009 年,第 8748 页。
[3] (宋)司马光.《资治通鉴》卷第二百九 [M]. 北京:中华书局,2009 年,第 8748 页。

应天神龙皇帝，改玄武门为神武门，玄武楼为制胜楼。宗楚客又率领文武百官上表，请加韦皇后顺天翊圣皇后，中宗予以接受。

散骑常侍马秦客精通医术，光禄少卿杨均善于烹饪，二人得以随意出入后宫而与韦后私通。此时，他们担心此事败露会被处死。于是，便与韦后、安乐公主等人秘密策划除掉中宗。

景龙四年（710）六月初二晚，他们在馅饼中投毒后，让安乐公主捧献给正在神龙殿的中宗，中宗食饼后暴崩，韦后秘不发丧。初三，韦后召诸宰相于朝中，又调集各府兵五万人驻扎长安城。并指派驸马都尉韦捷及韦灌、卫尉卿韦璿、左千牛中郎将韦锜、长安令韦播、郎将韦嵩等分头统领这些兵马。准备篡位的韦后深忌相王李旦及太平公主，密与安乐公主、韦璿族兄韦温及党羽宗楚客、武延秀等阴谋除之。

由太平公主和上官昭容商议起草中宗遗诏，立温王李重茂为皇太子，韦后主持政事，相王李旦参谋政事。宗楚客对韦温说，相王与韦后是叔嫂关系，不得相互问候。如果一起处理朝廷政务，又如何恪守礼节呢？随后，宗楚客率领宰相们一同上表，请求韦后临朝主政，罢免相王李旦参谋政事职务。右仆射、许国公苏瑰厉声质问道：先帝的遗诏怎么可以随意篡改呢？韦温和宗楚客大怒，苏瑰感到害怕，于是，又顺从了他们，最终，相王李旦被任命为太子太师。

六月初四，韦后将中宗灵柩移至太极殿，召集文武百官发丧，并宣布由自己临朝摄政，大赦天下。韦后遂拜相王李旦为太尉。为了顺应人心，徙封雍王李守礼为豳王、寿春王李成器为宋王。韦后还任命自己的堂兄、太子少保、同中书门下三品，遥授扬州大都督、鲁国公韦温全面主持朝廷内外守捉兵马事务。

六月初七，韦后立中宗李显第四子、年仅十六岁的温王李重茂即皇帝位，史称殇帝或少帝。改元唐隆，殇帝尊韦后为皇太后，皇太后临朝称制，立陆妃为皇后。六月十二日，殇帝指派纪处讷持节，以巡视地方军政、民政大臣的身份巡抚关内道，岑羲巡抚河南道，张嘉福巡抚河北道。

兵部尚书、同中书门下三品宗楚客伙同太常卿武延秀、司农卿赵履温、国子祭酒叶静能，以及韦党集团的其他成员共同劝说皇太后韦氏沿用婆婆武则天的惯例即位。宗楚客又秘密上书韦后，引证图谶来证明韦氏理当取代李唐而君临天下。另一方面，宗楚客还打算谋害殇帝，只是担心相王李旦和太平公主从中作梗而暂时作罢。

十二　唐隆政变

景龙二年（708）二月二十七日，"宫中言皇后衣笥裙上有五色云起，上令图以示百官"。① 中书令韦巨源上奏中宗，请将此事向全国公布，中宗准奏，并赦免全国囚徒。接着，骁卫将军迦叶志忠又上奏道：

> 昔神尧皇帝未受命，天下歌《桃李子》；文武皇帝未受命，天下歌《秦王破阵乐》；天皇大帝未受命，天下歌《堂堂》；则天皇后未受命，天下歌《娬媚娘》；应天皇帝未受命，天下歌《英王石州》。顺天皇后未受命，天下歌《桑条韦》，盖天意以为顺天皇后宜为国母，主蚕桑之事。谨上《桑韦歌》十二篇，请编之乐府，皇后祀先蚕则奏之。太常卿郑愔又引而申之。上悦，皆受厚赏。②

意思是说，遥想当初，大唐高祖神尧皇帝未受命于天时，天下就流行《桃李子》的歌谣；在太宗文武皇帝未即位时，天下流行的是《秦王破阵乐》的乐曲；在高宗天皇大帝继位之前，天下流传着《堂堂》的歌谣；则天大圣皇后登基之前，天下流行的是《娬媚娘》乐曲；在应天皇帝陛下即位之前，天下流行传唱的是《英王石州》的歌曲，在顺天皇后受命于天之前的永徽末年，就已经有人在传唱《桑条韦》之歌，上天的旨意大概就是认为顺天皇后应当作为国母来支持社稷宗庙事务。因此，臣谨献上《桑韦歌》十二篇，恳请陛下允许能将其编入乐府诗歌之中，

---

① （宋）司马光.《资治通鉴》卷第二百九 [M]. 北京：中华书局，2009 年，第 8716 页。
② （宋）司马光.《资治通鉴》卷第二百九 [M]. 北京：中华书局，2009 年，第 8716 页。

以便皇后在祭祀先蚕神位时演奏之用。接着，太常卿郑愔又顺着迦叶志忠的话题继续加以引申，中宗听罢非常高兴，并厚赏了他们二人。

古称帝王之母为国母，国母指凡参与一国之创建、推动一国之繁荣，深受一国之百姓爱戴的女性。借此宣扬韦后为国母，于情于理皆不通，只能助长韦后恃恩擅权的野心。

景龙四年（710）四月十四日，中宗游幸隆庆池，结彩为楼，赐宴群臣。隆庆池"日以浸广，望气者云，有天子气"。①中宗为了抑制天子之气，命在池中泛舟，并牵来骆驼大象踩踏云气，时人皆以为是临淄王李隆基受命之祥兆。李隆基回到长安后，不失时机地秘密在皇帝亲军万骑中发展宫廷政变力量。

由于长安城居德坊宝昌寺僧人普润及道士王晔受兵部侍郎崔日用指派，向李隆基密报韦氏政治集团的政变计划。六月二十日深夜，李隆基与心腹王毛仲、禁苑总监钟绍京、万骑营长葛福顺、神武军果毅都尉陈玄礼、万骑果毅李仙凫、朝邑县尉刘幽求、尚衣奉御王崇晔等闯进玄武门，万骑营长葛福顺于羽林营剑杀卫尉卿韦璿、长安令韦播及郎将高嵩。惊恐的韦皇后逃往飞骑营，被飞骑兵斩首，并将其首级献于李隆基。此时，安乐公主正在镜前描眉，听到动静异常，便从右延明门逃走，也被追赶过来的羽林军斩首。在肃章门外，又将武延秀斩首。在太极殿西又将内将军贺娄氏斩首。

六月二十一日，李隆基出宫拜见父亲相王李旦，叩首谢不先启之罪。相王抱着李隆基哭泣道："社稷宗庙不坠于地，汝之力也。"②大意是说：大唐社稷宗庙得以保全，那全是你的功劳。是日，徙临淄王李隆基为平王。翌日，在太极殿的宫女和宦官一致建议刘幽求作册立皇太后的制书，刘幽求道："国有大难，人情不安，山陵未毕，遽立太后，不可！"③平王李隆基说，请不要轻易谈论这件事。是日，少帝遣使者远赴均州（今湖北均县）安抚谯王李重福，贬窦从一为濠州（今安徽凤阳县）司马。

---

① （宋）王溥．《唐会要》卷三十[M]．北京：中华书局，1960年，第558页．
② （宋）司马光．《资治通鉴》卷第二百九[M]．北京：中华书局，2009年，第8756页．
③ （宋）司马光．《资治通鉴》卷第二百九[M]．北京：中华书局，2009年，第8758页．

同时，诏禁公主开府置官属。六月二十三日，太平公主传少帝命，让位于相王李旦。同时，以平王李隆基为殿中监、同中书门下三品。以宋王李成器为左卫大将军，以衡阳王李成义为右卫大将军，以巴陵王李隆范为左羽林大将军，以彭城王李隆业为右羽林大将军。以李元庆之孙、光禄少卿、嗣道王李微检为校右金吾卫大将军，加黄门侍郎李日知、中书侍郎钟绍京二人同中书门下三品衔，以太平公主之子薛崇训为右千牛将军。贬汴王李邕为沁州（今山西沁源县）刺史，贬左散骑常侍、驸马都尉杨慎交为巴州（今四川巴中市）刺史，贬兵部尚书、同中书门下三品韦嗣立为宋州（今河南商丘市睢阳区）刺史，贬中书侍郎、同平章事赵彦昭为绛州（今山西新绛县）刺史。六月二十四日，少帝坐于太极殿内，相王李旦则站立在中宗枢旁。太平公主道："皇帝欲以此位让叔父，可乎？"①刘幽求跪曰："国家多难，皇帝仁孝，追踪尧舜，诚合至公。相王代之重任，慈爱尤厚矣。"②太平公主遂对少帝道："天下之心已归相王，此非儿座！"③说完，便将少帝从御座上提了下来。相王李旦于中宗枢前即位，复为睿宗。至承天门，大赦天下，恢复少帝的温王爵位，以钟绍京为中书令。太常寺少卿薛稷上奏睿宗：钟绍京虽然为国家立有大功，但毕竟是胥吏出身，又缺才乏德，突然将其提拔到宰相的高位之上，恐怕对圣朝美德有所影响。睿宗听后，觉得很有道理。六月二十六日，改授钟绍京为户部尚书。不久，被外放蜀州（今四川崇州市）刺史。

睿宗欲立皇太子。宋王李成器（李宪）为嫡长子，而平王李隆基有功于社稷，睿宗两难期间。李成器知道后泣辞，再加上文武百官的劝说，六月二十七日，睿宗册立平王李隆基为皇太子，《立平王为皇太子诏》云：

> 门下：舜去四凶而功格天地，武有七德而戡定黎人，故知有大勋者，必受神明之福，仗高义者，必为匕鬯之主。朕恭临宝位，亭育寰区，以万物之心为心，以兆人之命为命。虽承继之道，咸以冢

---

① （宋）司马光．《资治通鉴》卷第二百九 [M]．北京：中华书局，2009 年，第 8760 页。
② （宋）司马光．《资治通鉴》卷第二百九 [M]．北京：中华书局，2009 年，第 8760 页。
③ （宋）司马光．《资治通鉴》卷第二百九 [M]．北京：中华书局，2009 年，第 8760 页。

嫡居尊；而无私之怀，必推功业为首。然后可保安社稷，永奉宗祧。第三子平王隆基，孝而克忠，义而能勇。比以朕居藩邸，虔守国彝，贵戚中人，都无引接。群邪害正，凶党实繁，利口工言，谗说罔极。韦温、延秀，朋徒竞起；晋卿、楚客，交构其间。潜结回邪，排挤端善。居人集木，君子贻危，愒日视阴，朝不保夕。拥羽林万骑，率左右屯营，先害朕躬，并及太平公主。中外良士，咸拟剿屠。隆基密闻其期，先难奋发，挺身鞠旅，众应如归，呼吸之间，凶渠殄灭。安七庙于几坠，济群生于将殒。方舜之功过四，比武之德逾七。灵祇望德，昆弟乐推。一人元良，万邦以定。为副君者，非此而谁？可立为皇太子。有司择日备礼册命。①

六月二十八日，睿宗以宋王李成器为雍州（今陕西中部及甘肃东南部）牧、扬州大都督、太子太师，擢太常少卿薛稷为黄门侍郎。薛稷乃隋朝内史侍郎薛道衡曾孙、中书令薛元超之侄，擅长书法，在相王府侍奉李旦，睿宗为了培植自己的政治势力，还将自己的第五女封为仙源县主下嫁给了薛稷之子薛伯阳。

李旦复位后，迁薛稷中书侍郎，转工部、礼部尚书，复以翊赞之功，封晋国公，赐实封三百户，加赠太子少保。准许他参论军国大事，时蒙恩宠，群臣莫与为比。同时，睿宗令削武三思、武崇训父子爵位和谥号，斫棺暴尸，平坟毁墓。诏许州（今河南许昌市）刺史姚崇（元之）为兵部尚书、同中书门下三品，以宋州（今河南商丘市睢阳区）刺史韦嗣立和晋州（今河北晋州市）刺史萧至忠为中书令，以绛州（今山西新绛县）刺史赵彦昭为中书侍郎、同平章事。翌日，睿宗立衡阳王李成义为申王，立巴陵王李隆范为岐王，立彭城王李隆业为薛王，另将太平公主的实食封增至一万户。

睿宗感激妹妹太平公主和第三子平王李隆基的拥戴之功，时不时地有意安排他们参与到朝政中来。每遇宰相请签署文件时，睿宗总是先问：太平知否？三郎知否？意思是说，你这份文件太平公主看过了吗？三郎

---

① （清）董诰.《全唐文》卷十八 [M]. 上海：上海古籍出版社，1990年，第91页。

李隆基看过了吗？如果宰相回答说，他们都阅览过，那睿宗连看都不看就直接在上面签字。如果宰相说，他们没有看过，或只有一人看过，睿宗会当场拒绝签字。从发展迹象看，睿宗皇位充满着潜在的危机，完全是皇妹太平公主一手造成的。

睿宗李旦顾念兄长中宗李显之情，遂颁《礼葬韦后安乐公主制》，以一品礼葬嫂嫂韦氏，以二品礼葬侄女安乐公主。制云：

> 皇后公主，既尊且亲，有迁幽之义，无戮辱之典。仓卒之时，乱兵所及，致不以礼，深用怃然。宜矜罪戾，且慰泉壤。韦氏可一品礼葬，悖逆庶人可二品礼葬，所司准式。①

是年七月初四，睿宗任命兵部侍郎崔日用为黄门侍郎，准许参予军国大事。同时，追复已故太子李重俊的爵位和名号。又为敬晖、桓彦范、崔玄暐、张柬之、李千里以及左羽林大将军李多祚平反昭雪，并且恢复他们生前各自所担任的职务。如：追赠张柬之为中书令，封汉阳（今甘肃礼县）公，谥文贞，再授一子官职。七月二十日，改元景云，赦免尚未执行罪罚的韦氏余党成员。

八月，姚崇、宋璟和御史大夫毕构上奏睿宗：请全部废除中宗朝所任命的斜封官，睿宗准奏。八月十五日，罢斜封官数千名。十月十八日，睿宗诏复天后武则天大圣皇后尊号。

太平公主忌恨太子李隆基英俊威武，遇事能独当一面。她为了能够长久地掌控朝廷大权，想改立一位懦弱的皇子为太子，一方面到处散布"太子非长，不当立"的流言蜚语，另一方面又私下派人严密监视太子李隆基的一举一动，事无巨细密报睿宗。此时，李隆基深深感觉到自己的太子地位因受到来自姑母太平公主的冲击而不稳定。

十一月初一，睿宗任命姚崇为中书令。侍中韦安石铮铮铁骨，不肯依附太平公主，十一月初五，被贬为太子少保。同时，贬左仆射、同中书门下三品苏瓌为太子少傅。十一月十五日，睿宗诏令恢复中宗李显第

---

① （清）董诰.《全唐文》卷十八 [M]. 上海：上海古籍出版社，1990年，第89页。

三女安定郡主的驸马王同皎的官爵，并追赠为太子少保，追封琅琊文烈公，赐谥曰忠壮。十一月二十三日，苏瓌去世，睿宗颁制任命正在为父服丧的太常少卿苏颋为工部侍郎，苏颋上表固辞。于是，睿宗又命黄门侍郎、同中书门下三品李日知前去传旨。李日知回奏道：臣与苏颋相坐良久，无语，看到他悲痛欲绝的样子，实在不忍心说什么，担心他会出现什么意外。睿宗听后，诏许苏颋守父孝三年。

　　开元元年（713），苏颋守孝期满，被任命为工部侍郎。后来，玄宗问宰相："有从工部侍郎直接升任中书侍郎的先例吗？"宰相答道："陛下任用贤能，何必计较其资历呢？"玄宗听后，遂命苏颋为中书侍郎、知制诰，袭爵许国公。

十三　以功见让

李宪，唐睿宗李旦嫡长子，本名成器，生于调露元年（679）。母亲为睿宗元配肃明刘皇后。本为太子，后让予其弟李隆基，薨后追赠为帝，史称让皇帝。

李成器初封永平郡王。文明元年（684），被立为皇太子。九月初九，武后登基，降睿宗皇帝为皇嗣，赐姓武氏，以皇太子李成器为皇孙，与诸弟同日出阁，开府置官属。

长寿二年（693）腊月，再降皇孙李成器为寿春郡王，恒王李成义为衡阳郡王，楚王李隆基为临淄郡王，卫王李隆范为巴陵郡王，赵王李隆业为彭城郡王。五兄弟同时复诏入阁。

李成器少时才气过人，成年后精通音乐，尤其是对西域龟兹乐章具有独到的见解，他曾做过杨贵妃的音乐老师，"故诗人张祜诗云：'梨花静院无人见，闲把宁王玉笛吹。'"[①] 又善画马。开元年间，兴庆池南华萼相辉楼下壁上有《六马滚尘图》，其中就有玄宗最眷爱的玉面花骢，时谓"无纤悉不备，风鬃雾鬣，信伟如也"。[②]

长安年间，转迁左赞善大夫，加银青光禄大夫。神龙元年（705），中宗复辟，改封蔡王，李成器辞而不受。又迁宗正员外卿，加实封四百户，连前累计七百户。李成器固辞，依然为寿春郡王。

景龙四年（710）六月初二晚，中宗于神龙殿进食毒饼后驾崩，韦后

---

① （宋）乐史. 杨太真外传：卷上 [M]. // 开元天宝遗事十种. 上海：上海古籍出版社，1985年，第133—134页。
② 柳宗元：《河东先生龙城录》。

临朝称制，立温王李重茂为太子。本来，相王李旦参决政事，却被改为太子太师。韦后有点过意不去，徙封相王为太尉，寿春郡王李成器为宋王。六月二十四日，相王李旦即位，史称睿宗。六月二十六日，睿宗欲立太子，嫡长子李成器上奏道：

> 储副者，天下之公器，时平则先嫡长，国难则归有功。若失其宜，海内失望，非社稷之福。臣今敢以死请。①

意思是说，国泰民安，则应当立嫡长子；国邦多难，则应当立有功社稷者。如果这个问题解决不到位，就会让天下大失所望。臣宁愿去死，也不敢位居平王之上。连续几天，李成器都在流着泪向父皇请求将太子之位让给弟弟李隆基，诸王和朝臣刘幽求也都在不断地奏请。

六月二十七日，睿宗立李隆基为皇太子。李隆基抗表固让，请求将皇太子之位还给大哥李成器，睿宗不同意。翌日，睿宗颁下制书：任命左卫大将军、宋王李成器为雍州（今陕西中部及甘肃东南部）牧、扬州大都督、太子太师。加实封至二千户，赐物五千段、细马二十匹、奴婢十房、甲第一区、良田三十顷。同年十一月，《加宋王成器等三公制》，制云：

> 门下：古有知道于通，精辨于物，可以调阴阳，节风雨者，委之三事，以康万人，鼎铉之谓也。司空兼扬州大都督上柱国宋王成器、益州大都督兼右卫大将军申王成义、单于大都护兼右金吾卫大将军邠王守礼等，并明德茂亲，崇儒乐善，为国翰屏，当朝羽仪。岂其朱芾之诗，美则《缁衣》之咏，宁止爱均花萼，礼锡苴茅而已哉！必能论道经邦，佐朕为政，俾允升台之望，宜膺补衮之阙。成器可太尉兼扬州大都督，成义可司徒兼并州大都督，守礼可司空，勋如故，主者施行。②

---

① （后晋）刘昫．《旧唐书》卷九十五 [M]．北京：中华书局，1975 年，第 3010 页。
② （清）董诰．《全唐文》卷二十 [M]．上海：上海古籍出版社，1990 年，第 99 页。

景云二年（711）正月十三日，以太仆卿郭元振、中书侍郎张说一并同平章事。太平公主欲陷害太子，宋璟与姚崇建议将其迁往东都洛阳，张说则建议令太子监国，睿宗采纳，遂颁《命皇太子监国制》：

> 惟天生人，牧以元后；维皇立国，副以储君。将以保绥家邦，安固后嗣者也。朕纂承洪业，钦奉宝图，夜分不寝，日昃忘倦。茫茫四海，惧一人之未周；蒸蒸万姓，恐一物之失所。虽卿士竭诚，守宰宣化，缅怀庶域，仍未小康。是以求下人之变风，遵先朝之故事。皇太子隆基，仁孝因心，温恭成德，深达理体，能辨皇猷，宜令监国，俾尔为政。其六品已下除授，及徒罪已下，并取太子处分。①

李成器的姑姑太平公主欲仿效其母亲武则天临朝主政。为了杜绝图谋者之心，宰相姚崇、宋璟等上奏睿宗，可出宋王李成器等为刺史。二月初一，睿宗以李成器为同州（今陕西大荔县）刺史，以左羽林大将军、岐王李隆范为左卫率，以右羽林大将军李隆业为右卫率。又将妹妹太平公主安置在蒲州（今山西永济县西）。三月，封宋王李成器之女为金山公主，并将其许配给突厥可汗默啜。四月初九，宋王李成器表让司徒，睿宗同意，遂改李成器为太子宾客。五月，太子李隆基再次请求将太子之位归让大哥李成器，睿宗没有同意。李隆基又请求将姑姑太平公主从蒲州召回京师，睿宗表示同意。

睿宗欲禅位给太子李隆基，但因此次禅位是只让位不让权，李隆基感到憋屈，因而上表固辞，睿宗《答皇太子让禅位表诏》：

> 汝为孝友，须遵朕命，用陟元后，无宜固辞。汝为季俗多虞，淳风未洽，欲朕回虑，兼理万几。昔舜之禅禹，犹躬行巡狩，况朕授汝，岂忘家国？其军国大务，及授三品已上，并重刑狱，当兼省之。②

---

① （清）董诰.《全唐文》卷十八 [M]. 上海：上海古籍出版社，1990年，第90页。
② （清）董诰.《全唐文》卷十八 [M]. 上海：上海古籍出版社，1990年，第91页。

唐朝旧制规定，对三品以上官员的任命，由皇帝当面册封，称之为册授；三品以下、五品以上官员，由皇帝颁布敕书任命，称之为敕授；上述官员的任命文书皆由尚书省拟定，有关文官的任命由吏部拟定，有关武官的任命由兵部拟定。两部的尚书称为中铨、左右侍郎称为东西铨。

太极元年（712）八月初三，二十八岁的太子李隆基即位，是为玄宗。改元先天，大赦天下。睿宗退居太极宫武德殿。此时，左御史中丞张暐和尚书左仆射刘幽求提醒玄宗说：太平公主心怀异谋，请先为备。太平公主知道后，便向睿宗告状，乃流张暐于岭南峰州（今越南河内西北），贬刘幽求于岭外。

先天政变后，玄宗拜刘幽求为尚书左仆射、兼侍中；拜张暐为大理卿，赐爵邓国公，食实封三百户。不久，又兼雍州（今陕西中部及甘肃东南部）长史。

先天二年（713）十二月，改元开元，改雍州为京兆府，改长史为尹。张暐因其应务才干，迁太子詹事，尚书左右丞，左羽林大将军。三为左金吾大将军，又为殿中监、太仆卿。开元二十年（732），加特进。天宝初，张暐还乡扫墓，特赐锦袍缯綵，玄宗赐诗以示宠异。月余还京。天宝五载（746）卒，享年九十，赠开府仪同三司，谥曰昭。其孙女张七娘生于武周大足元年（701），因其"表里清华，渐清芳润。幼而恭敬，长而惠和。勤织纴纂组之工，体幽娴婉顺之美"，[①] 开元元年（713）四月初四，"敕追入内"，即被玄宗纳入后宫。不久，被册为美人。开元十二年（724）六月初五，薨于长安大明宫嫔妃院，有年二十四岁。玄宗遣右监门卫将军知内侍上柱国上党县开国伯黎敬仁监护丧葬。同年七月，葬京兆府万年县龟川乡见子陵原。

是年八月，拜李成器为司空。玄宗在讨平太平公主的亲信窦怀贞、萧至忠、岑羲、崔湜后，又拜李成器为太尉，依旧兼领扬州大都督，加实封一千户。不久，再加李成器开府仪同三司，制云：

---

① 唐玮.《新出唐〈张美人墓志〉考释》[M].// 碑林集刊西安：陕西人民美术出版社，2004年，第121页。

图 10 勤政务本楼遗址（局部） 党明放 摄

> 宋王成器，温良恭俭，明允笃诚。朕之元昆，人之师表。间者鼎席虚位，台陛俟能，坚守辞让，愿移成命。宜联华于补职，更参议于论道。可开府仪同三司。①

是年六月初二，玄宗诏命宋王李成器兼任岐州刺史，开府仪同三司如故。六月二十七，李成器请求将兴庆坊的府第贡献出来，以作皇帝随时游乐和居住的离宫。二十九日，玄宗接受了这一请求，并开始了兴庆宫的修建工程。玄宗还将环绕兴庆宫的府第分别赐予李成器等人。又下令在兴庆宫的西面和南面分别建造了两座楼，西楼题为花萼相辉楼，取《诗经·小雅·常棣》中"常棣之华，鄂不韡韡。凡今之人，莫如兄弟"之意，表示兄弟之间的和睦友好就像花和萼那样相依而生，永不分离。南楼题为勤政务本楼。有时，玄宗在楼上听到诸王在自己的私宅里奏乐的声音时，便将他们全部召到楼上，一起吃饭，一起谈诗，一起论赋，一起下棋，一起击球，一起斗鸡，兄弟几人还经常大合奏，李隆基击鼓，李宪吹笛，一派和乐融融景象，充分体现了兄弟之间的情同手足。李宪等人也很识趣，安分守己，从不过问朝政。

七月初四，太上皇发布诰命：从现在起，所有军国政事与刑赏教化，

---

① （清）董诰.《全唐文》卷二十[M].上海：上海古籍出版社，1990年，第100页。

皆由皇帝处理。当天，太上皇移居太极宫内宜秋门右百福殿。李隆基向来对他的兄弟十分友爱，当初刚即位，就命人做了一只长枕和一床大被，用以他与兄弟们同床共寝。睿宗知而大悦。

开元四年（716），为避昭成皇后尊号，李成器改名李宪，徙封宁王，食实封累至五千五百户。后又历泽、泾等州刺史。开元九年（721），李宪兼任太常卿职务。开元十四年（726），诏停太常卿，依旧开府仪同三司。开元二十一年（733），复拜太尉。开元二十八年（740）冬，李宪患病，卧床不起，玄宗命人送药及珍膳。此时，有一位名叫崇一的僧人在为宁王治病，使宁王的病情一度有所好转，玄宗闻知，大喜，特赐崇一绯袍鱼袋，以资嘉赏。

每逢宁王生日，玄宗必幸其第为寿，往往还要留宿一夜。平时无一日不赐宁王酒酪及异馔，尚食总监及四方有所进献，皆分赐宁王享用。宁王每年的奏请就有数近百纸，年终录付史馆。"天宝初，宁王日侍，好声乐，风流蕴藉，诸王弗如也。至春时，于后园中，纫红丝为绳，密缀金铃，系于花梢之上，每有鸟鹊翔集，则令园吏掣铃索以惊之，盖惜花之故也。诸宫皆效之。"①

宁王喜好声色，曾有人献百炬蜡烛，其质感似腊似脂，不知道是由何物制造，每当宁王于夜晚大摆筵席与宾客饮酒作乐时，那些蜡烛就昏暗至极，等到筵席结束之后，又恢复光明，时人莫不感到惊奇。

开元二十九年（741）十一月二十四日，宁王李宪薨，享年六十三岁，玄宗号哭失声。翌日，下诏《追谥宁王宪为让皇帝制》，制曰：

> 能以位让，为吴太伯，存则用成其节，殁则当表其名，非常之称，旌德斯在。故太尉宁王宪，诞含粹灵，允膺大雅。孝悌之至，本乎中诚；仁和之深，非因外奖。率由礼度，雅尚文儒。谦以自牧，乐于为善。比两献而有光，与《二南》而合德。自出临方镇，入配台阶，逾励忠勤，益闻周慎。实谓永为藩屏，以辅邦家。曾不慭遗，奄焉徂没，友于之痛，震恸良深。惟王，朕之元昆，合升上嗣，以朕奉先朝之

---

① （五代）王仁裕.《开元天宝遗事》[M].上海：上海古籍出版社，1985年，第73页。

睿略，定宗社之阽危，推而不居，请予主鬯，又承慈旨，焉敢固违。不然者，则宸极之尊，岂归于薄德。茂行若此，易名是凭，自非大号，孰副休烈。按谥法，推功尚善曰让，德性宽柔曰让，敬追谥曰让皇帝，宜令所司择日备礼册命。①

玄宗遣尚书左丞相裴耀卿、太常卿韦绦持节奉册。李宪长子汝阳郡王李琎上表恳辞，玄宗不许。"及敛，出天子服一称"②并御书《祭让皇帝文》，诏右监门大将军高力士以手书置于宁王灵前，祭文称隆基白：

一代兄弟，一朝存殁，家人之礼，是用申情，兴言感思，悲涕交集。大哥孝友，近古莫俦，尝号五王，同开邸第。远自童幼，洎乎长成。出则同游，学则同业，事均形影，无不相随。顷以国步艰危，义资克定，先帝御极，日月照临。大哥嫡长，合当储贰，以功见让，爰在薄躬。既嗣守紫宸，万机事总，听朝之暇，得展于怀。十数年间，棣华凋落，谓之手足，唯有大哥。令复沦亡，眇然无对，以兹感慕，何恨如之。然以厥初生人，孰不殂谢？所贵光昭德行，以示崇高，立德立名，斯为不朽。大哥事迹。身殁让存，故册曰让皇帝，神之昭格，当兹宠荣。况庭训传家，琎等申让，善述先志，实有遗风，成其美也。恭惟绪言，恍焉如在，寄之翰墨，悲不自胜。③

中书侍郎徐安贞奉诏撰写《让皇帝哀册文》，哀册文曰：

维开元二十九年岁次辛巳十一月戊申朔二十四日辛未，宁王薨于西京之邸第，旋殡于寝门之西阶。翌日有制，册王为让皇帝。盖景龙岁先帝即位，王嫡长，将立为皇太子，让大功于我皇。洎薨落让存，有追崇之义。粤若天宝元年夏五月乙巳朔十七日辛酉，将迁

---

① （清）董诰.《全唐文》卷二十四[M]. 上海：上海古籍出版社，1990年，第117页。
② （宋）欧阳修、宋祁.《新唐书》卷八十一[M]. 北京：中华书局，1975年，第3598页。
③ （清）董诰.《全唐文》卷四十[M]. 上海：上海古籍出版社，1990年，第187—188页。

座于惠陵，礼也。龟策先远，龙輀此时。呜呼哀哉！皇帝遣金紫光禄大夫守尚书左仆射摄太尉上柱国许平县开国侯耀卿奉宵载奠祖筵，以申天伦之憾也。乃命词臣，序之典册。其词曰：

昔真人之述作，表高节于让王。太伯闻乎周，皇昆昭于圣唐。古往今来，身退业昌。殁而不朽，扬乎耿光。元祖锡庆，重熙累盛。兹冢嗣之谦德，迨遗灵而受命。童儒之辰，初王寿春。开国方大，进封于蔡。以委亲贤，是兼中外。奄有于宋，复迁于宁。正畴庸于地理，配明德于天星。或建符节，言归阙庭。既睦天爱，承欢帝乐。东扈温泉，西侍平乐。风雅属和，论思辨博。晨超北上，谒紫殿于蓬莱；夕息南归，对琼楼于花萼。莫匪恩遇，周爱咨度。坐而论道，实惟三公。登太尉，兼仪同，拜司徒，命司空。仪刑作孚，宣和国风。稽以前事，缅怀逝者。五王同日，曜大君之一龙；万国来朝，无梁王之驷马。让则有之，崇名可追。逾周盟之礼，会七月之期。太史造时，遣奠于兹。自藩王之邸第，建天子之旌旗。度春明而春尽，下长乐而长辞。经灞川与渭川，惨容卫兮迟迟。当苑门之宫观，攀宇宙而无追。仰音颜以缠慕，更吾君兮望思。呜呼哀哉！瀛区有变，天注终飞。怀苍梧而日远，望白云而不归。沈沈陇树，漠漠泉闱。竭（阙一字）音而载笔，蔼千祀而腾徽。呜呼哀哉！高寝林间，阴堂昼闲。代谢今昔，神之往还。列昭穆兮斯在，奉忠孝于桥山。呜呼哀哉！[1]

出殡之日，正值雨雪，玄宗垂泪扶柩，并命皇长子庆王李潭等文武百官于泥泞中送灵十里，玄宗还把自己心爱的羯鼓和宁王的紫玉笛随葬，用以表示兄弟生死永不分离。又追赠宁王妃元氏为恭皇后，祔葬于桥陵之侧惠陵。

让皇帝惠陵位于同州奉先县封阳乡（今陕西蒲城县桥陵镇三合村），封内十里，神道两侧有石柱、石马、石人、石狮等大型石刻。清人何亮基《游惠陵》诗云："丰山遥望柏苍苍，惠陵高冢辇路旁。宫中喋血千秋恨，

---

[1] （清）董诰.《全唐文》卷三百五[M].上海：上海古籍出版社，1990年，第1370页。

何如人间作让皇。"《旧唐书》监修者刘昫评价道:"夫得天下而治者,其道舒而有变;让天下而退者,其道卷而常存。何者?飞龙在天,舒也;亢龙有悔,变也。让皇帝守无咎于或跃,利终吉于劳谦,其用有光,其闻莫朽。"①

让皇帝李宪有十子一女,历官封袭。

---

① (后晋)刘昫.《旧唐书》卷九十五 [M]. 北京:中华书局,1975年,第3019页。

十四　发难东宫

咸亨元年（670）九月十四日，武则天之母荣国夫人病逝，武则天以替母祈福为名，将年仅八岁的公主度为道士，道号太平。虽为道士，但不用出家。

有一次，太平公主身着武官的紫袍玉带在高宗和武则天面前欢呼雀跃。高宗及武后笑问她为什么要这样？太平公主说：是想将这身穿戴赐给未来的驸马。高宗听后再次大笑。

仪凤年间，吐蕃使者来朝，请求与太平公主和亲，武则天为了拒绝这门亲事，便在皇宫为太平公主建造了宫观，观中设施及配置一应俱全。就在此时，便选择了光禄卿薛曜之子薛绍为驸马，薛绍是唐太宗李世民第十六女城阳公主的次子，按照辈分，高宗是薛绍的亲舅父，薛绍与太平公主系表兄妹联姻。吐蕃使者看到后，才断了迎娶太平公主的念头。

永隆二年（681）七月，太平公主出嫁时，以万年县衙为婚馆，婚车不能进入，就将署衙的围墙拆除，自长安城东北兴安门南至长安外郭城坊里之宣阳坊西，沿途燃烧的火炬接连不断，道路两边的槐树都被烧死。皇家的婚礼豪华气派，热闹非凡。

但武则天始终对这桩婚事极不满意，她认为薛绍哥哥薛顗的妻子萧氏及薛绍弟弟薛绪的妻子成氏不是贵族。武则天曾公开说，我女儿怎么能与田舍女为妯娌！曾一度想逼薛家兄弟休妻。后来，有人站出来说，萧氏是唐太宗大女婿的侄女，也算是皇家的旧姻亲，武则天这才罢休。

垂拱四年（688）七月，因济州（今山东茌平西南）刺史、河东县侯薛顗参与琅琊王、博州（今山东聊城东北）刺史李冲与其父越王、豫州（今属河南）刺史李贞起兵反武而牵连到驸马薛绍，武则天命将薛顗处死，杖责驸马薛绍，后来，薛绍被活活饿死在洛阳狱中。

太平公主与薛绍的婚姻仅仅维持了七年，育有二男二女，最小的儿子才刚刚满月。在这段婚姻中，总体上太平公主还算本分，从不参政议政，更不乱政。感情上、肉体上也没有发现出轨之举。事后，武则天为了安慰寡居的女儿，打破公主出降食邑三百五十户的惯例，加太平公主食邑至一千二百户。

及至后来，太平公主的私生活极度放荡。从史书记载看，太平公主先后私通者至少有四人：第一位是张昌宗，人称六郎，貌美如花。武则天的男宠薛怀义失宠被杀，太平公主就将自己的情人张昌宗拱手送给母亲解闷，甚合武则天心意。第二位是胡僧惠范，惠范家富财宝，善事权贵，公主与之私通，武则天知道后，命其为东都洛阳城圣善寺寺主，又加品又封公，宠贵无比。第三位是崔湜，崔湜风流倜傥，但品性极差。起初，崔湜依附中宗昭容上官婉儿，时常与婉儿宣淫于外，官职一路升迁。景云中，上官昭容鉴于太平公主强大的政治势力，忍痛割爱，将其奉送太平公主享用。于是，崔湜的官职直至宰相之位。崔湜还把自己的妻子和两个女儿都送至东宫侍奉太子，自己则侍奉太平公主。第四位是高戬，司礼丞高戬容貌英俊，心计婉转，深受太平公主宠爱。后来，因太平公主与张氏兄弟关系恶化，张氏兄弟为了有效地打击太平公主，设计陷害高戬，致使高戬最终遭遇流放，成为政治牺牲品。

贺兰敏之，系韩国公贺兰安石及韩国夫人武顺之子，以门荫入仕，风流倜傥，妄行不法。起家尚衣奉御，授太子左庶子，迁左散骑常侍、弘文馆学士。出继外祖父武士彟，赐姓武氏，袭封周国公，拜太子宾客、检校秘书监。

史书记载，"敏之既年少色美，烝于荣国夫人，恃宠多恣犯。"[①] 烝，古代冬季祭祀名：《尔雅·释天》："冬祭曰烝"。同"蒸"，火气上行。古代指与母辈淫乱。《左转·桓公十六年》："卫宣公烝于夷姜。"夷姜，宣公庶母。

武则天的母亲荣国夫人杨氏与其外孙贺兰敏之私通；贺兰敏之甚至

---

① （后晋）刘昫.《旧唐书》卷一百八十三 [M]. 北京：中华书局，1975 年，第 4728 页。

可以胆大妄为地强奸太子李弘妃（司卫少卿杨思俭之女，有殊色）；以至于太平公主幼年时，在外祖母荣国夫人家中遭到贺兰敏之的强迫。武则天可以容忍自己的亲外甥与自己的母亲私通，但绝对不能容忍自己的亲外甥强奸自己最宠爱的小女儿。最终，流贺兰敏之于雷州（今广东雷州市），行至韶州（今广东韶关市），"以马缰自缢而死"。①

在以后的岁月中，太平公主私生活上的混乱不但与其家族和社会风气的影响有关，而且也与她幼时的经历有关。

中宗复位后，太平公主逐渐走向幕前，热心并积极参与朝廷中的各项政治活动。太平公主受到哥哥中宗的礼遇，诏免她对太子李重俊、长宁公主等行礼。中宗朝，韦皇后与安乐公主乱权，唯太平公主多谋善断。

不久，武则天又将寡居的女儿太平公主许配给自己的异母兄长武元爽之子武承嗣。据说，因武承嗣患有某种"疾病"而最终作罢。事实上，武承嗣并非有病，而主要原因是武承嗣距离政治中心太近，她不想再重蹈覆辙。

后来，武则天又以自己伯父武士让的孙子、右卫中郎将武攸暨为女儿太平公主的驸马，武攸暨早有家室，武则天便秘密派人将其妻杀害。

天授元年（690）七月，三十六岁的太平公主与二十八岁的武攸暨结婚。太平公主的食邑时已累至三千户。延和元年（712），武攸暨病故。太平公主与武攸暨的这段婚姻维持了二十二年，他们育有二男一女。

骤不提防，太平公主又一次堕入守寡的旋涡。

关于太平公主的长相，史书上说其身材丰满硕大，方额广颐，颇多权略，则天以为"类己"。实际上，由于武则天的极度宠爱和纵容，太平公主在她第二段婚姻中就已经暴露出了生活上的奢侈，以及对权势的追逐。

神龙元年（705），太平公主因预谋诛杀张氏兄弟之功，进封镇国太平公主，并食实封连前累至五千户，赏赐不可胜计。卫士环其所居，十步一仗舍，持兵巡徼，等同宫禁。

睿宗李旦复位，感念妹妹太平公主和三郎李隆基的拥戴之功，凡太

---

① （后晋）刘昫.《旧唐书》卷一百八十三 [M].北京：中华书局，1975年，第4728页。

平公主想干的事，睿宗没有不同意的。朝中文武百官自宰相以下，或升迁或降免，进退系其一言，其余经过她的举荐而平步青云担任要职者更是不可胜数。

太平公主的田产园林遍布长安城郊各地。她家在收买或制造各种珍宝器物时，足迹远及岭表及巴蜀，为她运送宝物的车队不绝于路。太平公主在日常衣食住行的各个方面，也处处模仿宫廷的排场。

起初，太平公主认为太子李隆基还很年轻，缺乏政治斗争经验，因而并未把他放在心上。不久，又开始惧怕起来，转而想改立一位昏庸懦弱的皇子为太子，以便使她自己能长期巩固现有的政治地位。

景云元年（710），睿宗李旦为了平息各种流言蜚语，颁制书晓谕天下臣民。翌年，太平公主同益州（治所今四川成都市）长史窦怀贞等结为朋党，意欲迫害太子李隆基。太平公主指使自己的女婿、太常少卿唐晙邀请宰相韦安石到自己家中来议事，极度聪明的韦安石借故推辞。

睿宗曾秘密召见韦安石，并对他说：听说朝廷文武百官全都倾心归附太子，你应当对此多加留意。韦安石反问道："陛下是从哪里听到的这种亡国之言呢！这一定是太平公主的主意。太子为宗庙社稷立下了大功，而且一向仁慈明智，孝顺父母，友爱兄弟，这是天下皆知之事，望陛下不要被谗言所迷惑。"李旦听后，诧异地说："朕明白了，您不要再提这件事了。"

当时，太平公主正在帘子后面偷听君臣之间的谈话。事后，便散布各种流言蜚语对韦安石横加迫害，欲捕入狱，多亏了太仆卿、银青光禄大夫郭元振的搭救才幸免于难。

太平公主还曾乘辇在东都洛阳宣政殿光范门内拦截宰相，威逼宰相更换太子。吏部尚书、同中书门下三品宋璟厉声问道：太子为大唐社稷立下了莫大的功劳，是宗庙社稷的主人，公主为什么突然提出这样的建议呢！当时，在朝廷之外，只知道有太平公主，而不知道有太子李隆基。由于太平公主权势日隆，左、右羽林将军也都先后投靠于她。

随后，宋璟与兵部尚书、同中书门下三品姚崇秘密向睿宗进言："宋王李成器是陛下的嫡长子，豳王李守礼是高宗皇帝的长孙，太平公主在他俩与太子之间互相构陷，制造祸端，将会使东宫地位不稳。请陛下将宋王和豳王出为刺史；免去岐王李隆范和薛王李隆业所担任的左、右羽林大将军职务，改任他们为太子左、右卫率以事奉太子；将太平公主与武攸暨安置到东都洛阳。"李旦听后便说："朕现在已经没有兄弟了，只有太平公主这么一个妹妹，怎么可以将她远远地安置到东都呢！这个建议，朕不同意。至于诸王，则任凭你们安排。"睿宗先颁下制命："至今以后，诸王、驸马一律不得统率禁军，现在任职的都必须改任别职。"

太平公主得知姚崇与宋璟的计谋后勃然大怒，并以此责备太子李隆基。李隆基感到害怕，便向睿宗奏称姚崇和宋璟挑拨自己与姑母太平公主、长兄宋王李成器、豳王李守礼之间的亲情关系，请求对他们两人严加惩处。睿宗遂出姚崇为申州（今河南义阳县）刺史，出宋璟为楚州（今江苏淮安市）刺史。

延和元年（712），太平公主为了试探睿宗，便指使一个懂天文历法的术士向睿宗进言道："彗星的出现预示着将要除旧布新，再说位于天市垣内的帝座以及心前星均有变化，所主之事乃是皇太子应当登基即位。"此时，东宫侍读、同中书门下平章事张说建议睿宗令太子监国。睿宗说："将帝位传给有德之人，以避免灾祸，我的决心已定。"太平公主及其党羽极力谏阻，认为这样做不可行。睿宗说："中宗在位时，一群奸佞小人专擅朝政，上天屡次用灾异以示警告。朕当时请求中宗选择贤明的儿子立为皇帝以避免灾祸，但中宗很不高兴，朕也因此而担忧恐惧以至于几天吃不下饭。朕怎么能够劝说中宗禅位呢？对自己却不能做到这一点呢！"

睿宗退为太上皇，改元先天。是年，太平公主的驸马武攸暨去世。赠太尉、并州大都督，追封定王。后因太平公主谋逆，官方平毁其墓。

李隆基登上帝位后，天步依然时艰，王业照旧多难。

先天二年（713），太平公主倚仗太上皇哥哥的权势专擅朝政，与玄宗李隆基发生了尖锐的矛盾冲突。在当时，朝中七位宰相，就有五出太平公主之门。在文臣武将中，有一半以上的人依附于她。太平公主与窦怀贞、岑羲、萧至忠、崔湜，以及太子少保薛稷、雍州（今陕西中部及甘肃东南部）长史新兴王李晋、左羽林大将军常元楷、知右羽林将军事李慈、左金吾将军李钦、中书舍人李猷、右散骑常侍贾膺福、鸿胪寺卿驸马都尉唐晙，以及胡僧慧范等皆图谋废除玄宗。此外，太平公主又与宫女元氏合谋，欲给李隆基食用的天麻粉中投毒。

中书侍郎王琚对玄宗进谏道："眼下形势十分紧迫，愿陛下迅速行动。"身在东都洛阳的尚书左丞张说派人给玄宗送来了一把佩刀，意请陛下及早铲除太平公主势力。荆州长史崔日用入朝，对玄宗说："太平公主图谋叛逆，是由来已久的事情。当初，陛下在东宫做太子时，如果想铲除太平公主，还需要施用计谋。现在，陛下只需颁下一道制书，有谁敢不从命？如果犹豫不决，后悔可就来不及了！"玄宗说："你说得很对，只是朕担心会惊动太上皇。"崔日用又道："天子的大孝在于使四海安宁。倘若奸党得志，则社稷宗庙将化为废墟，陛下的孝行又怎么体现出来呢！请陛下首先控制左、右羽林军和左、右万骑军，然后再将太平公主及其党羽一网打尽，这样就不会惊动太上皇了。"唐玄宗觉得言之有理，便任命他为吏部侍郎。

户部尚书、同中书门下三品、梁国公魏知古向唐玄宗密告太平公主将于六月初四阴谋作乱，并秘令左、右羽林大将军常元楷、李慈率领羽林军突入武德殿，另派窦怀贞、萧至忠、岑羲等人在南牙举兵响应。于是，唐玄宗与岐王李范、薛王李业、兵部尚书郭元振以及龙武将军王毛仲、殿中少监姜皎、太仆少卿李令问、尚乘奉御王守一、内给事高力士、果毅李守德等人定计抢先下手诛除太平公主集团势力。

六月初三，唐玄宗通过王毛仲调用闲厩中的马匹以及禁兵三百余人，从武德殿进入虔化门，先将常元楷和李慈二人斩首，于中书省内内客省逮捕了贾膺福和李猷，又在朝堂上逮捕了萧至忠和岑羲，令将四人斩首。窦怀贞逃入城壕之中自缢，唐玄宗令戮其尸体，并改其姓为毒氏。翌日，太上皇听到兵变的消息后，登上承天门楼。郭元振上奏："皇帝只是奉太上皇诰命诛杀窦怀贞等奸臣逆党，并没有发生其他的事。"太上皇制诰："自今军国刑政，一皆取皇帝处分。朕方无为养志，以遂素心。"①

---

① （元）马端临.《文献通考》卷二百五十二。

十五　斩将立威

先天二年（713）六月初三，唐玄宗与太平公主之间的姑侄大战，以太平公主失败而告终。四个多月后的十月十三日，玄宗又兴师动众地在骊山脚下举行了一次登基以来最为声势浩大的军事检阅活动。玄宗"讲武于骊山之下，征兵二十万，戈鋋金甲，耀照天地。列大阵于长川，坐作进退，以金鼓之声节之。三军出入，号令如一"。① 据说，军检旌旗连绵长达五十多里。玄宗身着戎服，手持大枪，目光炯炯，立于阵前。讲武结束后，宣读《骊山讲武赏慰将士诏》，诏书称：

> 往以韦氏构逆，近又凶魁作祸，则我之宗社危如缀旒。故斩长蛇，截封豨，戮枭獍，扫欃枪。使武之不修，人何克乂？朕以薄德，昔奉圣谟，济邦家之多难，畏君父之严防，抚兹亿兆，若临泉谷。②

由此不难看出，玄宗骊山讲武是吸取了以往"宫廷祸变"的历史教训而展示的一次军事行动和军事力量，目的是向动乱势力宣威，进一步加强皇权，振扬大唐国力。

在这次军事检阅过程中，玄宗突然以"军容不整"，命将兵部尚书、同中书门下三品、馆陶县开国男郭元振处斩，史书称"将斩以徇"，一代朝廷功勋瞬间变成了阶下囚。翌日，玄宗以同州刺史姚崇替代郭元振为兵部尚书、同中书门下三品。

---

① （宋）王溥.《唐会要》卷二十六 [M]. 北京：中华书局，1960年，第503页。
② （北宋）宋敏求.《唐大诏令集》卷一百七。

郭元振，济州（今山东茌平西南）刺史郭善爱之子。名震，字元振，并州阳曲（今山西阳曲）人，生于魏州贵乡（今河北大名县），出身太原郭氏（昌乐郭氏支族），咸亨四年（673）进士及第，起家通泉县（今四川射洪县）尉，由此走上仕途。因在任内偷铸私钱、掠卖人口，百姓深以为苦。后因撰写《宝剑篇》而得到武则天的召见，则天惜其才，破格提拔为右武卫铠曹参军，进奉宸监丞。万岁通天元年（696）为特使，因进献离间计，致吐蕃发生内乱，吐蕃战将论钦陵被诛，其弟赞婆率部降周。武则天遂命郭元振与河源军大使夫蒙令卿率骑兵前往迎接。郭元振因参与军机，被授予主客郎中。武周时期，出任凉州都督、陇右诸军大使，握兵三十万，西走吐蕃，北却突厥，制地一万里，大兴屯田，促进凉州地区得以安定发展。

神龙二年（706），迁郭元振为左骁卫将军、兼检校安西大都护。中宗时期，因反对引入吐蕃军队攻打娑葛而得罪了宰相宗楚客，险遭陷害。

景云元年（710），郭元振入为太仆卿，加银青光禄大夫。翌年，接替宋璟出任吏部尚书、同中书门下三品，封馆陶县男。是年冬，罢去郭元振、韦安石和张说的相位。

先天二年（713），郭元振因参与肃清太平公主政治集团势力，率兵保护太上皇，曾于中书省宿卫十四夜，因功赐爵代国公。不久，加御史大夫。朝廷为防御突厥进犯，命其出任朔方军大总管。郭元振在丰安（今宁夏中卫县西）、定远城（今宁夏平罗县南），为戍守士兵修筑屯驻之所。

事实上，玄宗并非真心要处斩郭元振，而是借此机会扬威而已。当宰相刘幽求和张说跪在玄宗的马前求情时，玄宗立即答应，诏流郭元振于新州（今广东新兴县）。同时命将给事中、礼仪使唐绍斩首，原因是他制定的军礼不够整肃。本来玄宗也是在等人说情，并无处斩之意，而如蠢猪般的右金吾卫将军李邈没有完全领会玄宗的真正意图，当即宣敕，处斩唐绍，最终弄假成真。事后不久，愤怒中的玄宗罢免了李邈的所有职务，并废弃终身做官。

由于郭元振、唐绍两位大臣受到了严厉的惩罚，各路军马大多因此而惊慌失措，以至于乱了彼此的队形，唯有左军节度薛讷和朔方道大总管解琬二人所部军兵岿然不动，玄宗颇感奇怪，立即派遣轻骑前去召见，但骑兵根本无法进入他们的阵营。

是年十一月二十八日，玄宗在长安正式接受群臣所上尊号开元神武皇帝时，决定起复郭元振为饶州（今江西鄱阳市）司马。作为曾身居宰相高位、为李唐社稷立过汗马之功的郭元振抑郁至极，遂于赴任途中病逝，有年五十八岁。由此可见，玄宗为展现自己的政治手腕，眼睁睁地摧毁了一位立功边陲，入参钧轴的军事将领，多么可怕的悲剧啊！

郭元振历仕武则天、中宗、睿宗和玄宗四朝，尤其在玄宗朝，守边多年，以建设、安抚见长，故能克致隆平，安远定边，以诚信对待边疆少数民族，深受爱戴。张说奉诏撰《兵部尚书代国公赠少保郭公行状》，其中云：

诏曰：大臣立事，夷险不易；良相升朝，安危所系。兵部尚书同中书门下三品上柱国馆陶县开国伯元振，伟才生代，宏量匡时。经纶文武，今之王佐；出入将相，古之人杰。①

睿宗尝曰：

元振正直齐于宋璟，政理逾于姚崇，其英谋宏亮过之矣。②

大历十四年（779），玄宗之孙代宗李豫列郭元振、李孝恭、尉迟敬德等十四位凌烟阁功臣同为第二等二十四人之内。凌烟阁，是李世民为了念功之怀，无谢于前载；旌贤之意，永贻于后昆。于贞观十七年（643）而建筑的绘有功臣图像的高阁，位于京师长安城太极宫东北隅，此阁原为隋代大兴宫的一处阁楼，唐因凌烟阁二十四功臣而闻名于世，后毁于战乱。

开元年间，玄宗命绘张说等十八学士图像于东都洛阳上阳宫含象亭。建中元年（780），德宗李适列郭元振、裴寂、刘文静等三十四人为功臣上等。两年后，德宗为兵部尚书、同中书门下三品、代国公郭元振等

---

① （清）董诰.《全唐文》卷二百三十三 [M]. 上海：上海古籍出版社，1990年，第1040页。
② （清）董诰.《全唐文》卷二百三十三 [M]. 上海：上海古籍出版社，1990年，第1040页。

古代名将六十四人设庙享奠。大中二年（848），宣宗李忱图像郭元振等功臣三十七人于凌烟阁。

北宋宣和五年（1123），徽宗赵佶遵依唐例，为古代名将设庙，郭元振名列七十二位名将之中。一代名将郭元振身后荣耀至极。

十六　新丰拜相

先天二年（713）十月十四日，也就是骊山讲武的第二天，玄宗带人在临潼新丰渭滨一带狩猎，为了进一步稳定政局和巩固建立起来的皇权，玄宗决定起用同州（今陕西大荔县）刺史姚崇为宰相。

姚崇，杰出的政治家、皇权主义的维护者。本名元崇，字元之。生于永徽元年（650），陕州硖石（今河南陕县东南）人，祖籍江苏吴兴，吴兴姚氏二十一世孙。武则天因突厥叱利元崇发动叛乱，禁止有朝臣与其同名，遂命元崇以字行。开元元年（713）十二月十三日，姚元之为避讳开元神武皇帝尊号，遂改名崇。其父姚懿（590—662），龙朔初迁巂州（今四川西昌地区）都督，平定邛部蛮族酋长作乱。七十三岁时卒于任上。神龙年间，中宗追赠幽州都督。开元三年（715），玄宗追赠吏部尚书，谥曰文献。

姚崇精通吏治，处事干练，曾三次担任宰相，而每次都兼任兵部尚书。"上初即位，励精为治，每事访于元之，元之应答如响，同僚唯诺而已，故上专委任之。"①

姚崇故居为姚崇起衣冠冢，并树《大唐故巂州都督赠幽州都督礼部尚书文献公姚府君碑铭并序》一通，昭文馆学士胡皓撰文，书法家徐峤之书丹，今被移至河南陕县城南刘秀峰。

少年时代的姚元之为人豪爽，喜好逸乐，不甚读书。十二岁时，父亲病故，随母迁回广成外婆家。在广成遇到游学途径此地的饱学之士张憬藏，张憬藏奉劝姚元之苦心读书，增长识见，以便出人头地。从此，

---

① （宋）司马光.《资治通鉴》卷第二百一十[M]. 北京：中华书局，2009年，第8820页。

元之潜心用功，学业猛进，咸亨元年（670），出为孝敬挽郎。仪凤二年（677），应下笔成章制举，授濮州（今山东鄄城北）司仓参军。几年后，又至京师任司刑丞，参与审定刑狱。由于持法公正宽平，保全了许多人的性命，被擢为夏官（兵部）员外郎。

万岁通天元年（696）十月，契丹侵犯河北一带，姚崇对各州檄书剖析如流，深受武则天的赏识，被擢为夏官侍郎。继而擢为凤阁鸾台平章事，成为则天朝宰相。圣历元年（698）九月，为防止周兴、来俊臣等酷吏残害朝臣的悲剧再次重演，姚元之以自身和全家百余口性命向武则天担保："今日已后，臣以微躯及一门百口保见在内外官更无反逆者，乞陛下得告状，但收掌，不须推问。若后有征验，反逆有实，臣请受知而不告之罪。"① 则天大喜："以前宰相皆顺成其事，陷朕为淫刑之主。闻卿所说，甚合朕心。"② 当日，遣宦官赐银千两，嘉奖姚元之对朝廷的忠贞。

长安元年（701）三月，迁姚元之为凤阁侍郎。四月，朝廷为加强整顿边防，命其赴并州（今属山西）检校各军州兵马。检校，即尚未拜授某官职而实际已掌其职。中唐以后，使职、外官多带中央台省官衔，其加三公、尚书仆射等高级官衔者，称检校官，为寄衔之意。

长安四年（704），凤阁侍郎、同凤阁鸾台三品姚崇表请解职奉母。武则天感其一片孝心，遂罢知政事，拜相王府长史。没过几天，又被武则天任命为夏官尚书、同凤阁鸾台三品。姚崇上言谢辞，遂拜春官尚书。

由于姚崇断停武则天男宠张易之擅自调遣京城大德寺数十僧至定州（今河北定州市），用以充实私置寺院，张易之屡次说情，屡屡遭到姚崇的断然拒绝。于是，张易之便在武皇面前诽谤姚崇。长安四年（704）九月，武皇贬姚崇为司仆卿，出为灵武道大总管，继改任安抚大使。

中宗复位，以张柬之和姚崇为宰相。

睿宗复位，派使前往许州召姚崇还京，被命为兵部尚书、同中书门下三品。成为睿宗朝的宰相之一。姚崇与宋璟齐心协力，"革中宗弊政，进忠良，退不肖，赏罚尽公，请托不行，纲纪修举，当时翕然以为复有贞观、

---

① （后晋）刘昫.《旧唐书》卷九十六 [M].北京：中华书局，1975年，第3022页。
② （后晋）刘昫.《旧唐书》卷九十六 [M].北京：中华书局，1975年，第3022页。

永徽之风"。① 意思是说，姚崇与宋璟两位宰相齐心协力，革除中宗执政时期的各种弊端，大胆提拔任用正直善良之士，贬黜斥退奸邪不肖之徒，行赏施罚完全依据公理，杜绝行贿说情等不正之风，使得各种法度得到整饬，当时，朝野上下一致认为国家又恢复了太宗贞观和高宗永徽时期的良好风尚。

为了整肃吏治，姚崇和宋璟还向睿宗建议，一律罢免中宗时期的斜封官，由于睿宗的优柔寡断，这项建议没能得到施行。

景云二年（711）二月，睿宗贬姚崇为申州（今河南信阳市）刺史。后历任徐州（今江苏徐州市）、潞州（今山西长治市）刺史，迁为扬州（今江苏扬州市）长史及淮南（今安徽淮南市）按察使等职。再迁同州（今陕西大荔县）刺史。

姚崇在任，政绩卓越，深得民心，以至于在他离任时，治内百姓泣拥马首，遮道挽留。姚崇所乘之马蹬、所用之马鞭，皆被百姓截留，以表瞻恋之意。

先前，张说与褚无量同为东宫太子李隆基的侍读，深见亲敬。张说曾献计太子诛灭太平公主。先天二年（713）十月，已经身为宰相的张说对玄宗召还姚崇入京任职极为不满，于是，便授意御史大夫赵彦昭多方弹劾姚崇，极力进行阻扰。玄宗以姚崇参与神龙兵变有功，固而不予理睬。张说于心不死，又指使殿中监姜皎向玄宗奏道："陛下早就想任命一位称职的河东总管，却苦于寻找不到合适的人选，现在，臣发现了这样一位人才。"玄宗问是何人，姜皎回答说："是姚元之，姚元之文武全才，是担任河东总管最佳人选。"玄宗听后问道："这一定是张说的主意，你竟敢当面欺君罔上，应当处你死刑。"姜皎吓得赶忙叩头谢罪，并将事情原委和盘托出。玄宗即派中使赶赴同州（今陕西大荔县）诏请姚崇还京。

君臣相见。时在渭滨狩猎的玄宗对姚崇说："朕久不见卿，思有故问，卿可于宰相行中行。"姚崇听罢，只是默默地跟随在玄宗身后不语。玄宗按辔良久，不见谢恩，便问："卿何后？"姚崇答："臣官疏职贱，

---

① （宋）司马光.《资治通鉴》卷第二百九 [M]. 北京：中华书局，2009 年，第 8766 页。

不合参宰相行。"玄宗说："可兵部尚书、同中书门下平章事。"姚崇仍不谢恩。玄宗感到莫名其妙。许久，玄宗命宰相坐，姚崇跪奏："臣适奉作弼之诏而不谢者，欲以十事上献，有不可行，臣不敢奉诏。"玄宗道："卿悉数之，朕当量力而行，然定可否。"姚崇道：

> 垂拱以来，以峻法绳下；臣愿政先仁恕，可乎？朝廷覆师青海，未有牵复之悔；臣愿不幸边功，可乎？比来壬佞冒触宪网，皆得以宠自解；臣愿法行自近，可乎？后氏临朝，喉舌之任出阉人之口；臣愿宦竖不与政，可乎？戚里贡献以自媚于上，公卿方镇浸亦为之；臣愿租赋外一绝之，可乎？外戚贵主更相用事，班序荒杂；臣请戚属不任台省，可乎？先朝褒狎大臣，亏君臣之严；臣愿陛下接之以礼，可乎？燕钦融、韦月将以忠被罪，自是诤臣沮折；臣愿群臣皆得批逆鳞，犯忌讳，可乎？武后造福先寺，上皇造金仙、玉真二观，费钜百万；臣请绝道佛营造，可乎？汉以禄、莽、阎、梁乱天下，国家为甚；臣愿推此鉴戒为万代法，可乎？①

这便是姚崇在赴宰相任之前对玄宗所提的十项治国建言建策，史称"十事要说"，或称"十条政治纲领"：

第一条，所谓"垂拱以来，以峻法绳下"，指武周时期，武则天任用酷吏随意诬告李唐宗室成员和朝廷大臣，大搞刑讯逼供，致人于死地，姚崇请求施行太宗时期的仁厚宽恕政策。

第二条，所谓"朝廷覆师青海，未有牵复之悔"，指仪凤二年（677）五月，吐蕃军进犯扶州（今甘肃文县）临河镇，唐军兵败如山倒，为战取吐蕃，高宗命刘仁轨为洮河道（军在鄯州城内）行军镇守大使。刘仁轨的建议屡遭中书令李敬玄的反对，刘仁轨因此怀恨在心。刘仁轨为了报复李敬玄，在明知李敬玄不是将才的情况下，向高宗上奏道："西边镇守的重任，非李敬玄不可。"翌年九月，李敬玄与工部尚书刘审礼奉

---

① （宋）欧阳修、宋祁.《新唐书》卷一百二十四《姚崇列传》[M]. 北京：中华书局，1975年，第4383页。

命率兵十八万，与吐蕃大将论钦陵交战于青海。刘审礼被俘，李敬玄脱逃，退至承风岭，挖壕沟防御。适逢偏将黑齿常之率士夜袭吐蕃军，李敬玄这才得以返回鄯州（今青海海东市乐都区），后在湟川（今青海西宁市海湖新区）又遭吐蕃袭击。此次交战，损兵折将，李敬玄被贬为衡州（今湖南衡阳市）刺史。从某种意义上来说，这是大唐的耻辱。姚崇建议杜绝类似的战事发生。

第三条，所谓"比来壬佞冒触宪网，皆得以宠自解"，指武则天、韦皇后家族及其宠幸者屡屡触犯国法而屡屡逍遥法外，如武皇面首薛怀义，四次出任行军大总管，而四次皆一败涂地，但却没有受到任何处分。张易之阴谋篡位，宋璟负责审理，却被武后搭救，姚崇希望今后能依法治国，王子犯法与民同罪。

第四条，所谓"喉舌之任出阉人之口"，指武周以来宦官参政。如，万岁通天元年（696）武则天置仗内六闲，分别以飞龙、祥麟、凤苑、鹓鸾、吉良、六群为名，亦称仗内六厩，各厩以奉御为主官。以殿中丞检校仗内闲厩，以太监为飞龙使，掌握禁军之权。神龙三年（707），太监吴文任镇国大将军、右监门大将军，姚崇希望今后必须彻底禁止太监参政的现象。

第五条，所谓"戚里贡献以自媚于上，公卿方镇浸亦为之"，皇戚国舅给皇上送礼，目的是希望升官发财，公然败坏社会公序良俗，希望玄宗拒收四方的所有贡品，除地税外，保证不向百姓征收任何税金。

第六条，所谓"外戚贵主更相用事，班序荒杂"，指亲王、公主、外戚等依仗自己的权势，或干政参政，荐举自己的私属充当宰相，以谋取更大的政治地位和政治利益。如武承嗣、武三思、太平公主、上官婉儿、安乐公主等，建议今后彻底杜绝此种不良风气。

第七条，所谓"先朝褻狎大臣，亏君臣之严"，指先朝有的朝臣很随意的样子，不懂礼节，不成体统，希望玄宗能以礼以法约束朝臣。

第八条，所谓"燕钦融、韦月将以忠被罪，自是诤臣沮折"，指神龙二年（706）四月，京兆人韦月将上书中宗，指责武三思潜通韦后，且权势过大，必定谋反。中宗大怒，遂命斩首示众。副相宋璟坚请重审后再做决定，中宗不准。当时，中宗很失态，竟然拖着鞋子奔至门外，质问宋璟："我还以为已经斩了，没想到还没动手。"中宗再次敕令宋璟派人行杀。宋璟慷慨地说道："如果陛下一定要杀韦月将，那就请先杀我宋璟吧，否则的话，我宋璟是绝对不会听从陛下的命令的！"左御史大夫苏珦、给事中徐坚等皆言夏天不宜开杀戒。中宗这才命将杖流岭南，后被广州都督周仁轨所杀。同年五月，许州司户参军燕钦融指责韦后和安乐公主干预朝政，淫乱后宫，并勾结中书令、郢国公宗楚客伺机谋反，颠覆朝廷，建议中宗严加惩治，中宗竟无以言对。后来，宗楚客和韦后假传圣旨，命武士把燕钦融活活地摔死在廷庭的台阶上。睿宗复位后，追赠燕钦融为谏议大夫。姚崇请玄宗能以中宗诛杀燕钦融、韦月将事件为戒，建议玄宗允许朝臣犯言直谏。

第九条，所谓"武后造福先寺，上皇造金仙、玉真二观，费钜百万"，过去，武则天建造福先寺，太上皇建造金仙、玉真观，耗银两百万，劳民伤财，祸国害人，请求陛下今后永远不要建造寺院或道观，要真正造福于天下黎民百姓。

第十条，所谓"汉以禄、莽、阎、梁乱天下，国家为甚"，指在西汉，外戚吕产、吕禄专权，甚至到了几乎夺取皇权的地步，想想都后怕。在外戚中，马、窦、阎、梁四家祸乱天下，希望陛下禁止外戚参政干政，将其作为一项治国法则，永以为训。

姚崇献十事要说，请除弊政，时谓救时宰相。十事要说与玄宗的治国设想不谋而合，玄宗听后，爽快地表示完全接受，并且愿意与宰相们一同推动实施。

开元二年（714），姚崇已经是第三次担任宰相，三次皆兼任兵部尚书。姚崇担任宰相职务后，紫微令张说恐惧万分，便私下里到玄宗之弟、岐王李范宅向岐王表明自己倾心依附的诚意。

图11 姚崇像 明刻《历代古人像赞》

有一天，玄宗在便殿向姚崇问话，姚崇当即跛着脚，玄宗问他是不是脚有病？姚崇回答道："臣有心病，没有脚病。"玄宗问他是怎么回事，姚崇答道："岐王是陛下的亲弟弟，张说是陛下的股肱之臣，他敢乘车秘串岐王宅，臣担心岐王会被张说所误。"玄宗听后，二话不说，立即贬逐张说为相州（今河北临漳县西南）刺史。

有人告发太子少保刘幽求和太子詹事钟绍京在背后妄议朝廷，妄议朝廷实际上就是妄议陛下。玄宗即命紫微省将二人下狱审讯，刘幽求表示不服。姚崇等人本着和解的态度劝说玄宗道："刘幽求他们都是国家功臣，乍任闲职，有沮丧情绪流露，也是人之常情。他们功业既大，地位又高，一旦被投进监狱，恐怕要引起天下的震动啊！"结果，因姚崇的一席话，玄宗改贬刘幽求为睦州（今浙江淳安县西南）刺史。姚崇表面上好像是在保护刘幽求，实际上是在证明刘幽求确实有"怨望"之罪。史书上说，姚崇对刘幽求素怀嫉妒之心，看来是有根据的。但姚崇为人处世圆滑，只不过是巧玩欲擒故纵的计谋罢了。

自中宗李显复位以来，皇亲国戚竞相建造佛寺，奏请将成年人剃度为僧，其中有不少寺院作欺妄之事。为逃避徭役，富家子弟也纷纷剃发为僧。

开元二年（714）正月，姚崇上奏：

> 佛图澄不能存赵，鸠摩罗什不能存秦，齐襄、梁武，未免祸殃。但使苍生安乐，即是福身，何用妄度奸人，使坏正法！①

意思是说：佛图澄并没有使后赵国运长久，鸠摩罗什也无法使后秦免于灭亡，齐襄帝、梁武帝同样也使得国破家亡。所以，陛下只要能够使天下百姓安居乐业，就是最大的积德行善，哪里还用得着大量剃度奸邪之徒为僧呢？这样也会破坏朝廷的法度。玄宗准奏。并命有关部门监察。结果，因虚伪诈妄而被迫还俗的僧尼共计一万二千多人。二月十九日，玄宗发布敕令，从今以后，全国各地不得新建佛寺。原有佛寺颓坏需要维修的，一律先到有关部门申报，经监查属实，才能开工修缮。

姚崇高居相位，对官吏要求甚严。睿宗第五子薛王李业，生母王德妃系润州刺史王美畅之女。李业舅父王仙童横行不法，欺凌百姓，遭到

---

① （宋）司马光.《资治通鉴》卷第一百一十一 [M]. 北京：中华书局，2009 年，第 8826 页。

御史的弹劾，姚崇欲治其罪。李业闻讯后，立即到皇兄玄宗那里求情，玄宗念及情分，下令重新审理此案，意在宽免王仙童的罪责。姚崇知道后，便与另一位宰相卢怀慎联名上奏，坚持执法，决不宽贷。玄宗见此情景，只好同意姚崇依法惩治，从此，皇亲国戚确实收敛了很多。

姚崇有两个儿子在东都洛阳做官。他俩知道宰相魏知古是自己父亲一手提拔起来的，便毫无顾忌地向魏知古提条件谋取私利。魏知古回到长安后，将他们的所作所为报告给了玄宗。

有一天，玄宗与姚崇闲谈，顺便问道："你儿子的才能和品德怎么样啊？现在做什么官？"机敏的姚崇一下子就猜透了玄宗的弦外之音，他从容地答道："我有三个儿子，两个在东都，为人贪欲而又不谨慎，必定会走魏知古的后门，不过，我还没有来得及询问他们。"

玄宗原以为姚崇要为儿子隐瞒什么，在听了姚崇道出真情后，龙颜大悦。玄宗又问姚崇是怎么知道的。姚崇说："在魏知古的社会地位很低时，我出面保护过他，提拔过他；我的儿子蠢得很，以为魏知古必定因为感激我而容忍他们为非作歹，故而去走他的门路。"玄宗听了，认为姚崇为人高尚，而鄙薄魏知古，觉得魏知古有负于姚崇，要罢他的官。姚崇又请求玄宗道："我的儿子胡闹，犯了法，陛下赦免他们的罪已经是很万幸的了，倘若因为这件事而罢魏知古的官，天下必定以为陛下出于对我的私人感情而这样做，这样就会连累到陛下的声誉。"玄宗听后，左迁魏知古为工部尚书。

开元四年（716），山东蝗害成灾，玄宗心急如焚，速下《捕蝗诏》：

今年蝗虫暴起，乃是孽生。所縣官司，不早除遏，任虫成长，闲食田苗，不恤人灾，自为身计。向若信其拘忌，不有指麾，则山东田苗，扫地俱尽。使人等至彼催督，其中犹有推诿，以此当委官员责实。若有勤劳用命，保护田苗，须有褒贬，以明得失。前后使人等审定功过，各具所縣州县长官等姓名闻。此虫若不尽除，今年还更生子，委使人分州县会计，勿使遗类。[1]

---

[1] （清）董诰.《全唐文》卷二十七 [M]. 上海：上海古籍出版社，1990年，第130页。

老百姓因受迷信思想的束缚，认为蝗虫也是生命，不敢捕杀，也不愿捕杀。而是在田间地头设祭焚香膜拜，坐视蝗虫蚕食庄稼。

姚崇上奏，引《诗经》及汉光武诏书，证明蝗虫可以捕杀：蝗虫怕人，故易驱逐；苗稼有主人，故救护者必定卖力；蝗虫能飞，夜间见火，必定飞往；设火于田，火边挖坑，边焚边埋，定可余尽。玄宗说：蝗是天灾，是由于德政不修所致，你要求捕杀，这不是背道而驰吗？姚崇又说：捕杀蝗虫，古人行之于前，陛下用之于后，安农除害，是国家的大事，请陛下认真考虑。玄宗终被姚崇说服。但当时朝廷内外，都说蝗虫不能捕杀，玄宗说：我已同宰相讨论，议定捕蝗之事，谁再反对，即行处死。于是，派遣御史分道督促，指挥老百姓焚埋蝗虫。结果很有成效，当年农业获得了较好的收成。

同年十一月，姚崇身患虐疾，卧病不起。玄宗因姚崇府第过远，咨询政事殊多不便，便将姚崇迁居罔极寺（今陕西西安市东关炮房街路北）。神龙元年（705），镇国太平公主为母后武则天祈福而修建的皇家寺院，寺名取自《诗经》"欲报其德，昊天罔极"之意。玄宗对姚崇的病情体现出了无微不至的关怀，每天都派数十使者前去探视。每有军国大事，便命宰相源乾曜前去征求姚崇的意见。每当源乾曜奏事，凡符合旨意的，玄宗便说：此必姚崇之谋。源乾曜上奏，为了咨询方便，请迁姚崇至以通事舍人主管的四方馆（属中书省），姚崇以此官署宽大为由，予以推辞。

不久，姚崇遇到了两件棘手的事：一件事是他的两个儿子广结四方之缘，收受他人馈赠之物，招致非议；另一件事是他的亲信、中书省主簿赵诲收受了蕃人的贿赂，被人揭发后，玄宗亲自审讯，并定为死罪。姚崇知道后又去设法营救，从而引起玄宗的不满。于是，姚崇恐惧不安，数次请求辞去宰相职务，玄宗最终答应，并根据他的推荐，由宋璟接替他担任宰相。姚崇遂以开府仪同三司罢知政事。

开元五年（717），山东又发生蝗灾，姚崇如法炮制，派人到各地督促捕杀。朝廷又多以为蝗虫捕杀不得。玄宗也很犹豫，于是，又同姚崇商量。姚崇说：这些庸儒们死抠书本，不懂得变通之道。凡事有时要违反经典而顺乎潮流，有时要违反潮流而合权宜之计。接着他列举了历史上一再出现的蝗灾，后果都很可怕。又说：今山东蝗虫，孳生之处，遍地皆是，倘若农田没有收成，则人民就要流移，事关国家安危，不可拘守成规。即使除之不尽，也比养了成灾好。陛下好生恶杀，此事不烦你下诏，请准许为臣处理。若除蝗不成，我所有的官爵一概削除。姚崇以其真诚又一次打动了玄宗。

汴州（今河南开封市）刺史倪若水拒不执行，同时，又给玄宗上了一道奏章：蝗虫泛滥那是天灾，我们应该修德修为，以感动上天，上天如果被感动了，蝗灾自然就消除了，仅仅依靠人的力量是根本无法达到所希求的愿望的。

姚崇得知倪若水对玄宗的一派胡言乱语，勃然大怒，立即给倪若水写信说：古时州郡有好太守，蝗虫即不入境，要是修德可以免除蝗灾，那么蝗灾的出现，就是无德所造成的了！现在坐看蝗虫蚕食庄稼，怎能忍心不救！你这个刺史是怎么做的？要是由此而造成饥荒，将何以自安？请再不要迟疑犹豫，否则是要后悔的。倪若水不得已，只好带着情绪发动各地官民捕捉蝗虫，焚埋蝗虫。事后得知，汴州所捕杀的蝗虫多达十四万石，而被投入汴河的还不计其数。倪若水终于在事实面前服输了。

黄门侍郎、同中书门下三品卢怀慎，人称"伴食宰相"。也极力反对捕杀蝗虫，他对姚崇说：蝗虫是天灾，怎么可以用人力来制服呢？外面的议论，都认为捕杀蝗虫不对。而且杀虫太多，将会有伤和气。现在停止，还来得及，请你慎重考虑。姚崇力辩其谬，列举古帝王及孔子为例，证明为了人的安全和不违礼制，杀生是可行的。又说：现在蝗虫极多，只有驱除，才可消灭；若放纵蝗虫蚕食禾苗，各处田地，都要空虚。百姓如何能够任其饥饿而死呢？此事我已奏请圣上定夺，请你不要再说了。若是救人杀虫，因而得祸，我愿独自承受，与你无关。并派人到各地巡查，看谁捕蝗勤快，谁捕蝗不力，列名上报。

还有一位黄门侍郎、银青光禄大夫韩思复，极力反对姚崇捕杀蝗虫。他说：河南河北蝗虫，近更猖獗，所到之处，苗稼都损，且更向西蔓延，到达洛阳；使者往来，不敢声张，山东数州，甚为恐慌。接着，他又是那一套天灾肆行，土埋不容，只有悔过修德，以求上天保佑的陈词滥调。最后，他竟然上奏，请求停止捕蝗使的工作。玄宗又被他的话弄糊涂了，顺便将他的奏章交给姚崇处理。姚崇奏请派遣韩思复调查山东蝗虫所造成的损失，玄宗准奏。韩思复上报了受灾的实际情况，姚崇不相信，又派刘绍去调查。据说，刘绍是看着宰相的脸色行事，鞭打百姓，涂改旧状，假报无灾，因而山东遭灾的数州，竟未减免租赋。这只能是局部的情况；总的情况是，由于姚崇力排众议，坚持捕杀蝗虫，故虽连年发生蝗灾，仍未造成严重的饥荒。

由捕蝗而引起的轩然大波，至此尚未平息下来。司门员外郎（一说龚州刺史）张鷟曾对姚崇进行过人身攻击："采得一石者与以石粟，一斗，粟亦如之，掘坑埋却。埋一石则十石生，卵大如黍米，厚半寸盖地。"[①]上天要是不灵，则不至生蝗，上天要是降灾，蝗会越埋越多；对于蝗灾，应该修德慎刑，以报答上苍的惩罚，为什么不修福以免灾，而要逞杀以消祸呢！没有见到姚崇对这一派胡言的反驳，但在他以往批驳别人的言论中，已包含有反驳这种偏见的内容。

在一个被腐朽的精神力量统治着的时代里，要想办点实事还真是不容易。姚崇捕蝗的决心、勇气、才干和坚持到底的精神，今天提起来，依然令人肃然起敬。

姚崇在围攻中取得了捕蝗的胜利，但既未立功，也未受赏。更重要的是，姚崇的工作作风给大唐王朝带来了新气象，注入了新活力，建立起了人定胜天的信念。开元盛世，其实就是从治理蝗虫开始的。

从此以后，玄宗命姚崇每五日上朝一次，仍然入阁参与朝政，恩遇更加优厚。

开元八年（720），玄宗授姚崇太子少保，姚崇以年老多病为由，辞而不受。开元九年（721）九月初三，姚崇病故，享年七十二岁。赠扬州大都督，谥曰文贞。姚崇遗嘱：不准崇佛敬道，不准厚葬，不准抄经写像。并以此成为家法。

据说，姚崇在临死前曾告诫自己的儿子：张说对我怨恨极深。我死了之后，出于礼节，他必然会来吊唁，你们可将我平生所积的珍宝器皿陈列出来，他最喜爱这类东西，如果他连看都不看，那你们就要做好精神准备，灭族之灾就要降临了；如果他用心观赏这些东西，那就预示着

[①] （唐）张鷟.《朝野佥载》[M]. 北京：中华书局，1979年，第169页。

没啥事了，你们就将这些东西赠送给他，并恳请他为我撰写一篇碑文。在得到他所撰写的碑文后，抓紧时间誊抄，立即报呈圣上，并勒石刊刻。张说的头脑反应比我迟钝一些，假如数日后，他派人来索要碑文，就说已报请皇上批准，可以将刊刻好的碑石展示给他看。

姚崇死后，张说果然前来吊唁，对于所陈服玩，张说看了又看。姚崇诸子遵照姚崇遗嘱，慨然赠送。张说也答应为姚崇撰写碑文，及至后来，张说索回碑文的计谋落空。张说听说后，懊悔地捶打着胸脯连呼上当，真是：死姚崇算计活张说。

事实上，《故开府仪同三司上柱国赠扬州刺史大都督梁国公姚文贞公神道碑》碑文是张说奉敕撰，二千四百余言，其中写道："有唐元宰曰梁文贞公者，位为帝之四辅，才为国之六翮，言为代之轨物，行为人之师表；盖维岳降神，应时间出者也。"①

唐代集贤殿学士柳芳在《食货论》中写道："元宗以雄武之才，再开唐统，贤臣左右，威至在己。姚崇、宋璟、苏颋等，皆以骨鲠大臣，镇以清静，朝有著定，下无觊觎。四夷来寇，驱之而已；百姓富饶，税之而已。继以张嘉贞、张说，守而勿失。"②

开元十七年（729），追赠姚崇为太子太保。

姚崇一生为政以公，才干出众，三登相位。与太宗朝的房玄龄、杜如晦，以及玄宗朝的宋璟并称为唐代四大贤相。姚崇不以官高而凌下，不以位尊而专横。虽多次遭遇贬斥，仍能赤胆忠心，视天下为己任，唐代诗人杜牧曾高度称赞姚崇"首佐玄宗起中兴业"。

> 姚、宋相继为相，崇善应变成务，璟善守法持正，二人志操不同，然协心辅佐，使赋役宽平，刑法清省，百姓富庶。唐代贤相，前称房、杜，后称姚、宋，他人莫得比焉。二人每进见，上辄为之起，去则临轩送之。③

---

① （清）董诰.《全唐文》卷二百三十 [M].上海：上海古籍出版社，1990年，第1027页。
② （清）董诰.《全唐文》卷三百七十二 [M].上海：上海古籍出版社，1990年，第1671页。
③ （宋）司马光.《资治通鉴》卷第二百一十一 [M].北京：中华书局，2009年，第8868页。

意思是说：姚崇和宋璟相继为宰相，姚崇善于应对突发事变，从而圆满地完成任务；宋璟则善于遵法守规，公正严明地执法；这两人的志向和操守虽然有所不同，但都能竭忠尽智地辅佐玄宗，使得这一时期的赋役宽平，刑罚清省，百姓富裕。在唐一代的贤相中，前有贞观时期的房玄龄和杜如晦，后有开元时期的姚崇和宋璟，其余的宰相，则是无法与这四贤相提并论的。姚崇和宋璟每次觐见时，玄宗都要站起来迎接，当他们离开时，玄宗都要到殿前相送。

元祐八年（1093），北宋陕州（今河南陕县东南）知州游师雄仰慕姚崇的为人，置姚公祠于故居陕州东卫村舍（今河南陕县张茅镇），在姚崇后裔散居他乡的情况下，百姓祭祀姚公祠一直延续到民国时期，不能不说是故里人民对其怀念之深。

十七　诸王外刺

贞观年间，太宗李世民为了防止宗室成员与重臣相互勾结，诏令亲王一律赴外地担任刺史职务，后因故放弃。

诸王外刺是玄宗继功臣被贬逐之后的又一政治举措。

李隆基即位后，重用姚崇和宋璟。姚崇自登上相位后，对玄宗多有谏言，治乱兴衰，强国理政，竭忠尽智，其政治主张和治国方略屡屡得到玄宗的赏识。姚崇鉴于宗室及外戚成员由于内争而随时会出现祸患甚至祸乱，为了避免相互残杀，需要皇帝进一步处理好其与亲王、皇子以及外戚之间的关系。

景云二年（711）正月，在李隆基为太子时，姚崇和宋璟等朝臣鉴于睿宗皇妹太平公主潜有异谋，请睿宗出宋王李成器和申王李成义为刺史，以绝谋者之心。于是，李成器以司徒兼蒲州（今山西永济市）刺史。后来，随着姚崇和宋璟二人被贬，诸王外刺的政治主张也就宣告结束。

玄宗在位时，"上禁约诸王，不使与群臣交结"。① 开元八年（720）十月初，光禄卿、驸马都尉裴虚己（娶玄宗妹妹霍国公主）与岐王李范在一起饮宴，并私自挟带谶纬之书。玄宗知道后，流放裴虚己于新州，并命霍国公主与其离婚。太常寺太祝张谔及万年县尉刘庭琦也因多次与李范饮酒赋诗，张谔被贬为山茌（今山东长清县东北）丞，贬刘庭琦为雅州（今四川雅安市）司户。玄宗曾对侍臣说：

---

① （宋）司马光.《资治通鉴》卷第二百一十二[M].北京：中华书局，2009年，第8892页。

吾兄弟自无间，但趋竞之徒强相托附耳。吾终不以此责兄弟也。①

大意是说：朕兄弟之间本来就是亲密无间的，而是那些趋炎附势的小人在极力巴结，朕决不会因此而责怪自己的兄弟。

玄宗时常暗中伺察诸王，禁约告诫。尽管宁王李成器让储位于李隆基，当李隆基即位后，也在暗中侦察李成器的一切行踪，多亏宁王嗜好音乐和贪恋女色，才使玄宗放心许多。

开元二年（714）六月，玄宗以宋王李成器兼岐州（今陕西凤翔县南）刺史，以申王李㧑兼豳州（今甘肃宁县一带）刺史。七月，玄宗又以岐王李范兼绛州（今山西临汾市）刺史，以薛王李业兼同州（今陕西大荔县）刺史，以豳王守礼兼虢州（今河南灵宝市）刺史。

关于诸王兼任刺史，玄宗规定如下：一、亲王或皇子凡为都督、都护或刺史者，只是挂名，不得掌握地方实权。二、为了杜绝诸王与朝臣之间的接触，自宋王以下，每季准许二人入朝，周而复始。

开元六年（718），玄宗认为既然对皇权的主要威胁已经消除，诸王外刺也就没有多大的意义了。翌年秋，玄宗诏命宋王李成器还京，并徙为宁王。

开元八年（720），诏停岐王李范、薛王李业、申王李㧑的刺史职务，并回京入朝。翌年，再诏豳王李守礼还京。

在玄宗看来，功臣中对皇权的威胁主要来自刘幽求、钟绍京、王琚、魏知古、崔日用。而诸王未必就有野心，最令人担忧的是怕被功臣打着诸王的旗号阴谋进行颠覆政权活动。

刘幽求（655—715），冀州武强（今河北武强西南）人，武周圣历年间参加制科考试，被命为阆中（今四川阆中市）县尉，因刺史对其无礼，乃弃官而去，后授朝邑（今陕西大荔县）县尉。

长安四年（704），刘幽求密请桓彦范等诛杀武三思，谓：不杀三思，必为三思所杀。桓彦范不予采纳。后被封王，为武三思所杀。

兵部侍郎崔日用依附韦武政治集团，与中书令宗楚客过从甚密。唐

---

① （宋）司马光.《资治通鉴》卷第二百一十二 [M]. 北京：中华书局，2009年，第8892页。

隆元年（710）六月，诛杀韦氏是夜，经刘幽求之手发出的制敕就有百余道。刘幽求因功拜中书舍人，参知机务，成为当朝宰相。所谓"参知机务"，乃唐朝的一种职衔名，宰相职衔名义，停知机务，即罢宰相职。并赐爵中山县男，食实封二百户。再授其两个儿子五品官，追赠刘幽求祖父和父亲为刺史。

不久，相王李旦接受李重茂禅位，登基为帝，是为睿宗。刘幽求代理尚书右丞之职，仍居相位，加银青光禄大夫，进封徐国公。加食实封至五百户，并"赐物千段、奴婢二十人、宅一区、地十顷、马四匹，加以金银杂器"。① 当时的李隆基建有大功，群臣都建议立其为太子，嫡长子宋王李成器也极力请求。刘幽求进言道：

> 臣闻除天下之祸者，当享天下之福。平王拯社稷之危，救君亲之难，论功莫大，语德最贤，无可疑者。②

意思是说：臣听说铲除天下祸患的人应当享有天下的福分。平王拯救大唐社稷免遭倾覆之祸，拯救君亲于危难之中，论功最大，论德最贤，可为太子。睿宗从之，遂立平王李隆基为皇太子。

景云二年（711），罢去刘幽求相位，改迁户部尚书。不久，转吏部尚书。同年十月，擢拜侍中。又加食实封连前共七百户。"特免十死，铭诸铁券，以传其功。"③ 准许其子孙世代袭爵徐国公。

先天元年（712）八月，李隆基即位，是为玄宗。刘幽求居功至上，自以为玄宗会擢他为尚书左仆射兼中书令。不料，玄宗却任命窦怀贞为左仆射，崔湜为中书令，而任命刘幽求为尚书右仆射、同中书门下三品，监修国史。刘幽求心中不平，怨愤之情形于言色。

当年，太平公主权倾朝野时，宰相多出其门。刘幽求打算与右羽林将军张暐率羽林军诛杀太平公主，并让张暐密禀玄宗：窦怀贞、崔湜、

---

① （后晋）刘昫.《旧唐书》卷九十七 [M]. 北京：中华书局，1975年，第3040页.
② （宋）司马光.《资治通鉴》卷第二百九 [M]. 北京：中华书局，2009年，第8762页.
③ （宋）欧阳修、宋祁.《新唐书》卷一百二十一 [M]. 北京：中华书局，1975年，第4328页.

岑羲等人都是依靠太平公主才当上宰相的，日夜图谋不轨。如果陛下不尽早除掉他们，一旦事变突然发生，太上皇怎么能平安呢！臣已经与刘幽求商定好了计策，就等陛下下令。玄宗听后，深以为然。

张暐口无遮拦，又将密谋计划密语给了侍御史邓光宾。玄宗得知后，恐惧万分，急忙将刘幽求等人的罪状上奏睿宗，睿宗遂将刘幽求下狱。不久，拘审部门上奏：刘幽求离间皇帝骨肉至亲，当处死刑。此时，李隆基以刘幽求于国有功为由，向睿宗求情，希望免其死罪。睿宗遂流刘幽求于岭南封州（今广东封川县），流张暐于峰州（今越南永富省白鹤县），流邓光宾于绣州（今广西桂平县南）。

刘幽求被流放后，崔湜密令广州都督周利贞将其诛杀。桂州都督王晙得知这一阴谋，便将刘幽求扣留在桂州，并对周利贞索要刘幽求的公文不予理会。后来，崔湜数次向王晙施压，让他遣送刘幽求。王晙仍旧不理，刘幽求这才得以幸免。

先天二年（713）七月初三，玄宗发动先天政变，诛杀姑母太平公主。刘幽求奉诏回朝，玄宗诏曰：

……可依旧金紫光禄大夫，守尚书左仆射，知军国事，监修国史，上柱国、徐国公，仍依旧还封七百户，并赐锦衣一袭。[①]

是年十二月，玄宗诏改官制，刘幽求为尚书左丞相，兼黄门监。不久，被罢知政事，迁太子少保。翌日，玄宗命黄门侍郎卢怀慎同紫薇黄门平章事。

开元二年（714），姚崇因嫉妒刘幽求之故，奏称刘幽求口出怨言，不满担任散职。玄宗听信一面之词，将其拘捕。宰相卢怀慎等火上浇油，制造事端。翌日，贬刘幽求为睦州（今浙江淳安县）刺史，削去食实封六百户，后迁杭州（今浙江杭州市）、彬州（今湖南彬州市）刺史。

开元三年（715），再迁桂阳郡（今湖南彬州市）刺史。刘幽求因悲愤不已，于赴任途中病逝，终年六十一岁。玄宗追赠礼部尚书，赐谥文献。

---

① （后晋）刘昫.《旧唐书》卷九十七 [M]. 北京：中华书局，1975 年，第 3041 页。

开元六年（718），诏与太子少傅苏瓌配享睿宗庙庭。建中三年（782），德宗追赠司徒。

钟绍京（659—746），字可大，虔州赣（今江西赣州市）人，或称南康（今属江西）人。三国魏太傅钟繇第十七世孙。幼时家贫，初任司农录事，因其书法特长，应兵部尚书裴行俭荐举而入直凤阁。武周时期，明堂门额、九鼎之铭及诸宫殿门榜皆其所题，家藏王羲之、王献之、虞世南、褚遂良真迹至数百卷。

景龙年间，擢宫苑总监。临淄王李隆基在刘幽求、钟绍京的支持和配合下，于晚间进入宫苑内，钟绍京率领户奴及丁夫二百人携带武器，随同临淄王的士兵攻入太极殿，诛杀韦后，并逮捕韦后余党，拥立临淄王的父亲相王李旦复位。钟绍京由此成为唐朝功臣。当天夜间，被拜为中书侍郎、同中书门下三品，参知机务。翌日，"进拜中书令，加光禄大夫，封越国公，赐实封五百户，赐物二千段、马十匹"。①所获赍赐与刘幽求基本相同。但因他是政变策动者之一，最了解政变底细，因此，玄宗对他时时都存有戒心。

钟绍京因赏罚自肆，遭到时人的厌恶。不久，又因抗疏让官，睿宗采纳晋国公薛稷之言，转其为户部尚书。不久，出为蜀州（今四川崇州市）刺史，从此被贬出长安。

玄宗即位，诏还京师，复拜户部尚书，迁太子詹事。姚崇因与其不和，趁机投石下井，上奏玄宗：说绍京发表怨言，玄宗遂贬其为绵州（今四川绵阳市东）刺史，后坐事，贬琰州（今贵州镇宁县南）尉，尽削其阶爵及实封。不久，再转温州（今浙江温州市）别驾。

开元十五年（727），再度入朝。因垂泣奏上，玄宗听后，为之悯然，即拜银青光禄大夫、太子右谕德，后转太子少詹事。

天宝五载（746），卒于京城，年逾九十，归葬乡梓。书法遗迹有《维摩经》《灵飞经》等，皆为翻刻本。宋人曾巩《元丰类稿》云："绍京字画妍媚，遒劲有法，诚少与为比。"建中元年（780），德宗追赠太子太傅。

---

① （后晋）刘昫.《旧唐书》卷九十七 [M]. 北京：中华书局，1975 年，第 3042 页。

王琚（656—746），字号不详，怀州河内县（今河南沁阳市）人。下邳县丞王仲友之子。幼年丧父，勤奋好学。敏悟有才略，爱好玄象合炼之学。神龙初，结识临淄王李隆基和驸马王同皎。预谋刺杀梁王武三思，不幸被宋之问与其弟宋之逊告密，东窗事发，王同皎被中宗处斩。王琚逃至扬州，隐姓埋名。受到某富户看重，以女嫁之。

　　先天元年（712）八月，拜中书侍郎。翌年七月初三，与岐王李范、薛王李业、驸马都尉姜皎、李令问、王毛仲、王守一等参与清除太平公主势力，举事成功后，擢拜银青光禄大夫、检校户部尚书，封赵国公。常参闻大政，时谓内宰相。"玄宗谳谰于内殿，赐功臣金银器皿各一床、杂彩各一千匹、绢一千匹，列于庭，谯慰终夕，载之而归。"①

　　开元初，王琚与苏颋同为紫薇侍郎。天宝五载（746）正月，玄宗贬其为江华郡员外司马，并削其阶封。到任不久，御史罗希奭受右相李林甫指使，构陷王琚，王琚自缢身亡，著有《教射经》。宝应元年（762），肃宗追赠太子少保。

　　魏知古（647—715），本名魏政，字知古，深州陆泽（今河北深州）人。出身于巨鹿魏氏。早有才名，二十岁进士及第，历任著作郎、凤阁舍人、卫尉少卿，参与编修国史，又兼任检校相王府司马。神龙元年（705），擢拜吏部侍郎，寻拜银青光禄大夫，因丁母忧离职，守丧期满除服，起复为晋州（今河北晋州市）刺史。

　　景云元年（710），相王李旦复位，是为睿宗。魏知古因曾任相王府属官，拜黄门侍郎，兼修国史。翌年，迁右散骑常侍。时值盛夏酷暑，睿宗制为公主金仙、玉真各造一观，魏知古谏阻，睿宗不听。不久，魏知古又进谏，睿宗感其言辞恳切，遂拜其同中书门下平章事，兼太子左庶子。先天元年（712），改任户部尚书、同中书门下三品。八月，太子李隆基继位，被擢拜为侍中。不久，玄宗带领群臣到渭川一带打猎，魏知古从驾。遂作《从猎渭川献诗》以讽。诗云：

　　　　尝闻夏太康，五弟训禽荒。我后来冬狩，三驱盛礼张。顺时鹰隼击，

---

① （后晋）刘昫.《旧唐书》卷一百六 [M]. 北京：中华书局，1975年，第3250页。

讲事武功扬。奔走未及去，翩飞岂暇翔。非熊从渭水，瑞雀想陈仓。此欲诚难纵，兹游不可常。子云陈羽猎，僖伯谏渔棠。得失鉴齐、楚，仁思念禹、汤。邕熙谅在宥，亭毒匪多伤。辛甲今为史，虞箴遂孔彰。①

诗中列举了前朝兴亡的历史教训，规劝玄宗不可纵欲伤物，玄宗得诗览之，大喜过望，手制褒答，并赐物五十段。先天二年（713），累封梁国公。时太平公主与宰相窦怀贞等人意欲作乱，密谋废立。魏知古向玄宗告发，玄宗遂抢先发动政变，诛杀太平公主一党。政变成功后，赐魏知古获食实封二百户，物五百段。

早年，魏知古曾得到姚崇的引荐，后与姚崇并列相位，遂引起姚崇的不满。姚崇奏知玄宗，玄宗诏令魏知古前往东都主持吏部选事，优诏赐衣一副，以示所怀，魏知古心中不满。

姚崇之子认为父亲对魏知古有恩，便趁机请托于他。开元二年（714），魏知古回到长安，将此事密告玄宗。同年五月，迁魏知古为工部尚书。翌年，魏知古病逝，年六十九，御史大夫宋璟闻而叹曰："叔向古之遗直，子产古之遗爱，能兼之者，其在魏公。"② [叔向，春秋时期晋国大夫。一作叔嚮、叔誉，羊舌氏，名肸，又名叔肸。食邑于杨（今山西洪洞东南）。羊舌肸博学多识，重才轻貌，尤善言辞。在政治上提倡尊贤使能，主张以教化为主、以刑法为辅。为人正直，因在裁决案件中不偏袒其弟，被孔子称赞为"古之遗直"。与郑国的子产、齐国的晏婴齐名。子产（？—前522），春秋时期著名政治家、思想家。姬姓，名侨，字子产，又字子美、谥成子，郑穆公之孙。先后辅佐郑简公、郑定公，为政宽猛相济，作丘赋、铸刑书，择贤用能，晋侯病，他认为是国君饮食不慎所致，死后被孔子称为"古之遗爱"。]

玄宗赠魏知古幽州大都督，谥曰忠。建中元年（780），德宗定魏知古与房玄龄、杜如晦等三十七位宰臣为上等。大中二年（848），宣宗诏魏知古与李岘、王珪等三十七位功臣图像于凌烟阁。

---

① （后晋）刘昫.《旧唐书》卷九十八 [M]. 北京：中华书局，1975年，第3063页。
② （后晋）刘昫.《旧唐书》卷九十八 [M]. 北京：中华书局，1975年，第3064页。

崔日用（673—722），滑州灵昌（今河南滑县）人，祖籍博陵安平（今河北安平县）。出身于博陵崔氏第三房。进士出身，起家芮城（今山西芮城县）县尉，大足元年（701），武则天幸长安，途经陕州，崔日用代陕州刺史宗楚客广求珍味，尽心服侍招待，得其嘉赏，被荐为新丰（今陕西临潼区新丰镇）县尉，不久，拜监察御史。神龙元年（705），中宗复位，崔日用通过攀附宗楚客、武三思、武延秀等朋党，骤迁兵部侍郎兼修文馆学士。

景龙四年（710）六月初二夜，中宗于神龙殿暴崩，韦后临朝称制。崔日用恐祸及己，在获知临淄王李隆基将图义举，遂暗中结纳，预谋兵变，政变成功，遂命其代掌雍州（今陕西中部及甘肃东南部）长史，以功授银青光禄大夫、黄门侍郎，参知机务，封齐国公，食实封二百户。为相月余，便与中书侍郎薛稷在中书省大吵，被玄宗罢知政事，不久，迁扬州（今江苏扬州市）长史，历婺州（今浙江金华市）、汴州（今河南开封市）刺史，兖州（今山东济宁市）都督及荆州（今湖北荆州市）长史。

先天二年（713）七月，玄宗欲谋讨捕公主枝党，密与日用商讨。日用伏请玄宗先定北军，次收逆党，暂时先不要惊动太上皇。玄宗从其议。初四晚，玄宗发动宫廷政变，成功后，"又令权检校雍州长史，加实封通前满四百户。寻拜吏部尚书"。①

据说，某年八月初五，适逢玄宗生日，崔日用采《毛诗》之《大雅》《小雅》二十篇及司马相如《封禅书》上表，以申规讽，玄宗手诏作答："朕循环览讽，用慰于怀。今赐卿衣裳一副、物五十段，以示无言不酬之信也。"② 后被出为常州（今江苏常州市）刺史，削实封三百户，转汝州（今河南平顶山市）刺史。开元十年（722），转并州（今山西太原一带）大都督长史。卒于任上，有年五十，赠吏部尚书，谥曰昭。后再赠荆州大都督。

---

① （后晋）刘昫．《旧唐书》卷九十九 [M]．北京：中华书局，1975年，第3088页。
② （后晋）刘昫．《旧唐书》卷九十九 [M]．北京：中华书局，1975年，第3089页。

十八　大义灭亲

玄宗李隆基王皇后的妹夫、尚衣奉御长孙昕曾因琐事与御史大夫李杰不和。开元四年（716）正月，长孙昕约其妹夫杨仙玉在京城某巷子里殴打了李杰。事后，长孙昕担心玄宗怪罪下来，那可是吃不了得兜着走。为了逃避罪罚，他便送珍鸟讨好玄宗，送小妾讨好王毛仲，用求子的巫术讨好王皇后。

李杰上表控诉道："发肤见毁，虽则痛身，冠冕被陵，诚为辱国。"① 意思是说，为臣虽然受伤，那只不过是皮肉之苦，可臣的冠带朝服却受到极大的凌辱，这无异于国家的尊严遭受到了极大的侵犯。玄宗听后，大怒，皇后妹夫肆无忌惮，公然殴打朝廷高官，这还得了。于是，玄宗颁《诛长孙昕等诏》：

> 夫为令者自近而及远，刑罚者先亲而后疏。长孙昕、杨仙玉等，凭持戚属，恣行凶险。轻侮常宪，损辱大臣，情特难容，故令斩决。今群官等累陈表疏，故有陈请。以阳和之节，非肃杀之时，援引古今，词义深恳。朕志虽从谏，情亦惜法，宜宽异门之罚，从听枯木之毙。即宜决杀，以谢百寮。②

唐律规定，凡无故殴打大臣者，鞭打四十；殴打致伤者，杖责六十。本来，长孙昕、杨仙玉罪不至死，正因为是皇亲，玄宗当然要表现给文

---

① （宋）司马光.《资治通鉴》卷第二百一十一 [M]. 北京：中华书局，2009 年，第 8854 页。
② （清）董诰.《全唐文》卷二十七 [M]. 上海：上海古籍出版社，1990 年，第 130 页。

武百官看。

事后，玄宗还专门降敕安慰李杰道：长孙昕是朕的亲戚，由于朕平时对他们训导不力，致使他们竟然冒犯朝廷大臣，现在，朕已将他们处死，恐怕仍然不足于谢罪，朕希望卿今后能刚正无私，纠恶惩奸，千万不要把这样的坏人放在心上。

开元十三年（725），玄宗生病期间，睿宗李旦第五子薛王李业之妃的弟弟、内直郎韦宾与殿中监皇甫恂在一起妄言吉凶善恶。事发，李隆基暴怒，令将韦宾刑杖而死，贬皇甫恂为锦州（今辽宁锦州市）刺史。李业与其妃韦氏担心受到牵连，内心惶惶不安，只等玄宗降旨问罪。而玄宗走下台阶拉着李业的手说：如果我有猜疑兄弟之心，天地都不会容我。说完，一道入席饮酒。还好言相劝李业妃韦氏，安慰她不必多虑，继续当她的王妃。

开元二十七年（739）五月，睿宗李旦第七女、玄宗李隆基的异母妹妹鄎国公主前夫、朝散大夫、兖州都督、汾阴公薛儆第四子薛谂，依仗自己是当朝皇帝的亲外甥，多年来，在京师伙同李谈、崔洽、石如山等游手好闲之辈以黑恶势力横行霸道，诈骗钱财，作恶多端，竟然于光天化日之下持刀杀人，又将其尸煮而食之，手段残忍，令人发指。玄宗知道这件事后，龙颜大怒，当即下令处斩亲外甥薛谂手下的一众打手。最终，薛谂以皇亲国戚流放瀼州（今广西上思县西南），后赐死于京师长安城东驿。李隆基以高压态势严厉打击黑恶势力，从此，震慑了跃跃欲试的王公贵族以及文武百官，为开元盛世继续奠定了坚实的基础。

十九　怒拒改判

在唐代朝臣中，或事君以忠、观决庶政者有之；或推贤让功、愤言息恨者有之；或剖心割肉、抉目摘肝有之。李元纮算是其中的一位佼佼者。

李元纮（？—733），字大纲，本姓丙氏。出生年代不详。祖籍滑州（今河南滑县），世居京兆万年县（今陕西西安）。曾祖父李粲，隋末为屯卫大将军。时关中贼起，隋炀帝令其前往京城之西二十四郡追捕盗贼，李粲抚循士众，甚得人心。及李渊反隋进入长安，李粲率众归降，被高祖拜为宗正卿，封应国公，赐姓李氏。高祖在位时，对李粲恩礼有加，迁左监门卫大将军。又特许他在宫中骑马。卒年八十余，谥曰明。祖父李宽，高宗时为太常卿，别封陇西郡公。父亲李道广，则天时，为汴州（今河南开封市）刺史。此时，突厥、契丹侵扰河北，李道广宽猛折中，称为善政，汴州独不逃散。万岁通天元年（696），入为殿中监、同凤阁鸾台平章事。圣历元年（698）罢相。封金城县（今甘肃碌曲县东）侯。卒赠秦州都督，谥曰成。

李元纮宽宏谨厚，以门荫入仕。初为泾州（今甘肃泾川县）司兵。神龙中，迁雍州（今陕西中部及甘肃东南部）司户，任上尽其心力，公止不偏，深得当地士民信赖。当时，太平公主纵容家奴强行侵占某寺院里的一盘石磨，寺僧不服告官。李元纮受理此案，不畏太平公主的权势，秉公执法，据理判归寺僧。

雍州长史窦怀贞畏惧太平公主的恶势，慌忙去找李元纮厉声责问道：你难道不知道这边是太平公主吗？李元纮回答道：当然知道，而且还知道太平公主可以一手遮天。窦怀贞促令李元纮立即改判，李元纮执正不挠，义正词严地说道：此案铁证如山，除非我不在这个位置上。说完，又提笔在判决书后写道:"南山或可改移,此判终无摇动。"① 意思是说,终南山或许还能移动,可我这个判决却万万不可改变。写罢,掷笔而去。窦怀贞又恼又气,但也奈何不得,他虽然是李元纮的上司,但还是碰了一鼻子灰。后来,窦怀贞因投靠、参与太平公主逆谋,事败,投水自尽。玄宗令戮其尸。

针对李元纮的这一做法,李隆基听说后非常赞同。不久,迁李元纮为好畤(今陕西乾县)令,再迁润州(今江苏南京市一带)司马。因其有政声,三迁万年县令。因赋役平允,不严而理。又被迁为京兆尹。

开元九年(721),京兆地区发生旱灾,玄宗诏令李元纮疏决京城水利,引水灌田。造福人类。但诸皇亲国戚、王侯权要之家都在渠岸上随意筑坝拦水,安装水碾。李元纮立即下令拆毁所有设施,让百姓大获其利。后历工、兵、吏部侍郎。

开元十三年(725),因户部侍郎杨玚、白知慎坐罪惹怒玄宗,二人同时被出为刺史。玄宗本想擢升李元纮为户部尚书,但大臣们认为李元纮的资历浅薄,不宜破格提拔。于是,玄宗加李元纮为中大夫,拜户部侍郎。

开元十四年(726)四月,李元纮因数陈民间利害与时政得失,加之执政多年,从不改善自己的宅第,也不讲究自己的车骑马匹,他把朝廷的封赏全都分给了他人。此举令玄宗大悦,特赐衣一袭、绢二百匹。

右丞相宋璟极力称赞李元纮有国相之材。开元十五年(727),玄宗拜李元纮为中书侍郎、同中书门下平章事。不久,又加银青光禄大夫,赐爵清水男。

开元十七年(729),李元纮因与宰相杜暹不和,玄宗失望,遂将二人同时罢相,出李元纮为曹州(今山东菏泽、东明、定陶、成武、曹县及河南民权等市县地)刺史。后来,又擢为户部尚书。

开元二十一年(733),被起复为太子詹事。不到十日便病逝,赠太子少傅,谥曰文忠。

北宋史学家司马光评价道:"上即位以来,所用之相,姚崇尚通,

---

① (后晋)刘昫.《旧唐书》卷九十八 [M]. 北京:中华书局,1975 年,第 3073 页。

宋璟尚法，张嘉贞尚吏，张说尚文，李元纮、杜暹尚俭，韩休、张九龄尚直，各其所长也。"①

---

① （宋）司马光.《资治通鉴》卷第二百一十四 [M]. 北京：中华书局，2009年，第9002页。

二十　待诏之所

翰林，即文翰之林，是翰林学士院官员的统称。"翰林"一词最早出现在汉代扬雄的《长杨赋》中：

> 子墨客卿问于翰林主人曰："盖闻圣主之养民也，仁沾而恩洽，动不为身。今年猎长杨，先命右扶风，左太华而右褒斜，椓嶻薜而为弋，纡南山以为罝，罗千乘于林莽，列万骑于山隅，帅军踔陛，锡戎获胡。"①

由于汉代侍诏在玉堂殿，故翰林院常被称为玉堂署。

唐代的翰林院于开元初始置，之前掌内廷文书，高祖武德以后，供奉者有温大雅、魏徵、李百药、岑文本、褚遂良、许敬宗、上官仪等。高宗乾封以后，供奉者有刘懿之刘祎之兄弟、周思茂、元万顷、范履冰等。武周时期，供奉者有苏味道、韦承庆等。中宗朝，上官昭容独任其事。睿宗朝，以薛稷、贾膺福、崔湜为之。

开元年间，翰林院"位于长安城大明宫右银台门以北的西夹城内"。②大明宫的西夹城东西宽55米，南北长约900米。翰林院占据夹城南部400余米之地。在最南端的长约100米之地，考古发掘有五座建筑遗址以及砖道等。翰林院的大门就开在南端东侧的宫墙上。门道宽5米多，进深8米多，置有石门限两道，由此可知，当时是安装了两重门的。另

---

① 赵逵夫.《历代赋》[M].上海：上海辞书出版社，2017年，第123页。
② 马得志等.《唐代长安宫廷史话》[M].北京：新华出版社，1994年，第178页。

据史料记载，门上建有门楼，形制高大，此门即所谓的翰林门，或称复门。又因其在右银台门之北，故称翰林学士为北门学士。

翰林院为内廷供奉之所。初为皇帝宫殿所在各设待诏之所。安置文学、经术、卜、医、僧道、书画、弈棋人才，主要任务是陪侍皇帝游宴娱乐。翰林学士的朝参以及官服等班序，皆与诸司官吏中知制诰者相同。

开元五年（717），翰林学士于乾元殿写经史子集四部书，玄宗置乾元院使。"承遵迩言。以通密命。由是始选朝官有词艺学识者。入居翰林。供奉敕旨。"[①]翌年，改乾元殿为丽正修书院。开元十三年（725），改丽正修书院为集贤殿书院，简称集贤院。置集贤学士、直学士、侍读学士、修撰官等官，以宰相一人为学士知院等，常侍一人为副知院事，掌刊辑校理经籍，以及四方表奏批答。于是，中书舍人吕向、谏议大夫尹愔元等入翰林，暂称集贤院学士。

后来，又选文学之士，号曰翰林供奉。与集贤院学士分掌制诰书敕。开元二十六年（738），玄宗于翰林院之南别置学士院，《翰林志》记载，学士院"户皆东向"。始改翰林供奉为翰林学士。

翰林学士入直内廷，以备随时宣诏，撰拟文字。凡任免将相、册立太子、号令征伐、宣布大赦等机要内命，皆由翰林学士草诏，以白麻纸书写，其颁布可以不经政事堂，被称为内制，分中书省出令之权，而原掌制诰之中书舍人则称外制。

当初，翰林学士仅为职衔，无阶品俸禄，无官署属员，亦无员额。后来依照中书舍人之例，置学士六人，选年深德重者一人承旨，独承密命。凡各部尚书、丞、郎至校书郎、京畿县尉皆可与选。班次依其本官，如遇宫廷宴会，则居丞相之下。

自安史之乱后，军事频仍，翰林学士的地位愈来愈重要，不但在草拟诏制方面分割了中书舍人之权，也在参谋密计方面分割了宰相之权。

翰林学士就是高级知识分子集团，俗称智囊团。并且常常又是朝廷的重要官员。所以，翰林学士在政治、文化、经济、军事以及科技等方面对社会的发展起着不可估量的促进作用。唐朝创置的翰林院，一直被

---

① （宋）王溥.《唐会要》卷五十七[M].北京：中华书局，1960年，第977页。

历代皇帝所继承和发展。

　　此外,翰林制度也使得文学和思想领域的主流处于皇帝的监管之下,对学术争鸣和知识分子的思想独立起着控制和压抑作用,这样就有利于皇帝专制统治。

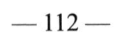

二一　训注孝经

儒、释、道是唐代多元文化的重要组成部分，玄宗为了体现君事亲孝，彰显兄弟情谊，倡导勤政务本，除在兴庆宫内建造花萼相辉楼和勤政务本楼外，又诏集天下学士及道僧讲论三教同异，三教并列，万姓知归，亲为《孝经》《道德经》《金刚经》训注，史称唐玄宗御注三经。

玄宗注三经是唐代文化史上一项伟大创举。据河南洛阳出土的唐人王绍望所撰《邓森墓志铭并序》记载："孝经一卷，志有重于君亲；老子二篇，心不忘于道德。"

《孝经》是《十三经》中最短的一部经书，在《十三经注疏》中，也是唯一的一部由皇帝御注的儒教经典。托名系孔子为其弟子曾参论述封建孝道、宣传宗法思想之作。孔子曾说："吾志在《春秋》，行在《孝经》。"又说："欲观我褒贬诸侯之志在《春秋》，崇人伦之行在《孝经》。"汉代将其列为"七经"之一。

《孝经》有今文和古文两种版本。今文本称郑玄注，分十八章；古文本称孔安国注，分二十二章。孔注本已佚于梁。

《孝经》是以问答的形式，分别论述了天子、诸侯、卿士、大夫及庶人等不同阶层的孝道，如："爱敬尽于事亲，德教加于百姓，刑（型）于四海"乃天子之孝；"能保其社稷，而和其民人"乃诸侯之孝；"能守其宗庙"乃卿士之孝；"能保其禄位，而守其祭祀"乃大夫之孝；"谨身节用，以养父母"乃庶人之孝。

《孝经》是以"孝"为纽带，将国家、家族、个人捆绑在一起，其核心观点为："身体发肤，受之父母，不敢毁伤，孝之始也；立身行道，扬名后世，以显父母，孝之终也。"又说："夫孝，始于事亲，中于事君，终于立身。"

《孝经》是封建士子必读经典,在唐代,即使学医或学算,也都开设有《孝经》这门公共课。

晋元帝有《孝经传》,梁武帝有《孝经义疏》,梁简文帝有《孝经义疏》。西汉王朝提倡"以孝治天下",先后为《孝经》作注的经学大师有西汉鲁国人孔子十世孙孔安国、东汉高密人郑玄、三国吴郡云阳人韦昭、三国吴国会稽余姚人虞翻、三国魏国东海郡郯人王肃、三国魏国邯郸人刘邵、南朝宋吴郡吴县人陆澄、隋朝河间景城人刘炫等。

开元七年(719),玄宗诏命诸儒鉴定今、古文本,汇集韦昭、王肃、虞翻、刘邵、刘炫、陆澄六家之说为注。"十年六月二日,上注《孝经》,颁于天下及国子学。至天宝二年五月二十二日,上重注,亦颁于天下。"①十年,指开元十年(722)。

玄宗在《颁重注孝经诏》中说:

化人成俗,率繇于德本,移忠教敬,实在于《孝经》。朕思畅微言,以理天下,先为注释,寻亦颁行。犹恐至赜难明,群疑未尽,近更探讨,因而笔削,兼为叙述,以究源流,将发明于大顺,庶开悟于来学。宜付所司,颁示中外。②

及至后来,玄宗又亲为《孝经注序》,其中云:

朕闻,上古其风朴略。虽因心之孝已萌,而资敬之礼犹简。及乎仁义既有,亲誉益著。圣人知孝之可以教人也,故因严以教敬,因亲以教爱。于是,以顺移忠之道昭矣,立身扬名之义彰矣。③

玄宗为《孝经》训注后,又命元行冲作疏。元行冲(653—729),名澹,

---

① (宋)王溥.《唐会要》卷三十六[M].北京:中华书局,1960年,第658页。
② (清)董诰.《全唐文》卷三十二[M].上海:上海古籍出版社,1990年,第150页。
③ (清)董诰.《全唐文》卷四十一[M].上海:上海古籍出版社,1990年,第191页。

以字行，河南（今河南洛阳）人。北魏皇室后裔。进士出身，博学多识，尤善训诂和音律。累迁通事舍人、太常少卿。开元初，为右散骑常侍、东都洛阳副留守。后为大理卿、检校集贤。转太子宾客、弘文馆学士等，封常山郡公。继马怀素、褚无量未竟之业，组织学者撰古今书目《群书四部录》二百卷。并以己之能，编撰《魏典》三十卷。为玄宗所注《孝经》作疏，列于学官。又为魏徵所注《类礼》作《义疏》五十卷。卒年七十七岁，赠礼部尚书，谥曰献。今存《孝经疏》一卷，《全唐文》存文三篇。

天宝二年（743）五月二十二日，玄宗将重新训注的《孝经》颁行天下。翌年十二月，诏令天下民间家藏《孝经》一本。后来，由艾居晦、陈玠等人以楷书分写，始刻于大和七年（833），完成于开成二年（837）的《开成石经》，以及清人阮元主持校刻的《十三经注疏》，用的都是唐玄宗的注本。

天宝四载（745）九月，国子祭酒李齐古奏请玄宗建孝经石台，以垂百世。《进御注孝经表》云：

> 臣闻《孝经》者，天经地义之极，至德要道之源，在六籍之上，为百行之本。自文宣既没，后贤所注，虽事有发挥，而理甚乖舛。伏惟开元天宝圣文神武皇帝陛下敦睦孝理，躬亲笔削。以无方之圣，讨正旧经，以不测之神，改作新注。朗然如日月之照，邈矣合天地之德。使家藏其本，人习斯文，普天之下，罔不欣戴。仍以太学王化所先，《孝经》圣理之本，分命璧沼，特建石台。义展睿词，书题御翰，以垂百代之则，故得万国之欢。今刊勒既终，功绩斯著。天文炳焕，开七曜之尤辉；圣札飞腾，夺五云之气色。烟花相照，龙凤咨起，实可配南山之寿，增北极之尊。百寮是瞻，四方取则，岂比周官之礼空悬象魏，孔子之书，但藏屋壁，臣之何幸，躬睹盛事。遇陛下兴其五孝，悉守国庠；率胄子歌其五德，敢扬文教，不胜忭跃之至。谨打石台《孝经》本，分为上下两卷，谨于光顺门奉献两本以闻。①

---

① （清）董诰.《全唐文》卷三百七十七 [M]. 上海：上海古籍出版社，1990年，第1695页。

从李齐古的表章内容看，极言孝道，并奏请"特建石台"，此言无疑博得玄宗的欢心。李齐古呈拓本于玄宗，玄宗御览后，准奏，作《答李齐古石台孝经表批》：

> 孝者德之本，教之所由生也。故亲自训注，垂范将来。今石台毕功，亦卿之善职。览所进本，深嘉用心。①

并亲为隶书，宰相李林甫及李齐古主持镌刻而成御碑，立于长安城外郭务本坊的国子监（今陕西西安市南关正街路东一带），史称唐玄宗序注孝经石台，或称唐玄宗御注孝经碑、石台孝经、石台等，成为唐代碑石雄奇之典范。

图12　唐玄宗训注孝经石台
碑林博物馆藏　党明放　摄

图13　唐玄宗孝经序（局部）

---

① （清）董诰.《全唐文》卷三十七[M].上海：上海古籍出版社，1990年，第174页。

唐玄宗序注孝经石台"为碑凡四"。也就是说，石台孝经碑由四块高大碑石聚成方形，长方柱体，上有盖，立于多层石台上。碑高6.2米，宽1.32米，碑冠、碑身、碑座共用三十五块巨石组合而成。碑顶为庑殿式，自下而上逐渐累加，在不断外伸的石面镌刻着仰姿灵芝云纹所簇拥的双层花冠和神龙，形成巨大的翻覆状云盘，而每一朵云纹皆健硕饱满，翻覆向上，起翘弧度特别。碑座上线刻双狮和卷草纹饰的三层石台（"三台"，即灵台、时台、囿台，意味着尊贵、等级和特殊。在《五经教义》中，有天子三台之称：灵台以观天文，时台以观四时，囿台以观鸟兽）垒起，四面刻字，前三面为隶书，各十八行，每行五十五字。字体雍容爽朗，结体庄严恢宏。《孝经》之外的一面分上下两段，上刻李齐古表文九行，为正书；李隆基御批三行，为行书。下刻参与此事诸臣名衔四列。

碑身正面顶部中间刻方形碑额"大唐开元天宝圣文武皇帝注孝经台"十六字，分四行，行四字，出自太子李亨之手。在额篆外，刻有方形界栏，浅浮雕云纹图案围绕，在界栏的两侧，对称雕刻瑞兽和云纹。

唐人窦臮在《述书赋》中称赞道："开元应乾，神武聪明，风骨巨丽，碑版峥嵘。思如泉而吐凤，笔为海而吞鲸。"明人赵崡在《石墨镌华》中对《石台孝经》评价道："老劲丰艳，如泉吐凤，为海吞鲸，非虚语也。"

天祐元年（904），朱温胁迫唐昭宗李晔东迁洛阳后，京兆尹韩建缩建长安新城，弃外郭城和宫城，并与永平军节度使刘鄩先后将国子监迁入新城内原尚书省之西边角落，《石台孝经碑》与后来即置立于国子监文庙西侧讲论堂两侧廊庑的《开成石经》一并迁移新城国子监。五代时，国子监演变成为京兆府孔庙。进入宋朝，京兆府孔庙及唐石经又历经两度迁移。北宋崇宁二年（1103），京兆府枢密直学士虞策奉"兴学"之命而建庙学，唐石经又进行了第三次迁移，遂落脚于府城之东南角，即碑林现址。从此，《石台孝经》与《开成石经》历经千年而不曾搬迁移动。

据清人顾炎武《金石文字记》记载《石台孝经碑》"今在西安府儒学。前第二行题曰：'御制序并注及书'，其下小字曰：'皇太子臣亨奉敕题额'。其额曰：'大唐开元天宝圣文神武皇帝注《孝经》'"，后有"天宝四载九月一日，银青光禄大夫国子祭酒上柱国臣李齐古书上表"及玄宗御批大字草书三十八字。其下有特进行尚书左仆射兼右相吏部尚书集贤院学士修国史上柱国晋国公臣林甫、光禄大夫行左相兼兵部尚书弘文馆学士上柱国渭源县开国公臣李适之等四十五人姓名，唯林甫以左仆射不书姓。

自宋元至明清，就玄宗《石台孝经碑》隶书书法褒贬不一，米芾在《海岳名言》中写道："开元以来，缘明皇字体肥俗，始有徐浩，以合时君所好，经生字亦自此肥，开元已前古气无复有矣。"意思是说，自开元以来，因唐明皇的字体属肥俗一路，开始有徐浩之流，写丰肥之字以取悦皇上，连抄经书的字体也开始变肥了，开元之前的古气就不再有了。王世贞在《弇州四部稿》中评价《石台孝经碑》云："书法丰妍匀适，与泰山铭同。行押亦雄俊可喜。"

唐玄宗序注孝经石台为驰宇中外名碑之一。

二二　诗画风流

中国是一个诗的国度,历史悠久,震惊中外。研究表明,不合乐的称诗,和乐的称歌。诗歌,作为中国古代最早出现的一种文学体裁和样式,它是按照一定的音节、声调和韵律,用凝练的语言、充沛的情感和丰富的想象,高度集中地表现社会生活和人的感情世界。中国诗歌有着悠久的历史和丰富的遗产。如《诗经》、《楚辞》、汉乐府以及历代诗人的作品。

唐诗是中国五言、七言古诗的高峰,而盛唐时期的诗就是这座高峰的顶点。开元年间,诗坛充满一种强烈的浪漫气息,诗人热爱自然,希冀隐逸,隐士往往成为诗中代表人物形象,或热衷于功名,相望边塞,诗中的代表形象往往是侠士。前人所谓"盛唐气象",其实就是这种富有浪漫气息的精神面貌。

玄宗时代,先后涌现出了孟浩然、王维等山水田园诗人;高适、岑参、王昌龄等边塞诗人;李白等浪漫主义诗人;杜甫等现实主义诗人。

王维(701—761),著名诗人、画家、音乐家。字摩诘,号摩诘居士。河东蒲州(今山西永济西南)人,祖籍太原祁县。高祖父王儒贤,官至赵州(今河北赵县)司马;曾祖父王知节,官至扬州(今江苏扬州)司马;祖父王胄,官至协律郎;父亲王处廉,官至汾州(今山西隰县)司马。

王维天资聪慧,九岁知属辞,与其弟缙齐名。开元九年(721)中进士第,初授太乐丞,即负责音乐、舞蹈等教习,以供朝廷祭祀宴享之用。后贬济州(治今山东济南市长清区广里村)司仓参军。得张九龄荐拔,历任右拾遗、监察御史、河西节度使判官。天宝三载(744),为供"志求寂静"的母亲修行静养,于蓝田县(今陕西蓝田县)营山居一所,或称蓝田辋川别业。辋川"地奇胜,有华子冈、欹湖、竹里馆、柳浪、茱荑沜、辛夷坞，与裴迪游其中，赋诗相酬为乐"。① 唐人冯贽《云仙杂记》载："王维居辋川，宅宇既广，山林亦远，而性好温洁，地不容浮尘，日有十数扫饰者，使两童专掌缚帚，而有时不给。"又迁侍御史，转库部员外郎、郎中。天宝十一载（752）三月，守母丧期满除服，拜吏部郎中，每"退朝之后，焚香独坐，以禅诵为事"。②

天宝十四载（755），转给事中。翌年，安禄山叛军攻陷长安，玄宗出奔宰相杨国忠的封地四川剑南，王维扈从不及被俘，他服药取痢，佯称患病。终因诗名太大，被安禄山派人押至洛阳，拘于菩施寺，逼迫出任伪职给事中。至德二载（757）九十月，唐军相继收复两京，王维与其他陷贼之官被押至长安，王维本应按律处死，因被拘时闻乐工雷海青事，遂作《凝碧池》。天宝十五载（756），安禄山起兵攻陷东都，宴部下于凝碧池。王维在诗中抒发亡国之痛和思念朝廷之情，肃宗称赞不已。又因刑部侍郎王缙平叛之功，奏请肃宗削己官职以赎兄罪，肃宗特赦王维，再授太子中允，加集贤殿学士。乾元中，迁太子中庶子、中书舍人，复拜给事中。上元元年（760）夏，转迁尚书右丞，世称王右丞。其后半官半隐，长斋素服，丧妻不娶。翌年春，王维上《责躬荐弟表》，请求削去自己的全部官职，放归田园，使其弟王缙得以还京。晚年居辋川别业，人称王辋川。五月，进上谢恩状。七月卒，葬辋川（今陕西蓝田县辋川乡白家坪村东）。

代宗时，王缙为宰相。代宗喜好诗文，曾对王缙说："卿之伯氏，天宝中诗名冠代，朕尝于诸王座闻其乐章，今有多少文集？卿可进来。"③ 翌日，代宗遣使宦官王承华随王缙取拿，王缙聚集数十百篇上之，代宗下诏褒奖。

王维善于描绘山水田园等自然风景及歌咏隐居生活，有写意传神、形神兼备之妙，流露出了生活中闲逸萧散的情趣，清新淡远，自然脱俗。北宋苏轼称其"味摩诘之诗，诗中有画；观摩诘之画，画中有诗"。中

---

① （宋）欧阳修、宋祁.《新唐书》卷二百二 [M]. 北京：中华书局，1975年，第5765页。
② （后晋）刘昫.《旧唐书》卷一百九十下 [M]. 北京：中华书局，1975年，第5052页。
③ （后晋）刘昫.《旧唐书》卷一百九十下 [M]. 北京：中华书局，1975年，第5053页。

年以后的王维日渐消沉,自称"一悟寂为乐,此生闲有余"。常在佛理和山水田园中寻求寄托。明人胡应麟称其五绝"却入禅宗",又说《鸟鸣涧》《辛夷坞》诗"读之身世两忘,万念皆寂"。

王维以诗名盛于开元、天宝间,与孟浩然合称"王孟"。因其参禅悟理,笃诚奉佛,有"诗佛"之称。其"诗中有禅"的意境,在诗坛树起了一面旗帜。王维曾绘单幅壁画《辋川图》,以"破墨"写山水,主画面亭台楼榭掩映于群山绿水之中,古朴端庄。别墅外,山下云水流肆,偶有舟楫过往。图中人物,弈棋饮酒,投壶流觞。个个儒冠羽衣,意态萧然。《辋川图》对韩国古代文人山水画和山水田园诗的创作产生了深远影响。"书画特臻其妙,笔踪措思,参于造化,而创意经图,即有所缺,如山水平远,云峰石色,绝迹天机,非绘者之所及也。"①被明人董其昌推崇为"南宗"山水画之祖。并说:"文人之画,自王右丞始。"其弟王缙评价王维道:"臣兄文词立身,行之余力,常持坚正,秉操孤贞,纵居要剧,不忘清静,实见时辈,许以高流。至于晚年,弥加进道,端坐虚室,念兹无生。乘兴为文,未尝废笔,或散朋友之上,或留箧笥之中。"南宋诗论家敖陶孙《臞翁诗评》评论道:"右丞如秋水芙蕖,倚风自笑。"原作无存,现有历代临摹本。著有《王右丞集》《画学秘诀》等。存诗约400首。传《雪溪图》《伏生授经图》为王维画作,恐非真迹。《全唐诗》收录王维诗二百八十首。《唐诗三百首》收其二十九首。

高适(约704—765),朝臣、著名边塞诗人。安东都护、左武卫大将军高侃之孙,韶州长史高崇文之子,字达夫,沧州渤海蓨(今河北景县)人。开元十一年(723)前后至长安,后游宋城(今河南商丘市)并定居于此,躬耕取给。开元十九年(731),北游燕赵,先后赋诗欲投朔方节度副使信安王李祎及幽州节度使张守珪幕府,未果。开元二十三年(735),赴长安应试,落第。天宝八载(749),得睢阳太守张九皋所举荐,应有道科,进士及第,授封丘尉。天宝十一载(752),辞官客游河西。秋冬之际,担任凉州河西节度使哥舒翰幕府掌书记。天宝十四载(755),拜左拾遗,转监察御史,辅佐哥舒翰把守潼关。天宝十五载(756)

---

① (后晋)刘昫.《旧唐书》卷一百九十下[M].北京:中华书局,1975年,第5052页。

六月，扈从玄宗奔蜀。八月，擢谏议大夫。十一月，出任淮南节度使，先后讨伐永王璘谋反及安史叛乱，救睢阳之围，至德三载（758），因性耿直言，被肃宗贬为太子詹事、彭州刺史、蜀州刺史。广德元年（763）二月，代宗擢为剑南节度使。广德二年（764）春，迁刑部侍郎、左散骑常侍，封渤海县侯，世称渤海县侯。卒赠礼部尚书，谥号忠。与岑参并称"高岑"，与岑参、王昌龄、王之涣并称"边塞四诗人"，著有《高常侍集》二十卷。

高适擅长古风，雄浑悲壮，主要有：边塞诗、讽时伤乱诗、送别诗，以及咏怀诗等，题材广泛，内容丰富，且以厚重深沉著称。边塞诗苍茫而不凄凉，送别诗荒渺而不凄切，皆脱前人窠臼，开一代诗风，如《燕歌行》《蓟门行五首》《塞上》《塞下曲》《蓟中作》等，歌颂了边士们以身报国、建功立业的豪情壮志，以及从军生活的艰苦和向往和平的美好愿望，也无情地揭露了边将的骄奢淫逸、不恤士卒和朝廷的赏罚不明、安边无策，流露出忧国爱民之情。也写过一些赞美"良吏"的诗，从"仁政"思想出发，提倡轻徭薄赋，在当时起到一定的进步作用。

高适咏怀诗居多，作者思想和诗歌所反映的内容也较为复杂。《别韦参军》《淇上酬薛三据兼寄郭少府微》，抒写壮志难酬的忧愤。其诗直抒胸臆，或夹叙夹议，尚质主理，浑然厚朴，多游侠之气，少比兴手法。唐人殷璠《河岳英灵集》谓高适："评事性拓落，不拘小节，耻预常科，隐迹博徒，才名自远。然诗多胸臆语，兼有气骨，故朝野通赏其文。至如《燕歌行》等篇，甚有奇句。且余所最深爱者：'未知肝胆向谁是？令人却忆平原君'。"明人胡应麟《诗薮》谓："达夫歌行、五言律，极有气骨。至七言律，虽和平婉厚，然已失盛唐雄赡，渐入中唐矣。"

今河南开封市区东南有一座禹王台，是为纪念春秋时晋国音乐家师旷而建，初名古吹台。汉文帝二年（前178），汉文帝刘恒嫡次子刘武受封代王。汉文帝十一年（前167），梁怀王刘揖（刘胜）坠马而死，因其无嗣，徙淮阳王刘武为梁王。后迁睢阳（今河南商丘睢阳区）。梁孝王嗜好同文人墨客吟诗吹弹游乐，为此增筑吹台，并于吹台上兴建殿宇亭楼，种植名贵花木，成为一座豪华园林，人称梁园，或称兔园。梁园后因战乱而荒废。明嘉靖二年（1523），为怀念大禹治水功绩，在台上建禹王庙，改称禹王台。台后有大殿，殿后东西各一小院，东为三贤祠，西为水德祠。唐天宝三载（744），李白、杜甫、高适兴会吹台，慷慨怀古，饮酒赋诗，留下了《梁园吟》等脍炙人口的名篇。明正德十二年（1517），为纪念唐代著名诗人李白、杜甫、高适同登吹台而建三贤祠。明嘉靖四年（1525），改三贤祠为五贤祠。清道光十年（1830），重修祠堂时，其匾额仍题三贤祠。

岑参（约718—约769），诗人。荆州江陵（今湖北江陵县）人，或南阳棘阳（今河南南阳市）人。曾祖父岑文本，太宗朝宰相；祖父岑景倩，武周时期麟台少监、卫州刺史；父亲岑植，历官仙、晋二州刺史；堂伯父岑羲，中宗、睿宗朝宰相。与高适并称"高岑"。

岑参聪颖早慧，五岁读书、九岁属文。开元二十五年（737）前后，西上长安，献书阙下，没有得到提擢。其后的十年间，屡次奔走长安、洛阳之间。天宝三载（744），进士及第。天宝六载（747）春，守选期满后，获授右内率府兵曹参军。后从军边塞，任安西节度使高仙芝幕府掌书记。天宝十一载（752）秋，岑参与杜甫、高适、储光羲、薛据在长安同登慈恩寺塔，作《与高适薛据登慈恩寺浮图》。天宝十三载（754），被安西北庭节度使封常清辟为幕府判官。至德二载（757）六月十二日，裴荐、孟昌浩、魏齐聃、杜甫及韦少游五人于凤翔荐岑参可为谏官，肃宗授右补阙。十月，岑参扈从肃宗归长安。代宗时，任嘉州（今四川乐山市）刺史，世称岑嘉州。乾元二年（759）三月，转任起居舍人。四月，出关暂任虢州长史。宝应元年（762）春，改任太子中允，不久兼任殿中侍御史。十月，担任天下兵马元帅雍王李适幕府掌书记。广德元年（763），改任考功员外郎，翌年转任虞部郎中。永泰元年（765），转任库部郎中。十一月，被贬为嘉州（今四川乐山市）刺史。大历元年（766）二月，杜鸿渐任剑南西川节度使，表请岑参为职方郎中，兼殿中侍御使。大历二年（767）六月，赴嘉州刺史任。翌年七月，岑参被罢官而自嘉州东归。约大历四年（769）秋冬之际，长逝于成都旅舍。

岑参工诗，尤长于七言歌行，题材涉猎述志、赠答、风光、行旅各方面，意境新奇，风格奇峭，气势磅礴，词采瑰丽，热情奔放，富有浪漫主义的特色。诗风颇似谢朓、何逊。边塞诗风格尚清好奇。尚清，即入清幽之境，清寒之境，清逸之境；好奇，即好写奇景，好发奇思，好抒奇情，好用奇字，极大地丰富和拓宽了边塞诗的描写题材和内容范围。唐人殷璠《河岳英灵集》（卷中）云："参诗语奇体峻，意亦造奇。至如'长风吹白茅，野火烧枯桑'，可谓逸才。又'山风吹空林，飒飒如有人'，宜称幽致也。"明人徐献忠《唐诗品》云："嘉州诗一以风骨为主，故体裁峻整，语亦造奇，持意方严，竟鲜落韵。五言古诗从子建以上，方足联肩。古人浑厚，嘉州稍多瘦语，此其所不迨亦一间耳。其他乃不尽人意。要之，孤峰插天，凌拔霄汉，时华润近人之态，终然一短。"清人沈德潜《唐诗别裁》云："参诗能作奇语，尤长于边塞。嘉州五言，多激壮之音。"

王昌龄（约690—756），朝臣，著名边塞诗人。字少伯，京兆（今陕西西安市）人。一说太原（今山西太原市）人。曾居嵩山学道。后客居并州、潞州，赴河陇，出玉门。开元十四年（726），隐居京兆府蓝田县石门谷。翌年进士及第，授秘书省校书郎。开元十九年（731）又参加博学宏词科试，超绝群伦，迁汜水（今河南荥阳市下辖镇）尉，开元二十六年（738），因事获罪，流放岭南。翌年，遇赦北还。开元二十八年（740）冬，授江宁丞。天宝七载（748年），贬龙标（今湖南黔阳县）尉。至德二载（757），六十岁的王昌龄途经亳州，惨遭亳州刺史闾丘晓杀害。

王昌龄存诗一百八十一首，体裁以五古、七绝为主，题材多为离别、边塞、宫怨等。"四杰"以后，诗坛几乎失却边塞诗作。

王昌龄的边塞诗既反映了盛唐时代的主旋律，又对边塞风光及边关战场场景有着细致的描写，同时也能捕捉到边关将士的内心世界，意境开阔，语言润蕴，音调婉转和谐，其诗用意之深、写景之妙、比兴之切、造语之奇。其《从军行》七首、《出塞》二首皆负盛名。闺怨诗则以悲天悯人的情绪书写那些久闭深宫的妃嫔宫人的悲情哀怨，充分地揭示她们所遭遇的悲惨命运。在艺术表现方面，充分地发扬了六朝华美艳丽、精雕细琢的表现手法，开元、天宝年间诗名甚盛，时有"诗家夫子王江宁"之誉。

王昌龄的五古则呈现着不同的美学风貌：其一，劲健奔放，雄浑豪迈。其二，清丽幽秀，超逸旷放。其三，悲怆惨恻，深沉苍郁。其四，清新活泼，自然明朗。七绝之所以能够成为唐代流行的文学体裁，主要得力于王昌龄以及李白等人的努力，王昌龄有"诗家夫子""七绝圣手"之称。唐人岑参评论称："少伯天才流丽，音唱疏远。"明人王世贞评论称："七言绝句，少伯与太白争胜毫厘，俱是神品。"著有《王江宁集》，已散佚，后人辑有《王昌龄集》。另有《诗格》，旧题王昌龄撰，论诗颇多创建。《新唐书》卷六十《艺文志》录为二卷，不见载于唐籍。

李白（701—762），杰出的浪漫主义诗人。字太白，号青莲居士。自称十六国时西凉创建者兴圣皇帝李暠九世孙。隋末，其先人流寓碎叶（唐属安西都护府，今吉尔吉斯斯坦托克马克附近）。幼随父迁居绵州彰明（今四川江油县）青莲乡。

其母梦长庚星入怀而生李白，长庚星又名太白星，故取名李白。李白家道富裕，"少有逸才，志气宏放，飘然有超世之态……与鲁中孔巢父、韩沔（作者案：《旧唐书》作韩准）、裴政、张叔明、陶沔诸君等隐居徂徕山，酣歌纵酒，时号'竹溪六逸'"。① 徂徕山，在山东泰山东南，系泰山支脉。少年李白仗义行侠，嗜好剑术，其诗赋曾得到一些社会名流的推崇。十八岁时隐居于戴天大匡山（今四川江油境内）读书，二十五岁仗剑出蜀，于陈州（安徽阜阳市东南口孜镇北）结识李邕。开元十五年（727），婚娶已故宰相许圉师孙女。翌年与孟浩然相会于江夏（今湖北省武汉市）。开元十八年（730），即三十岁至长安，寓居终南山玄宗妹玉真公主别馆。拜谒宰相张说，结识其子张垍。翌年东去，滞留洛阳。开元二十一年（733），于安陆白兆山桃花岩开山田，以耕种自给。为谋官出仕，翌年正月，在洛阳向玄宗献《明堂赋并序》，其中云："穹崇明堂，倚天开兮。"② 又云："四门启兮万国来，考休征兮进贤才。俨皇居而作固，穷千祀兮悠哉！"③ 此赋盛赞明堂之宏大壮丽，写尽开元盛世的雄伟气象以及作者的政治抱负。开元二十三年（735），趁机又向正在狩猎的玄宗献上《大猎赋并序》，夸耀玄宗朝远胜汉朝，企望能够出仕。为了迎合玄宗崇道心情，在赋末极力宣扬道教。是年谋官无

---

① （后晋）刘昫.《旧唐书》卷一百九十下[M]. 北京：中华书局，1975年，第5053页。
② （清）董诰.《全唐文》卷三百四十七[M]. 上海：上海古籍出版社，1990年，第1557页。
③ （清）董诰.《全唐文》卷三百四十七[M]. 上海：上海古籍出版社，1990年，第1557页。

望，西还长安，转而献诗于玉真公主。《玉真仙人词》云："玉真之仙人，时往太华峰。清晨鸣天鼓，飙欻腾双龙。弄电不辍手，行云本无踪。几时入少室，王母应相逢。"

一日，在紫极宫又意外结识翰林学士贺知章，彼此倾慕。贺知章欣赏李白豪放瑰丽的诗歌意境和潇洒出尘的感人风采，称其为谪仙人。著名的历史典故"金龟换酒"说的就是贺知章于京师长安招饮李白当酒同饮、至夜不舍的故事。

天宝元年（742），因玉真公主与贺知章的举荐，玄宗召见于金銮殿，并降辇步迎，以七宝床赐食于前，御手取牙箸调羹。七宝，原指佛教所说的七种宝物，不同经书，则说法不同。《法华经》谓金、银、琉璃、砗渠、码磁（玛瑙）、真珠、玫瑰为七宝。《无量寿经》谓金、银、琉璃、玻璃、珊瑚、码磁（玛瑙）、砗渠为七宝。《阿弥陀经》谓赤金、银、琉璃、玻璃、砗渠、赤珠、码磁（玛瑙）为七宝。《般若经》谓金、银、琉璃、砗渠、码磁（玛瑙）、珊瑚、虎（琥）珀为七宝。此处应指用多种宝物装饰起来的床，足见贵重无比。

玄宗诏命李白供奉翰林，即文学侍从。玄宗于内廷供奉之翰林院外别建学士院，选有文学的朝臣充翰林学士。翌年，李白奉诏作《宫中行乐词》八首，玄宗赐宫锦袍。后醉中又奉诏于沉香

图14 太白醉酒图 （清）苏六朋 绘
上海博物馆藏墨迹

亭畔作《清平调》三章。玄宗见诗，即命李龟年等乐工演唱。又与贺知章等人结"酒中八仙"之游，玄宗呼之不朝。又奉诏醉中坐锦墩草诏吓蛮书，令杨国忠捧砚磨墨，高力士脱靴结袜，其疏狂举止遭到权臣们的诋毁，玄宗见状，只好赐金放还。

天宝三载（744）夏，李白在洛阳与杜甫相遇，中国文学史上两位杰出的诗人得以谋面。两人相约金秋在梁宋（今河南开封一带）相会。此行，又意外结识了诗人高适。后来，李白往齐州（今山东济南一带）紫极宫求仙访道。天宝十四载（755），安史之乱爆发，被永王李璘辟为幕僚。兵败，流放夜郎（今贵州正安县西北），途中遇赦放还。于凤翔谒见肃宗，授左拾遗。后投奔族叔、安徽当涂县令李阳冰。传赋《临终歌》而卒，年六十二岁，葬龙山东麓。大唐最耀眼的诗坛巨星从此陨落。《旧唐书》卷一百九十下云其饮酒过度，醉死于宣城。

关于李白之死，一说醉死，二说病死，三说溺死。但不管哪一种死，都与参与永王李璘谋反作乱有着直接的关系。

元和末，宣歙观察使范传正祭其墓，四周禁止采伐。文宗时，诏以李白诗歌、裴旻剑舞、张旭草书为"三绝"。

李白一生创作了大量的诗篇，其诗对当时政治腐败进行了尖锐的批评，蔑视权贵，同情民间疾苦。怒斥安史叛乱，维护国家统一，支持正义战争，描写壮丽山川，诗风雄奇豪放，语言流转自然，音律和谐多变，善于从神话和民谣中吸取营养，是自屈原以来最具个性特色和浪漫精神的诗人，达到盛唐诗歌艺术的巅峰。《蜀道难》《行路难》《静夜思》《早发白帝城》《梦游天姥吟留别》等皆为人传诵。也有纵情享乐、访道求仙的消极思想流露。与杜甫齐名，并称"大李杜"。有《李太白集》。

李白一生写诗一千多首，本人自称万首。《全唐诗》收录九百多首，《唐诗三百首》收其三十二首。唐人杜甫《寄李十二白二十韵》云："笔落惊风雨，诗成泣鬼神。"宋人苏轼《书黄子思诗集后》云："李太白、杜子美以英玮绝世之姿，凌跨百代，古今诗人尽废。然魏、晋以来，高风绝尘亦少衰矣。"明人杨升庵《周受庵诗选序》以为"李太白为古今诗圣"。

杜甫（712—770），杰出的现实主义诗人。字子美，生于河南巩县，原籍湖北襄阳。曾居长安少陵，自号少陵野老，人称杜少陵。杜甫远祖为汉武帝时期杜周，官御史大夫；曾祖父杜依艺，官巩县令；祖父杜审言，著名诗人，武则天时期官膳部员外郎；父亲杜闲，官奉天令。

少年时代的杜甫曾游历吴越、齐赵，五六岁时在河南郾城观看过公孙大娘舞剑；在洛阳尚善坊岐王李范宅里及遵化里玄宗宠臣崔涤堂前听过李龟年唱歌；在洛阳北邙山顶玄元皇帝庙里端详过画圣吴道子绘制的五圣尊容。开元二十四年（736），赴洛阳应举不第。天宝三载（744）四月，在洛阳与被玄宗赐金放还的李白相遇，翌年于齐鲁再度相见，饮酒赋诗，相互赠送诗篇。杜甫作《与李十二白同寻范十隐居》诗赠李白，其中云："余亦东蒙客，怜君如弟兄。醉眠秋共被，携手日同行。"李白作《鲁郡东石门送杜二甫》诗赠杜甫，其中云："秋波落泗水，海色明徂徕。飞蓬各自远，且尽手中杯！"从此以后，两人就再也没有见面。

图15 杜甫像

天宝六载（747），应玄宗选贤诏赴京应试，遭到权相李林甫排斥。困守长安十年，奔走献赋，郁郁不得志。天宝九载（750）冬，杜甫为来年正月玄宗举行祭祀太清宫、太庙和天地的盛典预献三大礼赋，得到玄宗的赏识，天宝十四载（755），得左相韦见素举荐，授河西县（今云南河西县）尉，杜甫感其路途遥远，拒绝就职，后改授右卫率府兵曹参军（作者案：《新唐书》卷二百一谓"胄曹参军"）。

某年十一月，杜甫回奉先（今陕西蒲城县）省亲，就困守长安的心酸感触和沿途见闻，撰写成了著名诗篇《自京赴奉先县咏怀五百字》。安史之乱爆发，杜甫避走三川，举家辗转鄜州（今陕西富县）羌村避难。肃宗灵武（今宁夏吴忠市西南）即位，杜甫只身北上，途中被俘，押至长安。写下了《为华州郭使君进灭残寇形势图状》和《乾元元年华州试进士策问五首》为剿灭安史叛军献策。至德二载（757）五月十六日，辗转凤翔（今陕西凤翔县）谒见肃宗，拜右拾遗，人称杜拾遗。因受宰相房琯案牵连，触怒肃宗，出为华州（今陕西渭南市华州）司功参军。乾元二年（759）入川，就途中所见，写下了不朽诗篇"三吏"（即《新安吏》《石壕吏》《潼关吏》）和"三别"（即《新婚别》《垂老别》《无家别》），辗弃官西游秦州（今甘肃省天水一带）。后辗转成都，得黄门侍郎、郑国公严武等人帮助，建草堂于城西浣花溪畔，人称杜甫草堂，或称浣花草堂。广德二年（764）春，严武表荐杜甫为检校工部员外郎，人称杜工部。茅屋破败，饥儿饿妻，杜甫写下了《茅屋为秋风所破歌》壮丽诗篇。其中"安得广厦千万间，大庇天下寒士俱欢颜。"成为千古名句。永泰元年（765）四月，严武去世，杜甫失去依靠。翌年至夔州（今四川奉节县），得夔州都督柏茂林关照，为其代管公田，并自购果园四十亩。大历三年（768），杜甫乘舟出峡，原打算往郴州（今湖南郴州市）投靠舅父崔湋，行至耒阳（今湖南耒阳市），遇江水暴涨，停泊方田驿，挨饥受饿，获县令实物得救。大历五年（770）冬，于潭州开往岳阳的舟中长逝，年五十九岁，一颗诗坛巨星从此陨落。元和中，归葬偃师县（今河南洛阳市）西北首阳山之前。

杜甫一生忧国忧民，其多涉笔社会动荡、政治黑暗和人民疾苦，表达了崇高的儒家仁爱精神和强烈的忧患意识，在中国古典诗歌中的影响非常深远，诗被称为"诗史"，被后世尊为"诗圣"。尤其是律诗，浑融流转，无迹可寻。有诗集六十卷，已佚，宋人王洙将其一千四百零五篇诗编为十八卷，题为《杜工部集》，明人钱谦益编有《笺注杜工部集》。明人陈献章《白沙论诗》云："子美诗之圣。"子美，杜甫的字诗史，杜甫"善陈时事，律切精深，至千言不少衰，世号'诗史'"。[①] 清人杨伦说："自六朝以来，乐府题率多模拟剽窃，陈陈相因，最为可厌。子美出而独就当时所感触，上悯国难，下痛民穷，随意立题，尽脱去前人窠臼。"

玄宗之后的肃宗、代宗朝，尚有伟大的现实主义诗人白居易（772—846），字乐天，号香山居士，又号醉吟先生，祖籍山西太原，生于河南新郑。历官太子少傅、刑部尚书，封冯翊县侯。与元稹共同倡导新乐府运动，世称"元白"，与刘禹锡并称"刘白"，与韦应物、刘禹锡合称"三杰"。

白居易诗歌题材广泛，形式多样，语言通俗，有"诗魔""诗王"之称。

---

① （宋）欧阳修、宋祁.《新唐书》卷二百一 [M]. 北京：中华书局，1975年，第5738页。

有《白氏长庆集》传世，代表诗作有《长恨歌》《卖炭翁》《琵琶行》等。《全唐诗》收录二千五百九十九首，蘅塘退士编《唐诗三百首》收录六首。

刘禹锡（772—842），朝臣、文学家、哲学家。字梦得，自述"家本荥上，籍占洛阳"，其先祖为中山靖王刘胜（一说是匈奴后裔）。贞元九年（793）进士及第，初任太子校书，迁淮南记室参军，后入节度使杜佑幕府，深得杜佑器重。杜佑入朝为相，刘禹锡迁监察御史。贞元末，加入以太子侍读王叔文为首的"二王八司马"政治集团。顺宗即位后，因参与"永贞革新"。失败后，屡遭贬谪。会昌二年（842），迁太子宾客，卒于洛阳，赠户部尚书，刘禹锡诗文题材广泛，语言平和，有"诗豪"之称。留下《陋室铭》《竹枝词》《杨柳枝词》《乌衣巷》等名篇。著有《刘梦得文集》《刘宾客集》。孟郊为苦吟诗人的杰出代表，耽于作诗，仿佛为诗所囚拘，人称"诗囚"，与贾岛并称"郊寒岛瘦"；贾岛以诗为至高至圣，甘心沦为诗之奴者，人称"诗奴"。

图 16 刘禹锡雕像　高孝临 摄

清初，季振宜毕十年之力，编辑《唐诗》，七百一十七卷，收诗四万二千九百三十一首，作者一千八百九十五人。全书以帝王、后妃诗作列首，乐章、乐府次之，又以年代为限，列出唐代诗人，附以作者小传。

初唐、盛唐部分，主要以吴琯《唐诗纪》为基础，又参以明人钱谦益纂辑唐诗遗稿，收罗广博，校订颇精审。

清人彭定求、沈三曾等十人奉敕编校《全唐诗》，九百卷，康熙作序，故又称《钦定全唐诗》。《全唐诗》以清初季振宜《唐诗》为蓝本，参取明人胡震亨《唐音统签》增订而成。共收唐及五代诗歌四万九千四百零三首，残句一千余条。作者二千八百三十七人。

1992年，中华书局出版陈尚君《全唐诗补编》，编辑者经过对《全唐诗》甄别，剔出误收重出之作，新增佚诗四千六百六十三首，句一千一百九十九条，诗人一千一百九十一人。加上《全唐诗外编》原有成果，《全唐诗补编》共收诗六千三百二十七首，句一千五百零五条，约为《全唐诗》作品的七分之一；收诗人一千六百多位，其中新见者九百余位，接近《全唐诗》诗人的三分之一。至此，唐诗存世高达五万五千七百三十首，句计三千零六十条；作者三千七八百位。

唐宋元明清时期，出现了诸多唐诗书目，分总集、合集、别集诸类，另有诗评资料。总集诸如：唐佚名辑《搜玉小集》一卷、唐芮挺章编《国秀集》三卷、唐殷璠编《河岳英灵集》二卷、唐元结编《箧中集》一卷、唐令狐楚编《御览诗》一卷、唐姚合编《极玄集》二卷、唐崔融编《珠英学士集》五卷、宋王安石编《唐百家诗选》二十卷、宋洪迈编《万首唐人绝句》一百零一卷、题金元好问编、元郝天挺注《唐诗鼓吹》十卷、清蘅塘退士编《唐诗三百首》六卷，以及《唐音》《唐雅》《唐诗品汇》《唐诗正声》《唐诗类苑》《唐诗英华》《唐风定》《唐诗援》《唐诗贯珠》等。

玄宗时代，书画艺术达到了一个新的飞跃，先后涌现出了书画家李阳冰、张旭、徐浩、颜真卿、怀素、吴道子等。

李阳冰（生卒不详），书法家。字少温，又字仲温，谯郡（治今安徽亳州）人，出自赵郡（今河北赵县）李氏南祖。李白族叔，好古善属文，为李白作《草堂集序》。乾元时，为缙云（今浙江缙云县）令。宝应元年（762）迁当涂（今安徽当涂县）令。建中初，擢国子监丞，集贤院学士。官将作少监，世称李少监。始师李斯《峄山碑》，以瘦劲取胜。善词章，工书法，尤精小篆。自诩"斯翁之后，直至小生，曹喜、蔡邕不足也"。篆书劲利豪爽，风行而集，识者谓之苍颉后身。被誉为神品。书法遗迹有《三坟记》《栖先茔记》《滑台新驿记》等。

张旭（生卒不详），著名书法家。字伯高，一字季明，苏州吴县（今江苏苏州）人。曾随堂舅陆彦远学习书法，尚未成就。后以草书成就最高，嗜酒，醉后狂呼奔走，甚至以头发蘸墨书写，惊世骇俗，变幻莫测，如醉如痴，如癫如狂，世称张颠，其草书被列为神品。与怀素并称"颠张醉素"。初为常熟尉，先后为左率府长史、金吾卫长史，人称张长史。工诗，长于七绝，与贺知章、张若虚、包融并称"吴中四士"，又与贺知章等人并称"饮中八仙"，其草书与李白诗歌、裴旻剑舞并称"三绝"。颜真卿从受笔法而著《述张长史笔法十二意》，传世墨迹有草书《古诗四帖》，四十行，现藏辽宁省博物馆。唐人李颀《赠张旭》云："张公性嗜酒，豁达无所营。皓首穷草隶，时称太湖精。露顶据胡床，长叫三五声。兴来洒素壁，挥笔如流星。下舍风萧条，寒草满户庭。问家何所有？生事如浮萍。左手持蟹螯，右手执丹经。瞠目视霄汉，不知醉与醒。诸宾且方坐，旭日临东城。荷叶裹江鱼，白瓯贮香粳。微禄心不屑，放神于八纮。时人不识者，即是安期生。"宋人苏轼《书林藻鉴》云："长史草书，颓然天放。略有点画处，而意态自足，号称神逸。今世称善草书者，或不能真、行，此大妄也。真生行，行生草。真如立，行草如行如走；未有未能行立，而能走者也。今长安犹有长史真书《郎官石柱记》，作字简远，如晋宋间人。"

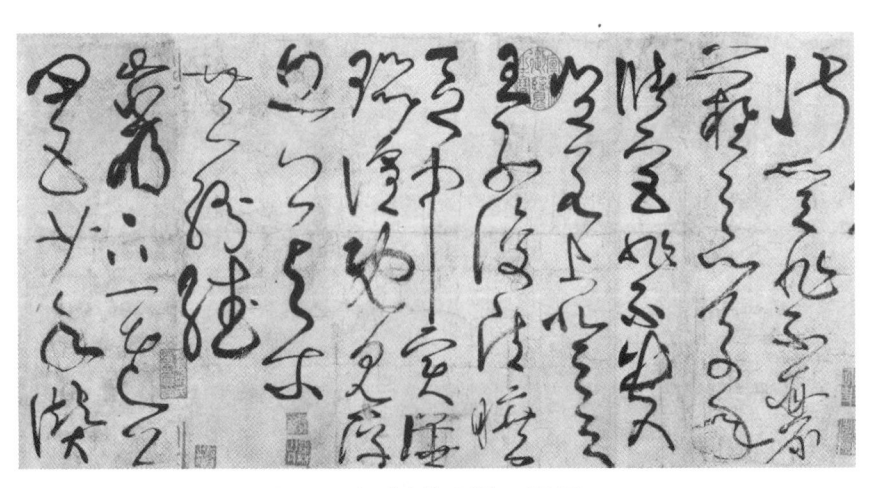

图17 张旭《古诗四帖》（局部）

徐浩（703—782），大臣、书法家，玄宗朝中书舍人徐峤之子，宰相张九龄外甥。字季海，越州会稽（今浙江省绍兴市）人。善文辞，工书法，开元五年（717）举明经进士，起家丽正殿（后改集贤院）校理，任河阳令，政绩斐然。累迁右拾遗、监察御史、刑部郎中。肃宗即位，授中书舍人，知制诰，诏令多出其手。又参太上皇诰册，宠绝一时。累迁尚书右丞、国子祭酒。受李辅国排挤，贬为庐州（治今安徽合肥市）长史。代宗即位，授检校工部侍郎、岭南节度观察使，迁吏部侍郎、集贤殿学士，后因与薛邕典选不公被劾，贬明州（今浙江宁波市）别驾。德宗初，入为吏部侍郎，卒赠太子太师，谥号定。

颜真卿（708—784），唐朝名臣、书法家。字清臣，小名羡门子，别号应方，京兆万年（今陕西西安市）人，祖籍琅琊临沂（今山东临沂市），秘书监、弘文馆学士颜师古五世孙，卫尉卿兼御史中丞颜杲卿从弟。开元二十二年（734）登进士第，历任监察御史、殿中侍御史。因得罪权臣杨国忠，被贬为平原（今山东平原县）太守，世称颜平原。安史之乱时，率义军坚守。并于从兄常山（今河北正定县）太守颜杲卿联军抗叛。至凤翔，擢工部尚书、吏部尚书、御史大夫等。因其耿直忠良，刚正不阿，遭到权臣元载、杨炎、卢杞嫉恨，被贬为外州刺史，长史。代宗朝迁尚

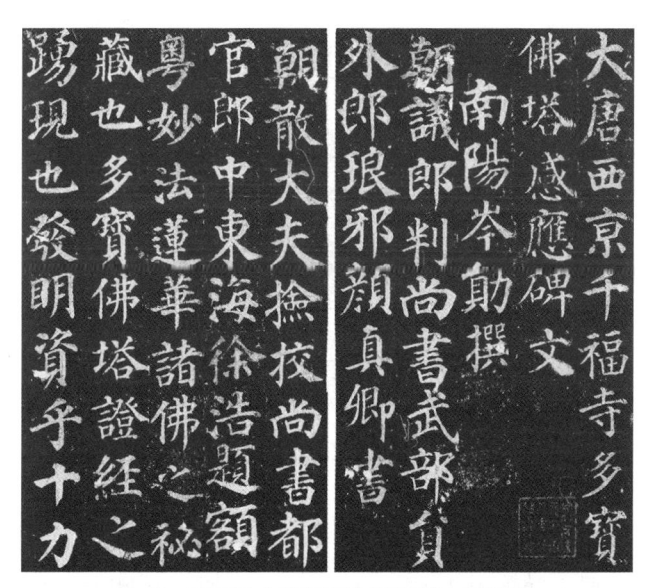

图18　颜真卿《多宝佛塔感应碑》（局部）

书左丞,封鲁郡公,人称颜鲁公。德宗朝,李希烈叛乱,奸相卢杞派其宣慰叛军,行至许州(今河南许昌市)被扣,继而遭到叛将李希烈缢杀,朝廷追赠司徒,谥号文忠。

颜真卿擅长行、楷。初学褚遂良,后师从张旭,其楷书端庄雄伟,行书气势遒劲,创立颜楷,对后世影响很大。与赵孟頫、柳公权、欧阳询并称"楷书四大家"。又与柳公权并称"颜柳",人称"颜筋柳骨"。传世墨迹甚多,主要有楷书《自书告身》,行书《祭侄文稿》,碑刻《多宝塔碑》《颜勤礼碑》《麻姑仙坛记》等,著作有《韵海镜源》《礼乐集》《吴兴集》《庐陵集》《临川集》,均佚。宋人辑有《颜鲁公集》。

另一位草书大家怀素(725—785),书法家,僧人。字藏真,俗姓钱,长沙(今属湖南)人。幼年出家为僧,时常违反佛门戒律,相传秃笔成冢,并广种芭蕉,以蕉叶代纸练字。嗜酒,一日九醉,兴趣勃发时,挥笔疾书,如骤雨旋风,飞动圆转,到处都有他的墨迹,人称醉僧。传世作品有《自叙帖》《苦笋帖》《圣母帖》《小草千字文》等。

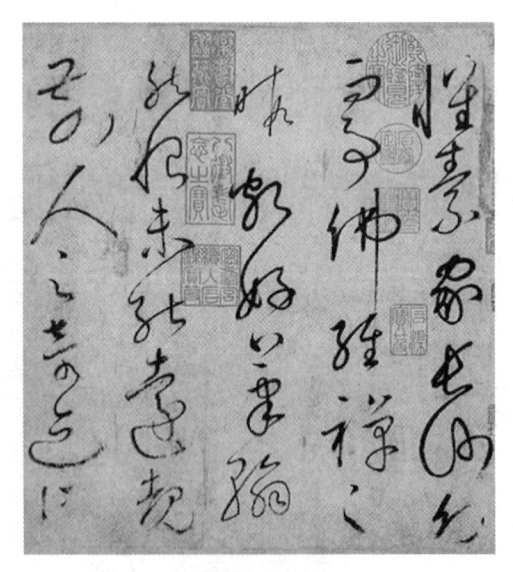

图19 怀素《自叙帖》(局部)

吴道子(约680—759),盛唐时期的杰出画家。又名道玄,东京阳翟(今河南禹县)人。少孤贫,书法师从张旭、贺知章。曾任兖州瑕丘

图20 吴道子《八十七神仙卷》（局部）

县（今山东滋阳县）尉，后辞职浪迹东洛，从事壁画创作。据说有一次，他随驾赴东都洛阳，见到了善于舞剑的裴旻和工于书法的张旭，三人各自表演了自己的独门绝技，人称"一日之中，获睹三绝"。

吴道子以画应召入宫，历任供奉、内教博士。开元十三年（725）十月十一日，玄宗泰山封禅，吴道子随驾。返至潞州，车驾过金桥，玄宗召吴道子、韦无忝、陈闳三人，命其同绘《金桥图》，吴道子主绘山水、车舆、桥梁、人物、树木、羽鸟、器仗、帷幕等，山水着意表现"冲梁耸奇石，苍峭束高泉"。之前，李思训也曾在大同殿绘制嘉陵江山水，用了很长的时间，李隆基认为："李思训数月之功，吴道子一日之迹，皆极其妙也。"韦无忝主绘骡驴、牛羊等动物，陈闳主绘玄宗容貌及白马，《金桥图》绘成后，时人谓之三绝。天宝五载（746），吴道子奉旨在太清宫为唐玄宗李隆基图绘肖像，像成，生动逼真，活灵活现。

吴道子精于佛道，长于壁画绘制，仅在长安和洛阳就有三百余壁。据张彦远《历代名画记》、朱景玄《唐朝名画录》及段成式《京洛寺塔记》等记载，总数当在百壁之上。另有《明皇授篆图》《朱云折槛图》《孔圣像》《梁武帝》《李林甫像》《八十七神仙卷》《孔子按几坐像》《天王送子图》《大护法神像》《华清宫图》等画卷一百五十多幅，画史尊称其为画圣。张彦远《历代名画记》评论道："自顾陆以降，画迹鲜存，难悉详之。唯观吴道玄之迹，可谓六法俱全，万象必尽，神人假手，穷极造化也。所以气韵雄壮，几不容于缣素；笔迹磊落，遂恣意于墙壁；其细画又甚稠密，此神异也。因写蜀道山水，始创山水之体，自为一家，其书迹似薛少保。"宋人苏轼《书吴道子画后》评论道："道子画人物，如以灯取影，逆来顺往，旁见侧出。横斜平直，各相乘除，得自然之数，不差毫末。出新意于法度之中，寄妙理于豪放之外，所谓游刃余地，运斤成风，盖古今一人而已。"吴道子被后世尊为画圣。

杨惠之（生卒不详），开元时期著名雕塑家。初习书画，与吴道子同师张僧繇笔法，巧艺并著，号为画友。后来，吴道子声名独显，杨惠之焚笔毁砚，专肆塑作，相传他曾于京兆府为长安艺人留杯亭塑像，面墙而置之，京兆人视其背，皆曰此留杯亭。尤其是擅塑罗汉像，首创壁塑（或称影塑），为古今绝门独技。乃与吴道子画像争衡。时有"道子画，惠子塑，夺得僧繇神笔路"之说。人称塑圣。著有《塑诀》一书，惜已不存。

图21 泥塑达摩罗汉像 （唐）杨惠之作

二三　梨园弟子

玄宗多才多艺，能演奏多种乐器，而且曲尽其妙，尤其是打击羯鼓。羯鼓是一种起源于天竺国（今印度）的古乐器，南北朝时期经西域传入我国。羯鼓以山桑木为鼓框，以小牙床承放，状如漆桶。用公羊皮做鼓皮。击用两杖，谓之两杖鼓。杖用黄檀、狗骨、花椒等木。曲调名有九十二。唐时，用于龟兹乐、天竺乐、疏勒乐及高昌乐等，盛行于宫廷贵胄之间。玄宗称羯鼓为八音之首，唐人南卓《羯鼓录》称赞玄宗打击羯鼓时"头如青山峰，手如白雨点"。白雨点，谓暴雨之状。其声"透空碎远，极异众乐"。唐人温庭筠《华清宫》诗云："宫门深锁无人觉，半夜云中羯鼓声。"

梨园，是玄宗时期教练宫廷歌舞乐工的机构。旧时的梨园行尊奉玄宗为祖师爷。中华民国时期，戏班还时常设唐明皇神位。

早在中宗时，禁苑内筑有梨园亭，以供皇帝皇后赐宴侍臣、学士雅乐之用。玄宗知音律，酷爱法曲。法曲，原指道观所奏之曲，含有西域音乐成分。东晋时，主要

图22　彩绘陶羯鼓　唐惠陵出土　彭学凡 摄

用于佛教法会。传入中原，与清商乐结合，称之为法乐。至隋，发展为法曲，以清商乐为主，音清而近雅。唐时，又夹杂道曲成分，发展极盛。

著名法曲有《霓裳羽衣曲》《赤白桃李花》等。中唐后渐衰，至文宗朝开成三年（838），改为仙韶曲。

开元二年（714）春，玄宗从京畿诸坊中挑选坐部伎子弟三百人教法曲于梨园，号皇帝梨园弟子，或称梨园弟子。

据说有一次，玄宗正在御批奏章，突然从隔壁传来了优雅激扬的歌声，玄宗听得入迷，不知不觉地摇头晃脑哼唱起来。结果，一不留神，将天竺国（今印度）的文书误批到琉球王国去了，险些酿成大祸。为了避免此类事的发生，才把艺伎们迁至梨园。

后来，玄宗又将原来隶属太常寺的倡优中的音乐人才划分出来，专门设立了左、右教坊，以教俗乐。由于左、右教坊的分工不同，彼此间所承担的责任也不同，大体上说，右教坊多善舞者，左教坊多善歌者。

关于梨园的来历，清人孙星衍《吴郡老郎庙之记》载："……余往来京师，见有老郎庙之神，相传唐玄宗时，耿令公之子名光者，雅善霓裳羽衣曲舞，赐姓李氏，恩养宫中，教其子弟。光性嗜梨，故遍植梨树，因名曰梨园。后代奉以为乐之祖师……"中宗时期，梨园只不过是皇家禁苑中与枣园、桑园、桃园、樱桃园并存的一个果木园。果木园内设有离宫别殿，是供皇帝、皇后、皇戚、贵臣宴饮游乐的场所。玄宗时期，梨园由一个单纯的果木园囿，逐渐演变成为唐代的一座演习歌舞戏曲的场所。

关于梨园的地址，一说位于长安（今陕西西安市）城外郭城北侧西北角西侧的光化门，或芳林门（长安城外郭城北侧西北角东侧）外禁苑中；一说位于临潼（今陕西西安市临潼区）骊山秀岭峡；一说位于长安城东南隅曲江池附近，即汉武帝刘彻所筑宜苑近旁的春临村一带。也有人认为梨园在今大明宫东侧三华里的午门村，还有人认为在今西安城北五华里许的未央区大白杨村村西等。

"武德后，置内教坊于禁中。开元中，又置教坊于蓬莱殿侧。京都置左右教坊，以中官为教坊使。"①

---

① （明）朱元亮辑.《青楼韵语》[M].上海：同永印局，民国三年（1914），第2页。

玄宗以宦官充任梨园使，教习乐曲。即选宫女数百人，亦称梨园弟子。之后，玄宗又在洛阳置梨园新院，隶属太常寺管理。

宜春院，即长安宫内官妓居住之地。开元二年（714）置，位于京城东宫内。"楼下戏出队，宜春院人少，即以云韶添之。云韶谓之宫人，盖贱隶也。"① 庾信《春赋》诗中有"宜春苑中春已归，披香楼里作春衣"。庾信是南北朝时期著名文学家，由此可见，宜春院之名由来已久。后来，东都洛阳也置宜春院，宝应元年（762）毁于战火之中。

蓬莱殿在太液池南岸、龙首原坡北沿上，是大明宫内后庭的重要便殿之一。高宗龙朔二年（662），与含元殿、宣政殿、紫宸殿同时建造。位于紫宸殿北，两者相距60米。

蓬莱殿坐落在蓬莱院内，筑有阁楼，有大量藏书，是皇宫供皇帝读书的图书馆。皇帝有时也在蓬莱殿引对朝臣，并在殿内举行宴会等活动。宝历元年（825），敬宗李湛曾在此殿接见了沙门道士四百人，并赏赐了他们茶绢等物。

唐代宫廷音乐机构主要有太常寺、教坊和梨园，形成三鼎而立之势。其中：太常寺为朝廷专司礼乐机构；教坊为串演歌舞散乐机构。除此而外，还有一些辅助性的机构，如宜春院、云韶院等。宜春院歌舞艺伎常在帝前承欢。凡演习大型歌舞人数不足时，则由云韶院的歌舞艺伎补充。

太常寺，官署名，始置于北齐。龙朔二年（662），高宗改称奉常寺。咸亨元年（670），复改其旧。光宅元年（684），则天改称司礼寺。神龙元年（705），复改其旧。

太常寺设卿一人，秩正三品，"掌邦国礼乐、郊庙、社稷之事，以八署分而理焉：一曰郊社，二曰太庙，三曰诸陵，四曰太乐，五曰鼓吹，六曰太医，七曰太卜，八曰廪牺，惣其官属，行其政令"。② 少卿二人，秩正四品上，"凡国有大礼，则赞相礼仪；有司摄事，为之亚献；率太乐之官属，设乐县以供其事。燕会亦如之。若三公行园陵，则为主副，公服乘辂，备卤簿，而奉其礼。若大祭祀，则先省其牲器。凡大卜占国

---

① （唐）崔令钦.《教坊记》.
② （唐）李林甫.《唐六典》卷第十四[M]. 北京：中华书局，1992年，第394页.

之大事及祭祀卜则日，皆往莅之于太庙南门之外"。① 而总管制定礼仪的礼仪使则由皇帝任命。另外，又置太常礼院参议礼制，名义上隶属太常寺，实际则是另外的专门机构。

梨园堪称我国历史上第一所集音乐、舞蹈、戏曲于一体的综合性艺术学院。玄宗曾亲自担任过梨园的崔公，或称崖公，崔公相当于院长职务。崔公以下，有编辑和乐营将（又称魁伶）两套人马。乐营将，旧指乐工或官妓的领班。玄宗曾为梨园搞过创作，还经常指令翰林学士如贺知章、李白等为梨园编撰文艺节目。唐玄宗、雷海青、公孙大娘等人都先后出任过乐营将职务。唐代诗人杜甫在《观公孙大娘弟子舞剑器行》诗中咏叹公孙大娘醉人的舞姿："爚如羿射九日落，矫如群帝骖龙翔；来如雷霆收震怒，罢如江海凝青光。"② 并在序中写道：当时，有一位书法家名叫张旭，吴县（今江苏苏州市）人。擅长狂草，名重于时。自从在邺县（今河南安阳市北和河北临漳县西南一带）看了公孙大娘的西河剑器舞后，草书水平都有了很大的突进。

图23 公孙大娘舞剑图（局部） （清）任伯年绘

---

① （唐）李林甫.《唐六典》卷第十四[M].北京：中华书局，1992年，第394—395页。
② 萧涤非等.《唐诗鉴赏辞典》[M].上海：上海辞书出版社，1983年，第588页。

根据宫廷乐舞类别,梨园弟子可分为坐部伎、立部伎、小部伎,以及男部伎和女部伎。坐部伎指乐工在堂上坐奏表演,其乐舞主要有《燕乐》《长寿乐》《鸟歌万寿乐》《龙池乐》等。舞者大抵三至十二人,舞姿优美文雅,常用丝竹细乐伴奏。唐代诗人白居易曾作《立部伎－刺雅乐之替也》诗,其中云:"太常部伎有等级,堂上者坐堂下立。堂上坐部笙歌清,堂下立部鼓笛鸣。"[①]坐部伎的演奏和舞蹈水平较高。立部伎指乐工在堂下立奏表演,其乐舞主要有《安乐》《太平乐》《破阵乐》《圣寿乐》等。舞者大抵六十至一百八十人不等,舞姿雄壮威武,伴奏乐器主要有鼓、锣,音量宏大。其演出水平不及坐部伎,唐朝中后期,散乐也归入立部伎。小部伎则为儿童演出队。此外,还设有舞部,舞部又分为文舞和健舞。

在教坊内,艺人大多为女性。宜春院则全部为女歌舞艺人,其中有不少艺人还是妓女,谓之歌舞妓。唐人崔令钦在中国俗乐论著《教坊记》中写道:"妓女入宜春院,谓之'内人'。"妓女一旦入了宜春院,衣食也就有了一定的保障,混得好的,还会有宅地,但生活并不那么自由,只是每月的二十六日和自己生日的那天,才能见到自己的亲人。

在教坊中,最著名的宫廷艺人是黄幡绰,一作旛绰,凉州(今甘肃武威市)人。宋代陕西同州《霓裳羽衣曲》石刻传系据其手书翻刻。入宫三十多年,与张野狐悉心侍奉玄宗,性幽默,善言语,才艺品德首屈一指。擅长表演参军戏,常以戏言寓意劝谏玄宗,解纷救祸,深得玄宗恩宠,世称滑稽之雄。

当时有人说,玄宗一日不见黄幡绰,龙颜便会为之不悦。开元十三年(725)十月十一日,扈从玄宗泰山封禅。据唐人段成式《酉阳杂俎》卷一二载,封禅使张说之婿郑镒本为九品官职,封禅后,玄宗令自太师、太傅、太保三公以下官员皆晋升一级,而郑镒的官职却骤至五品,身穿绯色官服。时玄宗赐宴群臣,看到郑镒,便询问这究竟是怎么回事,郑镒无言以对,在旁的黄幡绰顺口说道:"此泰山之力也。""泰山"一语双关,既指封禅之事,又指岳父大人。

---

① (清)彭定求等.《全唐诗》卷四百二十六。

传说黄幡绰耳音很准，能听出音乐旋律中的内在含义，从而判断演奏者的情绪变化。一天，玄宗召黄幡绰上殿伴驾，恰巧黄幡绰有事外出。玄宗大为恼火，即令值殿武士出宫搜捕黄幡绰。武士们还没走出殿门，远远就看见黄幡绰走了过来。此时，殿堂上传出玄宗打羯鼓的声音，鼓声急促而激愤，紧迫中透出一股"杀气"。黄幡绰心中一惊，急忙让带队武士暂时不要报告。许久，鼓声逐渐趋于舒缓，但仍含有杀气。直至玄宗换奏一首新的鼓曲时，黄幡绰听出鼓音完全平和下来了，他才从容自如地走上前去。在场的人都为他捏一把汗，同时也十分佩服他"听音避祸"的才能。

安史之乱，长安陷落，黄幡绰陷于叛军，投降安禄山。玄宗自剑南返回长安后，未加治罪。一说黄幡绰晚年流落江南，死葬昆山（今属江苏）巴城镇正仪绰墩，《全唐诗》收有他的诗作。有传曾于河中府（今山西永济西）逍遥楼创作《霓裳》谱。

张野狐，即张徽，优名野狐。与黄幡绰齐名。善弄参军戏，又擅长觱篥、箜篌，安史之乱后，扈从玄宗入蜀。在还京途中为玄宗制《雨霖铃》及《还京乐》二曲。玄宗至长安，张野狐于望京楼下奏新曲《雨霖铃》，唐代诗人张祜《雨霖铃》诗云："雨霖铃夜却归秦，犹见张徽一曲新。长说上皇和泪教，月明南内更无人。"

玄宗一生作曲无数，闻名于世的主要有《霓裳羽衣曲》《凌波曲》《紫云曲》《凉州曲》《得宝子》等。

《霓裳羽衣曲》系唐代宫廷音乐。关于《霓裳羽衣曲》的起源：一说由西凉（古国名，十六国之一。今甘肃高台以西及敦煌等地）节度使杨敬述所进天竺（今印度）《婆罗门》佛曲改名而成；一说由玄宗游月宫得仙乐，密记其调而成；一说玄宗登洛阳三乡驿女儿山（今河南宜阳县）仙女庙有感而作；一说系杨敬述作，玄宗加工润色而成。唐代诗人白居易认为《霓裳羽衣曲》起源于开元，盛行于天宝。不管怎么说，《霓裳羽衣曲》在太常寺太乐署中有表演，在教坊中有表演，亦在梨园中有表演。

《霓裳羽衣曲》为十二遍大曲三十六编。有独舞和双人舞，也有数百人的大型舞。全曲由"散序"（六编）、"中序"（十八编）、"曲破"

（十二编）三部分组成。舞者扮成仙女，上身着孔雀翠衣（即羽衣），下身穿淡色或月白色长裙，肩披霞帔，头戴步摇冠，佩戴珠翠，华丽至极。伴奏的乐器有磬、箫、筝、笛等。散曲为乐器演奏，不歌不舞；中序有拍，亦称拍序，且歌且舞；曲破为全舞高潮，繁音急节，声调铿锵，结束时转慢，舞而不歌。

据宋人乐史《杨太真外传》载：玄宗宴会诸王于木兰殿时，杨贵妃醉舞《霓裳羽衣曲》，广袖舒展，婀娜多姿，龙颜大悦，方知可以回雪流风，可以回天转地。

杨贵妃善弹琵琶。诸王、诸郡主以及贵妃的姊妹都拜她为师。贵妃的琵琶是宫中近侍白季贞出使蜀地归来时所献，此用逻逤檀木做成，木质温润如玉，光耀可鉴。上面还刻着由金缕红纹组成的双凤图案。弦是末诃罗国所贡的渌水蚕丝。光莹如珍珠串成的琴瑟。每当贵妃弹过一曲，众人多献谢师礼。贵妃曾对玄宗说："你穷，无甚物品献给师长，让我替您操办。"遂命侍儿红桃取来红玉支赐给玄宗。玄宗曾坦言：我祖父高宗攻打高丽，获取两件宝物，一为紫金带，一为红玉支。因岐王李隆范所进《龙池篇》，玄宗赐其紫金带，红玉支则赐给宠妃杨太真。后来，杨贵妃又把此物传赐给了谢阿蛮。

杨贵妃还善击磬，奏出的声音时而清越激扬，时而轻盈美妙，即使皇家乐队的太常寺乐工或梨园乐工也无人能及，作为皇家歌舞集训场所宜春院更是不在话下。后来，玄宗命人采集蓝田绿玉并雕刻成磬，在磬的上方搭配簴、流苏之类，以金钿珠翠为装饰，以黄金狮子为底座，彩绘繁饰华丽，无与伦比。

《凌波曲》，系词牌名《醉太平》的别称。《醉太平》又称《醉思凡》《四字令》，后以宋人刘过《醉太平·闺情》为正体，双调，三十八字，八平韵，前后段各四句。另有双调四十五字，前段四句四仄韵，后段五句四仄韵等变体。代表作品有辛弃疾《醉太平·春晚》等。

《凌波曲》原为唐代教坊曲名，唐代女子独舞。据史料记载：

> 玄宗在东都，梦一女，容貌艳异，梳交心髻，大袖宽衣，拜于床前，上问："汝何人？"曰："妾是陛下凌波池中龙女，卫宫护驾，妾

实有功,今陛下洞晓钧天之音,乞赐一曲以光族类。"上于梦中为鼓胡琴,拾新旧之曲声,为《凌波曲》。龙女再拜而去。及觉,尽记之。会禁乐,自御琵琶,习而翻之。与文武臣僚,于凌波宫临池奏新曲,池中波涛涌起,复有神女出池心,乃所梦之女也。上大悦,语于宰相,因于池上置庙,每岁命祀之。

时新丰初进女伶谢阿蛮,善舞。上与妃子钟念,因而受焉。就按于清元小殿,宁王吹玉笛,上羯鼓,妃琵琶,马仙期方响,李龟年觱篥,张野狐箜篌,贺怀智拍板。自旦至午,欢洽异常。①

宁王,即唐玄宗长兄李宪;马仙期、李龟年、张野狐及贺怀智皆为宫廷乐工。唐玄宗击羯鼓,杨贵妃弹琵琶,由这些杰出的演奏家组成的乐队,其演奏技艺、层次和水平可想而知。

谢阿蛮(717—757),宫廷舞妓。唐京兆新丰(今陕西西安市临潼区新丰)人。从小就入外教坊习舞,以色艺俱全选入内教坊,又幸得名师言传身教,为一时之秀。善舞,玄宗梦制《凌波曲》,有"凌波微步袜生尘,谁见当时窈窕身"舞姿。②

谢阿蛮经常出入宫中,杨贵妃待之甚厚,曾赠以金粟装环臂。也时常来往于杨国忠及杨贵妃姊妹宅第。据说,谢阿蛮虽然名在乐籍中,却在内侍省列册,享受正五品俸酬。由此可见,谢阿蛮因舞技精湛而在宫中受宠无比幸贵。安史之乱平定后,太上皇李隆基遣高力士复召其来。在望京楼,谢阿蛮舞《凌波曲》,一曲舞罢,谢阿蛮出示金粟装臂环给太上皇李隆基看:"'此贵妃所与。'上持之恓怨出涕,左右莫不呜咽。"③李隆基睹物思人,凄然垂涕。

李龟年,宫廷乐师。邢州柏仁(今河北隆尧县西部)人。善歌善曲,擅吹觱篥,擅奏羯鼓,被誉为乐圣。觱篥,古代龟兹人发明的一种吹管

---

① (宋)乐史.杨太真外传//(五代)王仁裕等.开元天宝遗事十种.上海:上海古籍出版社,1985年,第135页.

② (元)倪瓒.《题卫九鼎洛神图轴》,台北故宫博物院藏.

③ (唐)郑处诲.《明皇杂录》补遗.北京:中华书局,1994年,第46页.

乐器，以软芦为簧、以竹为管的竖笛，其声甚悲。由西域乐人传入中原后，即成为唐代宫廷中十部乐中的主要乐器。开元年间，与弟彭年、鹤年联袂创作《渭川曲》，深受玄宗赏识。他们时常在贵族豪门歌唱，每次得到的赏赐都在成千上万。他们在东都洛阳建造宅第，其规模甚至超过了公侯府第。安史之乱后，李龟年流落江南，每遇良辰美景，常为人歌，座客闻之，莫不掩泣。就在同一时期，诗圣杜甫也流落江南，在一次聚会上听到了李龟年的演唱，深受启发，便专门写了一首《江南逢李龟年》，诗云："岐王宅里寻常见，崔九堂前几度闻。正是江南好风景，落花时节又逢君。"[1]

后来，李龟年又流落到湖南湘潭，在湘中采访使举办的宴会上演唱了诗佛王维的五言诗《相思》："红豆生南国，春来发几枝？愿君多采撷，此物最相思。"[2] 又唱了王维的《伊州歌》，歌云："清风明月苦相思，荡子从戎十载余。征人去日殷勤嘱，归燕来时数附书。"唱毕，突然昏倒，最终郁郁而死。

董庭兰（约695—约765），著名琴师。陇西（今属甘肃省）人。武周时期，师从凤州（今陕西凤县）参军兼琴师陈怀古，深得沈家声、祝家声琴理精髓。善吹西域龟兹古乐器筚篥和弹奏七弦琴。并将《胡笳》曲整理为琴谱。加上筚篥的演奏艺术，多年之后，姜宣演奏琴曲《小胡笳》，被称为"哀笳慢指董家本"（元稹《小胡笳引》）。

董庭兰为了取众家之长，周游四方，闻有解者，必往求之。据不完全统计，他先后弹奏过杂调三百，大弄四十，其演奏曲目之广，为当时琴坛罕见。北宋朱长文《琴史》卷四称其"抚弦韵声，可以感鬼神"。

此时的董庭兰，已经远远超过并取代了沈、祝两家。唐人李颀在《听董大弹胡笳弄兼寄语房给事》诗中曾这样描绘董庭兰的琴技："……空山百鸟散还合，万里浮云阴且晴。嘶酸雏雁失群夜，断绝胡儿恋母声……"[3] 意思是说，声如山中百鸟散了又集，曲似万里浮云暗了又明。

---

[1] 萧涤非等《唐诗鉴赏辞典》[M]. 上海：上海辞书出版社，1983年，第599页。
[2] 萧涤非等《唐诗鉴赏辞典》[M]. 上海：上海辞书出版社，1983年，第186页。
[3] 萧涤非等《唐诗鉴赏辞典》[M]. 上海：上海辞书出版社，1983年，第109页。

像失群的雏雁夜里嘶叫,像胡儿恋母哭声痛绝。描写琴声悲咽凄凉,幽咽缠绵,仿佛使生灵都窒息一般。唐人高适曾写《别董大二首》,其一云:"千里黄云白日曛,北风吹雁雪纷纷。莫愁前路无知己,天下谁人不识君?"① 充分表达了诗人与琴师之间的真挚情谊,以及对董君高超演奏技艺的赞美。后来,董庭兰编写了一部谱集,善赞大夫李翱作序。

董庭兰曾一度做过房琯的门人,但却遭到了非议。杜甫《奉谢口敕放三司推问状》云:"庭兰游琯门下有日,贫病之老,依倚为非。"② 在当时,房琯还只是一位给事中,宰相之职是在安史之乱时,玄宗奔蜀途中任命的。唐代琴师薛易简说,"庭兰不事王侯,散发林壑者六十载,貌古心远,意闲体和。"唐人崔珏在《席间咏琴客》诗中写道:"七条弦上五音寒,此艺知音自古难。唯有河南房次律,始终怜得董庭兰。"宋人苏轼《破琴诗》诗云:"破琴虽未修,中有琴意足。谁云十三弦,音节如佩玉。新琴空高张,弦声不附木。宛然七弦筝,动与世好逐。陋矣房次律,因循堕流俗。悬知董庭兰,不识无弦曲。"明太祖朱元璋第十六子、戏曲家朱权《神奇秘谱》记载,董庭兰曾作《颐真》,抒清心寡欲之道。又作《大胡笳》《小胡笳》,写胡笳声哀悼蔡文姬。

念奴,唐人元稹作《连昌宫词》诗,其中云:"……力士传呼觅念奴,念奴潜伴诸郎宿。须臾觅得又连催,特赦街中许燃烛。春娇满眼睡红绡,掠削云鬟旋装束。飞上九天歌一声,二十五郎吹管笛……"作者自注:"念奴,天宝中名倡,善歌。每岁楼下酺宴,累日之后,万众喧隘,严安之、韦黄裳辈辟易不能禁,众乐为之罢奏。明皇遣高力士大呼于楼上曰:'欲遣念奴唱歌,邠二十五郎吹小管逐,看人能听否?'未尝不悄然奉诏。"③《眼色媚人》云:"念奴者,有姿色,善歌唱,未尝一日离帝左右,帝谓妃子曰:'此女妖丽,眼色媚人。'每啭声歌喉,则声出于朝霞之上,虽钟鼓笙竽嘈杂而莫能遏。宫妓中帝之钟爱也。"④

---

① 萧涤非等《唐诗鉴赏辞典》[M]. 上海:上海辞书出版社,1983年,第392页。
② (清)董浩.《全唐文》卷三百六十[M]. 上海:上海古籍出版社,1990年,第1615页。
③ 萧涤非等《唐诗鉴赏辞典》[M]. 上海:上海辞书出版社,1983年,第958页。
④ (五代)王仁裕. 开元天宝遗事, // 开元天宝遗事十种. 上海:上海古籍出版社,1985年,第75页。

玄宗每游幸各地时，常令念奴暗中随行，《念奴娇》词调由她而兴。此调又称《百字令》《壶中天》《壶中天慢》《酹江月》《湘月》《大江东去》等二十余种别名，有仄韵格、平韵格多体，今一般多用仄韵体，以苏轼词"凭高远眺"为正体，双调，一百字，上下片各四仄韵。

音乐作为一种表演艺术，其构成要素和表现手段有旋律、节奏、和声、复调、力度和速度等，可分为声乐和器乐两大类。音乐往往又与诗歌、戏剧、舞蹈等相结合而成为歌剧、舞剧和戏曲等综合艺术。舞蹈，作为一种表演艺术，一般要有音乐伴奏，舞蹈本身具有多元化的社会意义和作用，包括祭祀、礼仪等。

> 乐者，太古圣人治情之具也……圣王乃调之以律度，文之以歌颂，荡之以钟石，播之以玄管，然后可以涤精灵，可以祛怨思。施之于邦国，则朝廷序；施之于天下，则神祇格；施之于宾宴，则君臣和；施之于战阵，则士民勇。①

唐朝的舞蹈，有独舞、对舞及群舞。另外还有字舞、花舞、马舞、象舞。唐朝的乐器分为金、石、土、革、丝、木、匏、竹八类。

唐朝的宫廷音乐，按其功能，可分为仪式音乐和娱乐音乐。仪式音乐主要指祭祀的雅乐、宴享的燕乐、献俘的凯乐、西域的胡乐，以及周遭地区的四方乐等。在娱乐音乐中，凡以音乐为主体的称之为正乐，如大曲、法曲等；以语言、动作为主体的称之为散乐，如杂技、幻术等。

雅乐又有广义和狭义之分。广义的雅乐指所有仪式性的音乐，狭义的雅乐仅仅指宫廷祭祀音乐，主要用于祭祀天地、神祇、祖宗等。

祭祀音乐具有招魂的作用。为了取悦于鬼神，还需要伴以歌舞。《诗经》中的"颂"，就是古代王侯举行祭祀或其他重大典礼时的专用乐歌。西周由文、武奠基，成、康繁盛，史称"刑措不用者四十年"。自昭、穆以后，国势渐衰。及至后来，厉王被逐，幽王被杀，平王东迁，进入春秋时期，王室衰微，诸侯兼并，夷狄交侵，社会处于极度动荡不安之中。

---

① （后晋）刘昫.《旧唐书》卷二十八[M].北京：中华书局，1975年，第1039页。

"乐者，天地之和也。礼者，天地之序也。和，故百物皆化。序，故群物皆别。乐由天作，礼以地制。过制则乱，过作则暴。明于天地，然后能兴礼乐也。"①礼乐，顺天地之诚，达神明之德，隆兴上下之神。在历代朝廷中，都设有专门掌管音乐的行政机关，秦称奉常，汉称太常，汉以后改称太常寺、太常礼乐官等。在隋朝，"太常，掌陵庙群祀，礼乐仪制，天文术数衣冠之属"。②太常寺设卿一人，卿下设少卿、丞、主簿、录事、府、史、博士、谒者、赞引、太祝、祝史、奉礼郎、赞者、协律郎、亭长、掌固等，设员二至十二人不等。而太庙斋郎京都各一百三十人，太庙门仆京都各三十二人。

太常卿的职责是：

掌邦国礼乐、郊庙、社稷之事，一曰郊社，二曰太庙，三曰诸陵，四曰太乐，五曰鼓吹，六曰太医，七曰太卜，八曰廪牺，惣其官属，行其政令。③

少卿的职责是：

凡国有大礼，则赞相礼仪；有司摄事，为之亚献；率太乐之官属，设乐县以供其事。燕会亦如之。若三公行园陵，则为主副，公服乘辂，备卤簿，而奉其礼。若大祭祀，则先省其牲器。凡大卜占国之大事及祭祀卜则日，皆往莅之于太庙南门之外。凡大驾巡幸，出师克获，皆择日告于太庙。凡仲春荐冰，及四时品物甘滋新成者，皆荐焉。凡有事于宗庙，少卿帅太祝、斋郎入荐香烛，整拂神幄，出入神主；将享，则与良酝令实尊罍。凡备大享之器物有四院，各以其物而分贮焉。④

---

① 陈戍国.《四书五经》上 [M]. 长沙：岳麓书社，1991年，第567—568。
② （唐）魏徵.《隋书》卷二十七 [M]. 北京：中华书局，1973年，第755页。
③ （唐）李林甫.《唐六典》卷第十四 [M]. 北京：中华书局，1992年，第394页。
④ （唐）李林甫.《唐六典》卷第十四 [M]. 北京：中华书局，1992年，第395页。

丞的职责是：

> 掌判寺事。凡大享太庙，则修七祀于太庙西门之内；若祫享，则兼修配享功臣之礼。主簿掌印，勾检稽失，省署抄目。录事掌受事发辰。①

太常博士的职责是：

> 掌辨五礼之仪式，奉先王之法制；适变随时而损益焉。凡大祭祀及有大礼，则舆太常卿以导赞其仪。凡王公已上拟谥，皆迹其功德而为之褒贬。②

太祝的职责是：

> 掌出纳神主于太庙之九室，而奉享荐祫裕之仪。凡国有大祭祀，盥则奉匜，既盥则奉巾帨。凡郊庙之祝板，先进取署，乃送祠所；将事，则跪读祝文，以信于神；礼成而焚之。凡大祭祀，卿省牲，则循牲而告充。③

奉礼郎的职责是：

> 掌设君臣之版位，以奉朝会、祭祀之礼。凡祭祀、朝会，设庶官之位。凡尊彝之制十有四，祭祀则陈之。凡祭器之位，簠、簋为前，登、铏次之，笾、豆为后。凡大祭祀及朝会，在位者拜跪之节皆赞导之，赞者承传焉。又设牲牓之位，以成省牲之仪。凡春、秋二仲公卿巡

---

① （唐）李林甫.《唐六典》卷第十四 [M]. 北京：中华书局，1992 年，第 395 页。
② （唐）李林甫.《唐六典》卷第十四 [M]. 北京：中华书局，1992 年，第 396 页。
③ （唐）李林甫.《唐六典》卷第十四 [M]. 北京：中华书局，1992 年，第 397 页。

行诸陵,则主其威仪、鼓吹之节,而相其礼焉。①

武德九年(626),唐高祖李渊始命太常少卿祖孝孙修定雅乐,至贞观二年(628)成。后来,乐律学家祖孝孙上奏太宗李世民,认为《大唐雅乐》,应"以十二月各顺其律,旋相为宫"。按照《礼记》上的观点,需制十二和乐,合三十二曲,八十四调。祖孝孙卒后,依照《周礼》,祭昊天上帝,奏《豫和》之舞;若地祇方丘,奏《顺和》之舞;祫禘宗庙,奏《永和》之舞。皇帝临轩出入,奏《舒和》之舞;遇皇帝大射,奏《驺虞》之舞;皇太子奏《狸首》之舞。

唐朝雅乐的内容可分乐曲、乐舞和乐词。初,祖孝孙制十二乐曲,即《元和》《顺和》《永和》《肃和》《雍和》《寿和》《太和》《舒和》《休和》《昭和》《祴和》《正和》。玄宗时,又增加"三和",即《承和》《丰和》《宣和》,与前并称"十五和"。皇家舞队最高规格为八佾,即八行八列,计六十四人,等级高于孔庙的八行六列。

贞观十四年(640),礼乐增设七庙乐之舞。李世民诏令秘书监、弘文馆学士颜师古等定皇祖弘农府君至高祖大武皇帝六庙乐章舞号。最终议定:

李渊皇祖弘农府君、皇高祖宣简公、皇曾祖懿王三庙,同享《长发》之舞,乐章九,吏部侍郎李纾撰写。李渊祖父太祖景皇帝李虎庙乐,酌奏《大基》之舞,歌曰:"于赫元命,权舆帝文。天齐八柱,地半三分。宗庙观德,笙镛乐勋。封唐之兆,成天下君。"李渊父亲世祖元皇帝李昺庙乐,酌奏《大成》之舞;高祖大武皇帝李渊庙乐,酌用《大明》之舞;唐太宗李世民庙乐酌奏《崇德》之舞,歌曰:"合一德,朝宗百神。削平天下,大拯生人。上帝配食,单于入臣。戎歌陈舞,哗哗震震。"(夷则宫,永徽元年造)贞观十四年(640),秘书监颜师古请奏《光大》之舞为文德皇后长孙氏庙乐。贞观二十三年(649),文德皇后长孙氏袝庙,罢停《光大》之舞,合享《崇德》之舞。

高宗执政时,亲为祭祀自创乐章。咸亨四年(673)十一月十五日,

---

① (唐)李林甫.《唐六典》卷第十四[M].北京:中华书局,1992年,第397—398页。

高宗制乐章，有《上元》《二仪》《三才》《四时》《五行》《六律》《七政》《八风》《九宫》《十洲》《得一》《庆云》之曲，并诏太常寺乐工及诸祠享奏。其中，《上元舞》来自立部伎中的《上元乐》。而立部伎的规模是舞者八十人。

武则天之后，庙舞歌乐如下：《钧天》之舞一章为高宗庙乐（黄钟宫，光宅元年造）；《太和》之舞一章为中宗庙乐（太簇宫，景云元年造）；《景云》之舞一章为睿宗庙乐（黄钟宫，开元六年造）；《广运》之舞一章为玄宗庙乐（宝应二年造），歌曰："于赫皇祖，昭明有融。惟文之德，惟武之功。河海静谧，车书混同。虔恭孝飨，穆穆玄风。"司徒兼中书令汾阳郡王郭子仪撰。中书令郭子仪撰乐章；《惟新》之舞一章为肃宗庙乐，礼部尚书刘晏撰乐章；《保大》之舞一章为代宗庙乐（大历十四年造），中书令郭子仪撰乐章；《文明》之舞一章为德宗庙乐（永贞元年），尚书左丞、同平章事郑余庆撰乐章；《大顺》之舞一章为顺宗庙乐（元和元年造），中书侍郎、同平章事郑絪撰乐章；《象德》之舞一章为宪宗庙乐（元和十五年造），歌曰："肃肃清庙，登显至德。泽周八荒，兵定四极。生物咸遂，群盗灭息。明圣钦承，子孙千亿。"中书侍郎、平章事段文昌撰乐章；《和宁》之舞一章为穆宗庙乐，中书侍郎、同平章事牛僧孺撰乐章；《大钧》之舞一章为敬宗庙乐，中书侍郎韦处厚撰乐章；《大成》之舞一章为文宗庙乐，中书侍郎崔琪撰乐章；《大定》之舞一章为武宗庙乐，中书侍郎李回撰乐章；《咸宁》之舞一章为昭宗庙乐。

《迎俎》《迎神》《酌献》《送神》《亚献终献》《奠币》之舞六章为让皇帝李宪庙乐。《迎俎》歌曰："祀盛体荐，礼协粢盛。方周假庙，用鲁纯牲。捧撤祗敬，击拊和鸣。受厘归胙，既戒而平。"《迎神》歌曰："皇矣天宗，德先王季。因心则友，克让以位。爰命有司，式尊前志。神其降灵，昭飨祀事。"《酌献》歌曰："八音具举，三寿既盥。洁兹宗彝，瑟彼圭瓒。兰肴重错，椒醑飘散。降祚维城，永为藩翰。"《送神》歌曰："奠献已事，昏昕载分。风摇雨散，灵卫絪缊。龙驾帝服，已腾五云。泮宫复閟，寂寞无闻。"《亚献终献》歌曰："秩礼有序，和音既同。九仪不忒，三揖将终。孝感藩后，相维辟公。四时之典，永永无穷。"《奠币》

歌曰："惟帝时若，去而上仙。祀用商武，乐备宫悬。白璧加荐，玄纁告虔。子孙拜后，承兹吉蠲。"以上六章歌辞，皆由吏部侍郎李纾撰叙。

天宝元年（742）四月十四日，降神酌奏《混成》之乐，送神献奏《太一》之乐。

昭成顺圣皇后窦氏（？—693），睿宗李旦妃嫔。史书上说她"姿容婉顺，动循礼则"。生李隆基、金仙公主、玉真公主。死于非命。景云元年（710），追谥昭成皇后，葬于靖陵，置仪坤庙祭祀。玄宗即位，追尊昭成顺圣皇后，祔葬桥陵。昭成皇后，母以子贵，神主迎入太庙，祔于睿宗室。昭成皇后室酌献用《坤贞》之舞一章，歌曰："乾道既亨，坤元以贞。肃雍攸在，辅佐斯成。外睦九族，内光一庭。克生睿哲，祚我休明。钦若徽节，悠哉淑灵。建兹清宫，于彼上京。缩茅以献，洁秬惟馨。实受其福，期乎亿龄。"

二四　官修史书

唐朝设立有专门负责编修史书的机构，谓之史馆。

武德四年（621），令狐德棻上奏朝廷，建议修梁、陈、北齐、北周、隋等各朝史，历时数年，终无书成。贞观三年（629），重修五朝史，搜得南朝宋、齐、梁、陈及隋朝著述一万四千四百六十六部，八万九千六百六十六卷。太宗诏命魏徵"纪知其务"。

《晋书》，太宗朝编修。房玄龄、褚遂良、许敬宗监修，参与编撰者有令狐德棻、敬播、李淳风、来济、陆元仕、刘子翼、卢承基、李义府、薛元超、上官仪、崔行功、辛丘驭、刘胤之、杨仁卿、李延寿、张文恭、李安期、李怀俨等十八人。贞观二十年（646）开修，至二十二年（648）成书，纪传体，记载西晋、东晋及十六国历史，共一百三十卷，其中：本纪十卷、志二十卷、列传七十卷、载记三十卷。原有叙例、目录各一卷，后来失传。

《陈书》，太宗朝编修。姚思廉撰，纪传体，三十六卷，包括本纪六卷、列传三十卷。记陈武帝永定元年（557）至后主祯明三年（589）共三十三年历史。较多采纳陆琼、顾野王、傅縡三家《陈史》，兼采逸闻，少许采用其父姚察旧稿。

《北齐书》，太宗朝编修。李百药撰，纪传体，五十卷，包括本纪八卷、列传四十二卷。贞观十年（636）成书，记东魏孝静帝天平元年（534）立国，至北齐后主高恒承光元年（577）亡国，共四十四年历史。多因其父李德林旧稿，兼采王劭《齐志》续合成编。

《周书》，太宗朝编修。令狐德棻撰，纪传体，五十卷，包括本纪八卷、列传四十二卷。贞观十年（636）成书，本纪记述南北诸政权变易局面，在列传中,类传标题只有皇后、儒林、孝义、艺术及异域五种,比较简明。

《隋书》,太宗朝编修。传为魏徵、颜师古、孔颖达、许敬宗等撰,纪传体,八十五卷,其中帝纪五卷,列传五十卷,志三十卷。贞观十年(636)成书。列传多存珍贵资料,如《万宝常传》中记载乐谱凡六十四种,《张胄玄传》中详细记载精密天文推算,《临孝恭传》记载《欹器图》及《地动铜仪经》等。作者多以隋亡为鉴,叙事及论赞比较突出人事对国家兴亡的关系。

志分十目,于志宁、李淳风等撰,成于显庆元年(656),原为梁、陈、周、齐、隋五代史而作,记叙五朝典制,称《五代史志》,后因各史单行,遂并于《隋书》。纪传最具特色,在唐初所修八史中评价最高。集中反映贞观群臣"以前王得失,为在身龟鉴"的修史特点。

贞观所修五朝史,加上李延寿私撰《南史》和《北史》,在二十四史中,就有七史出自唐人之手。

李隆基即位时,唐朝建国立业已至百年。一个国家的强盛,离不开文化建设,敦厉风俗,文以载道。开元初,玄宗接受秘书监马怀素、褚无量的建议,广采天下遗书,开元三年(715),玄宗说内库存有很多先代遗书,篇卷错乱,难于检阅,召褚无量、马怀素等人进行整理,建议缮录补缺,以广秘籍。开元五年(717),秘书监马怀素上奏:"省中书散乱讹缺,请选学术之士二十人整比校补。"① 玄宗准奏。于是,下令搜寻天下的文献典籍,并安排书吏一一誊写,再由国子博士尹知章、桑泉尉韦述等二十人校勘,拜褚无量为修书使,于东都洛阳含元殿东厢主持整抄群书。翌年,玄宗西还长安,褚无量建议创集贤书院,置学士、直学士,专掌刊辑古今经籍之事,辩明邦国之大典。又请命太府每月给蜀郡麻纸五千番,每季给上谷墨三百三十丸,每年供应河间、景城、博平等地兔皮一千五百张作为笔材。藏书以甲、乙、丙、丁为次,列经、史、子、集四库。写本有正负两本,轴带帙签以异色而加以区别。褚无量等拟以王俭《七志》体例编纂。翌年,改用四部分法。

开元八年(720)春,左散骑常侍褚无量去世,玄宗敕令左散骑常侍

---

① (宋)司马光.《资治通鉴》卷第二百一十一[M].北京:中华书局,2009年,第8876页。

元行冲接替褚无量为丽正殿直学士。元行冲以殷践猷等治经部，韦述等治史部，毋煚等治子部，王湾等治集部，历时年余，《四库总目》成书，凡二百卷，收载唐内府图书二千六百五十五部，四万八千一百六十九卷，并有大、小序和解题。呈玄宗，藏于内府，玄宗又特令元行冲撰御注《孝经》疏义。

治国者以积贤为道，得贤者安存，失贤者危亡。开元十三年（725）四月初五，因封禅仪注事宜，玄宗在集贤殿赐宴中书省和门下省官员及礼官学士，玄宗道："今与卿等贤才，同宴于此。宜改集仙殿丽正书院为集贤院……院内五品已上为学士。六品已下为直学士……"①遂以中书令张说充学士、知院事，以左散骑常侍徐坚为副，礼部侍郎贺知章，中书舍人陆坚并为学士；国子博士康子元为侍讲学士；考功员外郎赵东曦，监察御史咸廙业，左补阙韦述、李钊、陆元泰、吕向，拾遗毋煚，太学助教余钦，四门博士赵元默，校书郎孙季良并直学士；太学博士侯行果，四门博士敬会直，右补阙冯鹭并侍讲学士，或称十八学士。

《唐六典》，全称《大唐六典》，三十卷，历时十六年编成。旧题唐玄宗御撰，李林甫奉敕注。为现存最早国家行政组织法规专著，对研究李唐国家形态、组织规模、行政职能、官吏编制等均属第一手资料，在中国行政立法史上具有重大意义。

开元十年（722），起居舍人陆坚等奉旨撰修六典，唐玄宗李隆基于白麻纸上手写理典、教典、礼典、政典、刑典、事典六条为编写纲目，由丽正书院总其事。在中书令张说、萧嵩、张九龄等人的先后主持下，徐坚、韦述、刘郑兰、孙季良、贺知章、陆善经、咸廙业、毋煚等十余人参与修撰。凡参与修撰者，皆为当代著名学者，如，韦述，性好读书，雅有良史之才，修撰《国史》一百三十卷，纪事详略得当。著名目录学家、藏书家、修书学士毋煚，位列开元含象亭十八学士，与韦述、殷践猷、余钦等编校国家总目录《群书四部目录》。书成后，又"积思潜心，审正旧疑，详开新例"，改旧传之失者达三百余条。加新书之目达六千余卷，凡经、史、子、集四部著录四十五家，著录图书三千六十

---

① （宋）王溥.《唐会要》卷六十四[M].北京：中华书局，1960年，第1119页。

部五万一千八百五十二卷,成《古今书录》四十卷。《全唐文》收录《古今书录序》。中书舍人苑咸,举进士登第,为李林甫书记。左拾遗孙季良著名诗人贺知章的门徒。贺知章去世后,孙季良等人于东都国子监门外立碑,以颂其德。开元二十四年(736),宰相李林甫知院事,安排专人对《唐六典》补充注释,开元二十六年(738)定稿,翌年呈献玄宗。

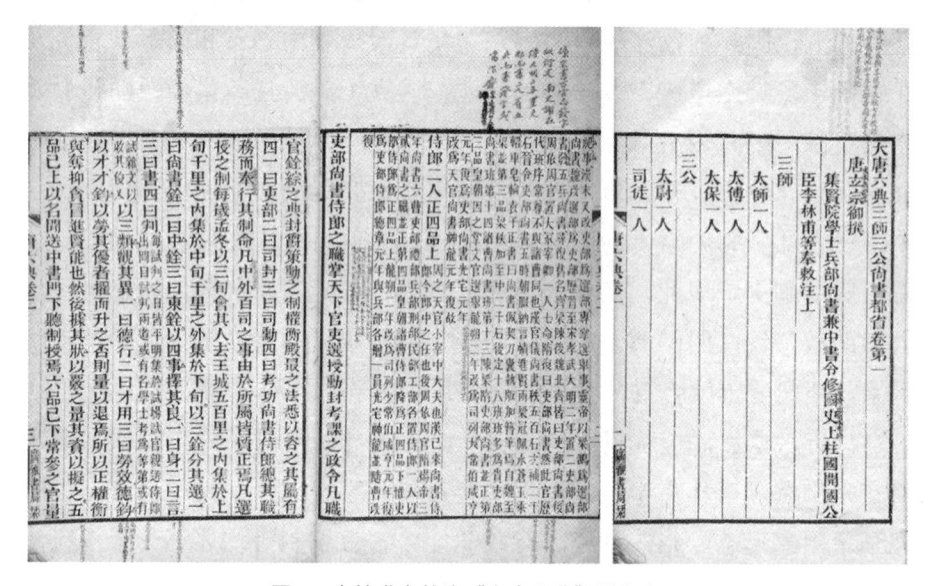

图24 李林甫奉敕注《大唐六典》影印本

六典之名出自周礼,原指治典、教典、礼典、政典、刑典、事典,后世设六部即本于此。

《唐六典》规定了唐代中央和地方国家机关的机构、编制、职责、人员、品位以及待遇等,是以唐朝现行各部门机关按卷分篇,包括中央政府和地方政府管理体制、机构组织、职权、官员品级、编制员额、考课以及相关制度等方面的明确规定。注中详细叙述了官制的历史沿革。首列三师、三公、六省,并于尚书省下分叙六部,以象周官之制;以下则按现行国家组织编制,依次列内官、宫官、御史台、九寺、五监等中央文职机构,十二卫、监门、千牛二卫、羽林军等中央武职机构;三府、都督、州县、都护等地方机构。皆载其职司、官佐、品秩、职掌及章程、令式等,并注其沿革。凡唐初至开元官制建置沿革,周秦及唐之前的诸制渊源，均详于此编。唯其叙官与《周礼》相比，颇欠妥当，时有重复、矛盾和错载现象。

《唐六典》一向为学者所重视，具有较高的文献价值。《通典》、两《唐书》、《唐会要》等文献皆多从中取之。

《大唐开元礼》，是玄宗时代官修的一部礼仪著作。原称《开元礼》，中书令萧嵩监修，礼学家、集贤修撰王仲丘等撰，一百五十卷。开元二十年（732）成书，颁行天下。

唐初礼司无定制，遇事临时议定礼仪。开元中，玄宗从张说奏，取贞观、显庆礼书，折中异同，以为定制。

《大唐开元礼》分吉、宾、嘉、军、凶五礼。其中包括序例三卷、吉礼七十五卷，宾礼二卷，嘉礼四十卷，军礼十卷，凶礼二十卷。凡二百二十六目，一百五十二仪。为研究唐代礼法及法律和风俗的原始资料。杜佑曾采其一部分编入《通典》，《新唐书》也多所采用。有《四库全书》本等。

除整编国家典籍外，为了创造新文化，玄宗又诏命天下饱学之士著书立说，成果诸如《开元释教录》《开元占经》等。

《开元释教录》，佛教经录。简称《开元录》《开元目录》《智昇录》，唐僧智昇撰，二十卷，开元十八年（730）成书。多依梁慧皎《高僧传》、隋费长房《历代三宝记》及佛经典藏实况编录，分总括群经录和别分乘藏录两部分，各为十卷。总录以译者为主，记载东汉明帝永平十年（67）至唐玄宗开元十八年（730）十九朝六百四十四年间一百七十六名僧人所译佛经目录及译者传略共计二千二百七十八部，七千零四十六卷。末附诸家著述目录。别录以经典为主，卷十一至卷十三为有译有本录，卷十四至卷十五为有译无本录，卷十六为支派别行录，卷十七为删略繁重录及拾遗补阙录，卷十八为疑惑再详录及伪妄乱真录，卷十九至卷二十为大、小乘入藏经目，总计入藏经典一千零七十六部，五千零四十八卷，盖历来所谓"一切经五千余卷"之称即出典于此。唯一的不足是对待中国本土佛学著述，自齐梁以下，削删弥甚。

撰者智昇为了防止混杂，曾将本书入藏目录以千字文编号，编定《开元释教录略出》四卷，为北宋以后雕印大藏经编号所依据。贞元十年

（794），圆照作续编三卷，正名为《大唐贞元续开元释教录》。

《开元占经》，全名《大唐开元占经》，中国古代天文学著作之一。唐代印度裔占星术者瞿昙悉达（梵语：गौतम सिद्ध）奉敕编撰，成书于开元六年（718）至开元十四年（726）。

瞿昙悉达祖籍印度，其祖父是婆罗门僧人，其先世由印度迁居中国。睿宗景云二年（711），瞿昙悉达奉敕主持北魏晁崇所造铁浑仪的修复，于玄宗先天二年（713）完成。开元六年（718），瞿昙悉达奉敕翻译印度历法《九执历》，《九执历》将周天分为360度，1度分为60分，又将一昼夜分为60刻，每刻60分。用十九年七闰法。恒星年为365.2762日，朔望月为29.530583日。《九执历》用本轮均轮系统推算日月的不均匀运动，计算时使用三角函数的方法。这部历法后来被录入《开元占经》。

《开元占经》全书一百二十卷，其中：前二卷是集录中国古代天文学家关于宇宙理论的论述；卷三至卷九十集录了古代名家有关天体的状况、运动、各种天文现象等方面的论述，以及有关的星占术文献；卷九十一至卷一百二集录了有关各种气象的星占术文献；卷一百三主要抄录了唐代李淳风撰的《麟德历经》；卷一百四讲算法，《九执历》就录在这一卷内；卷一百五集录了从先秦古六历到唐代神龙历为止共二十九种历法的一些最基本的数据；卷一百六至卷一百一十用文字介绍今测恒星位置与旧星图所载之不同；卷一百一十一至卷一百二十集录古代各种有关草木鸟兽、人鬼器物等的星占术文献，对研究中国古代天文学史具有很高的学术价值。

自唐以后，《开元占经》一度失传，明万历四十四年（1616），安徽歙县人程明善于一尊古佛腹中发现，始得以流传。后被收入《四库全书》，今日本有古抄本。

除此之外，开元三年（715）正月，玄宗命黄门监卢怀慎、刑部尚书李乂、紫微侍郎苏颋、紫微舍人吕延祚、给事中魏奉古、大理评事高智静、韩城县丞侯郢琎、瀛州司法参军阎义颛等同修删定唐律令文书《开元格》（又名《开元前格》），六卷，已佚。开元七年（719）三月十九日，玄宗命吏部尚书宋璟，中书侍郎苏颋，尚书左丞卢从愿，吏部侍郎裴璀、慕容珣，户部侍郎杨缦，中书舍人刘令植，大理司直高智静，幽州司功参军侯郢瑂等同修令格，名曰《开元后格》。开元十九年（731），侍中裴光庭、中书令萧嵩删撰格后长行敕六卷，颁于天下。开元二十五年（737）九月初一，玄宗命中书李林甫、侍中牛仙客。中丞王敬从、前左武卫胄曹参军崔冕、卫州司户参军直中书陈承信、酸枣县尉直刑部俞元杞等共加删辑旧格式律令及敕。又撰《格式律令事类》四十卷，尚书省奉敕抄五十本，颁行天下。

《史通》，系中国历史上首部系统性的史学理论专著，刘知幾撰。刘知幾（661—721），字子玄，唐大臣、史学家。徐州彭城（今江苏徐州市）人。高宗永隆元年（680），进士及第，授获嘉县主簿，迁定王府仓曹参军。奉诏与李峤、徐彦伯、徐坚、张说等共同编纂《三教珠英》。长安二年（702），任著作郎，兼修国史。迁左史，撰起居注。翌年，奉诏又与李峤、朱敬则、徐彦伯、徐坚、吴兢等修撰唐史，成《唐书》八十卷。长安四年（704），改任凤阁舍人。中宗神龙元年（705），复任著作郎、太子中允、率更令，监修国史。神龙二年（706），与徐坚、吴兢等修成《则天实录》。景龙二年（708），专掌修史，迁秘书少监。因修史不得意，上书中书侍郎、监修国史萧至忠，具言官修之弊。改任太子中舍人，修文馆学士。因宰相监修国史，多所干预，不能秉笔直书，难以发挥史才，故退而私撰《史通》，以见其志。景龙四年（710）成书，二十卷，历时九年。书成后，遭到他人嘲笑和指责，唯独集贤院学士徐坚多所赞誉："居史职者，宜置此书于座右。"

睿宗景云中，刘知幾累迁太子左庶子，兼崇文馆学士。太极元年（712），奉诏与史学家柳冲及集贤院学士徐坚等撰《姓族系录》，翌年成书，二百卷。玄宗开元三年（715），迁左散骑常侍，修史如故。翌年，与吴兢共同重修《则天实录》三十卷，修撰《中宗实录》二十卷，《睿宗实录》二十卷，与许敬宗编撰《高宗实录》三十卷。开元九年（721），刘知幾长子刘贶时任太乐令，因触犯法律遭到流放。刘知幾为之申辩，玄宗震怒，贬知幾为安州（今湖北安陆县北）别驾，未几，卒于任上，赠汲郡太守、工部尚书，谥号为文。

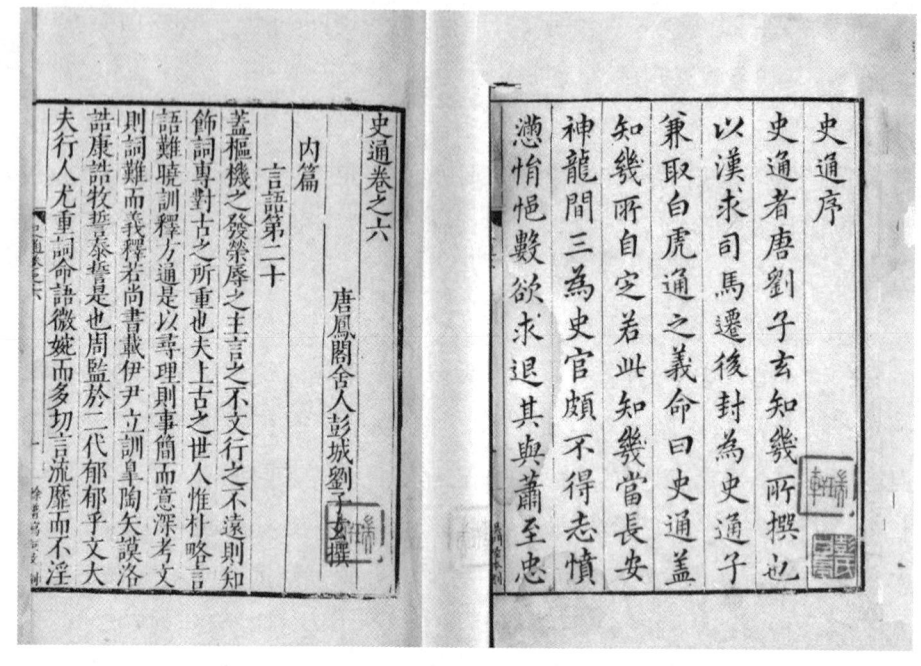

图25 刘知幾撰《史通》

　　刘知幾第一次提出了史学家必须具备史学、史识、史才的"三长"论点。史学，是历史知识；史识，是历史见解；史才，是研究能力和表述技巧。"三长"之说，被时人称为笃论，对后世影响很大。

二五　开元诗案

诗案，或称诗祸，顾名思义，就是因作诗而遭遇的祸端。

西汉时期，陆续发生了汉高祖刘邦戚夫人因永巷哀歌诗案，最终惨遭吕太后的人彘。太史公司马迁的外孙杨恽因南山种豆诗案，最终惨遭汉宣帝的腰斩。南北朝时期，相继发生了颜延之、谢灵运、何长瑜、刘祥等诗案。隋朝有薛道衡、王胄诗案。唐高宗朝，陆续出现了皇太子李贤《黄台瓜辞》、刘希夷《白头吟》等诗案。

刘希夷（651—680），著名诗人。一名庭芝，字延之，汝州（今河南汝州市）人。高宗上元二年（675）进士。美姿容，好谈笑，善弹琵琶。其诗以歌行见长，多写闺情，辞意柔婉华丽，且多感伤情调。当时，刘希夷寄居在时与杜审言、沈佺期齐名的舅父宋之问家中，曾作《白头吟》（一名《代悲白头翁》），其中有"年年岁岁花相似，岁岁年年人不同"诗句，宋之问甚为喜欢。于是，便与外甥刘希夷商量，乞求能将这首诗转让给他，刘希夷开始同意，后来又反悔，宋之问恼羞成怒，遂对外甥起了杀心，令家奴用土囊袋子将刘希夷活活压死，死时年未三十。而宋之问将外甥刘希夷的《白头吟》诗名改为《有所思》，收录在自己的诗集中，其丑恶行径实在令人愤恨。中宗朝，因被太平公主揭发，贬宋之问为越州（今浙江绍兴市）长史。睿宗即位，因宋之问依附韦武政治集团，徙钦州（今广西钦州市）。后以宋之问"狯险盈恶"，下诏赐死。

武周时期，发生了乔知之《自悼》诗案。玄宗开元年间，相继发生了孟浩然、薛令之诗案。

孟浩然（689—740），著名山水田园派诗人。名浩，字浩然，号孟山人，襄州襄阳（今湖北襄阳市）人，世称孟襄阳。少好节义，喜济人难，后隐居鹿门山，又称孟山人。开元十六年（728），年四十赴长安，应进士不第。求官心切，仕途渺茫，便生怨愤，于是，就写了有名的《岁暮归南山》（一名《归故园作》）："北阙休上书，南山归敝庐。不才明主弃，多病故人疏。白发催年老，青阳逼岁除。永怀愁不寐，松月夜窗虚。"① 后被荆州长史张九龄辟为从事。

有一次，王维私自邀请孟浩然进入内署，其后，恰遇玄宗到来，孟浩然情急之中，藏身床下，王维实情禀告，玄宗喜曰："朕闻其人而未见也，何惧而匿？"② 玄宗知其诗名，遂口召其出，命其诵诗，孟浩然当即吟诵了《岁暮归南山》，其中有"不才明主弃"之句，玄宗听后，大为不悦，斥责道："是你不求当官，不是朕不让你当官，怎么能诬怪朕呢！"由此看来，孟浩然已经陷进"坐观垂钓者，徒有羡鱼情"的泥潭之中，未几，被放还，最终老死襄阳（今湖北襄阳市）。

孟浩然一生徘徊在仕途与归隐的矛盾之中。工五言诗，格调含蓄，清淡幽远，以写景见长，诗中较多反映隐逸生活，《望洞庭湖赠张丞相》写得气势磅礴，格调浑成。其诗摆脱了初唐应制咏物的狭隘境界，更多地抒发了个人抱负，给开元诗坛带来了清新气息，博得时人倾慕。是唐代第一位创作山水田园诗的诗人。他死后，王维于郢州（今湖北钟祥市）为其绘像。有《孟浩然集》四卷。天宝四载（745），王士源编纂并序，凡诗二百一十八首。《四部丛刊》据江南图书馆藏明刊本影印，四卷，分体编次，凡诗二百六十三首。《唐诗三百首》收其十五首。

薛令之（683—756），字君珍，号明月，长溪（今福建福安市溪潭镇）人。神龙二年（706）进士。开元间，擢左补阙，与贺知章并侍东宫，成为太子李亨的侍讲。

有一天，薛令之看到在东宫内叶色紫绿的苜蓿荒长丈余，遂感叹自己待遇太低，生活清苦，便在墙上题诗一首，曰《自悼》："朝日上团团，照见先生盘。盘中何所有，苜蓿长阑干。饭涩匙难绾，羹稀箸易宽。

---

① 萧涤非等.《唐诗鉴赏辞典》[M].上海：上海辞书出版社，1983年，第93—94页。
② （宋）欧阳修、宋祁.《新唐书》卷二百三 [M].北京：中华书局，1975年，第5779页。

只可谋朝夕,何由保岁寒!"① 时玄宗幸东宫,御览之,认为这是作者自鸣不平讽刺皇帝,引起玄宗不满,遂索笔在其旁题诗道:"啄木口嘴长,凤凰毛羽短。若嫌松桂寒,任逐桑榆暖。"② 意思是说,你要是耐不住在东宫做官的清寒,那完全可以去乡间寻求饱暖!这分明是一道逐客令!薛令之恐惧,赶忙谢病东归。

回到福建老家后,仍然心有余悸,担心在江西安福县做县令的儿子受到牵连,于是,赶忙写信命儿子赶紧辞官回乡。后来,薛令之一直隐居于福建福安市溪潭镇灵岩山灵谷草堂,过着艰辛的农家生活,虽然清苦,但心里踏实,没有官场上的那种尔虞我诈和提心吊胆,总算得以善终。

---

① 崔勇等.《古代题壁诗词丛考》[M].北京:中华书局,2011年,第15页。
② 崔勇等.《古代题壁诗词丛考》[M].北京:中华书局,2011年,第15页。

二六　天宝诗案

天宝三载（744）暮春，正是牡丹花开放的时节，长安及洛阳两城市民百姓争相观赏牡丹花的色泽艳丽和玉笑珠香。

在长安，在兴庆宫兴庆池沉香亭前，玄宗正偕杨贵妃游玩，旁有乐工李龟年率梨园弟子献歌助兴。面对汪洋一片叶绿花红花紫花白的景色，玄宗忽然想起了翰林待诏李学士。于是，款款深情地说道："对妃子，赏名花，新花安能有旧曲？"遂命李龟年召李学士入宫。有一内侍说他刚才看见李学士往长安市中的酒肆去了。当李龟年找见李学士时，他已喝得酩酊大醉。随后，又来内侍催行，玄宗赦赐李学士走马入宫。宫中内侍忙扶李学士下马，玄宗见其双目紧闭，口流涎水，亲自用龙袖为之擦拭。并听从贵妃之言，命宫女含兴庆池水喷之，李学士惊醒，见玄宗大惊。玄宗一边用手搀扶李学士，一边说道："朕与妃子同赏名花，不能没有新词，特召卿入宫，可作《清平调》三章！"李龟年取来金花笺递与李学士，只见他略一思索，趁醉一挥，立成三章：

云想衣裳花想容，春风拂槛露华浓。若非群玉山头见，会向瑶台月下逢。

一枝红艳露凝香，云雨巫山枉断肠。借问汉宫谁得似？可怜飞燕倚新妆。

名花倾国两相欢，长得君王带笑看。解释春风无限恨，沉香亭北倚阑干。①

---

① 萧涤非等.《唐诗鉴赏辞典》[M].上海：上海辞书出版社，1983年，第246页。

意思是说：见到云就使人想到她的衣裳，见到花使人想到她的容貌，春风吹拂着栏干，在露水滋润下的花朵更为艳浓。如此美人若不是在神仙居住的群玉山见到，也只能在瑶池的月光下才能遇到。

您真像一支沾满雨露、芳香浓郁的盛开的牡丹花啊，神话中的楚王与神女在巫山的欢会那只是传说而已。哪能比得上您受到君王的真正的恩宠呢？就算是轻盈可爱的赵飞燕，还得穿上华丽的衣裳化好妆才能比得上。

牡丹与贵妃都如此美丽动人，使君王直笑着看。此时心中有再大的恨意，只要和贵妃一起来到这沉香亭畔的牡丹园，也会被消散得无影无踪了。

玄宗御览后，称羡不已，遂命李龟年调弦而歌，玄宗亲吹玉笛和之，并故意拖长声调，以取悦贵妃杨太真。

李学士把太真妃子比喻为国色天香的牡丹，又把她比作汉宫的第一美人赵飞燕，直夸得玄宗、太真妃喜形于色。

李白曾在醉草吓蛮书时，要宦官为他脱靴。因玄宗点头同意，高力士无奈，只好照办。对此奇耻大辱，高力士刻骨铭记，时刻想报复李白一把。

机会终于来了，高力士暗中向杨太真进言，说李白以飞燕指妃子，是贱之甚矣，因赵飞燕后被废为庶人，自杀身亡。高力士挑拨太真，使太真相信了李白的《清平调》是影射之词。从此，杨太真也对李白怀恨在心。及至后来，每当玄宗要给李白封官赐爵时，杨太真总是哭哭啼啼，极力阻止。还有玄宗的驸马张垍是个嫉才妒能之小人，也常在圣上面前说李白的坏话，致使李白在翰林院无法再待下去，玄宗借坡下驴，遂赐金放还。李白高吟："凤饥不啄粟，所食唯琅玕，焉能与群鸡，刺蹙争一餐。朝鸣昆丘树，夕饮砥柱湍。归飞海路远，独宿天霜寒。幸遇王子晋，结交青云端。怀恩未得报，感别空长叹。"就这样，傲骨铮铮李白飘然步出帝都。

李适之（694—747），唐宗室。名昌，废太子李承乾之孙。父亲李象，官至怀州（今河南沁阳市）别驾。神龙初，起家为左卫郎将。开元中，任通州（今四川达州市）刺史，为官清廉，被人称道。按察使韩朝宗表荐朝廷，李适之被擢为秦州（今甘肃天水市）都督，深得玄宗赏识，后累迁陕州（今河南三门峡市陕州区）刺史，河南尹、御史大夫，开元二十七年（739），兼幽州大都督府长史，知节度事。再拜刑部尚书。天宝元年（742），代牛仙客为左相，赐爵清河县公。之后，时常在朝堂上与李林甫发生争执，引起李林甫的忌恨。

李适之嗜酒，夜晚常与李白、贺知章、崔宗之、苏晋、张旭、焦遂及汝阳王李琎聚饮唱和，时谓酒中八仙。李林甫遂把李适之嗜酒之事禀报玄宗：李适之嗜酒如命，性格粗疏，身为左相，常常饮酒通宵达旦。京师之人多有议论，这样下去会误了朝廷大事。玄宗受此蛊惑，说：朕看中的是他的才干，才委以大任，岂能耽于杯盏，以负朕意。自此以后，玄宗渐渐疏远了李适之，把朝廷政务交给李林甫处理。

天宝五载（746）正月，李林甫告诉他的仇人李适之：华山下面有金矿，开采出来可以增加国家的财富。圣上现在还不知道此事。李适之心善，深信其言，借机将此事进奏玄宗。玄宗大喜，又以此事征询李林甫的意见。李林甫说：我很久以前就知道华山底下有金矿，但华山是什么？是圣上的本命啊，是王气之所在，所以，无论如何是不可以随意开采的。因此，我不敢向圣上提起这件事情。经李林甫这么一煽动，玄宗觉得李林甫是一片忠心，而责怪李适之考虑问题简单草率。因此便训斥李适之：从今以后，凡是向我奏请的事，事先必须跟李林甫商议一下，不得轻易建议什么。李适之从此不敢放手做事。不久被罢相，仅仅授了一个太子少保的虚衔。

李适之被贬后，朝中官员都知道他冤枉，但谁都不敢登他的门。李适之只好闭门以饮酒吟诗自遣。一日，他吟道："避贤初罢相，乐圣且衔杯。为问门前客，今朝几个来。"[①]借以抒发心中的怨愤。此时，李林甫正在诬告刑部尚书韦坚谋立太子为帝，便趁机以李适之系韦坚朋党罪名，被贬为宜春（今江西宜春市）太守。

天宝六载（747），李林甫派遣御史罗希奭赴岭南诛杀韦坚、卢幼临、裴敦复、李邕等人于贬所。不堪屈辱的李适之想到自己也在劫难逃，闻

---

① （后晋）刘昫．《旧唐书》卷九十九 [M]．北京：中华书局，1975 年，第 3102 页。

讯罗希奭过宜春郡，遂服药自尽。

李泌（722—789），字长源，京兆（今陕西西安）人。西魏太保、八柱国、司徒徒何弼六世孙。少聪敏，以神童著称。博学多才，尤精易象，善属文，工诗，以王佐自负。深受张九龄、韦虚心、张廷珪器重。天宝中，自嵩山上书论施政方略，玄宗召见，深受赏识，令其待诏翰林，仍东宫供奉。其时，奸相杨国忠深得玄宗倚重，权倾朝野。正可谓"炙手可热势绝伦"。李泌对其非常反感。杨国忠忌其才辩，李泌曾作诗句曰："青青东门柳，岁晏复憔悴。良弓摧折久，谁识是龙韬。旋沫翻成碧玉池，添酥散出琉璃眼。"杨国忠见诗大怒，认为说柳"憔悴"，等于是说"杨"枯萎，于是，便向玄宗告状。幸亏玄宗胸怀豁亮，遂对杨国忠说："赋柳为讥卿，则赋李为讥朕，可乎？"① 意思是说：如果写诗以柳为题，那是讽刺你，那么以李为题，就是讽刺朕了，可以这样牵强附会地理解吗？这一反问，杨国忠哑然。玄宗深知李泌是一位难得的奇才，在李亨为太子时，曾使李亨与其结为布衣之交。

玄宗诏令李泌居住蕲春郡（今湖北蕲春），李泌"乃潜遁名山，以习隐自适"。② 安史之乱，李亨即位，遣使访召，李泌乃复出山，辅佐肃宗，制定军政大略，平息安史之乱，恢复大唐秩序，把垂倾的政权大厦修复起来。肃宗问李泌想得到什么，李泌淡然地说：等收复京师后，企望能枕天子的膝睡一觉。

---

① （宋）计有功.《唐诗纪事》，卷二十七。
② （后晋）刘昫.《旧唐书》卷一百三十 [M]. 北京：中华书局，1975 年，第 3621 页。

二七　入唐使节

入唐使节，亦称遣唐使，是指日本国（倭国）对其古代派往唐朝使团的称呼。日本遣使入唐承袭隋制。自舒明天皇二年（630，太宗贞观四年）六月派遣犬上三田耜使唐起，到宇多天皇宽平六年（894，昭宗乾宁元年）九月止，共任命了二十次入唐使节，其中任命后因故中止三次，护送赴日唐使三次，迎接赴日唐使一次，菅原道真谏停一次，实际上抵达唐朝国土的只有十二次。

遣唐使作为日本国的文化使节，"由日本派出的遣唐使在唐朝始终都被认为是朝贡使"。[①] 意思是说，日本遣唐使主要在起着向中国朝贡，并与之缔结外交关系这一政治作用。

初期遣唐使团每次的船只多为两艘，约至二百人。中后期增至四艘，至五六百人。其人员组成比较庞杂，航线有南路和北路之分。遣唐使抵达长安后，则有宫廷内使引马出迎，入住长乐驿。随后，将陆续进行遣使朝贡，皇帝诏奖，接见使臣，内殿赐宴，并给予大使、副使授爵赏赐等政治活动。

由于大唐王朝的政治、经济及文化空前繁荣和发达，声威远播，对邻近的日本和亚洲各国同样具有巨大的吸引力。而日本朝廷通过六次遣隋使，使得朝野上下愈来愈对华夏文化仰慕和向往，以至于涌现出了一股学习模仿华夏政治、经济和文化的巨大热潮。

武德六年（623），遣隋留学僧惠齐、惠日等人在留学多年后回国，直接向推古女王报告大唐帝国所具有最完备的法律典籍和最完善的法律

---

① ［日］古濑奈津子.《遣唐使眼里的中国》[M].武汉：武汉大学出版社，2007年，第1页。

制度，并建议女王派遣使节赴唐取经。为了实现更加直接有效地学习唐朝先进制度和文化的目的，日本朝廷决定组织大型遣唐使团，选派国内最优秀的人才为使臣，留学生、留学僧赴唐。

关于遣唐使的任命，包括大使一人，副使一至二人，判官四人，录事四人。后又补充了押使、执节使，此两职均居大使之上。如果能够平安返回，能被列于参议以上公卿之位者则不在少数。

在遣唐使中，四等官员以下人员又构成五类：第一类包括史生、杂使、傔从等；第二类包括译语（翻译）、主神（神道教的祭司）、医生、阴阳师、射手、音声师等；第三类包括知乘船事（船队总管）、柁师（掌舵长）、挟抄（舵手）、水手长、水手等；第四类包括留学生、学问僧、还学僧、请益生等；第五类包括各类技能之士，如玉生、锻生、铸生、木工等。随行人员在出发前，都会得到朝廷的赏赐，赏赐包括设宴饯别、旅途所需及各种日常用品等。

遣使入唐，被日本朝廷视为国事。建造船只，往往会作为一项政治任务进行安排布置。如，圣武天皇天平四年（732，玄宗开元二十年）任命的第十次入唐的四艘船只，就是近江、播磨、备中、丹江等国奉命建造。并对船只进行一系列的命名，入唐涉水，风险度高，推测如此命名，寄托着日本朝野对遣唐使节"平安归来"的祝愿和"唐物数奇"的期盼。

遣唐使在将要出发之前，为了航海顺利，还要举行各种祭祀仪式和典礼。奈良时代，是要在御盖山麓祭祀神祇，据日本无名氏《万叶集》载《春日祭神之月，藤原太后御作歌一首，赐入唐大使藤原朝臣清河》歌云："大船多楫橹，吾子大唐行。斋祝神灵佑，沿途总太平。"诗的大意是：大船准备了许多橹桨，我很放心此子渡海去唐朝，请诸神灵保佑，使其往返一路平安。同样地，入唐大使藤原朝臣清河也奉歌一首："祭神春日野，神社有梅花。待我归来日，花荣正物华。"平安时代的祭祀典礼则改在北野举行。

关于祭祀场所和内容，祭祀时，大使高声朗诵祝辞，神部奉以币帛，大使以下随员需以私币奉天。

在日本天皇当政的律令制时代，节刀是天皇为征夷大将军，或太政大臣，或遣唐使节御赐的一柄武士刀。刀身呈弧月状，上绘八重菊皇徽。

仪式在紫宸殿举行。授予节刀，就是授予权柄，意味着天皇将一部分权力移交，象征着权力和荣耀。至于太政大臣、征夷大将军和遣唐使节归朝时节刀是否被收回，不得而知。在遣唐使节出发前，天皇需为押使、执节使、大使、副使饯行赐物。

前期入唐的航线一般经由北路，即从难波（今日本大阪）登舟，向西横穿濑户内海，朝北九州的博多（今日本福冈）航行，经一岐、对马海峡，至仁川渡黄河，或沿朝鲜半岛西海岸北行，及辽东半岛东岸西行，横跨渤海湾口，从山东半岛登陆，然后由陆路向都城长安进发。这条航线基本上是沿着朝鲜半岛的海岸线航行，安全系数高，但比较费时，而且在沿途中还得需要新罗和百济的帮助。

后期入唐的航线一般经由南路，即由九州的博多（今日本福冈）登舟南下，经由九州之西的五岛列岛之值嘉屿的美弥良久海角径向西南横渡东海，在长江流域的苏州（今江苏苏州）、明州（今浙江宁波）一带登陆，转由运河北上南路。整个行程一般十天左右，甚至三天可达，虽耗时日短，但危险性较大，几乎每次都会发生海难。比如，大宝时期的遣唐使抵达楚州盐城县；天平宝字时期的遣唐使抵达明州（今浙江宁波）和越州（今浙江绍兴）；宝龟时期的遣唐使抵达扬州海陵县；延历年间的遣唐使船队在海域走散，第一艘船漂至福州长溪县，第二艘船抵达明州（今浙江宁波）；承和时期的遣唐使船抵达扬州海陵县。由此可见，取道南路的船只除迷失漂流外，其余全部抵达长江流域。

遣唐使船只之所以改走南路，研究认为是由于新罗灭百济，日本在进入奈良时代后，又与统一朝鲜半岛的新罗关系恶化，导致无法沿走北路入唐，这是被迫无奈之举。

玄宗时期，日本朝廷分别于开元五年（717）三月、开元二十一年（733）四月、天宝五载（746）、天宝十一载（752）闰三月遣使入唐。除天宝五载因故终止外，事实上只有三次派使节踏上唐土，间隔时间6—16年不等，规模较前巨大，船只均为四艘，成员皆在五百人以上，其中就有阿倍仲麻吕、吉备真备等留学生随行。

更有趣的是玄宗天宝十二载（753）十二月，使节在归日途中，大使藤原清河与阿倍仲麻吕所乘的第一艘船漂至安南，后藤原清河留居长安，娶妻生女，直至终老，阿倍仲麻吕则在长安为官。

凡入京师长安的使节，朝廷都会为其颁发诏书，并举行隆重的欢迎仪式。

初唐时期，专供外国使节的居住地在长安城南的朱雀大街西侧的鸿胪客馆。当遣唐使入住外宅后，使院（礼宾院）会临时安排监使负责照顾和监视他们，监使一般由宦官担任。

玄宗在朝会上接见藤原清河大使，遂命朝臣代拟《敕日本国王书》，开篇云："敕日本国王王明乐美御德：彼礼义之国，神灵所扶，沧溟往来，未尝为患。"诏命画工为大使藤原清河及副使吉备吉真画像藏之于宫中。命担任秘书监的日本留学生晁衡（即阿倍仲麻吕）陪同藤原大使参观府库、三教殿及长安古迹名胜。遣唐使回国时，玄宗赐诗《送日本使》曰："日下非殊俗，天中嘉会朝。念余怀义远，矜尔畏途遥。涨海宽秋月，归帆驶夕飙。因惊彼君子，王化远昭昭。"特差鸿胪卿蒋挑捥送至扬州。

关于遣唐使的朝贡物品，具体包括：国信，国信物等。国信物包括："银大五百两，水织紬、美浓紬个二百匹，细紬、黄紬各三百匹、黄丝五百绚、细屯棉一千匹。"①

此外，还有额外奉送的物品，称之为"别送"或"别贡物"，如：彩帛二百匹、叠棉二百帖、屯棉二百匹、纻布三十端、望陀布一百端、木棉一百帖、出火水精十颗、玛瑙十颗、出火铁十具、海石榴油六斗、甘葛汁六斗、金漆四斗。

"叠绵"是一种平滑的席垫状的丝绵，"屯棉"是一种比较厚实的丝绵，"纻布"指的是一种麻布，"望陀布"是产于望陀郡的一种优质麻布，"出火水精"是一种水晶镜，"玛瑙"是指一种玉髓类矿物质，"出火铁"是打火时所使用的一种铁，"金漆"是指人参木火鹰爪木等树的脂液，主要用于金属防锈。

在遣唐使觐见皇帝仪式结束后，除赐宴外，皇帝还会赏赐使者酒食和乐舞、锦、率、绫、缦、丝、棉等，还会赏赐大使、副使等遣唐使首脑人物官职。如，藤原常嗣，承和时期遣唐持节使，在日本，常嗣曾官

---

① ［日］古濑奈津子.《遣唐使眼里的中国》[M]. 武汉：武汉大学出版社，2007年，第80页。

拜正三位参议、左大弁、大宰卿。经过比对，唐朝皇帝就赐给他从三品武官官职左金吾卫将军、从三品武散官官职云麾将军、正三品文官官职检校太常卿等，并且在官职后加了"员外置同正员"，表明这些都是虚职，仅仅是名誉上的。尽管所授予的官职都是虚职，但有事会按官职支给告身（任命书）与官符。如，真人远成，延历时期的遣唐使判官，其在日本就官居正五位上的大宰大二品阶。元和六年（806）在唐获授正五品上文散官中大夫（或称中散大夫）。

一般情况下，遣唐使在接受唐朝官职任命时，除告身外，还会获授朝服。如：养老二年（718）正月初十，回国后的遣唐使向天皇行拜见之礼时，穿戴的就是唐朝所授朝服。

在遣唐使节中，留学生、留学僧为了报效国家，基本都在学成后归国，如吉备吉真（きびのまきび）。但也有在完成学业后留在唐廷任职的，如阿倍仲麻吕（あべのなかまろ）。大宝元年（701，武周大足元年），日本文武天皇任命了以粟田真人为执节使、高桥笠间及坂合部大分为大使、巨势邑治为副使、多治比县守为押使的遣唐使主要官员，史称第八次遣唐使。翌年六月入唐。两年后，武周长安四年（704，文武天皇庆云元年）七月回国，而副使巨势邑治、大使高桥笠间及坂合部大分分别于中宗景龙元年（707，元明天皇庆云四年）及玄宗开元六年（718，元正天皇养老二年）返回日本。十五年之后，大灵龟二年（716，玄宗开元四年），元正天皇任命了以多治比县守押使、大伴山守为大使、藤原马养为副使的第九次遣唐使主要官员，元正女皇养老元年（717，玄宗开元五年）三月，四艘船只搭载五百五十七人从难波（今日本大阪市）起航渡海向唐朝进发。其中：十九岁的阿倍仲麻吕、二十三岁的吉备真备（后来成了日本右大臣）及大和长冈、僧玄昉等留学生同船随行。"因请儒士授经，诏四门助教赵玄默就鸿胪寺教之，乃遗玄默阔幅布以为束脩之礼，题云'白龟元年调布。'"① 九月，终于抵达了他们日夜向往的文化故都长安城。

翌年十月，遣唐使团"所得锡赉，尽市文籍，泛海而还"。② 但"其

---

① （后晋）刘昫.《旧唐书》卷一百九十九上 [M]. 北京：中华书局，1975 年，第 5341 页。
② （后晋）刘昫.《旧唐书》卷一百九十九上 [M]. 北京：中华书局，1975 年，第 5341 页。

偏使朝臣仲满，慕中国之风，因留不去，改姓名为朝衡"。① 就这样，阿倍仲麻吕留在了京师长安。

阿倍仲麻吕（698—770），出生于日本大和国（今日本奈良县），阿倍家族系日本孝元天皇后裔，父亲阿倍船守，官拜中务大辅，位至正五位上。阿倍仲麻吕是家中长子，自幼聪颖，才思敏捷，才华横溢。

阿倍仲麻吕在国子监太学经过数年的寒窗苦读，已经熟识了《礼记》《周礼》《礼仪》《诗经》《左传》等传统文化经典。毕业后，又参加了唐朝的科举考试，最终以优异成绩高中进士。须知，进士是高等文官仕补，它要求深通天下大政，长于诗文，在当时是最受尊重和敬仰的荣誉，因而也是士子拼力争夺的目标。阿倍仲麻吕作为一名外国人，摘取进士桂冠，表明他的学识出类拔萃。从此成为日本人通过唐朝科考成为进士的唯一的一位。

开元十三年（725），阿倍仲麻吕在皇太子书库左春坊担任司经局校书（正九品下，负责文化典籍整理），并陪同皇太子研习学问。开元十六年（728），任左拾遗（从八品上）。开元十九年（731），擢任门下省左补阙（从七品上）。阿倍仲麻吕自任此职后，经常能在兴庆宫见到玄宗，玄宗在赏识他才华的同时，特意为他起了一个中国名字晁衡，之后，便有称他为晁卿、晁巨卿、晁监、晁校书、日本聘贺使等。

开元二十一年（733），第八次遣唐使节多治比广成等人归国，已经在唐朝工作和学习了十七年的晁衡以父母年迈为由，奏请玄宗回国。玄宗器重晁衡，舍不得让他离开，玄宗再三挽留，最终未能如愿。之后，朝廷不断为他升官晋爵，历任仪王友、卫尉少卿、秘书监、卫尉卿等。

在当时，长安诗坛名家云集，盛极一时。晁衡经过长安盛唐文化的熏陶，诗歌技巧愈加娴熟，作为性情中人，与大诗人李白、王维、储光羲、包佶、赵骅等人交情很深。他们经常泛舟于曲江芙蓉园，寻觅汉鸿门故址，发思古之幽情，谈诗论文。

监察御史储光羲赏识晁衡，曾以《洛中贻朝校书衡》相赠，用"朝生美无度，高驾仕春坊"的诗句赞美他，后来，储光羲的诗名也因晁衡

---

① （后晋）刘昫.《旧唐书》卷一百九十九[M].北京：中华书局，1975年，第5341页。

而远播东瀛,并被供奉在日本京都的诗仙祠中。晁衡曾把自己的一件日本裘赠送给李白,李白很是感动,便在《送王屋山人魏万还王屋》诗中深情写道:"身著日本裘,昂藏出风尘。"关于日本裘,李白自注:"裘则晁卿所赠,日本布为之。"

天宝十一载(752,天平胜宝四年)闰三月,以藤原清河为大使、大伴古麻吕及吉备真备为副使的第十二次遣使抵达长安。在副使中,吉备真备是晁衡同时入唐留学的好友,久别重逢,不胜感慨。翌年三月,第二艘船离唐返日,至此,晁衡入唐已经三十七个年头,从一位血气方刚的青年变为一位五十六岁的老头。晁衡思乡情切,再次请归,玄宗感念其仕唐的功勋卓越,割爱允求,并任命他为唐朝的使者护送日本使节回国。任命一个外国人为中国使节,这是一种难得的殊荣,在历史上确属罕见。

在长安的文朋诗友得知晁衡即将归国的消息后,纷纷为他饯行。晁衡与尚书右丞、文坛领袖王维有着莫逆之交,王维以诗《送秘书晁监还日本国》送行:

积水不可极,安知沧海东!九州何处远?万里若乘空。向国惟看日,归帆但信风。鳌身映天黑,鱼眼射波红。乡树扶桑外,主人孤岛中。别离方异域,音信若为通!①

对此,王维还专门写了六百余言的序,其中写道:

海东国,日本为大。服圣人之训,有君子之风。正朔本乎夏时,衣裳同乎汉制。历岁方达,继旧好于行人。滔天无涯,贡方物于天子。同仪加等,位在王侯之先。掌次改观,不居蛮夷之邸。我无尔诈,尔无我虞。彼以好来,废关弛禁。上敷文教,虚至实归。故人民杂居,往来如市。②

---

① 萧涤非等.《唐诗鉴赏辞典》[M].上海:上海辞书出版社,1983年,第164页。
② (清)彭定求等《全唐诗》,卷一百二十七。

意思是说，大海以东，日本是个大国。国人受过圣人的训导，有君子的风度。历法源自中国的夏历，服装也和汉代的中国人相同。两国相距路程要一年才能到达，但靠了外交使者世代友好。隔着波涛汹涌的无边大海，日本还是向中国皇帝进贡特产。日本的使者受到优待，礼仪的位置被列在中国王侯的前边。居住之地，也是有别于安置蛮夷之人的高级宾馆。两国你不诈骗我，我也不欺骗你。你为友好而来，我也向你敞开大门。朝廷实施文明教化，物质文化交流都有好处。所以两国人民杂居共处，互相往来如在交易场所。

王维在热情歌颂中日友好交往历史以及晁衡的过人才华和高尚品德的同时，又充分地表达了他们两人之间的深厚友谊。包佶作《送日本国聘贺使晁巨卿东归》以赠：

上才生下国，东海是西邻。九译蕃君使，千年圣主臣。野情偏得礼，木性本含真。锦帆乘风转，金装照地新。孤城开蜃阁，晓日上朱轮。早识来朝岁，涂山玉帛均。①

晁衡感动，遂作《衔命还国作》：

衔命将辞国，非才忝侍臣。天中恋明主，海外忆慈亲。伏奏违金阙，騑骖去玉津。蓬莱乡路远，若木故园林。西望怀恩日，东归感义辰。平生一宝剑，留赠结交人。

在诗中，晁衡抒发了他留恋中国情感，惜别故人和对玄宗的感戴之恩，意境深远，感人至深。它是歌颂中日两国人民传统友谊的史诗，千百年来被中日两国广为传诵。后来，《衔命还国作》被收录在《文苑英华》，《文苑英华》与《太平广记》《太平御览》《册府元龟》合称"宋四大书"。《文苑英华》是收录唯一的一位外国人的作品。

同年六月，晁衡随藤原清河大使一行辞别长安，前往扬州延光寺邀

---

① （清）彭定求等《全唐诗》卷二百五。

请鉴真和尚东渡。帮鉴真实现了第六次东渡计划。为了不致重要人员有同遭没之险，决定分舟乘坐。鉴真及其随从与副使宿祢胡磨等同船，大使藤原清河与晁衡等同船，普照与吉备真备等同船。十月十五日，他们分乘四船从苏州起航回国。皎洁的月光洒满大江，秋水共长天一色，晁衡仰视海天，惜别唐朝，向往故乡，和歌一首曰："翘首望长天，神驰奈良边；三笠山顶上，想又皎月圆。"

当船航行到阿尔奈波（今日本冲绳岛）附近时，突然遭遇风暴袭击，藤原清河大使和晁衡所乘的第一艘船不幸触礁，船只载着一百七十余人漂流到安南驩州（今越南义静省荣市）一带。登陆后，又遭横祸，全船大多惨遭当地土人杀害，幸存者有晁衡、藤原清河等十余人。其他三艘船只在经历了海涛惊险之后，先后回到了日本，唯独晁衡的船杳无音信。误认为晁衡海上遭难的噩耗很快传遍了长安城，李白听后不胜悲痛，挥泪写下了《哭晁卿衡》的著名诗篇：

> 日本晁卿辞帝都，征帆一片绕蓬壶。明月不归沉碧海。白云愁色满苍梧。①

意思是说，日本的晁卿辞别了都城长安，乘船驶向大海中的故乡。我那像明月一样皎洁的朋友，再也不会回来了，他沉到了碧海深处，带着愁色的白云遮满了苍梧山，悼念我这位友人去世。诗中感情充沛，深切地表达了两人之间的诚挚友谊，成为中日友谊史上不朽名作。

天宝十四载（755）六月，海水托着晁衡及藤原清河数十人漂回唐朝。在西京长安，朋友们见到晁衡脱险归来，惊讶之余惊喜万分。

晁衡在长安看到李白为他写的悼诗，百感交集，当即写下了著名诗篇《望乡》：

> 卅年长安住，归不到蓬壶。一片望乡情，尽付水天处。魂兮归来了，感君痛苦吾。我更为君哭，不得长安住。

---

① 萧涤非等．《唐诗鉴赏辞典》[M]．上海：上海辞书出版社，1983年，第362页。

天宝年间，藤原清河大使再次入唐。由于晁衡的指导，藤原清河在朝见时礼仪不凡。惊得玄宗说道："闻彼国有贤君。今观使者，趋揖有异，乃号日本为礼仪君子国。"并给予破格的优遇，诏命晁衡为向导，引日本大使等人参观大明府库及收藏佛、道、儒经典的三教殿。又特命画家给藤原清河等人绘像。正月初一，玄宗在含元殿接见各国使臣。从前的席次是新罗、大食居东班；吐蕃、日本居西班。这次使日本和新罗调换了位置，日本大使居东班首位，提高了国际地位。

晁衡重返长安，正值国内政治局势动荡不安，潼关失守。玄宗幸蜀，晁衡随往避难。至德二载（757）十二月，玄宗还京，年已六十一岁的晁衡随之往还。在肃宗朝，历任左散骑常侍兼安南都护、安南节度使。封北海郡开国公，食邑三千户。大历五年（770）病逝于长安，享年七十二岁。代宗感其功业，追赠潞州大都督。

晁衡仕唐五十四年，历玄宗、肃宗、代宗三朝，备受恩宠，官至客卿，荣达公爵。同时又是中日两国友好和文化交流杰出的使者。他以自己的非凡学识和高尚品德赢得了器重和信任。晁衡仕唐期间，实际上是起了民间大使的作用，他为增进中日友好、促进中日文化交流建立了不朽的功勋。

1978年，西安市和奈良市协议，在两市为中日友好往来的先驱者阿倍仲麻吕各建一座纪念碑，以供后人瞻仰和缅怀。翌年，西安之碑在唐兴庆宫遗址内落成，由建筑大师张锦秋设计，汉白玉砌筑，仿唐结构，碑高5.36米，正面刻有"阿倍仲麻吕纪念碑"八字，背面镌刻其事迹，柱顶四侧为樱花和梅花浮雕，柱基采用莲瓣雕饰，柱板上刻日本遣唐使船浮雕，两侧分别是李白《哭晁卿衡》诗和阿倍仲麻吕《望乡》诗，具有深邃的中日文化内涵。

图26 西安兴庆宫阿倍仲麻吕纪念碑　党明放 摄

日本现代作家依田义贤创作了话剧《望乡诗》，以歌颂阿倍仲麻吕的丰功伟绩和他与中国诗人的深情厚谊。

二八　科技成就

三国时期，吴国天文学家陈卓善于星占术，精通天文星象，曾与吴国天文学家王蕃同时或稍后作《浑天论》，陈卓在三国时期就已开始收集当时流行的甘氏、石氏、巫咸氏三家星官所著的星经。太康元年（280）三月，晋灭吴后，陈卓自吴都建邺（今江苏南京市）入洛阳，任晋国太史令。在这一时期，他绘成了总括三家星官的全天星图，除写了占、赞两部分文字外，还撰写了《天文集占》《天官星占》各十卷，《万氏星经》七卷，《四方宿占》及《五星占》各一卷。

建兴四年（316），西晋灭亡，陈卓重返江东，东晋建武元年（317），在都城建康（今江苏南京市）参与了元帝司马睿的立国，复为太史令。终其一生，主要工作是综合研究甘、石、巫咸三家源于战国或秦汉的天文学派所定的星官，将其构成了一个有二百八十三官、一千四百六十四（一说一千四百六十五）颗恒星的相对完整的全天星官系统。

据《晋书》《隋书》中的天文志及《开元占经》等材料分析，在陈卓所定的全天星官系统中，石氏中外官共有九十三官，六百二十七星；甘氏一百一十八官，五百一十一星；巫咸氏四十四官，一百四十四星，加上二十八宿的一百八十二星，共二百八十三官，一千四百六十四颗恒星。

一直以来，陈卓所总结的全天星官名数后世视为制作星图、浑象的标准。史料记载，元嘉十三年（436）和十七年（440），律历学家、南朝宋人钱乐之两次铸造浑象，皆采用陈卓所定数据，并用三种不同的颜色来区分三家星。隋代庾季才等人即以钱乐之浑象为基础，参照各家星图，绘为盖图。

王希明，号丹元子，又号青罗山布衣。开元年间，以方技为内供奉，翰林待诏。曾奉敕编《太乙金镜式经》，十卷。书中行文往往自称臣。又撰《丹元子步天歌》一卷。以七言句式押韵，首创将整个天空划分为三十一个天区，即后世称为三垣二十八宿分区法，每区又包含若干星官、数量、位置。系我国古代以诗歌形式介绍全天星官之天文学重要著作。被古人赞誉为"句中有图，言下见象，或约或丰，无余无失"。比如，奎宿的歌诀为："腰细头尖似破鞋，一十六星绕鞋生，外屏七乌奎下横，屏下七星天溷明。司空右畔土之精，奎上一宿军南门，河中六个阁道行，附路一星道傍明。五个吐花王良星，良星近上一策名，天策天溷与外屏，一十五星皆不明。"将奎宿的星数、外形及周围星宿的名称及星数说得一清二楚。陈卓的全天星官系统被沿用了一千多年。

隋末唐初，著名天文学家李淳风的父亲、道士李播撰写《天文大象赋》，是赋以骈文体写成，约三千五百言。开篇写道：

垂万象乎列星，仰四览乎中极。一人为主，四辅为翼。句陈分司，内坐齐饬。华盖于是乎临映，大帝于是乎游息。尚书谘谋以纳言，柱史记私而奏职。女史掌彤管之训，御宫扬翠娥之色。阴德周给乎其隅，大理详谳乎其侧。天柱司晦朔之序，六甲候阴阳之域。其文焕矣，厥功茂哉！

环藩卫以曲列，俨闾阖之洞开。北斗标建车之象，移节度而齐七政；文昌制戴筐之位，罗将相而枕三台。天床于玉阙，乃宴休之攸御，肃天理于璇玑，执威权而是预。天枪天棓以相指，内厨内阶而分据。双三夹斗而燮谐，两乙宾门而佐助。

字里行间多有磅礴气势。文辞多因星官名而敷陈其义。除此之外，还着重记述了各星官占验所主之事，带有很强烈的星占色彩。其中的注文则详述星官的相对位置、星数等。

一行（683—727），僧人，著名天文学及释学家。本名张遂，魏州昌乐（今河南省南乐县）人。张遂曾祖为襄州都督、郯国公张公谨。其父张擅，为武功（今陕西武功县）县令。张遂自幼生活和学习在关中（今陕西关中），"少聪慧，博览经史，尤精历象、阴阳、五行之学"。①他经常到藏书丰富的长安城南玄都观去看书，颇受观主尹崇的赏识。

一次，他从尹崇处借到西汉扬雄《太玄经》，据说此书深奥难懂，尹崇自称已经研读了数年，还有不知晓之处，一行仅用数日就读完，并究其意而撰《大衍经图》一卷。尹崇知而大惊，常对人说，"此后生颜子也。"颜子，即颜回（前521—前490），春秋末期鲁国思想家。曹姓，颜氏，名回，字子渊，鲁国都城（今山东曲阜市）人。家境贫寒，箪食瓢饮，居住陋巷，而不改其乐。为人好学，以德行著称。孔子称赞："贤哉回也"，系孔门七十二贤之首。早卒，孔子深为哀伤。

青年时代的一行，以学识渊博闻名于长安。此时，武则天之侄春官尚书、梁王武三思慕其学识，欲与结交，张遂为避纠缠，遂即逃匿嵩山（今河南登封市）剃度为僧，取法名一行。后又到天台山国清寺（今浙江天台县）投师学算。睿宗复位，敕东都留守韦安石以礼征聘，一行以患疾为由拒不应命。后来，竟然步行前往当阳山（今湖北省荆州市），跟随沙门悟真研习梵律。

开元五年（717），玄宗命其族叔、礼部郎中李洽奉敕前往荆州强征入京。因他不愿做官，遂被安置在长安城内华严寺（今陕西西安市长安区少陵原）编译佛经。不几，"访以安国抚人之道，言皆切直，无有所隐"。②

开元九年（721），因李淳风的《麟德历》预报日食越来越不准确，玄宗敕一行考前代诸家历法，主持修编新历。一行根据大量观测数据，进行统一归算，开元十五年（727），《大衍历》初稿成，后经张说和历官陈玄景等人整理成书，颁行天下。后传入日本，行用逾百年。之后，一行又陆续撰写《大衍论》三卷，《摄调伏藏》十卷，《天一太一经》《太一局遁甲经》《释氏系录》各一卷。

玄宗又敕一行及天文业余爱好者、率府兵曹参军梁令瓒主持创造浑天仪，关于浑天仪的构造及功用，有文字记载如下：

---

① （后晋）刘昫.《旧唐书》卷一百九十一[M].北京：中华书局，1975年，第5112页。
② （后晋）刘昫.《旧唐书》卷一百九十一[M].北京：中华书局，1975年，第5112页。

铸铜为圆天之象，上具列宿赤道及周天度数。注水激轮，令其自转，一日一夜，天转一周。又别置二轮络在天外，缀以日月，令得运行。每天西转一币，日东行一度，月行十三度十九分度之七，凡二十九转有余而日月会，三百六十五转而日行币。仍置木柜以为地平，令仪半在地下，晦明朔望，迟速有准。又立二木人于地平之上，前置钟鼓以候辰刻，每一刻自然击鼓，每辰则自然撞钟。皆于柜中各施轮轴，钩键交错，关锁相持。既与天道合同，当时共称其妙。铸成，命之曰水运浑天俯视图，置于武成殿前以示百僚。无几而铜铁渐涩，不能自转，遂收置于集贤院，不复行用。①

它不仅能演示天球和月球的运行，用它测量二十八宿距天球极北的度数，在世界上第一次发现了恒星位置变动的现象，比欧洲要早约一千年。

一行奉诏改历后，又奉诏掀起了一场大规模的天文大地子午线的测量工作。所谓子午线，亦称经线，或称经度圈，是人类为度量方便而假设出来的辅助线。指地球上所有通过地轴的平面同地面相割而成的圆，它们南北两极相交，并被等分成两个半圆。因表示当地的南北方向。一行以实际测量数据彻底否定了"日影一寸，地差千里"的错误理论，提供了相当精确的地球子午线一度弧的长度。

在这次测量过程中，一行分遣太史监南宫说及太史官大相元太等人赴各地测候日影，回日奏闻。当时，在一行的率领下，测量的范围很广，南到约北纬18°的林邑（今越南中部），北到北纬51°的铁勒回纥部（今蒙古乌兰巴托西南），共十三处，而一行则用勾股法计算南北日影的比较。由于"唐尺有大尺、小尺之分，大尺合0.294米，小尺合0.242米"，②宋逸人认为，唐大尺=1/5唐步，约合0.2958米；唐小尺=1/6唐步，约合0.2457米。故而导致一行子午线的测量精度受到了一定的限制，据专家初步估计，一行的测量值与现代值相比，相对误差约在11.8%。

在国外，最早对子午线的测量始于唐宪宗元和九年（814），阿

---

① （后晋）刘昫.《旧唐书》卷三十五 [M]. 北京：中华书局，1975年，第1298—1296页.
② 沈睿文.《唐陵的布局：空间与秩序》[M]. 北京：北京大学出版社，2009年，第19页.

拉伯天文学家穆罕默德·本·穆萨·阿尔·花剌子模（Abu Abdulloh Muhammad ibn Muso al—Xorazmiy）参与组织，在幼发拉底河平原进行大地测量，得出子午线一度长为111.815公里，现代理论值为111.600公里，数据相当精确。不过，这已经是在一行之后九十年了。

此外，一行还发明了覆矩，或称覆矩图，即一种测量北极出地高度（即地理纬度）的专用仪器。矩，在我国古代天算典籍中有两层含义：一是形似木工曲尺的平面区域，即所谓的积矩；二是勾股形中的勾边加股边夹以直角折线，即所谓的矩线。覆矩，即将积矩开口向下。"以覆矩斜视，北极出地……"①

开元十五年（727）十月，一行随驾赴洛阳，途中死于新丰（陕西临潼区新丰镇），卒年四十五，玄宗御撰塔铭，赠谥曰大慧禅师。道士邢和璞对集贤院学士尹愔称赞一行道："一行其圣人乎？汉之洛下闳造历，云：'后八百岁当差一日，必有圣人正之。'今年期毕矣，而一行造《大衍》正其差谬，则洛下闳之言信矣，非圣人而何？"②后世称赞一行术数之精，事必前知；粲如垂象，变告无疑。怪诞之夫，诬罔蓍龟；致彼庸妄，幸时艰危。

王焘（670—755），著名医学家。郿县（今陕西眉县常兴镇）人。出身官宦世家，祖父王珪，系南梁太尉、尚书令王僧辩之孙，初唐杰出的宰相，为官清廉善谏，与房玄龄、杜如晦、魏徵齐名。做过隐太子李建成的老师，父亲王敬直，是唐太宗李世民第三女南平公主的附马，赐爵南城县男。后因太子李承乾谋反受到牵连，致使夫妇离婚。后来，南平公主改嫁刘玄意。王焘的长子任大理寺少卿，次子任苏州（今江苏苏州市）刺史。

王焘自幼多病，逐对医学产生了兴趣。后又因其母南平公主身体欠佳，他感于"齐梁间不明医术者，不得为孝子"庭训，为医治母病，便刻苦钻研医学。

王焘曾经担任徐州（今江苏徐州市）司马和邺郡（今河北临漳县）太守，

---

① （后晋）刘昫.《旧唐书》卷三十五[M].北京：中华书局，1975年，第1304页。
② （后晋）刘昫.《旧唐书》卷一百九十一[M].北京：中华书局，1975年，第5113页。

但为了能有机会阅读医学书籍而到了当时的皇家图书馆——弘文馆任职。自此，他便如饥似渴地在那里阅读晋、唐以来的医学书籍。在此度过了二十年的光景，他在系统阅读大量医书的同时，还认真做了详尽的摘录，夜以继日，年复一年，其中仅古方就有五六十家之多。后来，他被贬职到房陵（今湖北房县），遇赦后就近安置在大宁郡（今山西隰县）。当地的气候闷热潮湿，百姓得了瘴气，十有六七难逃一死。于是，他依照随身携带的验方施治，竟然把即将死去的人神奇地救了回来，由此，他便痛下决心，发愤编撰医书。天宝十一载（752），将秘密枢要之方汇编成册，命名为《外台秘要》，计四十卷，分一千一百四门，每门皆以《诸病源候论》《内经》，或以张仲景学说列置其首，医方六千余剂。《外台秘要》成为现代医学研究的重要参考书。

二九　汉蕃和亲

所谓"和亲",是指中原王朝与边疆少数民族首领之间具有一定政治目的的联姻,属于政权之间修好亲善的政治活动之一,或称政治婚姻。

据文献记载,周代就已出现了和亲事例。"夫为四邻之援,结诸侯之信,重之以婚姻,申之以盟誓,固国之艰急是为。"① 按照东汉史学家班固的理论观点:昔和亲之论,发于刘敬。

刘敬,即娄敬,西汉齐人。汉高祖五年(前202),娄敬前往陇西戍守边塞,路过洛阳时,央求同乡虞将军引荐他见刘邦,娄敬向刘邦力陈都城不宜建在洛阳而应建在长安。刘邦疑而未决,张良言以建都关中为便,遂定都长安。刘邦赐娄敬姓刘,拜郎中,号奉春君。

汉高祖七年(前200),韩王信叛汉,勾结匈奴进行反攻,刘邦欲行讨伐,刘敬主张和亲,反对出征,刘邦衡其利害,予以采纳,便以宗室女出降匈奴冒顿单于为妻,同时派遣刘敬前往订立议和联姻盟约。刘敬因功食邑二千户,封关内侯。

其后,汉廷则主动以此手段极力笼络周边少数民族,据《汉书》记载,汉惠帝三年(前192),以宗室女出降匈奴冒顿单于。汉文帝四年(前176),以宗室女出降匈奴冒顿单于。汉文帝六年(前174),以诸侯王女嫁匈奴老上单于;后元二年(前162),文帝以宗室女嫁匈奴老上单于;后元四年(前160),文帝以宗室女嫁匈奴军臣单于;汉景帝元年(前156),以宗室女嫁匈奴军臣单于;汉景帝二年(前155),再以宗室女嫁匈奴军臣单于;汉景帝五年(前152),景帝以其女出降匈奴军臣单于;

---

① (春秋)左丘明.《国语》卷四《鲁语上》。

建元元年（前140），汉武帝以其女出降匈奴军臣单于；汉元帝竟宁元年（前33），宫女王昭君"乃请掖庭令求行"，出塞和亲。元帝便以王昭君嫁匈奴呼韩邪单于。屈指算来，在汉168年间，有十位公主和一位宫女先后嫁给了四位匈奴单于。

此后，各朝各代频频效仿和亲，只是和亲类型不同而已。关于和亲公主的身份，有皇女、皇妹、亲王女、宗室女、皇帝外甥女、宗室外甥女、外戚女、功臣女、少数民族女、宫女及妓女。

据文献记载，唐朝共有三十一位公主和亲，其中因故取消和亲者有四位。在唐朝所有和亲公主中，真正的正牌公主仅有六位。她们分别是：唐高祖李渊第八女九江公主，贞观四年（630）出降突厥酋长执失思力；唐高祖李渊第十四女衡阳公主，贞观十年（636）出降突厥阿史那社尔；唐肃宗李亨次女宁国公主，乾元元年（758）出降回纥英武可汗；唐德宗李适第八女咸安公主，贞元四年（788）至十一年（795），在不到八年的时间里，陆续嫁与回纥三代二姓四可汗；唐宪宗李纯第十七女太和公主，长庆元年（821）出降回纥崇德可汗；唐懿宗李漼次女安化公主，中和三年（883）出降南诏王隆舜。

贞观十四年（640），江夏王李道宗十六岁的女儿文成公主作为宗室女，将嫁吐蕃王国第三十三代赞普松赞干布，翌年正月十五日，太宗李世民特派亲使、礼部尚书李道宗持节与吐蕃大相、迎亲专使禄东赞护送文成公主入藏。文成公主在吐蕃学习和生活了四十年，其贡献和所产生的影响巨大。文成公主去世后，吐蕃王朝为她举行了隆重的葬礼仪式，并立庙设祠，文成公主庙在今青海玉树结古镇贝纳沟。

玄宗执政期间，先后的和亲公主共有八位。

开元五年（717）二月初五，玄宗封辛景初之女，即自己的从外甥女辛氏为固安公主，出降东北奚族首领李大酺。开元八年（720），李大酺为救契丹王李娑固，率兵征伐契丹牙官可突于，反被可突于所杀。兄终弟及，李大酺季弟李鲁苏被推举为主。开元十年（722），李鲁苏入朝，玄宗令其袭其兄饶乐郡王、右金吾员外大将军、兼保塞军经略大使，赐物一千段，仍纳固安公主为妻。

时鲁苏的牙官塞默羯意欲谋害李鲁苏后计划逃往突厥。固安公主得知后,设宴诱而杀之。玄宗得知,赏赐公主累万。后来,玄宗的堂姐妹、固安公主的嫡母李氏嫉妒固安公主的荣宠,遂向玄宗上奏公主是庶出,请以自己亲生女嫁给李鲁苏。玄宗听后大怒,诏令固安公主与李鲁苏离婚。后来,玄宗封中宗第六女成安公主李季姜与韦皇后堂侄韦捷所生之女韦氏为东光公主下嫁李鲁苏。玄宗诏《封东光公主制》云:

> 炎汉盛礼,蕃国是和。乌孙降公主之亲,单于聘良家之子。永惟前史,率由旧章。故成安公主女韦氏,六行克昭,四德聿备,渐公宫之训,承内家之则。属林胡拜命,扞塞无虞。柔远之恩,已归于上略;采楚之庆,载睦于和亲。宜正汤沐之封,式崇下嫁之礼。可封东光公主出降饶乐郡王鲁苏。①

开元三年(715),契丹首领李失活看到突厥政权日渐腐败,遂与颉利发伊健啜率部众归附唐朝,玄宗赐丹书铁券。开元五年(717)十一月初三,东平王李续外孙女、复州司马杨元嗣之女永乐县主嫁与契丹首领李失活。东平王李续做过知州刺史,是纪王李慎的长子,李慎又是唐太宗李世民第十子,生母韦贵妃。贞观年间,初封李慎为申王,出任秦州都督,改封纪王,出任襄州刺史,食邑加满一千户。高宗即位,授左卫大将军,出任邢、泽二州刺史、荆州都督、安州都督。擅文史和观星象,武后临朝执政,授太子太保、太子太师,迁贝州刺史。因支持越王李贞起兵推翻武氏政权,坐罪下狱,改为虺姓。

在唐朝的和亲史上,李失活是第一位迎娶唐朝公主的契丹首领,永乐公主是第一位嫁给契丹首领的唐朝公主。玄宗《封永乐县主出降松漠郡王诏》云:

> 故东平王外孙正议大夫复州司马杨元嗣第七女,誉叶才明,体光柔顺。葭莩懿戚,敦睦有伦。舜华靡颓,德容兼茂。属贤王慕义,于以赐亲,纳采问名,兹焉迨吉。宜升外馆之宠,俾耀边城之地。

---

① (清)董诰.《全唐文》卷二十二[M].上海:上海古籍出版社,1990年,第108页。

可封永乐县主出降契丹松漠郡王李失活。婚之夜，遣诸亲高品及两蕃太守领观花烛。①

开元六年（718），李失活去世，唐廷赠特进。又册封其堂弟中郎将李娑固为松漠府都督、松漠郡王。按照契丹的婚俗，永乐县主得与李娑固结为夫妻，李娑固是第二个迎娶唐朝公主的契丹首领。翌年十一月，永乐县主夫妇来朝，受到玄宗的热情接待。开元八年（720），静析军副使可突于（宋人司马光《资治通鉴》作可突干）骁勇，深得众心，李娑固准备借机将其除掉。可突于先发制人，攻打李娑固，李娑固逃奔营州（今辽宁朝阳市）。营州都督许钦澹遣使安东都护薛泰率五百精兵与奚王李大酺协助李娑固讨击可突于，结果，李娑固和李大酺被杀，薛泰被俘。

关于永乐县主的去向，因史籍疏于记载，便引起了诸多研究者的揣测：当初，足智多谋的永乐县主不会不参与酝酿夫君李娑固除掉可突于的计划。李娑固死后，可突于立李娑固堂弟李郁于为首领，李郁于遣使入唐谢罪时，使者始终没有提到永乐县主，如果永乐县主还在契丹，按照契丹的习俗，永乐县主应顺理成章地嫁给李郁于为妻。后被送回了长安，是谁送的？营州都督的可能性最大。永乐县主看破红尘，回到长安后，便过起了独居的生活。

开元十年（722）四月，契丹首领李郁于效法李失活入朝请婚，玄宗满口答应，并授其为左金吾员外大将军兼静析军经略大使。五月，玄宗将自己堂姑母、唐太宗第八子越王李贞第五女余姚县主之女慕容氏封为燕郡公主许配给李郁于。玄宗《封燕郡公主制》云：

> 汉图既采，蕃国是亲。公主嫁乌孙之王，良家聘毡裘之长，钦若前志，抑有旧章。余姚县主长女慕容氏柔懿为德，幽闲在性，兰仪载美，蕙问增芳。公宫之教凤成，师氏之谋可则。今林胡请属，析津（阙）虽无外之仁，已私于上略，而由内之德，亦资于元女。

---

① （清）董诰.《全唐文》卷二十七[M].上海：上海古籍出版社，1990年，第131页。

宜光兹宠命，睦此蕃服，俾遵下嫁之礼，以叶大邦之好。可封为燕郡公主，出降与松漠郡王李郁于。①

李郁于是第三位迎娶唐朝公主的契丹首领，燕郡公主是第二个嫁给契丹首领的唐朝公主。燕郡公主的父亲慕容嘉宾做过正议大夫、太子家令，获勋上柱国。后来，可突于入朝，玄宗拜其为左羽林将军，并带着可突于驾幸并州。同年，李郁于病死，其弟李吐于袭爵。燕郡公主顺理成章地改嫁给李郁于弟弟李吐于，李吐于是第四个迎娶唐朝公主的契丹首领。由于李吐于与可突于之间相互猜忌。开元十三年（725），李吐于携燕郡公主投唐，玄宗改封他为辽阳郡王，并留于宫中宿卫。李邵固被拥立为契丹首领。

由于李吐于携燕郡公主投奔唐朝，可突于立自称无上可汗李尽忠之弟李邵固为契丹首领。开元十三年（725）十月，玄宗泰山封禅，李邵固跟随玄宗到达泰山脚下。封禅大典结束后，玄宗拜李邵固左羽林军员外大将军、静析军经略大使、广化郡王。玄宗又封自己的外甥女陈氏为东华公主，出降李邵固为妻，李邵固与东华公主是在长安完婚的。李邵固是第五个迎娶唐朝公主的契丹首领，东华公主是第三个嫁给契丹首领的唐朝公主。玄宗诏给其部酋长百余人封官，李邵固之子入侍朝廷。后来，李邵固回到松漠，遣使可突于入朝，贡献方物，由于中书侍郎李元纮待其失礼，可突于怏怏回蕃。左丞相张说对人说："奚和契丹两蕃必然叛乱。可突于人面兽心，唯利是图，执掌契丹国政，人心归附，如果不以优厚的礼节待他，必不来矣！"

开元十八年（730），可突于杀李邵固，立遥辇屈列为王，率部落并裹胁奚族投降突厥，东华公主走投平卢军，后被平卢军护送回到长安。从此，唐与契丹之间展开了长达四五年之久的战争。起初，玄宗诏令中书舍人裴宽、给事中薛侃等于京城及关内、河东、河南、河北分道募壮勇之士，以忠王浚为河北道行军元帅出征讨伐。

开元二十一年（733），幽州长史薛楚玉遣使左卫将军郭英杰及裨将

---

① （清）董诰.《全唐文》卷二十二 [M].上海：上海古籍出版社，1990年，第108页。

吴克勤、乌知义、罗守忠等率精骑万人及降奚之众征讨契丹，契丹首领可突于引突厥之众拒战于都山之下。乌知义、罗守忠率麾下便道逃归，郭英杰与吴克勤没于贼阵，其下精锐六千余人仍与贼战，贼以郭英杰首级示之，竟不投降，尽遭诛杀。最后，可突于被李过折杀害，不久，北平郡王李过折又为可突于余党泥礼所杀，战争方告结束。

西突厥十姓可汗阿史那怀道的女儿阿史那氏，开元五年（718）十二月初三，玄宗册其为交河公主，出降突骑施的苏禄可汗。

开元十四年（726），杜暹任安西都护，交河公主便派牙官赶着一千多匹马到安西去卖，又派使者向杜暹宣读其手令，杜暹大怒："阿史那怀道的女儿有什么资格向我下达命令！"即命部下杖打使者，然后将使者和马匹扣留。经过一场大雪，马匹全被冻死。苏禄得知，大怒，遂派军队进犯安西四镇。

开元十九年（731），幽州长史赵含章出兵奚，将其击败。翌年，信安王李祎又奉诏出征。奚酋长李诗锁高亲率五百家降唐，玄宗封其为奚王、左羽林军大将军、归义州都督，并赐帛十万段，命其可将部落移到幽州边界。在李诗锁高之子李延宠即位后，奚和契丹联手反唐，后在唐将张玄珪的围困下降唐，玄宗册封李延宠为饶乐都督、怀信王。

天宝四载（745）三月，契丹大酋李怀节入唐，玄宗封其为松漠都督，赐爵崇顺王。三月十四日，玄宗封其第十五女信诚公主的女儿独孤氏（即玄宗外孙女）为静乐公主，出降松漠都督怀顺王李怀节。在静乐公主出降半年后，李怀节杀静乐公主叛唐。就在同一天，玄宗还将自己的第十三女卫国公主与杨说之女（即玄宗外孙女）册封为宜芳公主，出降饶乐都督、怀信王李延宠。

玄宗遣使宦官护送，当和亲队伍行至内蒙古虚池驿时，宜芳公主悲伤难抑，在驿馆的屏风上题下了《虚池驿题屏风》诗以抒发自己的愁苦，诗云：

出嫁辞乡国，由来此别难。圣恩愁远道，行路泣相看。
沙塞容颜尽，边隅粉黛残。妾心何所断，他日望长安。

诗的大意是：从此离开大唐长安远嫁异邦，不知何时再能回乡？在绵绵的远道上，边行进边痛哭，两行悲泪已沾湿罗裙。塞外的沙漠将会磨尽所有的花容月貌，看年华老去，粉黛消残。这思乡的感情不知道什么时候才能中断？今生有缘，何时还能回望长安！

《虚池驿题屏风》诗虽称不上工巧，但却是出自一个远嫁异邦公主之手，情调凄凉，读来字字令人心寒。诗句承载着宜芳公主辞家别国的苦楚，《虚池驿题屏风》是她公诸于世的唯一作品，也是她留给后世的最后遗言。

同年九月，李延宠诛杀公主叛唐。此时，"安禄山欲以边功市宠，数侵掠奚、契丹；奚、契丹各杀公主以叛，禄山讨破之"。① 大意是：安禄山为了立战功求得玄宗的宠爱，多次发兵侵扰奚与契丹部落；于是，奚与契丹就杀死了所娶大唐公主而进行反叛，安禄山又出兵讨叛，两部落大败。

玄宗昏庸无能，同自长安出降奚、契丹少数民族首领的静安公主和宜芳公主却被叛军砍头祭旗，这在中国古代和亲史上留下了惨痛的一页。

---

① （宋）司马光.《资治通鉴》卷第二百一十五[M].北京：中华书局，2009年，第9044页。

三十　崇奉道术

东汉顺帝永和年间，太学生、江州令、沛国丰（今江苏丰县）人张道陵（一名张陵）入鹄鸣山（或称鹤鸣山，今四川大邑县）修道，著道书二十四篇，自称太清玄元，谓逢"天人"，授以正一明威之道，创立五斗米道派，宣扬"以善道教化"，通过对老子及老子之道的神化，建立起以太上老君为信仰核心的神学理论和修道方法。凡受道者须出米五斗，以符水咒法为人治病，教人悔过，从者户至数万，设置二十四个传道教区，称二十四治。立祭酒主分领其户。教徒尊张道陵为天师，奉老子为教主，以老子《道德经》为主要经典。初学者称鬼卒，已信奉者号祭酒，有祭酒主。

道教作为中国古代三大宗教之一，是一种多神教，所奉之神分为神、仙、鬼三界。神界领袖是玉皇大帝，仙界领袖是东王公和西王母，鬼界领袖是十殿阎罗。

道教是以"得道成仙"为人生追求的最高境界，而成仙就意味着长生不老。由于道教的广泛传播，最终进入了宫廷。北朝道士寇谦之深受北魏太武帝拓跋焘的器重，南朝道士陆修静深受宋明帝的恩宠。

唐初，门第观念极度盛行，高祖李渊为了提升自己家族的政治和社会地位，自称是老子的后裔。于是，以老子为教祖的道教受到恩宠，大有压倒儒、佛二教之势。

太宗即位，除得到房玄龄、杜如晦等死党成员的帮助外，也得到了道教徒的推波助澜。如上清派茅山宗道士王远知，扬州（今江苏扬州市）人，父亲王昙选，官南朝陈扬州刺史。王远知十五岁时师事茅山（今江苏金坛西南）宗创始人陶弘景习上清派三洞法，后又师事宗道先生臧兢，

"陈主闻其名，召入重阳殿，令讲论，甚见嗟赏"。[①] 隋末，暗中向李渊传送符命，又恭维唐太宗为太平天子。及太宗即位，将委以重任，王远知固辞。求归茅山。贞观九年（635），太宗敕润州于茅山建置太平观，赐田地，并度道士二十七人。其年羽化，年一百二十六岁。高宗调露二年（680），追赠太中大夫，谥升真先生。则天临朝，追赠金紫光禄大夫，武周天授二年（691），改谥升玄先生。门徒有潘师正、徐道邈等，著有《易总》十五卷。

贞观十一年（637），唐太宗下《道士女冠在僧尼之上诏》，认定道教教主老子是唐宗室的先祖。贞观十五年（641），太宗驾幸弘福寺，遂对住持道懿说，老子是李唐的先祖，请以老子名位居前。李隆基在登基前，长期生活在祖母武则天、伯母韦皇后的专制之下，在处境十分艰险的情况下，雅好老庄，以玄默（谓沉静不语）自保。据传，李隆基为临淄王时，太上老君曾化身为一白衣老叟，占卜于长安城东正门——春明门外，为李隆基断占，让其诛韦后，立相王。李隆基认为，既然道不弃我，祖不欺我，焉有不善待道祖、道徒之理！故而在登基后，开始抑佛崇道。玄宗时，老子的《道德经》被尊奉为《道德真经》，先秦道家人物庄子、文子、列子、庚桑子等也被奉为真人，著述被奉为真经，纳入道教经典。

开元二十年（732）十二月十四日，玄宗亲为御注《道德经》作序，序云：

> 昔在元圣，强著玄言。权舆真宗，启迪来裔。遗文诚在，精义颇乖。撮其指归，虽蜀严而犹病；摘其章句，自河公而或略。其余浸微，固不足数。则我玄元妙旨，岂其将坠？朕诚寡薄，常感斯文，猥承有后之庆，恐失无为之理。每因清宴，辄叩玄关；随所意得，遂为笺注。岂成一家之说，但备遗阙之文。今兹绝笔，是询于众。公卿臣庶、道释二门，有能起予类于卜商，针疾同于左氏。渴于纳善，朕所虚怀；苟副斯言，必加厚赏。且如谀臣自圣，幸非此流。悬市相矜，亦云小道。既其不讳，咸可直言。勿为来者所嗤，以重朕之不德。

[①] （后晋）刘昫.《旧唐书》卷一百九十二 [M]. 北京：中华书局，1975年，第5125页。

开元廿年十二月十四日。①

玄宗继亲注《道德经》后，因道士尹愔博学，精通《老子》，为人所荐，玄宗召对称旨，遂拜谏议大夫、集贤院学士兼修国史，尹愔固辞，玄宗诏以许道士服视事，乃就职，专领集贤、史馆图书。随后，命在长安、洛阳及诸州各置玄元皇帝庙一所，又令置崇玄学，令习《老子》《庄子》《文子》《列子》。在当时，能够成为女道士便是一种时尚，除玄宗亲妹金仙公主、玉真公主，以及玄宗第七女万安公主这些女道士外，还有不少荣贵之家的女子也纷纷"勤道"，并以此为荣。玄宗好色，度其第十七子寿王妃杨玉环为女道士。

开元二十九年（741）正月，河南采访使、汴州刺史齐澣奏："伏以至道冲虚，生人宗仰，未免鞭挞，孰瞻仪型。其道士、僧、尼、女冠等，有犯，望准道格处分，所由州县官不得擅行决罚，如有违越，请依法科罪，仍书中下考。敕旨。宜依。五月，上梦元元告以休期，因令图写真容，分布天下。"② 在当时，凡入为女道士、女冠者都具有法外特权：一来可逃避差事徭役，二来可以豁免刑罚处分。对于她们所犯奸情，若以"道格"处理，充其量也就是令其还俗。

是年，玄宗梦见玄元皇帝老子对他说："吾有像在京城西南百余里，汝遣人求之，吾当与汝兴庆宫相见。"③ 于是，玄宗立即派人去找，结果在盩厔县（今陕西周至县）的楼观山中找到。闰四月，玄宗迎老子像敬置于长安城兴庆宫。五月，玄宗下《为元元皇帝设像诏》，命绘老子真容。诏曰：

不离于精，不离于真，以天为宗，以道为门，兆于变化，谓之圣人。吾祖也太上元元皇帝尝从事于斯矣。惟穹昊厥初，则配神明，飨天地，育万物，惟皇受命，则师列辟，熙以大一。利泽施于四海，不言所利；

---

① 郭芹纳.《〈唐玄宗注三经〉校注》，西安，三秦出版社，2017年，第53页。
② （宋）王溥.《唐会要》卷五十[M].北京：中华书局，1960年，第865页。
③ （宋）司马光.《资治通鉴》卷第二百一十四[M].北京：中华书局，2009年，第9020页。

德教加乎万姓，不称其德。将晦迹也，安乎守藏柱下；将行道也，适乎流沙罽宾。所谓神无方而道无体，冲用可见矣。流长者慎其源，蒂固者深其根，猗欤那欤，克开厥后，翳我列祖，光启大中。岂元元私乎有唐，惟元元迈乎种德，岂元元式受唐命，惟元元存乎其人。是以累圣缉熙，重光缵茂。大化渐被乎八表，淳德殷流乎万国，则与天地有与立焉。惟小子多于前功，夙夜敬止，上承祖宗之馀庆，下膺侯王之乐推，惕然深居，凛若驭朽。以为道德者百家之首，清净者万化之源，务本者立极之要，无为者太和之门。恭承垂裕之业，敢忘燕翼之训。故详延博达，讲讽精微，求所以理国理身，思至乎上行下效，亦云久矣。夫使天下万姓，饮淳德，食太和，靡然回心而向道，岂予寡薄，独能致此，盖凡百在位，所以咸熙。《书》曰："元首康哉！股肱良哉。"又曰："股肱惟人，良臣惟圣"，斯一德而共理也……①

并将真容分别置放于各州的开元观。遂颁《令写元元皇帝真容分送诸道并推恩诏》，诏曰：

今者真容应见，古所未闻。福虽始于邦家，庆宜均于士庶。其亲王公主郡县主及内外文武官等，并量赐钱。至休假之辰，宜以素餐，用伸庆乐。诸道节度使及将士等，亦宜准此。其两京及诸州父老，亦量赐钱，同此欢宴。其钱以当处官物充。伊尔公卿，逮乎黎献，宜勉崇元化，共复淳源。宣布遐迩，明知朕意。②

推恩，指帝王对臣属推广封赠，以示恩典。

玄宗尊道崇道布道。陆续颁布的诏书有：《崇祀元元皇帝制》《答陈希烈奏道士萧从一见元元皇帝手诏》《定祀元元皇帝仪注诏》《答宰臣贺元元皇帝玉像手诏》《命两京诸路各置元元皇帝庙诏》等，他认为

---

① （清）董诰.《全唐文》卷三十一 [M].上海：上海古籍出版社，1990年，第148页。
② （清）董诰.《全唐文》卷三十一 [M].上海：上海古籍出版社，1990年，第149页。

烈祖元元皇帝，"禀大圣之德，蕴至道之精，著五千文，用矫时弊，可以理国家，超夫象繁之表，出彼明言之外"。①故在长安、洛阳两京及诸州，"各置元元皇帝庙一所，每年依道法斋醮"。②

秘书监贺知章为人旷达不羁，嗜酒，有"清谈风流"之誉。与张若虚、张旭、包融并称"吴中四士"；与李白、李适之等谓"饮中八仙"；与陈子昂、卢藏用、宋之问、王适、毕构、李白、孟浩然、王维、司马承祯并称"仙宗十友"。

"天宝三载，知章因病恍惚，乃上疏请度为道士，求还乡里，乃舍本乡宅为观。"③并求周宫湖数顷为放生池，玄宗诏许，并御制诗以赠，皇太子率百官送别。贺知章回山阴（今山

图27 老子像（局部）（明）文徵明绘　旅顺博物馆藏墨迹

西山阴县）五云门外道士庄，住千秋观，并建一曲亭。所作《回乡偶书二首》为人传诵，未几病逝，年八十六。乾元元年（758）十一月，肃宗以侍读之旧，诏曰：

故越州千秋观道士贺知章，器识夷淡，襟怀和雅，神清志逸，学富才雄，挺会稽之美箭，蕴昆岗之良玉。故飞名仙省，侍讲龙楼，常静默以养闲，因谈谐而讽谏。以暮齿辞禄，再见款诚，愿追二老之踪，克遂四明之客。允叶初志，脱落朝衣，驾青牛而不还，狎白衣而长往。丹壑非昔，人琴两亡，惟旧之怀，有深追悼，宜加缛礼，式展哀荣。可赠礼部尚书。④

---

① （清）董诰.《全唐文》卷三十一 [M].上海：上海古籍出版社，1990年，第149页。
② （清）董诰.《全唐文》卷三十一 [M].上海：上海古籍出版社，1990年，第149页。
③ （后晋）刘昫.《旧唐书》卷一百九十中 [M].北京：中华书局，1975年，第5034页。
④ （后晋）刘昫.《旧唐书》卷一百九十中 [M].北京：中华书局，1975年，第5035页。

贺知章将能被度为道士视为圣上的一种"恩典"。玄宗对道士非常优待，曾对两京宫观各赐近城庄园一所，并量赐奴婢。天宝六载（747）正月，诏令凡天下诸观道士人数不足时，可度满七人。具体条件是：一、年龄须在三十岁以上；二、须具备"道行"经历。

另外，玄宗对道教人士如法师、观主、炼药师等皆封官赐号，与之书信往还。如对茅山第十三代宗师李含光，广陵江都（今江苏扬州）人，本姓弘，因避孝敬皇帝李弘庙讳而改姓李，号玄静先生。神龙初，以清行度为道士，住龙兴观（今河南洛阳市），精《老》《庄》《周易》。

开元十七年（729），于王屋山（在今山西垣曲与河南济源之间）师事司马承祯学道，承祯卒，玄宗召至朝，问及修丹事，玄宗感而异之，召居王屋山阳台观，后称疾辞归居茅山。天宝四载（745），复召入宫，以茅山真经秘灵多散落，再求还山居紫阳观，赐法衣、香炉等物品，并御制诗以饯行，尊其为玄静先生，并自称弟子。天宝七载（748），玄宗受上清经箓于大同殿，遥尊李含光为礼度师，赐号玄静先生，赐衣一袭以申师资之礼，后又两征诣阙，皆以老辞还。著名弟子有韦景昭、孟湛然、郭闳、殷淑等，撰有《周易义略》三篇、《老庄学记》三篇、《本草音义》三卷、《三玄异同论》《道学》二十卷等，皆佚。事见《茅山志》卷十一，及柳识撰写《唐茅山紫阳观玄静先生碑》等。大历四年（769），代宗赠正议大夫。

卢鸿一，著名隐士。一名鸿，字浩然，一字颢然，幽州范阳（今河北涿县东北）人。博学，善篆籀，工八分书，能诗，画山水树石，得平远之趣。徙居洛阳，后隐居嵩山。开元初，玄宗慕其名，遣使备礼至嵩山征召其入京任职，不至。开元五年（717），玄宗再次诏征，《征隐士卢鸿一诏》曰：

> 朕以寡薄，忝膺大位，尝恨元风久替，淳化未升，每用翘想遗贤，冀闻上皇之训。以卿黄中通理，钩深诣微，穷太一之道，践中庸之德，确乎高尚，足佯古人。故比下征书，伫谐善绩，而每辄托辞，拒违不至。使朕虚心引领，于今数年。虽得素履幽人之贞，而失考父滋恭之命。岂朝廷之政，与生殊趣耶？将纵欲山林，往而不能返乎？礼有大伦，

君臣之义,不可废也。今城阙密迩,不足为劳,便敕斋束帛之贶,重宣斯旨。想有以翻然易节,副朕意焉。①

大意是说:朕才疏德薄,忝居天子之位。曾经为道家风气的长期衰落、淳朴的社会风俗没得到恢复而感到遗憾。常常翘首向往社会贤达,希望听到太上老君的遗教。因为您心存美德,通晓真理,造诣精深,穷尽道家无为之道,实践儒家中庸之德。道德确实高尚,可以和古人相媲美。不久前,朕曾两次发下诏书,征召您进京入朝,可是您每次都借故推托,拒绝应聘,违背诏命,不肯前来。朕殷切地盼望着,到今天已经有几年了。您一直保持着素食隐居的节操,但是却失去了考父恭敬君主的美名。你不肯入朝从政,难道是朝政与您的志趣不一致吗?您纵情林下,怎能重返社会呢?礼教中的最大人伦关系,就是君臣之间的大义,这是不可废弃的。现在东都离您很近,往返并不困难。特令使臣带着礼品,重新宣布朕的这个旨意。想来您会有所悔悟,改变操守,入朝应聘,以不负朕的期望。

诏书表示"翘想遗贤""虚心引领",要求卢鸿一"翻然易节,副朕意焉",卢鸿一表示应召。翌年,至东都洛阳,卢鸿一谒见玄宗不拜。宰相遣使通事舍人询问其故,卢鸿一奏曰:"臣闻老君言,礼者,忠信之所薄,不足可依。山臣鸿一敢以忠信奉见。"②玄宗听罢,赐以酒食为谢,诏授谏议大夫,固辞,放归嵩山,赐以隐居之服,官营东溪草堂。并命州县每年供给粮米一百石、绢帛五十匹。卢鸿一归山后,聚徒五百余人,讲学于草堂之中,为一时之盛。自绘《草堂十志图》胜景,有摹本,图录于《故宫名画三百种》。《全唐诗》录其骚体诗十首,名《嵩山十志》,系描写嵩山十景、歌咏自己的隐逸生活之作。

太上老君,即道德天尊,全称太清道德天尊,是中国道教对老子的神化称呼。系道教"三清"尊神之一。元元皇帝,即道教圣主玄元皇帝。乾封元年(666),高宗首追老子为太上玄元皇帝,并设庙祭祀。武周时期,

---

① (清)董诰.《全唐文》卷二十七[M].上海:上海古籍出版社,1990年,第131页。
② (后晋)刘昫.《旧唐书》卷一百九十二[M].北京:中华书局,1975年,第5120页。

则天尊佛，一度废除玄元皇帝称号。中宗李显复位，复称玄元皇帝。

开元二十九年（741），玄宗命设专门研究道教的学校——崇玄学，奉老子为玄元皇帝、庄子为南华真人、文子为通玄真人、列子为冲虚真人、庚桑子为洞虚真人。印度密宗大士善无畏居长安十九年，并为玄宗举行佛事和诵经。玄宗封印度密宗大士金刚智为"国师"。

天宝元年（742）正月七日，陈王府参军田同秀上奏："元元皇帝降于丹凤门之通衢，告赐灵符，在尹喜之故宅。"① 尹喜，道教楼观派及文始派祖师。老子《道德经》五千言系应其请而撰。《庄子》将他与老子并称"古之博大真人"。关尹子主张"在己无居，形物自著。其动若水，其静若镜，其应若响"。② 著《关尹子》一卷九篇，称《文始真经》，被道家奉为经典。道教尊为无上真人、文始先生。玄宗听后，深信不疑，立即派遣使者赶赴函谷关（今河南灵宝市函谷关镇王垛村）关令尹喜台拿取，玄宗得之大喜，命于长安大宁坊西南角建置元元皇帝庙，东都置于积善坊临淄王旧邸。庙初成，命于大白山（位于内蒙古自治区与黑龙江省交界处）取石为元元皇帝雕塑圣容。又采白石为玄宗圣容，身着王者衮冕之服，侍立于元元皇帝之右。又于元元皇帝像东设立宰相兼尚书左仆射、晋国公李林甫和宰相兼兵部尚书、临颍侯陈希烈白石雕像。后因李林甫犯事，又改刻宰相、杨贵妃族兄、武后男宠张易之外甥杨国忠像替代。至德初，肃宗收复两京，尽毁其像。

是年九月二十五日，玄宗敕："两京元元庙，改为太上元元皇帝宫，天下准此。"③ 天宝二年（743）三月十一日，玄宗敕："自今已后，每圣祖宫有昭告，宜改用卯时已前行礼。"④ 翌日，制改长安元元皇帝宫为太清宫，洛阳为太微宫，天下诸郡为紫极宫。

天宝二年（743）三月十二日，玄宗追尊玄元皇帝老子的父亲、周朝上御大夫为先天太皇，又追尊"上古四圣"之一皋繇（即皋陶）为德明皇帝，

---

① （宋）王溥．《唐会要》卷五十[M]．北京：中华书局，1960年，第865页。
② 刘庆华．《老子·庄子》，广州[M]．广州：出版社，2001年，第273页。
③ （宋）王溥．《唐会要》卷五十[M]．北京：中华书局，1960年，第866页。
④ （宋）王溥．《唐会要》卷五十[M]．北京：中华书局，1960年，第866页。

凉武昭王李暠为兴圣皇帝。

天宝四载（745）四月十七日，玄宗敕：

> 自今已后，每太清宫行礼官，宜改用朝服，兼停祝版，改为青词于纸上。其告献辞，及新奏乐章，朕当别自修撰。仍令所司具议仪注奏闻。①

天宝七载（748）三月，据说长安兴庆宫大同殿殿柱上生出了玉芝，道士李含光闻知，奏称中国道教七十二福地中第一福地、十大洞天中第八洞天茅山同时也出现了灵芝，玄宗听后，即《答李含光进灵芝敕》：

> 灵芝者，和气以生，真仙鉴植。昔轩辕至道，三秀屡芳。永惟贞符，载瑞兹日。黄辉朱采，八十一茎，色叶金方，数应阳吉。或连跗并萼，或双本同枝。出天洞以敷荣，就药坛而结秀。实旷代嘉贶，至感殊祥。尊师既陈词达诚，远致真锡，弟子敬受元吉。②

再作《答李含光贺仙药灵芝敕》：

> 炉开仙药，九真示传；院合灵芝，三茅鉴植。徵之元录，盖未曾闻。唯魏伯阳豫兆于前，今李越成效之于此。朕当斋心以俟，专使往迎，与尊师同承道锡也。所贺知。③

并在《命李含光投谢茅山敕》中宣称：

> 尊师所奏灵芝，信殊祥也。若彩云繁布，比芳兰芬馥。当紫阳之福地，叶丹诚之吉征，远与大同玉芝，遥为合应，斯仙真上祐，

---

① （宋）王溥.《唐会要》卷五十［M］.北京：中华书局，1960年，第867页。
② （清）董诰.《全唐文》卷三十六［M］.上海：上海古籍出版社，1990年，第169页。
③ （清）董诰.《全唐文》卷三十六［M］.上海：上海古籍出版社，1990年，第169页。

尊师洁诚，是降休征，用深庆慰。今令将词及香投谢天洞，式凭高德，以达虔心也。①

同年五月十三日，群臣上玄宗尊号曰："开元天宝圣文神武应道皇帝。赦天下，免百姓来载租庸。"②

由于玄宗和贵妃共同崇道，在其影响下，朝野出现了"上玄元皇帝"及"献宝符之瑞"热潮。乾封元年（666）二月，高宗李治能将人间最为尊贵的封号敕封太上老君为玄元皇帝，实属前无古人、后无来者的一大举动。为了进一步突出崇道具有神权皇权化的特征，高宗之孙玄宗则开创了移用宫阙制度的先例。除改庙为宫、追封真人、祭祀换服外，又在强化道举和引经书写格式。将《道德真经》纳为家庭教育和开科取士的范围，遂颁《命贡举加老子策制》于天下，制云：

老子《道德经》，宜令士庶家藏一本，每年贡举人，量减《尚书》《论语》策一两条，准数加《老子》策，俾尊崇道本，宏益化源。今之此敕，亦宜家置一本，每须三省，以识朕怀。③

玄宗又为《道德真经疏释题词》，开篇写道：

老子者，太上元元皇帝之内号也。元元道宗，降生伊亳，肃肃皇祖，命氏我唐。垂裕之训，无疆之祉，长发远祥，系本瓜瓞。其出处之迹，方册备记。道家以为玉晨应号，马迁谓之隐君子，而仲尼师之。繙经中其太谩，问礼叹乎龙德，是孔某无间然矣。在周室久之，将导西极，关令尹喜请著书，于是演二篇焉。明道德生畜之源，罔不尽此，而其要在乎理身理国。④

---

① （清）董诰.《全唐文》卷三十六 [M]. 上海：上海古籍出版社，1990年，第169—170页。
② （宋）司马光.《资治通鉴》卷第二百一十六 [M]. 北京：中华书局，2009年，第9072页。
③ （清）董诰.《全唐文》卷二十三 [M]. 上海：上海古籍出版社，1990年，第114页。
④ （清）董诰.《全唐文》卷四十一 [M]. 上海：上海古籍出版社，1990年，第193页。

并将老子《通玄经》、庄子《南华经》、列子《冲虚经》及《洞虚经》升格为四子真经,通称《南华真经》《冲虚真经》《通玄真经》《洞虚真经》。又颁《尊〈道德〉〈南华经〉诏》:

> 王者天其祖,学者父其师。义有尊崇,情归孝敬。况我元宗,道要无名,象先犹龙莫测。昔尝问礼,烹鲜有论,历代攸尊,永惟重元,众教之父者也。朕缵承圣绪,祗服元言,乙夜观书,将求于道。虽理归绝学,信无取于筌蹄,然垂代作程,义必存乎文字。俾之大顺,亦合礼经。其坟籍中有载元元皇帝、南华等真人犹称旧号者,并宜改正。其余编录经义等书,亦宜以《道德经》列诸经之首。其《南华经》等不须编在子书。仍即令集贤院审详改定应旧号并科目讫,具宣付所司,仍颁示中外。①

另外,新置崇玄博士及助教各一员,招崇玄生徒百人,培养其成为道学的接班人。

其次,还规定了援引经句的书写格式。凡引用《道德真经》之句,一律半阙,即皇帝诏敕的书写格式。

天宝八载(749)六月十五日,玄宗上圣祖老子号为大道玄元皇帝,上高祖李渊号为神尧大圣皇帝,上太宗李世民号为文武大圣皇帝,上高宗李治号为天皇大圣皇帝,上中宗李显号为孝和大圣皇帝,上睿宗李旦号为玄真大圣皇帝。闰六月初四,玄宗朝谒太清宫,翌日,"群臣上尊号曰开元天地大宝圣文神武应道皇帝。赦天下"。②并规定从今以后,凡举行禘、祫祭祀时,在太清宫圣祖老子前,应按昭穆顺序设置神位。

天宝十三载(754)正月初八,太清宫上奏:"学士李琪见玄元皇帝乘紫云,告以国祚延昌。"③意思是说,玄学馆学士李琪看见玄元皇帝老子乘着紫云,告诉他大唐王朝将长久维持昌盛。二月初六,玄宗于太

---

① (清)董诰.《全唐文》卷三十二 [M].上海:上海古籍出版社,1990年,第152页。
② (宋)司马光.《资治通鉴》卷第二百一十六 [M].北京:中华书局,2009年,第9078页。
③ (宋)司马光.《资治通鉴》卷第二百一十七 [M].北京:中华书局,2009年,第9110页。

清宫献食，上圣祖老子尊号为大圣祖高上大道金阙玄元大皇太帝。翌日，玄宗祭祀太庙，上高祖李渊谥号为神尧大圣光孝皇帝，上太宗李世民谥号为文武大圣大广孝皇帝，上高宗李治谥号为天皇大圣大弘孝皇帝，上中宗李显谥号为孝和大圣大昭孝皇帝，上睿宗李旦谥号为玄真大圣大兴孝皇帝，自高祖至睿宗，依次加了光孝、大广孝、大弘孝、大昭孝及大兴孝，关键都带有一个"孝"字。作为中国古代伦理观念，"孝"在商代卜辞中，像祭祀祖先时有所奉献。殷人尊崇奉先思孝。西周贵族追孝祖先，认为继思不忘，可使族类获福。西周末年，"孝"观念一度动摇，后经儒家大力提倡，孝又成为封建社会伦理观念的基础，西汉提倡以孝治天下，并设孝弟力田举科，清有孝廉方正科考，阐述孝道和孝治的儒家经典著作《孝经》被推崇为"百行之中，五教之要"。

张果，著名炼丹家、养生家、哲学家。号通元先生，邢州宗城（今河北广宗县张固寨）人。被后世推崇为星相学鼻祖，民间传说道教八仙之一张果老的原型。

张果自称懂神仙道术。则天时，曾隐居于中条山（今山西芮城东北），往来于汾、晋之间，自谓年逾百岁，撰《阴符经玄解》秘本，"则天遣使召之，果佯死不赴"。① 后来，有人看到他经常往来于恒州山（今河北曲阳县北）中。

开元二十一年（733），恒州刺史韦济向朝廷报告张果行迹，玄宗诏令通事舍人裴晤前往迎接，在裴晤面前，张果绝气如死，良久，复苏。裴晤见状，驰还京师禀报。

开元二十二年（734），玄宗又遣中书舍人徐峤赍玺书迎之，张果便随徐峤至东都洛阳，"至东都，肩舆入宫，恩礼甚厚"。② 玄宗欲将公主下嫁张果，终因张果恳辞而罢。于是，玄宗颁《加张果封号制》，制云：

> 恒州张果先生，游方之外者也。迹先高尚，深入窈冥，是混光尘，应召城阙。莫详甲子之数，且谓羲皇上人。问以道枢，尽会宗极。

---

① （后晋）刘昫.《旧唐书》卷一百九十一 [M]. 北京：中华书局，1975 年，第 5106 页。
② （宋）司马光.《资治通鉴》卷第二百一十四 [M]. 北京：中华书局，2009 年，第 8978 页。

今特行朝礼,爰卑宠命。可银青光禄大夫,号曰通元先生。①

玄宗崇奉称张果为羲皇上人,羲皇,指伏羲氏。古人想象伏羲氏之前的人生活悠闲,无忧无虑,隐逸之士以羲皇上人自称。东晋陶潜《与子俨等疏》:"常言五六月中,北窗下卧,遇凉风暂至,自谓是羲皇上人。"并亲撰《张天师赞二首》,诗云:

邈彼炎汉,天图中缺。万汇消残,三灵荡越。惟师应运,神威迅发。躬侍元元,亲传秘诀。妖毒云驱,崇山剑裂。大布声教,全清蛊孽。一振无为,永光有截。鸾鹤斯迈,丹青是设。玉相真仪,传芳不歇。
邈矣真仙,孤高峻节。气贯穹冥,元元示诀。落落神仪,亭亭皓月。诛邪斩精,魅驱鬼彻。汉代明威,流传不绝。②

后来,玄宗赐张果衣帛,放归恒山,并为其建造栖霞观,后不知所终。

---

① (清)董诰.《全唐文》卷二十三[M].上海:上海古籍出版社,1990年,第114页。
② (清)董诰.《全唐文》卷四十一[M].上海:上海古籍出版社,1990年,第193页。

三一　股肱之臣

在玄宗执政四十多年的不同时期，被倚为心腹的朝臣时隐时现，而真正的心腹有两人：一是宦官高力士，二是北门禁军将领王毛仲。

高力士（684—762），本姓冯，名元一，潘州（今广东高州东北）人，祖籍霞洞堡（今广东电白县霞洞镇）。曾祖冯盎，武德四年（621），以所辖之地降唐，授上柱国、高州（今广东高州市）总管。祖父冯智戴，字天锡，号辅元。大业十四年（618）三月，江都（今江苏扬州市江都区）发生兵变，隋炀帝被宇文化及部下令狐行达缢杀，遂致天下大乱。冯智戴率部逃归，行至高凉（今广东阳江市西），与其父会合，高祖遂拜冯智戴为春州（今广东阳春市）刺史。贞观元年（627）十一月，高力士受其父安排，入朝奉侍太宗，授卫尉少卿。贞观七年（633）二月，太宗奉太上皇置酒未央宫。时冯智戴与突厥颉利可汗侍宴。高祖命冯智戴咏诗，又命颉利可汗起舞。太宗迁冯智戴为左武卫将军。卒赠洪州（今江西南昌市）都督。父亲冯君衡，字正平，妻越国夫人麦氏。任潘州刺史。育有三子，长子冯元珹、次子冯元圭、三子冯元一。后因罪罢官，籍没其家。

圣历元年（698），岭南讨击使李千里将年仅十四岁的孤儿冯元一及他的另一伙伴金刚阉后送入皇宫，冯元一因其聪敏，受到武则天的赏识，命他侍奉左右。后因某件小事触怒了武则天，他被责打后驱逐出宫，内官高延福遂将其收为养子，改姓高，改名力士。高延福原为武则天的侄儿武三思的家奴，高延福有机会经常出入武三思家，高力士也就因此常随其出入武家。一年后，武则天复召高力士入宫。

成年的高力士身长六尺五寸，体魄健壮，善于骑射，《大唐故开府仪同三司赠扬州大都督高公神道碑》赞其"一发而中，三军心伏"。由于渐次成熟，做事谨慎周全，尤其能传武氏的诏令，被命为内侍省宫闱丞，从八品下。

中宗时期，韦武政治集团图谋不轨，临淄王李隆基为了铲除其政治势力，匡救李唐皇室，在暗中结交才勇之士，高力士善观时变，倾心附结，临淄王李隆基予以恩顾。

景云元年（710）六月二十日晚，李隆基发动宫廷政变，一举平定了韦武之乱，与姑母太平公主拥立自己的父亲相王复位，史称睿宗皇帝。睿宗复位后，立李隆基为皇太子。又命高力士入东宫奉侍左右。高力士因其平定之功，被授予朝散大夫、内给事。从此成为李隆基的亲信。太极元年（712）八月初三，皇太子李隆基即位，史称玄宗皇帝。

先天二年（713）七月初八，内给事高力士、岐王李范、薛王李业、龙武将军王毛仲、殿中少监姜皎、太仆少卿李令问、尚乘奉御王守一等协助玄宗平定太平公主政治集团，玄宗论功行赏，超拜高力士为银青光禄大夫。负责传达玄宗的诏令，从此开始介入政事。十月十五日，兵部尚书、同中书门下三品姚崇再三上奏，请按照顺序任用郎吏，玄宗的眼睛始终在盯着殿顶默不作声，姚崇感到害怕，便匆忙离开了廷殿。罢朝后，高力士随即上谏："刚才宰臣上奏言事，陛下您就应当面表明自己的态度，为什么一言不发呢？"玄宗说："朕放手让姚崇总理朝政，怎么任用郎吏这样的小事都要来让朕点头呢？"适逢高力士奉旨到尚书省宣诏，将刚才玄宗的话给姚崇说了一遍，姚崇这才转忧为喜。

开元初，玄宗擢高力士右监门卫将军，知内侍省事。

高力士自幼与母亲麦氏失散，始终不知母亲流落何地。当他显贵之后，岭南节度使探知麦氏的下落，并将其从泷州（今广东罗定市）迎至长安。母子相见时，麦氏说："我儿胸前有七颗黑痣。"高力士解衣示之，诚如所言，母子抱头痛哭。玄宗知道此事后，封麦氏为越国夫人。

开元十四年（726）四月初四，御史大夫崔隐甫、御史中丞宇文融及丞李林甫联手弹劾中书令张说引用江湖术士占卜星象，又有徇私舞弊、贪赃枉法之嫌。玄宗命尚书左丞相源乾曜、刑部尚书韦抗、大理少卿及御史大夫崔隐甫等人一起审讯。开元十三年（725），玄宗泰山封禅，黄门侍郎、同中书门下三品源乾曜持反对意见,并因此与中书令张说发生矛盾。仇家审讯仇家,源乾曜上奏玄宗说,事情已经有了眉目。于是,玄宗派遣高力士去张说处探看情况,高力士回禀玄宗说:"张说现在蓬头垢面,身子下面铺的是稻草,吃饭用的是瓦盆,他说,他一直在惊恐之中等候处分。"玄宗听后,怜悯张说。精明的高力士看在眼里,趁机上奏:"张说曾经为侍读,又对社稷有功。"四月十二日,玄宗只罢免了张说的中书令职务,其余官职依旧。高力士奔走于君臣之间,不是搬事弄非,而是极力协调。

开元十七年(729)十一月初五至十一月二十二日,玄宗拜谒五陵。自东而西,于同州奉天县(今陕西蒲城县)丰山拜谒父皇睿宗桥陵,于雍州富平县(今陕西富平县)凤凰山拜谒伯父中宗李显定陵,于京兆三原县(今陕西三原县)徐木原拜谒先祖高祖李渊献陵,于京兆醴泉县(今陕西礼泉县)九嵕山拜谒曾祖太宗李世民昭陵,于京畿好畤县(今陕西乾县)梁山拜谒祖父高宗李治乾陵。

  高力士于太宗陵寝宫见小梳箱一,柞木梳一,黑角篦一,草根刷子一,叹曰:"先帝首建义旗,新正皇极十有余载,方致升平,随身服用,惟留此物,将欲传示孝孙,永存节俭。"具以奏闻。上至陵日,山川雷隐,草木风生,陈千官朝见之仪,具九宾宗祀之礼。礼毕,俯伏流涕,若不自胜。须臾闻鼓声四振,云雾朗清,万岁之声,岂惟于远近,一人之,,固通于神明,不可得而称也。至寝宫问曰:"所留示朕者何在?"力士趋入捧跪上,上跪奉肃敬,如不可胜,曰:"夜光之珍,垂棘之璧,将以喻此,曾何足言!"即命史官书之典册。[①]

意思是说:高力士在太宗陵的寝宫中见到了一只梳箱、一把柞木梳子、一把黑角篦子及革根刷子一把,感叹道:"太宗皇帝亲手匡正了为帝王的准则,使得天下歌舞升平,而他自己随身所穿所用的,却只是这

---

① (唐)郭湜.《高力士外传》,见《开元天宝遗事十种》,上海:上海古籍出版社,1985年,第115页。

些东西。他是想以此传示子孙，告诫他们永保节俭之德啊！"高力士将此事如实地向玄宗皇帝作了汇报。玄宗闻报，马上亲赴太宗陵，到寝宫后，问太宗所留遗物在何处？高力士手捧这些东西跪着献给玄宗，玄宗跪拜接受，其肃敬到了无以复加的程度，并且说："珍奇的夜光宝珠，垂棘的稀世美玉，难道能比这些更好吗？"玄宗当即命令史官将其载于典册。是年，追赠高力士亡父冯君衡为广州大都督。

纵观中国历史，宦官势力的扩张始于唐玄宗李隆基。高力士被授予骠骑将军、开府仪同三司，门前列戟，贵幸无比。另有宦官杨思勖、黎敬仁、林招隐、尹凤祥等人位尊宠专与高力士相同。

在除掉王毛仲的军事势力之后，高力士愈加受到玄宗的宠信。玄宗曾说："力士当上，吾寝则安。"意思是说：只有当高力士值班的时候，我才能睡得安稳踏实。当高力士听到玄宗的夸赞后，则又经常留宿在殿侧。高力士信佛，玄宗就在殿侧辟一庭院为其念经拜佛之处，据说此处"雕莹璀璨，穷极精妙"。

从此以后，凡四方进奏文表，必先呈给高力士过目，然后再由高力士上奏，一般的事情则由高力士专决。金吾大将军程伯献和少府监冯绍正与高力士结为拜把兄弟，高力士的母亲逝世，程伯献在高母灵柩前披头散发，捶胸顿足，伤情哀哭，比自己母亲死了还要悲凄，朝野上下，莫不耻笑。

长安刀笔小吏吕玄晤，其女殊有姿色，高力士欲娶其为妻，吕玄晤满口答应。高力士遂将岳父提升为少卿，吕门子弟皆任王傅之职。高力士的岳母死后，葬于长安城东，葬礼隆重而气派。据《旧唐书》卷一百八十四《宦官》记载："中外争致祭赠，充溢衢路，自第至墓，车马不绝。"①朝廷上下争先恐后地去吊唁，致送祭钱，巴结高力士的官员站满了整个道路，从吕玄晤的府第直至墓地，往来的车马络绎不绝。

由于高力士的权高势大，他已经成为举足轻重的人物。在朝臣中，诸如宇文融、李林甫、李适之、韦坚、杨慎矜、王鉷、杨国忠、安禄山、安思顺、高仙芝等皆受到高力士举荐而得以将相高位，其余所得职务枚

---

① （后晋）刘昫.《旧唐书》卷一百八十四 [M]. 北京：中华书局，1975 年，第 4758 页。

不胜数。宗室成员也都惧怕三分，就连太子李亨，即后来的肃宗皇帝都亲切地呼其为二兄，诸王、公主皆呼其为阿翁，至于驸马辈，更是呼其为爷。玄宗则呼其为将军。

高力士的资产富过王侯。他信奉佛教，曾在来庭坊建造宝寿佛寺，又在兴宁坊建造华封道士观。当宝寿寺钟成之日，高力士宴请公卿，举朝毕至。规定凡击钟一次，须纳礼钱百千（即十万贯），凡谄媚讨好他的人击钟多至二十次，少者也有数十次。高力士还在长安城西北置石碾五部，拦截沣水，每天磨麦三百斛，获利颇丰。

开元二十五年（737）四月二十一日，太子李瑛及其鄂王瑶、光王琚因受武惠妃和李林甫的陷害而被废为庶人，旋被赐死，史称"玄宗一日杀三子"。玄宗欲立仁孝恭谨的忠王李玙（后改名李亨）为皇太子，而依附武惠妃的李林甫极力主张立武惠妃所生（即玄宗第十七子）寿王瑁为皇太子。为此，玄宗犹豫不决，食不甘味，夜寝难安，开元二十六年（738），高力士乘机询问其故，玄宗说："汝，我家老奴，岂不能揣我意！"①见此情形，力士忙奏："大家何必如此虚劳圣心，但推长而立，谁敢复争！"②玄宗听后，认为高力士言之有理，七月初二，玄宗于宣政殿册立忠王李玙为皇太子，高力士这回还真的是"干预"了朝政。

天宝初，玄宗再擢高力士冠军大将军、右监门卫大将军，赐爵渤海郡公。

高力士虽然侍奉玄宗多年，但很鸡肠小肚，曾因私愤而杜塞言路。与睿宗第九女、玄宗同母之妹玉真公主甚有交情的浪漫诗人李白，极诗酒之乐。曾应诏供奉翰林院，因作《清平乐》三章，天子览词，称慕不已，及命宫廷乐师李龟年按调而歌，梨园弟子丝竹并进，贵妃手持玻璃七宝杯，亲酌西凉葡萄酒，命宫女进奉李学士饮用，敕赐李白可走马入宫。御赐李白金牌一块，上书：

敕赐李白为天下无忧学士，逍遥落拓秀才，逢坊吃酒，遇库支钱，

---

① （宋）司马光.《资治通鉴》卷第二百一十四 [M]. 北京：中华书局，2009年，第9010页。
② （宋）司马光.《资治通鉴》卷第二百一十四 [M]. 北京：中华书局，2009年，第9010页。

府给千贯,县给五百贯。文武官员军民人等,哟失敬者,以违诏论。又赐黄金千两,锦袍玉带,锦鞍龙马,从者二十人。①

传说有一次,翰林学士李白醉卧殿上,命高力士为他脱靴,如此高贵身份的高力士深感屈辱,心中愤然不平,但当着玄宗的面只好为之。一天,高力士见杨贵妃倚栏吟唱李白的《清平乐》三章,趁四下无人,乘机诬称李白词中的赵飞燕是在影射贵妃,杨贵妃信以为真,遂与高力士一起怨恨李白,多次在玄宗面前诋毁李白极度缺乏人臣之礼,玄宗听罢,有意疏远李白,不久,李白便被赐金放还,从此浪迹天涯,纵酒自废。

又有华州人吴筠,通经史,善文辞,后入道籍,拜嵩山潘师正为师。玄宗闻其名,诏待翰林院,吴筠多次讽劝玄宗,得到了玄宗的重视。众僧见他受宠,非常嫉妒。于是,吴筠又遭到高力士的排斥,不得不离开翰林院。

天宝十三载(754)六月,剑南留后李宓进攻南诏(今云南大理市),丧师二十多万,杨国忠隐匿不报,玄宗被蒙在鼓里。一天,玄宗对高力士说:"我已经老了,想把朝中事务托付给宰相,把边境事务托付给边将,如此安排,还有什么担忧的呢?"高力士趁机上奏道:"微臣听说云南兵士伤亡严重,边将又拥兵自重,不知陛下准备用什么手段去控制他们?如果一旦大祸临头,增援都来不及啊!怎么能说不担忧呢?"高力士对时局的看法引起了玄宗的警觉。

高力士的忠言并未能使玄宗改过,依然宠信宰相和边将。同年秋天,大雨连下六十多天,玄宗以为是上天对他的谴告,私下对高力士说:"自天宝十载之后,朕数有疑,果致天灾,以殃万姓,虽韦、陈改辙,杨、李殊途,终未通朕怀。卿总无言,何以为意?"高力士回奏道:"开元二十年以前,宰臣授职,不敢失坠;边将承恩,更相戮力。自陛下威权假于宰相,法令不行,灾省备于岁时,阴阳失度,纵为轮虑,难以获安,臣不敢言,良有以也。"高力士再一次委婉地批评了玄宗不理朝政,宠信奸相的错误做法。

---

① 冯梦龙.《警世通言》第九卷《李谪仙醉草下蛮书》,天津古籍出版社,1999年,第66页。

由于唐玄宗晚年的腐败统治，终于酿成了安史之乱，迫使他弃京逃往宰相杨国忠的封地四川剑南避难。玄宗入蜀后，先前与高力士同受宠信的内侍监袁思艺投降了安禄山，高力士因护驾之功进封齐国公。

高力士的一生，得宠而不骄横，得势而不专断。近无闲言，远无横议。曾与高力士同被贬往巫州的大理司直郭湜写过一篇《高力士外传》，在传文中，他口口声声称高力士为高公，足见他对高力士的崇敬之意。

三二　泰山封禅

泰山，又称岱山、岱宗、岱岳，古称东岳，素有"五岳独尊"之称。泰山雄起于华北平原之东，凌驾于齐鲁平原之上，东临大海，西靠黄河，主峰玉皇顶海拔1532.7米。"泰山日出、云海玉盘、晚霞夕照、黄河金带"为泰山四大奇观。

山之尊者为岳。在"五岳"中，东岳泰山之雄，西岳华山之险，中岳嵩山之峻，北岳恒山之幽，南岳衡山之秀。泰山如坐，华山如立，嵩山如卧，恒山如行，衡山如飞。泰山是古代民间山神崇敬、五行观念和帝王巡猎封禅相结合的产物。

封禅，是封建王朝祭天祀地的大典。是帝王承受天命，宣告国盛民强、国强民富、国富民安的一种政治活动。所体现的是"天人感应"的传统观念和思想，富有神圣的意义。《史记》作者司马迁的父亲司马谈因未能投身参与汉武帝封禅大典而郁闷成疾，以至于引为终生遗憾。

唐人张守节《史记正义》云："此泰山上筑土为坛以祭天，报天之功，故曰封。此泰山下小山上除地，报地之功，故曰禅。言禅者，神之也。"意思是说，登泰山筑坛祭天，这就是"封"；在泰山脚下辟基祀地，这就是"禅"。而泰山下的这座小山，一般称作梁甫（父）山。

"封禅说"产生于春秋五霸之齐国。纣王帝辛统治的第三十年（前1046），姜子牙因辅佐周武王姬发灭商兴周之功，被封国建邦，于营丘（今山东淄博市东北）创立齐国，周武王即位后，尊为师尚父，俗称姜太公。齐分姜齐和田齐两个时代。始皇二十六年（前221），为秦所灭，二十八位君主王侯历八百多年。但有趣的是，却没有一位齐国君王去享用封禅。

夏朝之治重在忠,商朝之治重在敬,周朝之治重在文。据《左传·成公十三年》载:"国之大事,在祀与戎。"意在强调祭祀和战争的重要性,反映了古代先民对鬼神崇拜和信仰。

相传远古时期,黄帝曾登临泰山,舜帝曾巡狩泰山。商周时期,商王相士在泰山脚下营建东都,周天子以泰山为界分建齐鲁。据《史记》卷二十八《封禅书》记载,先秦时期,就有七十二王亲临泰山封神。自秦至清,有十三帝亲临泰山二十七次。除此而外,还有二十四代帝王遣官祭祀七十二次。亲、遣二祭,伴随着文人骚客的纷至沓来,留下了九十七处古遗址,二十二处古建筑群,以及二千二百余处碑碣石刻。如孔子的《邱陵歌》、司马迁的《封禅书》、曹植的《飞龙篇》、唐玄宗的《纪泰山铭》、李白的《泰山吟》、杜甫的《望岳》等,其内容博大精深,辞韵丰富。其形式多种多样,异彩纷呈。一山的石书,既有千言大观,也有一字之惊;既有帝王御笔,也有布衣小碣;大字如牛,小字如蝇;真草隶篆,代不绝书。

秦始皇嬴政借封禅之机将原始简朴的山神祭祀改造成"政教合一""君权神授"的受命就职典礼,借此埋牒秘请,扬名立威,求长生不老之药,遗迹有五大夫松以及岱顶的无字碑。

西汉武帝刘彻在短短二十年间,居然连续八次东封,借报天谢地,心存私愿,乘机求仙,留下的遗迹有古登封台和汉明堂旧址,以及岱庙内的汉柏和岱顶的无字碑。

东汉光武帝刘秀重温西汉武帝"非刘不王,非功不侯"誓愿,建武三十年(54)春二月,朝臣奏请封禅,光武帝不悦,从此,朝臣不敢再言。建武三十二年(56),也就是中元元年,司空张纯再次奏请,光武帝这才诏令封禅报功,修复祖统。

隋文帝杨坚有着统一天下之功业,群臣表请封禅,他也没敢轻易妄动。他只告诉群臣,借以后狩猎之机再议。最终,只是用南郊祭天的仪式祭拜了一下泰山而已。

唐太宗李世民以旷世之业几欲封禅,尤其是贞观二十一年(647)正月初十,"诏以明年仲春有事泰山,禅社首;余并依十五年议"。①终因薛延陀"初归正朔"加之"翠微之役"及河北"数州淹涝",形势逼迫李世民颁布《停封禅诏》。

李世民封禅每议每停,每停每议,终未遂愿,留下了"非唯上亏天意,亦恐下失人心"的遗憾。李治即位后,是为高宗。公卿数请封禅,武皇后称赞不已,遂向高宗请求参加封禅仪典。武后《请亲祭地祇表》云:

> 伏寻登封之礼,远迈古先,而降禅之仪,窃为未允。其祭地祇之日,以太后昭配,至于行事,皆以公卿,以妾愚诚,恐未周备。何者?乾坤定位,刚柔之义已殊;经义载陈,中外之仪斯别。瑶坛作配,既合于方祇;玉豆荐芳,实归于内职。况推尊先后,亲缯琼筵,岂有外命宰臣,内参禋祭?详于至理,有紊徽章。但礼节之源,虽兴于昔典;而升降之制,尚缺于遥图。且往代封岳,虽云显号,或因时省俗,意在寻仙;或以情觊名,事深为己。岂如化被乎四表,推美于神宗;道冠乎二仪,归功于先德。宁可仍遵旧轨,靡创彝章。妾谬处椒闱,叨居兰掖。但以职惟中馈,道属于烝尝;义切奉先,理光于蘋藻。罔极之思,载结于因心;祇肃之怀,实深于明祀。但妾早乖定省,已阙侍于晨昏;今属崇禋,岂敢安于帷帝?是故驰情夕寝,眷赢里而翘魂;叠虑宵兴,仰梁郊而耸念。伏望展礼之日,总率六宫内外命妇,以亲奉奠,冀申如在之敬,式展虔拜之仪。积此微忱,已淹气序,既属銮舆将警,奠璧非赊,辄效丹心,庶禅大礼。冀圣朝垂则,永播于芳规;萤烛末光,增辉于日月。②

麟德二年(665)十月二十八日,"上发东都,从驾文武仪仗,数百里不绝。列营置幕,弥亘原野。东自高丽,西至波斯、乌长诸国朝会者,各帅其属扈从,穹庐毳幕,牛羊驼马,填咽道路。时比岁丰稔,米斗至

---

① (宋)司马光.《资治通鉴》卷第一百九十八 [M]. 北京:中华书局,2009年,第8250页。
② (清)董诰.《全唐文》卷九十七 [M]. 上海:上海古籍出版社,1990年,第437页。

五钱，麦、豆不列于市"。① 高宗泰山封禅，杂以女流，武后自称："朕辅先帝逾三十年"，语有夸张之嫌。武后升坛亚献，越国燕妃终献。留下来的遗迹有鸳鸯碑（又称双束碑、唐显庆岱岳观造像记碑）。鸳鸯碑暗喻高宗朝帝后共治天下的政治局势，时谓"天下二圣"。武后在岱岳观建造此碑的目的就在于向天下昭示自己的权威和势严。

高宗在中国历史上，只是一位守成之主，无甚建言、无甚功业、无甚德行。后晋刘昫认为高宗"藉文鸿业，仅保余位；封岱礼天，其德不类"。②"文"即指文皇帝李世民。作为大唐王朝的首次封禅，意义在于恢复了几乎被中断了六百余年的国家典礼，可谓重光累盛。

开元十年（722），张说、源乾曜、张嘉贞为玄宗朝宰相格局。以张说为首的文武百官掀起了一股泰山封禅大典的浪潮。按照张说的解释，封禅必须具备"位、时、德"三个方面："位"，要当五行图箓之序。意思是说，这个王朝应当具有五行相生的正统性和合法性；"时"，要会四海升平之运。意思是说，这个国家必须是处于繁荣昌盛之中；"德"，要具钦明文思之美。意思是说，这个朝代的皇帝必须是圣明天子。只要符合了这三条，封禅才能名副其实。

翌年二月，张嘉贞因受到张说的排挤而出相局，另一位宰相源乾曜就玄宗封禅与张说意见相左，从此张、源二相结下冤仇。

按照惯例，修禅大礼，不能朝臣一请即应。为了显示明君风范，需要再三推辞。事实上，表请玄宗泰山封禅第一人乃礼部尚书崔日用。开元初，崔日用辑录《毛诗》《大雅》《小雅》二十篇，以及司马相如的《封禅书》，趁八月初五玄宗生日之机上表，在规讽的同时，又鼓动玄宗泰山封禅。玄宗手诏答曰：

> 夫诗者，动天地，感鬼神，厚于人，美于教矣。朕志之所尚，思与之齐，庶乎采诗之官，补朕之阙。且古者封禅，升中告成，朕以菲德，未明于至道。竦然以听，颇壮相如之词；惕然载怀，复惭

---

① （宋）司马光.《资治通鉴》卷第二百一 [M]. 北京：中华书局，2009 年，第 8370 页。
② （后晋）刘昫.《旧唐书》卷五 [M]. 北京：中华书局，1975 年，第 112 页。

夷吾之语。卿洽闻殚见，温故知新，逮此发挥，益彰忠恳。岂非讨蓬山之籍，心不忘于起予；因兰殿之祥，言固深于启沃，朕循环览讽，用慰于怀。今赐卿衣裳一副、物五十段，以示无言不酬之信也。①

玄宗以春秋时管仲阻谏齐桓公封禅之事为例，认为时机尚不成熟，故而婉转地驳回了崔日用的建议。

"登封何以报，因此谢功成。"开元十二年（724）闰十二月初六，以吏部尚书裴漼等文武百官上表请封泰山。吹捧玄宗：

握符提象，出震乘图。英威迈于百王，至德加于四海。梯航接武，毕尽戎夷之献；耕凿终欢，不知尧舜之力。恶除氛渗，增日月之光辉；庆袭休荣，杂烟云之气色。灵物绍至，休祥沓委。江茅将鄗黍均芳，双觡与一茎齐烈。②

玄宗及时颁布《报裴漼等请封禅诏》，未议封崇之礼。仅仅过了三天，张说、源乾曜等复请，言称玄宗有大舜之孝敬、文王之慈惠、夏禹之恭俭、帝尧之文思、成汤之深仁、轩皇之至理等，玄宗仍然拒绝。又据《旧唐书》卷二十三记载，文武百僚、朝集使、皇亲及四方学士上书请修封禅之礼。玄宗依然谦冲不许。张说为了邀宠固位，极力吹捧玄宗：

陛下功格上天，泽流厚载；三五之盛，莫能比崇。登封告成，理叶幽赞。故符瑞毕臻，天意也；书轨大同，人事也。菽粟屡登，和平也；刑罚不用；至理也。今陛下稽天意以固辞，违人事以久让，是和平而不崇昭报，至理而阙荐祖宗。③

至此，尚书封禅之礼并献赋歌颂者，前后千有余篇。由于张说连日固

---

① （后晋）刘昫．《旧唐书》卷九十九 [M]．北京：中华书局，1975年，第3088—3089页。
② （宋）王溥．《唐会要》卷八 [M]．北京：中华书局，1960年，第105页。
③ （宋）王溥．《唐会要》卷八 [M]．北京：中华书局，1960年，第107页。

请，玄宗这才"不得已而从之"。闰十二月十二日颁制，定于明年十一月初十，驾幸泰山举行封禅大典。同时颁《允行封禅诏》于天下，诏书曰：

> 自古受命而王者，曷尝不封泰山禅梁父，答厚德告成功三代之前，率繇斯义。自魏晋已降，迄至周隋，帝典阙而大道隐，王纲弛而旧章缺，千载寂寥，封崇莫嗣。物极而复，天祚我唐，武文二后，应图受箓。洎于高宗，重光累盛，承至理，登介邱，怀百神，震六合，绍殷周之统，接虞夏之风。中宗宏懿铄之休，睿宗穆粹清之道，巍巍荡荡，无得而称者也。朕昔戡多难，禀略先朝，虔奉慈旨，嗣膺丕业。是用创九庙以申孝敬，礼二郊以展严禋，宝菽粟于水火，捐珠玉于山谷，兢兢业业，非敢追美前王，日慎一日，实以奉遵遗训。至于巡狩大典，封禅鸿名，顾惟寡薄，未遑时迈，十四载于兹矣。今百谷有年，五材无眚，刑罚不用。礼义兴行，和气氤氲，淳风淡泊，蛮夷戎狄，殊方异类，重译而至者，日月于阙庭。奇兽神禽，甘露醴泉，穷祥极瑞者，朝夕于林籔。王公卿士，謦乃诚于中，鸿生硕儒，献其书于外，莫不以神祇合契，亿兆同心。斯皆烈祖圣考，垂裕余庆，故朕得荷皇天之景祐，赖祖庙之介福，敢以眇身，而颛其让，是以敬承群议，宏此大猷，以光我高祖之丕图，以绍我太宗之鸿业。永言陟配，祗感载深。可以开元十三年十一月十日，式遵故实，有事泰山。所司与公卿诸儒，详择典礼，预为备具，勿广劳人，务存节约，以称朕意。所缘封神仪注，兵马陪集，并皆条奏，布告遐迩。①

此时，玄宗心潮澎湃，夸耀此行是"敬承群议，宏此大猷，以光我高祖之丕图，以绍我太宗之鸿业"。随即诏命宰相张说、右散骑常侍徐坚、太常少卿韦縚等与礼官于集贤书院刊撰仪注。在短短的七天时间内，张说就紧锣密鼓地在长安城上演了这么一出闹剧。而开府仪同三司、广平郡开国公宋璟却自始至终都在苦苦谏阻，玄宗不听。并进而颁布《将封泰山断屠诏》。断屠，旧时岁时风俗，禁止杀生。史载，我国断屠之制，

---

① （清）董诰.《全唐文》卷二十九[M].上海：上海古籍出版社，1990年，第140页。

始于唐高祖李渊,初,断屠以顺节令,或于帝王生日下诏断屠,以长福德。后来佛法兴隆,于斋月斋日,帝王常下诏断屠;凡断屠日,非唯不杀生,国亦不行刑。

开元十二年(724)十一月十四日,玄宗为了做好东巡的准备,兴师动众地自西都长安驾幸东都洛阳。按照礼规,西都长安群臣须送驾。玄宗预料宋璟定会托病不来。但出乎意料的是宋璟早已率官恭候。正当玄宗得意忘形时,宋璟却呈上了一道辞官奏本,玄宗怒问:朕欲封禅,卿却处处阻挠,难道是朕的功劳不够高吗?是朕的德施不够厚吗?是祥瑞不至吗?这有什么不可以的?宋璟回禀道:陛下功高则高矣,但百姓没有受到恩惠;陛下德虽厚矣,然泽润尚未广被宇内;虽说天下太平,但未必能供其求!虽然五谷丰登,但未必仓库充盈,臣以为不可也……臣身为宰辅,既然苦谏不得,那只有求避相位,让贤者继之。极不耐烦的玄宗冷笑不止:卿已年老多病,准奏。罢去开府仪同三司,仍留守长安,下殿去吧。

按照计划,由张说负责制定封禅礼仪。封禅仪注尚无定法,麟德二年(665)十月,高宗修封,其封禅仪注是在北齐名儒颜之推之孙、弘文馆学士颜师古制定的基础上进行调整。张说便也在颜师古仪注的基础上结合开元时期的政治主张作了必要的删订。故有"创启于颜师古,定礼于张说"之说。张说在刊定封禅仪注时特意加重了政治色彩。有不同意见者,请皇帝量事改摄。

在封禅过程中,为了防止突厥乘机入侵,张说采纳兵部郎中裴光庭的建言,奏请玄宗派遣使节广邀四夷君长及使臣从封泰山。如果突厥一来,东夷、西戎、南蛮、北狄四方诸侯,莫不来庆。张说把本来属于一个国家的天神祭拜仪式,硬是办成了一个具有国际性的政治庆典。

开元十三年(725),玄宗将至泰山,集贤直学士侯行果向张说举荐了康子元,玄宗诏命康之元等注解封禅仪注。康子元,唐代经学大师。字右昌,号毓奇。越州会稽(今浙江绍兴市)人。开元进士,曾任唐高祖李渊献陵令,擢金紫光禄大夫,侍讲学士。精《易经》《老庄》之学。历任秘书少监、宗正少卿。在任上极力主张革除弊政,创立新制之改革思想。后因上疏安史隐患,玄宗极不乐意,遂请入闽观风,居建宁府建阳县,后以疾致仕。卒赠汴州刺史。玄宗命工图其像,并亲为制赞。

是年四月初，张说将康之元所作封禅仪注进献玄宗，玄宗御览后甚觉满意。初三，玄宗与中书门下及礼官、学士聚宴于集仙殿，玄宗建议将此殿改名为集贤殿。并规定，五品以上为学士，六品以下为直学士。又命张说为知院事，以右散骑常侍徐坚为副职。玄宗欲授张说为大学士，张说回禀道：学士本无大小之称，中宗宠幸大臣，微臣不敢为是称。玄宗因其固辞而止。

及将东封，玄宗再授张说右丞相兼中书令，授源乾曜左丞相兼侍中。在此次封禅过程中，张说擅权妄为，自定登山吏员。当时，中书舍人张九龄曾极力谏阻张说，张说因功拒谏，依然自行其是。

十月十一日，玄宗车驾自东都洛阳向山东泰山进发，文武百官、皇亲国戚，以及大唐周边各族酋长扈从东行。途经滑州、濮州、魏州、济州、齐州、兖州、曹州、宋州、汴州陈留郡等，一路浩浩荡荡，尘土浮扬。每当车队休息时，路上人畜及车绵延达数十里，而有关部门安排专门运送物资的随行车辆竟然长达数百里。至今，民间还流传着玄宗为了彰显国力，东封泰山的仪仗马队皆选用一千匹同色马为一方队，八个方阵交错排列行进。远远望去，如同彩云绣锦，蔚为壮观。

图 28 唐玄宗封禅图（局部） 山西晋城伯方仙翁庙壁画

十一月初六，玄宗车驾抵达泰山脚下，前后走了二十六天。初七，玄宗于行宫服衮冕。衮冕，即衮衣和冕冠，是古代皇帝及公侯的礼服和礼冠，皇帝等王公贵族在祭祀天地、宗庙等重大庆典活动时穿戴的正式服装，并于供帐前殿行斋戒之礼。初九，玄宗骑马上山，宰相张说、礼官、亲王，以及部分官员从之，其他官员则留在山下谷口。

登山眺望，环列在山下的仪仗和侍卫队伍绵延百余里，泰山上下行道之间都布满了岗哨。玄宗召礼部侍郎贺知章讲仪注。行不多远，玄宗忽然问道：前代帝王的封禅玉牒为何都秘而不宣？玉牒，古称皇族族谱，此指古代帝王封禅、郊祀的玉简文书。贺知章回禀道：玉牒本来是通于神明之意，前代帝王，所求各异，或祈年算，或思神仙，秘请之事，更是秘而不宣。玄宗说：朕今泰山此行，就是为苍生祈福啊，宜将玉牒公开，使天下百姓悉知朕意。玄宗《封泰山玉牒文》内容如下：

有唐嗣天子臣某，敢昭告于昊天上帝。天启李氏，运兴土德。高祖、太宗，受命立极。高宗升中，六合殷盛。中宗绍复，继体丕定。上帝眷祐，锡臣忠武。底绥内难，推戴圣父。恭承大宝，十有三年。钦若天意，四海晏然。封祀岱岳，谢成于天。子孙百禄，苍生受福。①

短短百余字，言语平坦，心平气和，其得意之情溢于言表。又有台北故宫博物院藏玄宗封禅玉册文字如下：

维开元十三年岁次乙丑十一月辛巳朔十一日辛卯，嗣天子臣隆基敢昭告于皇地祇：臣嗣守鸿名，膺兹丕运，率循地义，以为人极。夙夜祇若，汔未敢康。赖坤元降灵，锡之景祐，资植庶类，屡惟丰年。式展时巡，报功厚载，敬以玉帛、牺齐、粢盛、庶品，备兹瘗礼，式表至诚。睿宗大圣真皇帝配神作主。尚飨。

玉册，亦作玉策，古代册书的一种。帝王祭祀告天或上尊号所用。用玉简制成，属于珍藏秘籍。

---

① （清）董诰.《全唐文》卷四十[M].上海：上海古籍出版社，1990年，第187页。

仲冬之夜，寒气袭人，加上风起雨落，但很快就风息雨收。夜中，山上点燃火把，从山下望之，有如天际的星星连在一起。

翌日，天晴日暖，南风微吹，丝竹之声，飘若天外。玄宗亲定"先奠后燔"之仪，在山顶封台的前坛祭拜昊天上帝。昊天上帝，又称皇天上帝、天帝、老天爷、昊神，是中国神话传说中的众神之主。以高祖神尧皇帝配享。在山顶累土为台，圆形四阶，谓之封坛。台上置方石，谓之石篋。玉牒、玉策，各置其匮，以金绳束捆，以金泥封缄。遂将二玉匮置于石篋之中，以"天下同文"之印封之。邠王李守礼亚献，宁王李宪终献。燎坛位于封坛的东南方，积柴其上，玄宗目望燎位，燃火，群臣皆称万岁，顿时声动天地。当中书令张说等共贺玄宗封天告成时，玄宗听后，并未离位，遂命中书门下曰：

> 朕以薄德，恭膺大宝。今封祀初建，云物休祐，皆是卿等辅弼之力。君臣相保，勉副天心，长如今日，不敢矜怠。中书令张说跪言：圣心诚恳，宿斋山上。昨夜则息风收雨，今朝则天清日暖，复有祥风助乐，卿云引燎，灵迹盛事，千古未闻。陛下又思慎终如初。长福万姓，天下幸甚。①

留在山下的群臣则在祭坛上祭祀了五帝百神，其余则仿唐高宗乾封年间封禅先例。

十一月十一日，玄宗前往位于泰山西南的社首山之泰折台祭祀皇地祇（土地神），睿宗大圣贞皇帝配享。社首山是泰山脚下西南方的一座小山，传说周成王封泰山，禅于社首，藏玉策于石篋，行封坛之仪。翌日，玄宗在帐殿接受群臣朝贺，有文武百僚、孔子后裔、诸方朝集使、儒生、文士等，还有突厥、契丹、奚等王，大食、五天十姓，昆仑、日本、新罗、靺鞨之侍子及使，高丽朝鲜王，百济带方王，日南、西竺、凿齿、雕题、牂柯、乌浒之酋长等。玄宗称此行是"天下之介福，邦家之耿光也"。②

---

① （宋）王溥.《唐会要》卷八 [M].北京：中华书局，1960 年，第 115 页。
② （后晋）刘昫.《旧唐书》卷二十三 [M].北京：中华书局，1975 年，第 901 页。

诏封泰山神为天齐王，大赦天下，环山十里，禁止樵采。十四日，封禅大典宣告结束，玄宗敕四夷首领各自回归本地，车驾离开泰山，前往曲阜孔子旧宅致祭。

车驾还东都，途经宋州（今河南商丘市）时，玄宗赐宴随从官员。宋州刺史寇泚例行出席。酒酣之际，玄宗对张说道：过去，朕派使者巡视诸道，考察地方官吏的善恶，奏本往往隐瞒了事实真相，这次亲历诸州，才发现使臣欺骗朕的地方太多了。接着，玄宗又褒奖了怀州（今河南沁阳市）刺史王丘、魏州（今河北大名县）刺史崔沔、济州（今山东茌平西南）刺史裴耀卿。王丘除道次给食外，其余一无所献；崔沔除供给的帷帐中没有一件是用锦绣做成的，意在示朕以俭；裴耀卿示朕百言规谏，其中云：如果因此严重搅扰百姓，那么，陛下的封禅就无从告成于天。朕常以此言为座右铭，并且用它来告诫左右官员。玄宗赞叹此三人真良吏也。遂任命王丘为尚书省左丞，崔沔为散骑常侍，裴耀卿为定州（今河北定州市）刺史。

封禅之后，例应推恩。凡三公以下，例迁一阶。凡扈从车驾士卒，只加勋而不赐物，朝野内外怨声载道。张说身为封禅使，还趁机将自己九品小官的女婿郑镒编入随行。须知，开元时期，三品以上着紫色，四品着深绯，五品着浅绯；六品着深绿，七品着浅绿，八品着深青，九品着浅青。朝品之间，服色各异，不得逾越。玄宗看见郑镒身着浅绯色五品官服，忽然想起此人原为八九品阶，甚觉奇怪，便唤来盘问缘由，郑镒一时无以言对，正想支吾，一位名叫黄幡绰的宫廷艺人幽默地说："此泰山之力矣。"群臣一听，只是掩口哧笑。此言妙语双关，明指泰山封禅，暗指岳父张说。玄宗顿悟，开怀大笑，也算是默认了。据说，后人称岳父为泰山，即源于此。

玄宗封禅，彻底从神本位转向了政本位。轰动天下的封禅庆典取得了巨大的成功，极大地满足了玄宗功成名就的得意、好大喜功的追求和开元盛世的粉饰，可以说，也是张说政治主张的践行。

翌年七月，玄宗制《纪太山铭》，御书勒于山顶石壁之上，其辞曰：

朕宅帝位，十有四载，顾惟不德，懵于至道，任夫难任，安夫难安，兹朕未知获戾于上下，心之浩荡，若涉大川。赖上帝垂休，先后储庆，宰相庶尹，交修皇极，四海会同，五典敷畅，岁云嘉熟，人用大和。百辟佥谋，唱余封禅，谓孝莫大于严父，礼莫盛于告天，天符既至，人望既积，固请不已，固辞不获。肆余与夫二三臣，稽虞《典》，绎汉制，张皇六师，震誉九宇。旌旗有列，士马无哗，肃肃邕邕，翼翼溶溶，以至岱宗，顺也。

《尔雅》曰："泰山为东岳。"《周官》曰："兖州之镇山。"实万物之始，故称岱焉；其位居五岳之伯，故称宗焉。自昔王者受命易姓，于是乎启天地，荐成功，序图录，纪氏号。朕统承先王，兹率厥典，实欲报玄天之眷命，为苍生而祈福，岂敢高祝千古，自比九皇哉！故设坛场于山下，受群方之助祭；躬封燎于山上，冀一献之通神。斯亦因高崇天，就广增地之义也。

乃仲冬庚寅，有事东岳，类于上帝，配我高祖。在天之神，罔不毕降。粤翌日，禅于社首，佑我圣考，祀于皇祇。在地之神，罔不咸举。暨壬辰，觐群后，上公进曰：天子膺天符，纳介福。群臣拜稽首，呼万岁。庆合欢同，乃陈诫以德。大浑协度，彝伦攸叙，三事百揆，时乃之功。万物由庚，兆人允植，列牧众宰，时乃之功。一二兄弟，笃行孝友，锡类万国，时唯休哉！我儒制礼，我史作乐，天地扰顺，时唯休哉！蛮夷戎狄，重译来贡，累圣之化，朕何慕焉。五灵百宝，日来月集，会昌之运，朕何惑焉。凡今而后，儆乃在位，一王度，齐象法，权旧章，补缺政，存易简，去烦苛。思立人极，乃见天则。

于戏！天生蒸人，惟后时乂，能以美利利天下，事天明矣。地德载物，惟后时相，能以厚生生万人，事地察矣。天地明察，鬼神著矣。惟我艺祖文考，精爽在天，其曰"懿尔幼孙，克享上帝。惟帝时若，馨香其下"，丕乃曰"有唐氏文武之曾孙隆基，诞锡新命，缵我旧业，永保天禄，子孙其承之"。余小子敢对扬上帝之休命，则亦与百执事尚绥兆人，将多于前功，而戭彼后患。一夫不获，万方其罪予。一心有终，上天其知我。朕惟宝行三德，曰慈、俭、谦。慈者，覆无疆之言；俭者，崇将来之训；自满者人损，自谦者天益。

苟如是，则轨迹易循，基构易守。磨石壁，刻金石，冀后人之听辞而见心，观末而知本。铭曰：

  维天生人，立君以理，维君受命，奉天为子。代去不留，人来无已，德凉者灭，道高斯起。赫赫高祖，明明太宗，爰革隋政，奄有万邦。罄天张宇，尽地开封，武称有截，文表时邕。高宗稽古，德施周溥，茫茫九夷，削平一鼓。礼备封禅，功齐舜禹，岩巍岱宗，卫我神主。中宗绍运，旧邦惟新，睿宗继明，天下归仁。恭己南面，氤氲化淳，告成之礼，留诸后人。缅余小子，重基五圣，匪功伐高，匪德矜盛。钦若祀典，丕承永命，至诚动天，福我万姓。古封太山，七十二君，或禅亭亭，或禅云云。其迹不见，其名可闻，祗适文祖，光昭旧勋。方士虚诞，儒书不足，佚后求仙，诬神检玉。秦灾风雨，汉污编录，德未合天，或承之辱。道在观政，名非从欲，铭心绝岩，播告群岳。①

  《纪太山铭》（或称《东岳封禅碑》《泰山唐摩崖》），摩崖高12.3米，宽5.3米。文24行，行51字，不包括题"纪太山铭""御撰御书"数字在内，全文1000字。除"御撰御书"4字和末行年月日为正书外，其余皆为隶书，字大25厘米，额高3.95米。隶书"纪太山铭"4字，字大45厘米×56厘米，形制雄伟，文辞雅驯，书法遒劲婉润，碑刻体伟幅巨。系汉以来帝王摩崖石刻之最，为唐隶代表作之一。玄宗铭心绝岩，播告群岳，而最为气派铭句则是："道在观政，名非从欲。"

  玄宗御制《纪太山铭》，与右丞相兼中书令张说《封祀坛颂》、左丞相兼侍中源乾曜《社首坛颂》、礼部尚书苏颋《朝觐坛颂》，俱勒石纪德，时谓"一铭三颂"。

---

① （后晋）刘昫.《旧唐书》卷二十三 [M]. 北京：中华书局，1975年，第901—904页。

三三　张说垮台

张说（667—730），著名政治家、文学家、军事家。字道济，又字说之，西晋司空张华后裔。祖籍范阳（今河北涿州市），世居河东（今山西永济市），后迁居洛阳。

相传其母曾梦见一只玉燕自东南飞来，投入怀中而怀孕，生下张说。张说为开元前期一代文宗，与许国公苏颋齐名，号称"燕许大手笔"。父亲张骘，曾为洪洞县丞，卒赠刑部尚书。

垂拱四年（688），对策贤良方正，策论

图29　张说像

为天下第一。武则天以近古以来未有甲科为由，屈署乙等。授太子校书郎，迁左补阙。武周神功元年（697），在清边道行军总管王孝杰军中担任节度管记，随其征讨契丹。

圣历二年（699），武则天命幸臣麟台监张昌宗、成均祭酒李峤主持修撰《三教珠英》，援引当世名士张说、徐坚、宋之问、崔湜等参与其中。唯张说与徐坚以《文思博要》《姓氏》《亲族》为本，刻意撰录。大足元年（701）书成，张说以修书之功升迁右史、内供奉，兼职考功、贡举等事务，后擢凤阁舍人。

长安三年（703），宰相魏元忠多次弹劾麟台监张易之与其弟司仆卿张昌宗，张氏兄弟衔恨在心，遂诬陷魏元忠与人私议太后老矣，不若挟太子为久长，称其谋反。武则天命将魏元忠下狱，并让张氏兄弟与魏元忠在朝堂上当面对质。张昌宗私下威胁张说，让他指证魏元忠谋反。张说只得应允。翌日，武则天召太子显、相王旦及一众宰相，共听张、魏对证，在无法定罪的情况下，张昌宗请召张说上殿作证。

当时，凤阁舍人宋璟、殿中侍御史张廷珪、左史刘知幾皆在殿外等候，纷纷正言规劝张说以坚持正义为做人之本。张说拿定主意，进殿后直称是张昌宗逼其作伪证。张昌宗反口咬定张说是魏元忠的同谋。武则天认为张说是反复小人，遂将其和魏元忠一同下狱。几天后，拘审张说，张说仍坚称魏元忠无罪。武则天大怒，命宰相与河内王武懿宗同审此案。当时，朝臣纷纷请求开释魏元忠和张说。最终，武则天贬魏元忠为高要县（今广东肇庆市高要区）尉，张说坐流岭南钦州（治今广西钦州市）。

神龙元年（705），张柬之发动宫廷政变，张氏兄弟被杀，武则天被迫退位。李显复位后，召张说回朝，入为兵部员外郎，后转工部侍郎。

景龙二年（708），张说母亲病逝，报告朝廷离职守孝。丧期未满，起复为黄门侍郎。在当时，由于风教颓素，都以能在丧期被起复为荣耀。张说坚守礼制，固而恳辞，言甚切至。服丧期满，复为工部侍郎。不久，改任兵部侍郎，加弘文馆学士。

景云元年（710），李旦复位后，迁张说为中书侍郎，兼雍州（今甘肃武威市凉州区）长史。是年八月，因接办谯王李重福洛阳谋反案，深受睿宗嘉奖。并受命与国子司业褚无量一同担任东宫太子李隆基的侍读。

翌年，以中书侍郎职加同中书门下平章事，监修国史。玄宗《命张说修国史诏》，诏曰：

> 肇有书契，是兴简册，所以彰乎得失，示以劝惩。非夫详而有体，辨而不华，含阳秋之蕴，总坟诰之赜，岂能光我司典，崇其立言。右羽林军将军摄御史大夫权检校并州大都督府长史持节天兵军节度大使燕国公张说，多识前志，学于旧史，文成微婉，词润金石。谅可以昭振风雅，光扬轨训，可兼修国史，仍赍史本就并州修撰。[①]

时太平公主干预朝政，谋废太子。张说上奏，使太子监国，即日，睿宗命太子监国。翌年，下制皇太子即位。张说因不肯依附太平公主，

---

① （清）董诰.《全唐文》卷二十八[M].上海：上海古籍出版社，1990年，第135页。

被贬为尚书左丞,兼东都留守。

开元元年(713)七月初四,玄宗在铲除太平公主政治集团势力后,征拜张说为中书令,赐爵燕国公。玄宗《授张说中书令制》云:

> 门下:殷命百工,傅膺审象,汉推三杰,良属运筹。不有斯人,孰赉予弼。尚书左丞张说,居正合道,体直理精。朕昔在承华,首延博望。谈经之际,钦若谠言;扬翰之间,润色鸿业。屡陈匡益,见嫉奸回。顷虽抗迹疏远,而载怀饥渴。今群凶已服,大猷伊始,永言亮采,光朕侧席之期;俾咨启沃;成朕济川之望。宜登鼎铉,式综丝纶,可中书令。①

不久,改名中书令为紫微令。玄宗打算再次任命同州刺史姚崇为相,张说因与姚崇不和,想方设法进行阻挠。私下指使御史大夫赵彦昭弹劾姚崇,玄宗心知肚明,不予理睬。张说为了彻底阻挠姚崇拜相,又指使殿中监姜皎提议任命姚崇为河东总管,坚持任命姚崇为兵部尚书、同中书门下平章事。玄宗《授姚元之兵部尚书同三品制》云:

> 门下:王佐之重,师兵之任,旁求栋干,膺此具瞻。同州刺史姚元之宏略冠时,伟才生代,识精鉴远,正词强学,有忠臣之操,得贤相之风,累践台衡,匡益斯在。顷居藩郡,循良是属。载怀一德,分命六官,訏谟允归,文武兼济。式凭帷幄之算,宜副韬钤之委,可兵部尚书同中书门下三品。②

姚崇拜相后,张说深感害怕。便私自到岐王李范府中申述诚意,结果被姚崇告发。玄宗一气之下,贬张说为相州(今河南安阳市与河北临漳县一带)刺史,充河北道按察使。不久,又因他事牵连,再贬岳州(今湖南岳阳市)刺史。

---

① (清)董诰.《全唐文》卷二十[M].上海:上海古籍出版社,1990年,第98页。
② (清)董诰.《全唐文》卷二十[M].上海:上海古籍出版社,1990年,第98页。

开元四年（716），苏颋担任宰相。张说因与苏颋之父苏瑰为故交，特撰《五君咏》组诗，极力赞美歌颂齐国公魏元忠、许国公苏瑰、赵国公李峤、代国公郭元振、耿国公赵彦昭。其二《苏许公瑰》诗云：

> 许公信国桢，克美具瞻情。百事资朝问，三章广世程。处高心不有，临节自为名。朱户传新戟，青松拱旧茔。①

张说在苏瑰忌日时，将诗献给了苏颋，苏颋读后，呜咽流涕，悲不自胜。翌日，便向玄宗陈言。苏颋美言张说："忠贞謇谔，尝勤劳王室，亦人望所属，不宜沦滞于遐方。"②大意是说，张说忠贞耿直，为王室立有大功，声望卓著，不宜贬逐远方。

开元六年（718），玄宗改迁张说为荆州（今湖北荆州市）大都督长史。不久，迁右羽林将军、兼检校幽州都督。

翌年，兼检校并州大都督长史，兼天兵军大使，代理御史大夫，兼修国史。张说在任内，巧妙地解决了大唐与契丹的纠纷。

开元八年（720）秋，朔方大使王晙谋陷军城，诛杀原突厥降户阿布思等千余人。此事引起了散居在大同、横野军附近的拔曳固、同罗等部族的恐惧。为了平息事端，张说率二十从骑持节安抚，为了体现诚意，晚上还睡在部落的帐篷之中。副使李宪得知后，驰状以谏，规劝张说谨慎不要涉险，张说丝毫不惧。诸部落深受感动，边境"由是遂安"。

开元九年（721）四月，原突厥降将康待宾占据长泉县（今山西垣曲县古城镇东），自称叶护，诱使诸降户反叛，攻陷兰池等六州。玄宗命王晙率兵讨伐，又命张说参与军机。副使史献建议把与叛胡联结的党项族全部杀掉。张说极力阻止，并奏请设置麟州以安顿党项族。

> 燕国公张说，奸佞人也。前为并州刺史，谄事特进王毛仲，饷致金宝不可胜数。后毛仲巡边，会说于天雄军大设，酒酣，恩敕忽降，

---

① （清）彭定求等．《全唐诗》卷八十六．
② （唐）郑处诲．《明皇杂录》卷下 [M]. 北京：中华书局，1994年，第28页．

授兵部尚书、同中书门下三品。说谢讫,便把毛仲手起舞,嗅其靴鼻。①

意思是说,燕国公张说是个善于奉承的小人。他原是并州刺史,谄媚奉承特进王毛仲,所送财宝不可胜数。后来,王毛仲巡视边防,在天雄军(作者案:《资治通鉴》开元九年考异作"天兵军")与张说会面,张说大摆宴席款待王毛仲。忽然间,诏命降至,玄宗授张说兵部尚书、同中书门下三品。张说谢恩后,便拉着王毛仲的手翩翩起舞,竟然还用鼻子去嗅王毛仲的靴尖。

开元十年(722),诏命张说担任朔方军节度大使。巡视边防五城,处置兵马。当时,康国粟特人康待宾余党康愿子等率部起兵反唐,占据长泉县,自立为可汗,并劫掠牧马,西渡黄河出塞。张说率兵追讨,在木盘山擒获康愿子,俘虏三千人,又将河曲六州的降户五万余人强迁中原许、汝、唐、邓、仙、豫等州,使得朔方边地荡无一人。张说因功赐实封二百户。当时,唐朝边境兵力有六十多万,张说以"时无强寇,不假师众"②为由,奏请裁军二十万。玄宗犹豫不决,张说请以自己全家百口性命担保,玄宗这才答应。当时,张说针对诸卫府兵力贫弱现状建议招募壮士。不到十天,征得精兵十三万。

开元十一年(723),再擢张说为中书令。张说奏请改宰相议政之所政事堂为中书门下,同时定政事印为中书门下印。不久,玄宗置丽正书院,招秘书监徐坚、太常博士贺知章、监察御史赵冬曦等文学之士,或修书,或侍讲。以张说为修书使总领其事。翌年倡建泰山封禅制议,并受命与徐坚等人议拟封禅仪注。

开元十三年(725),改丽正书院为集贤殿书院,命张说为集贤院学士并知院事。

开元十四年(726)二月,玄宗欲用河南尹崔隐甫,张说奏请其任金吾大将军。在张说的极力干预下,崔隐甫被任命为御史大夫。张说因与御史中丞宇文融不和,对宇文融所提出的建议极力抑止。不久,崔隐甫、

---

① (唐)张鷟.《朝野佥载》卷五[M].北京:中华书局,1979年,第125—126页。
② (后晋)刘昫.《旧唐书》卷九十七[M].北京:中华书局,1975年,第3053页。

宇文融和御史中丞李林甫联名上书，弹劾张说招引术士王庆则占星、又擅自给太原九姓羊钱千万。玄宗震怒，即命源乾曜、崔隐甫、刑部尚书韦抗及大理少卿明珪等人于御史台拘审张说。张说之兄、左庶子张光在朝堂上割掉耳朵为弟弟张说鸣冤喊屈，终无济于事，张说依旧被下狱。

不久，玄宗派高力士去狱中探望张说。高力士回来后向玄宗禀道：张说头发散乱，满脸污垢，坐卧在稻草垫子上，用瓦盆吃饭，惊慌恐惧地等候处分。又进言张说对国家有功。于是，玄宗诛杀王庆则等人，赦免张说，罢其中书令，玄宗命张九龄拟写《停张说中书令制》：

> 特进行尚书右丞相兼中书令燕国公张说：往属艰难，输诚于履险；及兹辅相，润色于告成，而不察细微之人，颇乖周慎之旨。朕略小存大，念旧录功，且法不欲屈，宜罢中枢之任；义亦有在，更崇端揆之荣。宜停中书令，可尚书右丞相，仍将国史于宅修撰。主者施行。①

此时，张说请求再罢去右丞相职务，玄宗不许。及至后来，玄宗遇到军国大事，仍旧派人去征求张说的意见。表明玄宗对张说依然宠顾不衰。崔隐甫、宇文融等人担心玄宗起复张说，害怕遭到报复，于是，各为朋党，对张说进行百般诋毁。

开元十五年（727），朝廷时局急转，玄宗勒令张说退休，罢免崔隐甫官职，左迁宇文融为魏州（今河北大名县城东北）刺史。十七年（729），玄宗复拜张说为尚书右丞相、集贤院学士。到任的当天，玄宗命有司供帐，奏乐具酒肴，并作诗以纪其事。

不久，张说接替源乾曜为尚书左丞相。又因修撰《谒陵仪注》之功，加封开府仪同三司。其长子张钧为中书舍人，擢户部侍郎。后因居父忧服阙，均除户部侍郎，转兵部。次子张垍，娶玄宗第八女宁亲公主（后为齐国公主）为驸马都尉。十八年（730），张说患疾卧床，玄宗每天都派出使者前去看望，并手写药方赐之。张说十二月病逝，时年六十四岁。

---

① （清）董诰.《全唐文》卷二百八十三 [M]. 上海：上海古籍出版社，1990 年，第 1271 页。

玄宗遂于光顺门（大明宫西城门）举哀，罢元正朝会，并为张说御撰神道碑文，赠太师，谥文贞，赐物五百段。玄宗颁《赠张说太师诏》：

> 宏济艰难，参其功者时杰；经纬《礼》《乐》，赞其道者人师。式瞻而百度允厘，既往而千载遗范。台衡轩鼎，垂黼藻于当今；徽策宠章，播芳蕤于后叶。故开府仪同三司尚书左丞相集贤院学士知院事上柱国燕国公张说，辰象降灵，云龙合契。元和体其冲粹，妙有释其至赜。挹而莫测，仰之弥高。精义探系表之微，英辞鼓天下之动。昔侍春诵，绸缪岁华：含春容之声，叩而尽应；蕴泉源之智，启而斯沃。授命兴国，则天衢以通；济用和民，则朝政惟允。司钧总六官之纪，端揆为万方之式。方宏风纬俗，返本于上古之初；而迈德振仁，不臻于中寿之福。于嗟不慭，既丧斯文。宣室余谈，泠然在耳；玉殿遗草，宛留其迹。言念忠贤，良深震悼，是使当宁抚几，临乐彻悬，罢称觞之仪，遵往禭之礼。可赠太师，赐物五百段。①

张说明于政体，文治兼资。前后三度为相，执掌文坛三十年，是推动"开元之治"的一位重要政治人物。玄宗在《命张说兼中书令制》中云："兵部尚书、同中书门下三品、燕国公张说，道合忠孝，文成典礼，当朝师表，一代词宗。有公辅之材，怀大臣之节。"②张九龄在《祭张燕公文》中云："惟公应有期之运，降不世之英，坦高轨以明道，谨大节而立诚。悬镜待人，虚舟济物，妙用无数，精心惟一。"③但张说脾气暴躁，生性贪财，独断专行，朝臣反对者犹多，但处处有玄宗护着。

---

① （清）董诰.《全唐文》卷三十[M].上海：上海古籍出版社，1990年，第143页。
② （清）董诰.《全唐文》卷二十二[M].上海：上海古籍出版社，1990年，第108页。
③ （清）董诰.《全唐文》卷二百九十三[M].上海：上海古籍出版社，1990年，第1315页。

三四　嘉贞其人

张嘉贞（666—729），宰相。字嘉贞，本为范阳旧姓，后迁蒲州猗氏县（今山西临猗县）人。成纪县丞张思义之子。嘉贞断决速敏，善于敷奏，为政严肃，甚为人吏所畏。

垂拱元年（685），二十岁时应五经举，补平乡尉，后因事牵扯，罢归乡里。长安二年（702），侍御史张循宪在任河东采访使之前，事有未决，便染病卧床，问左右可否举荐才士，左右皆荐张嘉贞。张循宪召见以问，张嘉贞"条析理分，莫不洗然"。[①]张循宪大惊，荐请以己之官秩授予张嘉贞，武氏召见嘉贞于内殿，垂帘与之言，嘉贞奏言："以臣草莱而得入谒九重，是千载一遇也。咫尺之间，如隔云雾，竟不睹日月，恐君臣之道有所未尽。"[②]武氏听闻，即命左右卷帘，与语欢洽。末了，拜张嘉贞为监察御史，迁中书舍人，历秦州（今甘肃天水市）都督，转并州（今内蒙古河套，山西太原、大同及河北保定一带）长史。擢张循宪为司勋郎中，以酬其得人。

有一次，张嘉贞奏事京师，玄宗因其善政，数次慰劳。嘉贞借此陈言："少孤，与弟嘉祐相恃以长，今为鄯州别驾，愿内徙，使少相近，冀尽力报，死无恨。"[③]为此，玄宗网开一面，即授予嘉祐任沂州（今山东临沂县）刺史。后来，张嘉祐入朝担任右金吾卫将军，兄弟二人并居将相，一时

---

① （宋）欧阳修、宋祁.《新唐书》卷一百二十七[M].北京：中华书局，1975年，第4441页。
② （宋）欧阳修、宋祁.《新唐书》卷九十九[M].北京：中华书局，1975年，第3090页。
③ （宋）欧阳修、宋祁.《新唐书》卷一百二十七[M].北京：中华书局，1975年，第4442页。

显赫无比。"昆弟每上朝,轩盖驺导盈闾巷,时号所居坊曰'鸣珂里'。"①后贬浦阳府折冲。开元末,为相州(今河南安阳市与河北临漳县一带)刺史。后入为左金吾将军。

开元五年(717),突厥九姓内附唐朝,他们散居在太原以北地区。张嘉贞上奏朝廷,请求驻扎重兵,加以震慑。玄宗准奏,即在并州设置天兵军,任命张嘉贞为天兵使。

开元六年(718),张嘉贞入朝。这时,有人告发张嘉贞谋反,玄宗欲将告发者治罪。张嘉贞认为此举会阻塞言路,于是上奏:"国之重兵利器皆在边,今告者一不当即罪之,臣恐塞言路,且为未来之患。昔天子听政于上,瞍赋,矇诵,百工谏,庶人谤,今将坐之,则后无繇闻天下事。"②玄宗遂赦免其罪。并因嘉贞之耿耿忠心,许诺将来要拜他为宰相。嘉贞趁机奏道:

>昔马周起徒步,谒人主,血气方壮,太宗用之,能尽其才,甫五十而没。向使用少晚,则无及已。陛下不以臣不肖,必用之,要及其时,后衰无能为也。且百年寿孰为至者?臣常恐先朝露死沟壑,诚得效万一,无负陛下足矣!③

意思是说:当年马周徒步入长安,拜见太宗皇帝,得到重用,但五十岁便去世。假如太宗晚提拔马周几年,这个人才就算错过了。如今陛下想要重用臣,就请陛下早一点拜臣为相,不要等臣衰老了。玄宗道:"你且返回并州,我尽快召你回京任相。"

开元八年(720)春,宋璟、苏颋被罢知政事,玄宗欲用张嘉贞,但一时想不起来名字叫什么,只记得姓张。夜诏中书侍郎韦抗问道:"朕尝记其风操,而今为北方大将,张姓而复名,卿为我思之。"④韦抗道:"莫

---

① (宋)欧阳修、宋祁.《新唐书》卷一百二十七[M].北京:中华书局,1975年,第4449页。
② (宋)欧阳修、宋祁.《新唐书》卷一百二十七[M].北京:中华书局,1975年,第4442页。
③ (宋)欧阳修、宋祁.《新唐书》卷一百二十七[M].北京:中华书局,1975年,第4442页。
④ (宋)欧阳修、宋祁.《新唐书》卷一百二十七[M].北京:中华书局,1975年,第4442页。

非是张齐丘,现在担任朔方节度使。"玄宗没再多问,便下诏书以为相。及至夜半,玄宗因批阅大臣奏章,发现有嘉贞所献一奏,遂得其名,即诏其为中书侍郎、同中书门下平章事。数月,再加银青光禄大夫,迁中书令。中书舍人苗延嗣、吕太一,考功员外郎员嘉静、殿中侍御史崔训皆系张嘉贞举荐,皆位清要。他们常常聚集在一起议政,时谓令公四俊。

开元九年(721)九月十九日,玄宗制书到并州,复拜五十五岁的张说为兵部尚书、同中书门下三品。当时的相局为:张说、源乾曜、张嘉贞。

开元十年(722),玄宗车驾幸东都,张嘉贞扈从。洛阳主簿王钧为了求取御史一职,便在洛阳城为张嘉贞修建豪宅,后因贪赃受贿事发,牵扯此事,玄宗大怒,命人将其杖毙。张嘉贞为求灭口,私下催促行刑者加速行刑,后又怪罪于御史大夫韦抗、中丞韦虚心,使得二人遭到贬黜。是年冬,秘书监姜皎因言获罪,张嘉贞附会王守一,怂恿玄宗施以廷杖,刑后贬逐钦州(今广西钦州市),姜皎终因伤势过重死于贬地途中。

不久,前广州(今广东广州市)都督裴伷先因罪入狱,张嘉贞奏请玄宗对其施以廷杖。兵部尚书、同中书门下三品张说反对道:

> 臣闻刑不上大夫,为其近于君,且所以养廉耻也。故士可杀不可辱。臣巡北边,闻杖姜皎于朝堂。皎官登三品,亦有微功,有罪应死则死,应流则流,奈何轻加笞辱,以皂隶待之!姜皎事往,不可复追,伷先据状当流,岂可复蹈前失!①

意思是说,臣听说刑不上大夫,就是因为卿大夫是君主的近臣,而且可以培养他们的廉耻观。所以说士可杀不可辱。之前,臣在北部边境出巡时,听说陛下在朝堂上对姜皎进行了杖刑。姜皎的官阶已达三品,曾经为朝廷立有功勋,若有死罪,可将其处死,若能流放,可以将他流放,为什么可以遂贬用杖刑来羞辱他呢?拿他当皂隶对待呢?现在,姜皎的事情已经过去了,无法纠正了。但裴伷先所犯之罪应该处以流刑,陛下

---

① (宋)司马光.《资治通鉴》卷第二百一十二 [M].北京:中华书局,2009年,第8908、8910页。

万万不可再犯姜皎一案上的错误。

最终，玄宗采纳了张说的意见。但张嘉贞很不高兴。退朝后，指责张说道："你这话说得也太严重了！"张说回答道："宰相者，时来即为，岂能长据？若贵臣尽当可杖，但恐吾等行当及之。"① 意思是说：宰相遇时而为，岂能长久不退？如果我们现在开了贵臣受杖的先例，很难保我们将来也有受辱之时。

事实上，张嘉贞与张说的矛盾由来已久。起初，张说担任兵部侍郎，位居员外郎张嘉贞之上。张嘉贞拜相后，地位超越了张说，但他始终对张说不谦让，张说对此衔恨在心。

开元十一年（723），玄宗幸太原，张嘉贞之弟张嘉祐贪赃事发，张说趁机向张嘉贞献计道：请张嘉贞在家素服待罪，不可入见皇帝。后来，玄宗大怒，贬张嘉贞为豳州（今陕西咸阳北）刺史，命张说接任张嘉贞的中书令。张嘉贞这才知道上了张说的当，为此后悔不已，逢人便说："中书令幸有二员，何相迫之甚也！"②

开元十二年（724），张嘉贞任户部尚书、益州长史，并代理都督之职。不久，玄宗在中书省设宴，命张嘉贞与宰相一同预宴。因张嘉贞对张说痛恨不已，仇人相见，分外眼红，张嘉贞竟在席间对张说谩骂不止。因源乾曜和王晙从中平解，才将张嘉贞劝走。

开元十三年（725），玄宗赐死宠臣王守一，张嘉贞因与王守一交情深厚，受此牵连，被贬为台州（今浙江台州市）刺史。不久，玄宗拜张嘉贞为工部尚书，后为定州（今河北定州市）刺史，掌管北平军事，封河东侯。张嘉贞赴任时，玄宗赋诗勉励，并诏百官到上东门外送行。"至州，于恒岳庙中立颂，嘉贞自为其文，乃书于石，其碑用白石为之，素质黑文，甚为奇丽。"③ 张嘉贞虽久历清要，然不立田园，不置产业。在定州时，有人劝植田业，"嘉贞曰：'吾忝历官荣，曾任国相，未死之际，岂忧饥馁？若负谴责，虽富田庄，亦无用也。比见朝士广占良田，及身没后，

---

① （宋）欧阳修，宋祁.《新唐书》卷九十九 [M]. 北京：中华书局，1975 年，第 3092 页。
② （宋）欧阳修，宋祁.《新唐书》卷九十九 [M]. 北京：中华书局，1975 年，第 3092 页。
③ （宋）欧阳修，宋祁.《新唐书》卷九十九 [M]. 北京：中华书局，1975 年，第 3092 页。

皆为无赖子弟作酒色之资，甚无谓也。'"①

开元十七年（729），张嘉贞以疾乞还东都，八月病卒，年六十四，赠益州大都督，谥曰恭肃。

起初，张嘉贞为相时，曾举荐万年县主簿韩朝宗，被擢为监察御史。在张嘉贞去世后十几年，韩朝宗担任京兆尹时，曾上奏道：

> 自陛下临御已来，所用宰相，皆进退以礼，善始令终，身虽已没，子孙咸在朝廷。唯张嘉贞晚年一子，今犹未登官序。②

意思是说，自陛下即位以来，所用宰相都很优秀，过世之后，子孙依旧在朝廷服务，只有张嘉贞晚年的一个儿子宝符，至今都还没有做官。玄宗听后，即令召之，赐名延赏，取"赏延于世"之意。特授左内率府兵曹参军。延赏博涉经史，达于政事，侍中、韩国公苗晋卿见而奇之，以己女与其为妻。

贞元元年（785），宰相刘从一患病，德宗诏征张延赏为中书侍郎、同中书门下平章事。因与凤翔（今陕西凤翔县）节度使李晟不和，德宗改授张延赏为左仆射。

贞元三年（787）正月，李晟入朝，德宗诏其与张延赏冰释前疑，并请李晟表荐张延赏为相，李晟乐然，于是，德宗复加张延赏同中书门下平章事。后来，李晟还请自己的一个儿子娶张延赏的一女为妻，张延赏拒而不许。同年七月，薨于私第，年六十一，德宗辍朝三日，赠太保，谥曰成肃。

---

① （宋）欧阳修，宋祁.《新唐书》卷九十九[M].北京：中华书局，1975年，第3092—3093页。
② （宋）欧阳修，宋祁.《新唐书》卷九十九[M].北京：中华书局，1975年，第3093页。

三五　千秋佳节

开元十七年（739），也就是热闹非凡的泰山封禅刚过去了三年多，八月初五，正值玄宗四十五岁生日，这天，玄宗在兴庆宫花萼相辉楼大宴群臣。兴庆宫原为隆庆坊五王宅，李隆基即位后，为避讳，改隆庆坊为兴庆坊。据宋人计有功《唐诗纪事》卷十一记载，诗人沈佺期作《陪五王宅》，诗云：

北阙垂旒暇，南宫听履回。天临翔凤转，恩向跃龙开。兰气承仙帐，榴花引御杯。

日从金穴吐，云是玉衣来。池影摇歌席，林香散舞台。不知行漏晚，清跸尚徘徊。

开元二年（714），宋王李宪等请献兴庆坊为离宫，玄宗许可。开元八年（720），玄宗于兴庆宫西南建楼，西楼题曰花萼相辉楼，南楼题曰勤政务本楼。李宪等宅第则环绕宫侧。花萼相辉楼名称源于《诗经·小雅·常棣》中的"常棣之华，鄂不韡韡。凡今之人，莫如兄弟"。这是一首宴请兄弟的诗。《国语》记为成王时周公所作，《左传》记为厉王时召穆公虎所作。萼，花托，花朵最外面一圈绿色小片。这里是指棠梨花，花复萼，萼承花，兄弟之间的情谊，就如同这花与萼一样，相互辉映。

花萼相辉楼是玄宗为了标榜兄弟情义而建造。盛唐时期，江西滕王阁、湖北黄鹤楼、湖南岳阳楼、山西的鹳雀楼被誉为天下四大名楼，而花萼相辉楼则位于四大名楼之首，统称为天下五大名楼。花萼相辉楼则是京师长安城内大型文化艺术娱乐活动的中心，也是盛唐天子玄宗与万民同乐、天下同欢之处。

作为一处主题性建筑，花萼相辉楼是第一座彰显兄弟情谊的皇家建筑，它以特有的建筑位置、规模和形式宣扬着儒家的孝悌文化，以一种独特的表现方式，昭示着无论是贵为天子的皇帝，还是布衣出身的黎民百姓，同胞之间要手足同情、手足相依。玄宗此举虽有很大的作秀成分，但这并不影响此举的教化意义。

开元十六年（728）正月，玄宗开始在兴庆宫听政。从此，兴庆宫便成为玄宗时代的最高政治决策中心。翌年八月初五，朝廷在兴庆宫为玄宗举办了有史以来最崇高规格和最盛大场面的寿宴，文武百官满席，更有太常寺，或教坊，或梨园等宫廷音乐机构的歌舞助兴。酒酣之余，尚书左丞相源乾曜、右丞相张说率领文武百官上表，《请八月五日为千秋节表》，表云：

> 左丞相臣说、右丞相臣璟等言：臣闻圣人出则日月记其初，王泽深则风俗传其后后。故少昊著流虹之感，商汤本元鸟之命，孟夏有佛生之供，仲春修道祖之箓：追始寻源，其义一也。伏惟开元神武皇帝陛下二气含神，九龙浴圣，清明总于玉露，爽朗冠于金天。月惟仲秋，日在端五，恒星不见之夜，祥光照室之期，群臣相贺曰：诞圣之辰也，焉可不以为嘉节乎？比夫曲水禊亭，重阳射圃，五日彩线，七夕粉筵，岂同年而语也？臣等不胜大愿，请以八月五日为千秋节。著之甲令，布于天下，咸令宴乐，休假三日。群臣以是日献甘露醇酎，上万岁寿酒。王公咸里进金镜绶带，士庶以丝结承露囊，更相遗问。村社作寿酒宴乐，名为赛白帝，报田神……①

张说以及朝臣的意思就是要把帝诞之日定为千秋节，要把每年的千秋节改为天下喜庆之日，并且作为各项政治活动的中心内容。

以生日置节令，自古虽然没有先例，但玄宗喜好标新立异，对此上表竟然爽快地予以答应。他在《答百寮请以八月五日为千秋节手诏》中

---

① （清）董诰.《全唐文》卷二百二十三[M].上海：上海古籍出版社，1990年，第994页。

宣称：

> 凡是节日，或以天气推移，或因人事表记。八月五日，当朕生辰，感先圣之庆灵，荷皇天之眷命。卿等请为令节，上献嘉名。胜地良游，清秋高兴，百谷方熟，万宝以成。自我作古，举无越礼，朝野同欢，是为美事。依卿来请，宣付所司。①

至此，千秋节的名称被正式确立。

开元十八年（730）闰六月，为了筹备千秋节的盛大活动，礼部奏请将千秋节的三天假日和村间的"社"会并合起来，玄宗同意。

所谓"社"，即土地之主，起源于先秦时代。据《太平御览》卷三十记载："封土为社，以报其功。""社"会，是祭社祈年的一种民间活动，唐朝置有春、秋二社，或春或秋，皆许天下聚饮。可以"杯浮绿酒邀君醉，笔落红笺写我心"，也可以"琴临秋水弹明月，酒就东山酌白云"。除此二社之外，禁止所有的聚饮。礼部建议将秋社与千秋节并合在一起，先祭白帝，次报田祖，然后再饮酒。

白帝，即少昊，又名少皞、玄嚣，是中国神话中五方上帝之一的西方白帝之神，又称司秋之神。田祖，即农神，传说中的始耕田者。如此建议，千秋节不单纯是为玄宗贺寿，而且还增加了祈农的内容，于国于民，一取两得，举国欢喜。

经过数月的精心筹备，到了八月初五，百官纷纷献贺，玄宗诗兴勃发，遂作《千秋节赐群臣镜》诗，诗云：

> 铸得千秋镜，光生百炼金。分将赐群后，遇象见清心。台上冰华澈，窗中月影临。更衔长绶带，留意感人深。

除在花萼相辉楼赐宴群臣外，又赐四品以上官吏金镜、珠囊、缣彩等，赐五品以下官吏束帛为赆。玄宗意犹未尽，再作《千秋节宴》，喜题八

---

① （清）董诰.《全唐文》卷三十[M].上海：上海古籍出版社，1990年，第143页。

韵诗以示群臣：

> 兰殿千秋节，称名万岁觞。风传率土庆，日表继天祥。玉宇开花萼，宫悬度会昌。衣冠白鹭下，纤暮翠云长。献遗成新俗，朝仪入旧章。月衔花绶镜，露缀彩丝囊。处处词田祖，年年宴杖乡。深思一德事，小获万人康。

右丞相张说遂作《奉和圣制千秋节宴应制》，诗云：

> 五德生王者，千龄启圣人。赤光来照夜，黄云上覆晨。海县衔恩久，朝章献舞新。高居帝座出，夹道众官陈。椠杖洗清景，磬管凝秋旻。珠囊含瑞露，金镜抱仙轮。何岁无乡饮，何田不报神。薰歌与名节，传代幸群臣。

《全唐诗》卷二百三十三载杜甫诗《千秋节有感二首》，其一云：

> 自罢千秋节，频伤八月来。先朝常宴会，壮观已尘埃。凤纪编生日，龙池堑劫灰。湘川新涕泪，秦树远楼台。宝镜群臣得，金吾万国回。衢尊不重饮，白首独馀哀。

诗中不乏刻意奉承之言。唐人杜牧曾作《华清宫三十韵》诗，其中句："歌吹千秋节，楼台八月凉。"

开元二十二年（734）正月二十六日至二十四年（736）十月初二，玄宗听政于东都洛阳。在开元二十四年（735）千秋节之日，玄宗作《千秋节赐父老宴饮敕》云：

> 今兹节日，谷稼有成，顷年以来，不及今岁。百姓既足，朕实多欢，故于此时，与父老同宴。自朝及野，福庆同之，并宜坐食，食讫乐饮。

兼赐少物，宴讫领取。①

并于洛阳广达楼赐宴群臣，奏九部乐。并作《千秋节宴群臣制》，制云：

自古风俗所传，岁时相乐，亦合因事，大小在人。朕生于仲秋，厥日惟五，遂为嘉节，庆感诚深。今属时和气清，年谷渐熟，中外无事，朝野乂安，不因此时，何云燕喜？卿等即宜坐饮，相与尽欢。②

九部乐，亦称九部伎，系隋唐时期宫廷燕乐，用于朝会大典和宴享。开皇初，隋文帝杨坚设七乐部。大业七年（611），隋炀帝杨广在七部乐之上扩设成九部乐，即清乐、西凉乐、龟兹乐、天竺乐、康国乐、疏勒乐、安国乐、高丽乐及礼毕曲。清乐，指汉乐，汉代正统音乐，汉族传统音乐；西凉乐，初称秦汉伎，隋称国伎，唐称西凉伎，由汉乐和龟兹乐混合之而成。盛行于今甘肃张掖、酒泉、敦煌、武威等地；龟兹乐，即西域音乐；天竺乐，即印度音乐；康国乐，即今乌兹别克斯坦一带音乐；疏勒乐，即今新疆喀什葛尔一带音乐；安国乐，即今乌兹别克斯坦布哈拉一带音乐；高丽乐，即今朝鲜及韩国音乐；礼毕曲，即南朝乐府歌舞音乐。唐沿隋制，增燕乐，改清乐为清商乐，删礼毕曲，仍为九部乐。

天宝元年（742），玄宗割江都、六合、高邮三县置千秋县。又遇皇城大同殿的柱子上忽生灵芝，神光照殿，祥云缭绕。天宝七载（748）七月（作者案：《唐会要》卷二十九《节日》记为天宝二年八月初一），刑部尚书兼京兆尹萧炤率文武百官及宗子奏请改"千秋节"为"天长节"，玄宗从之，诏颁《天长节推恩制》，制云：

朕临驭万邦，迨今四纪，曷尝不虔诚至道，锐心庶政。昊穹孚祐，俗致升平。仁寿之域渐登，太和之风斯在。比岁小有偕兄，颇非丰稔，遂使开仓赈乏，空囹恤刑，兼蠲徭省赋，故得家给人足。顷者农功

---

① （清）董诰.《全唐文》卷三十五 [M]. 上海：上海古籍出版社，1990 年，第 166 页。
② （清）董诰.《全唐文》卷二十三 [M]. 上海：上海古籍出版社，1990 年，第 114 页。

正兴，而沾泽频阻，言念黎献，匪遑厎宁。是用发于精诚，庶平昭鉴，至诚上达，膏雨应期。俾夏苗如云，秋获不日，周览原野，宛同茨梁，岂惟有慰朕怀，实亦克符人庆。此皆上元垂贶，宗社降灵，岂曰朕躬，所能通感。属天长令节，盛德在金，爰因欢庆之辰，用申雷雨之泽。其天下见禁囚徒，有犯十恶及谋杀伪造头首罪至死者，特宜免死，配流岭南远恶处，自余一切释放。圣人积不涸之泉，王者用无穷之府，支计苟足，多赋何为？天下百姓今载租庸，并宜放半。所运粮储本资国用，太仓今既余美，江淮转输艰劳，务在从宜，何必旧数？其来载水运入京宜并停。如闻天下诸郡逃户，有田宅产业，妄被人破除，并缘欠负租庸，亲邻货卖，及其归复，无所依投。永言此流，须加安辑。应复业者，宜并给还。纵已代出租庸，不在缴赔之限。《书》云："咸秩群望"，《诗》曰："怀柔百神"，永惟明徵，岂忘昭报。今秋稼穑，颇胜常年，实赖灵祇，福臻稔岁。其五岳四渎所在山川，及得道升仙灵迹之处，宜委郡县长官，至秋后各令醮祭，务崇严洁，式展诚享，无广屠宰，以备牲牢。其天下侍老，宜各量赐米麦。又亲人之要，令长为重，比虽精选，未尽徵求。卓鲁之才或遗，蒲密之化安寄？宜令京官五品以上正员文官，三品以上正员武官，及郎中御史，各举堪任县令一人。具名申省，委有司试择奏授。其有善恶，赏罚与举主并同。僚佐限期，一时令集。王制下士视上农，周政庶士倍禄，若衣食既足，则廉耻乃知，至于资用靡充，或贪求不已。败名冒法，实此之繇。辇毂之下，尤难取给，其在两京文武九品已上正员，既亲于职务，可谓勤心。自今已后，每月给俸食杂用，防阁庶仆等，宜十分为率加二分，其同正员官加一分，仍永为常式，其南衙九品已上，并京兆府畿令等，宜共赐物二万匹。左右龙武军各赐一千匹。其唐元功臣，念言勋旧，宜异常伦。两军各赐物二千匹，余各有差。庶生成之泽，自叶而流根，庆赏之恩，繇衷以畅物。宜宣示遐迩，知朕意焉。①

---

① （清）董诰.《全唐文》卷二十五[M].上海：上海古籍出版社，1990年，第123页。

从千秋节到天长节，意为陛下万寿无疆，大唐天长地久。又是减赋，又是赐物，愈来愈显示皇恩浩荡。在朝臣的奉承下，玄宗确实出尽了风头。然而，也就在这年的十一月，"渔阳鼙鼓动地来，惊破霓裳羽衣曲"，安禄山于范阳（今河北涿州市）起兵反唐，从此拉开了长达七年之久的安史之乱。此后，每遇玄宗诞节，群臣虽有所庆贺，然气氛大不如前。比如，独孤及曾作《为独孤中丞天长节进镜表》，其中写到向太上皇玄宗和肃宗进献两面镜子以续圣寿。

三六　轮岗侍寝

后宫之制，始于周代。进入隋朝，效仿周制。唐袭隋制，高宗时置赞德二人，以代夫人；宣仪四人，以代九嫔；承闺五人，以代美人；承旨五人，以代才人；卫仙六人，以代宝林；供奉八人，以代御女；侍栉二十人，以代采女；另外，又置侍巾三十人。

玄宗在位时，后宫佳丽三千，粉黛如云。玄宗身为皇帝，白天要处理国家事务，晚上还要尽丈夫之责应付这样多的女人，有人说中国历史上最短命的职业是当皇帝，此言颇有道理。玄宗曾颁《出宫人诏》，诏书云：

> 古者三夫人、九嫔、二十七世妇、八十一御女，以备内职焉。朕恭膺大宝，颇修旧号，而六宫旷位，未副于《周礼》，八月算人，不行于汉法。至于姜后进谏，永巷脱簪，袁丝有言，上林引席，此则朕之所慕，未曾忘也。顷者人颇喧哗，闻于道路，以为朕求声色，选备掖庭。岂予志之未孚，何斯言之妄作？往缘太平公主辄进人入宫，朕以事须顺从，未能拒抑。见不贤莫若内省，欲止谤莫若自修，改而更张，损之可也。妃嫔以下，朕当简择，使还其家，宜令所司将车牛，今月十二日赴崇明门待进止。[①]

后宫女性来源不一：或由礼聘，或由采选，或由进献，或由罪没；或为大家闺秀，或为良家妇女；或因德行，或因才学，或因美貌，或因

[①] （清）董诰.《全唐文》卷二百二十六 [M].上海：上海古籍出版社，1990年，第127页。

技艺；或心甘情愿，或身不由己，来源不同，身价不同，最终的处境也不尽相同。

唐朝出台的许多政策及规制，都充分显示以人为本的基本原则，后宫非常开放。中宗时期，允许妃子在宫外修建别墅单住。

在唐朝，后宫嫔妃实行轮岗侍寝，此种制度充分体现了宫妃平等、雨露均沾的人性化意味。事实上，这也是不得已而为之，轮岗当然是最好的解决办法。以后宫佳丽三千人为例，轮岗一遍约需十年时间，也就是说，如果十八岁被选为嫔妃，有可能到二十八岁才能轮上陪侍皇上，如果赶上这一夜皇上体力不佳，或者缺乏兴趣，女人的境遇会更惨些，不幸运的话，恐怕一辈子也难轮岗一次。

唐朝后宫女性有着明确的地位，依次是：皇后，皇后是皇帝的正室，主宰后宫，母仪天下，人伦之本，理乱之端，其体特重；谒陵、宴宾、亲蚕、献茧等典礼，是皇帝"悼往推恩，旌椒兰之懿行，传美名于千古"的政治产物。唐朝册立皇后，非常讲究门第。皇后之下为四夫人，即贵妃、淑妃、德妃、贤妃，为正一品。四夫人之下为九嫔，即昭仪、昭容、昭媛、修仪、修容、修媛、充仪、充容、充媛，为正二品。九嫔之下为二十七世妇，即婕妤九人，为正三品；美人九人，为正四品；才人九人，为正五品。二十七世妇之下为八十一御妻，即宝林二十七人，为正六品；御女二十七人，为正七品；采女二十七人，为正八品。这些具有地位的嫔妃，她们还有诸多随侍的女官、宫女、杂役等。

玄宗即位后，惩旧制之弊。他认为，既然有皇后之位，何尝不可在皇后之下设立四妃。为了以别内外，以正家道，遂改贵妃、德妃、淑妃、贤妃四妃为惠妃、丽妃、华妃三妃（实际上，贵妃封号仍然存在），为正一品，其职"佐后坐而论妇礼者也，其于内，则无所不统，故不以务名焉"。① 六仪六人，正二品，其职"掌教九御四德，率其属以赞导后之礼仪"。② 美人四人，正三品，其职"掌率女官秀祭祀宾客之事"。③

---

① （唐）李林甫．《唐六典》卷第十二 [M]．北京：中华书局，1992年，第347页。
② （唐）李林甫．《唐六典》卷第十二 [M]．北京：中华书局，1992年，第347页。
③ （唐）李林甫．《唐六典》卷第十二 [M]．北京：中华书局，1992年，第348页。

才人七人，正四品，其职"掌序燕寝，理丝枲，以献岁功焉"。①

在后宫，嫔妃之间的争宠夺爱，绝非合乎道德水准的公平竞争。更有意思的是，也不知道是谁的主意，唐朝后宫侍寝顺序是按照月亮的圆缺变化来制定的，这与周代大同小异。每月的前十五日为渐满，后十五日为渐缺。从初一到十五就由地位低的逐渐往地位高的轮，十六到月底前，则反由地位高的往地位低的轮。但皇后及四妃有特权，九嫔以下"九九而御"，从初一到初九是八十一御妻，每九人共享一夜。初十到十二是二十七世妇，也是每九人共享一夜。十三是九嫔，十四是四妃，十五就是皇后独享。同样，十六也是皇后独享，十七是四妃。十八是九嫔，十九到二十一是二十七世妇，也是每九人共享一夜。二十二到三十是八十一御妻，即每九人共享一夜。整体说来，在一个月中，皇后独享两晚，四妃两晚，世妇六晚，御妻十八晚。

多么公平的分配，当皇上真是一件不容易的事，不但不能自由选择，还要一夜应付好几个，有时候身边佳丽多了也闹心。与清代皇帝随意翻牌比较，皇帝受到了极大的制约。

事实上，玄宗追求奢靡，贪恋女色，"开元、天宝中，宫嫔大率至四万"。② 一个男人拥有那么多女人，想想都后怕。

晋武帝司马炎的嫔妃较多，但他喜欢的嫔妃只有诸葛婉、卞贵妃等六人。司马炎如何选择侍寝的嫔妃？他找人打造一辆马车，用四只羊拉着车子围着皇宫转。什么时候羊转累了，停在哪位嫔妃的门前，哪位嫔妃就是当晚侍寝的人选。还有一种说法是，嫔妃为了争得晋武帝的临幸，争先在便道上撒盐，以引导羊车行至自己的房前。

玄宗好色，在无法遍幸嫔妃的情况下，便心血来潮地发明了一种名叫"蝶幸"的游戏，即命嫔妃们在头上插上色彩鲜艳的花朵，自己捉拿粉蝶放飞，粉蝶若落到哪朵花上，他就当晚临幸哪位嫔妃。自杨玉环出现在他的情感生活中之后，也就终止了"蝶幸"的游戏。

明人萧良等在《龙文鞭影二集》中记载："明皇放蝶，武帝驾羊"，

---

① （唐）李林甫．《唐六典》卷第十二 [M]．北京：中华书局，1992年，第348页．
② （宋）欧阳修，宋祁．《新唐书》卷二百七 [M]．北京：中华书局，1975年，第5856页．

说的就是晋武帝司马炎的"羊幸"和唐玄宗李隆基的"蝶幸"。

玄宗还有一个招数就是掷橘选妃，唐人王建曾作《宫词一百首》，其中写道：

丛丛洗手绕金盆，旋拭红巾入殿门。众里遥抛新橘子，在前收得便承恩。

玄宗命将宫女们集合到一起，自己则向宫女群中抛掷橘子，有点像士人抛绣球点女人的感觉。抢到橘子的宫人，当晚就可以得到玄宗的临幸。每个宫女都想抢到橘子，所以都会不顾一切去抢，想象一下，该是怎样的混乱场面？

三七　废后风波

王皇后，是唐玄宗李隆基的元配皇后，同州下邽县（今陕西渭南市）人。其先祖为梁朝冀州刺史王神念，父亲王仁皎，兄长王守一。

李隆基即位之初，曾下诏书将自己的亲妹妹清阳公主下嫁王守一，真可谓：天子做媒嫁妹妹，皇后哥哥娶新妇。

当李隆基还是临淄王的时候，便纳其王氏为妃。在讨伐韦后党羽的整个过程中，王氏一直在幕后积极协助临淄王终成大业。先天元年（712）八月初九，也就是李隆基即位的第七天，睿宗制诰，册立王妃为皇后，《册皇帝妃王氏韦皇后诰》云：

> 王者建邦，设内辅之职；圣人作则，崇阴教之道。式清四海，以正二仪。皇帝妃王氏，冠冕盛门，幽闲令德，艺兼图史，训备公宫。顷属艰危，克扬功烈，聿兴昌运，实赖赞成。正位六宫，宜膺盛典。可册为皇后。①

以王皇后之父王仁皎为太仆卿，累加开府仪同三司，赐爵邠国公。

随着时间的推移，王皇后色衰爱弛，加上没有生育，地位一度受到动摇。时玄宗的祖母武则天的堂侄绛州（今山西新绛县）刺史、恒定王武攸止的女儿武惠妃得宠，由此引发王皇后心中不满，并常常对玄宗出言不逊。

玄宗宠信秘书监姜皎，曾颁《褒楚国公姜皎诏》于天下。开元十年（722）

---

① （清）董诰.《全唐文》卷十九 [M]. 上海：上海古籍出版社，1990 年，第 94 页。

八月，玄宗秘召心腹姜皎商量废后之事。孰料，姜皎出宫，口无遮拦，便将此事泄密给了王皇后，而王皇后的妹夫、嗣濮王李峤却向玄宗举报了姜皎。玄宗勃然大怒，宰相张嘉贞为了迎合玄宗，便给姜皎罗织"妄谈善恶凶吉之事"的罪名，处以廷杖六十，流放钦州（今广西钦州市）。玄宗《流姜皎岭外制》云：

> 秘书监姜皎，往属艰难，颇效诚信，功则可录，宠是以加。既忘盈满之戒，又亏静慎之道，假说休咎，妄谈宫掖，据其作孽，合处极刑。念兹旧勋，免此殊死，宜决一顿，配流钦州。①

同时，贬姜皎之弟、吏部侍郎姜晦为春州（今广东阳春市）司马，亲党坐流、死者数人，姜皎则死于流放途中。

姜皎被流放后，王皇后心中越发忧惧不安。但由于平时对手下人多有恩惠，因而并没有谁去借机陷害她。后来，玄宗对废除皇后之事一直犹豫不决。

开元十二年（724）七月，太子少保王守一指使僧人明悟为妹妹王皇后做厌胜之法求子，在家中开坛祭拜北斗七星和南斗六星，剖开霹雳木，在上面写下天地二字和玄宗的名讳，然后将两半片合在一起，让皇后佩在身上。更要命的是，王守一祈祷道："佩此有子，当和则天皇后。"② 不料事发，玄宗亲自追究，果然搜获物证。中书舍人张九龄奉诏草拟《废王皇后制》，制云：

> 门下：朕承五圣之绪，为万国之君，敢以私爱而废至公，内顾而忘鸿业？皇后王氏，天命不佑，华而不实，居上畜虎狼之心，御下甚鹰鹯之迹。造起狱讼，朋扇朝廷，见无将之端，有可讳之恶，焉得敬承宗庙，母仪天下？可废为庶人，就别院安置。刑于家室，

---

① （清）董诰.《全唐文》卷二十二 [M].上海：上海古籍出版社，1990年，第107页。
② （宋）司马光.《资治通鉴》卷第二百一十八 [M].北京：中华书局，2009年，第8918页。

有愧昔王，为国大计，苾非获已。布告天下，咸使知闻。①

在这里，"无将"谓心存谋逆，"无将之端"，即不可言说之罪恶。试想，一位嫁与玄宗三十二年的可怜巴巴的女人，期待能靠巫术得子，以求取稳固皇后之位，却被玄宗扩罪成心存叛逆。完全不顾往日旧情，这是绝对的负恩！

在唐代，休妻并不是一件容易的事。《唐律》规定：如果妻子没有触犯"七出"，那是绝对不能休妻的。一出：不顺父母去，为其逆德也；二出，无子，为其绝世也；三出，淫乱，为其乱族也；四出，嫉妒，为其乱家也；五出，有恶疾，为其不可与共粢盛也；六出，口多言，影响家庭和睦；七出，盗窃，为其反义也。这七出只考虑到维护男人的夫权，并没有对妇女主动离婚提出要求。

在古代，比如周代，为了维护婚姻的稳定和家庭的和睦，防止社会秩序混乱，对男子休妻决定权加以制约，提出了"三不出"，即丈夫在婚前靠女方供养，或者结婚时妻子把财产都带来当嫁妆，妻子离婚时又无家可归，在这种情况下，不得休妻。

除此之外，玄宗贬王守一为潭州（今湖南长沙）别驾，并将其赐死在赴任途中。户部尚书张嘉贞被指控与王守一相互勾结，被贬为台州（今浙江台州）刺史。时人王諲曾作《翠羽帐赋》，以讽刺玄宗的行为，诗曰：

  翠羽飘摇陨晓风，何时吉梦叶黑熊。脱将半臂共汤饼，泣请三郎念阿忠。

处于极度恐慌之中的王氏哭着问玄宗："陛下独不念阿忠脱紫半臂易斗面，为生日汤饼邪？"②

意思是说：陛下难道不挂念当年阿忠拿衣服换一斗面粉给陛下做生日汤饼的事吗？阿忠，王皇后父亲王仁皎的小名。

---

① （清）董诰.《全唐文》卷二百八十三 [M].上海：上海古籍出版社，1990年，第1271页。
② （宋）欧阳修，宋祁.《新唐书》卷七十六 [M].北京：中华书局，1975年，第3491页。

是年十月，王氏去世，宫人悲哀不已，玄宗诏令以一品礼葬于无相寺。事后，玄宗自己也对此事感到非常后悔。宝应元年（762）四月二十日，玄宗之孙李豫即位，是为代宗。代宗亲政伊始，便平反昭雪，复尊其为王皇后。

三八　还宫夺宠

贞顺皇后（699—737），武氏，名字不详，并州文水（今山西省文水县）人。玄宗宠妃，武则天的堂侄孙女、绛州刺史、恒定王武攸止的女儿，母亲郑国夫人杨氏。

武氏年幼时，父亲病逝。按照惯例，被送入宫中抚养，得到武则天庇荫。玄宗即位时，武氏已经出落成一位亭亭玉立的少女，遂引起玄宗的注意。武氏性情乖巧，善于逢迎，很快就博得玄宗的欢心。史书谓"渐承恩宠"。

开元十二年（724）七月二十二日，王皇后被废为庶人后，玄宗进册武氏为惠妃，"宫中礼秩，一同皇后"。① 其母杨氏被封为郑国夫人，同母弟弟武忠迁国子祭酒，武信迁秘书监。惠妃先后为玄宗生下夏悼王李一、怀哀王李敏、寿王李瑁、盛王李琦，以及上仙公主、咸宜公主和太华公主。其所生子女皆因母宠而得到玄宗的偏爱。因夏悼王、怀哀王及上仙公主先后于襁褓中夭折，玄宗伤悼不已。及生寿王李瑁时，不敢在宫中抚养，玄宗命大哥、宁王李宪带出宫外养育。

玄宗对惠妃宠爱始终不衰，并一度想立其为皇后。监察御史潘好礼向玄宗上《谏立武惠妃为皇后疏》：

> 臣尝闻《礼记》曰："父母之仇，不共戴天。"《公羊传》曰："子不复父仇，不子也。"昔齐襄公复九世之仇，丁兰报木母之恩，《春秋》美其义，汉史称其孝。陛下既不以齐襄为法，丁兰为戒，岂得欲以武氏为国母？当何以见天下之人乎？不亦取笑于天下乎？非止

---

① （后晋）刘昫.《旧唐书》卷五十一 [M]. 北京：中华书局，1975年，第2177页。

兮损礼经，实恐污辱名教。又惠妃再从叔三思、从父延秀等，并于乱朝纲，递窥神器，豺狼同穴，枭獍同林。至如恶木垂阴，志士不息；盗泉飞液，正夫莫饮，良有旨哉。且匹夫匹妇欲结夫妻者，尚相拣择，况陛下是累圣之贵，天子之尊乎？伏愿陛下详察古今，鉴戒成败，慎择华族之女，必在礼义之家，称神祇之心，允亿兆之望，为国大计，其在于兹。且惠妃本是左右执巾栉者也，不当参立之数。《春秋》书宋人夏父之会，无以妾为夫人；齐桓公誓命于葵邱，亦曰无以妾为妻：此则夫子恐开窥竞之端，深明嫡庶之别。又汉成帝欲立赵氏为皇后，刘辅极言；汉桓帝欲立薄氏于中宫，李云切谏。又见人间盛言，尚书左丞相张说，自被停知政事之后，每诣附惠妃，诱荡上心，欲取立后之功，更图入相之计。伏愿杜之于将渐，不可悔之于已成。且太子本非惠妃所生，惠妃复自有子，若惠妃一登宸极，则储位实恐不安。皇太子既守器承祧，为万国之主本，何可轻易辄有摇动？古人所以见其渐者，良以是也。昔高祖以戚夫人之故，将易太子之位，时有商山四皓，虽不食汉庭之禄，尚能辅翼太子，况臣愚昧，职参宪府，慷慨关心，感激怀愤。陛下留神省察。[①]

太子是储君，是未来的天子。自古以来承袭的原则是立嫡以长。退而立储以贤，最次者是立储以爱。仁人君子潘好礼在紧要关头，冒着杀头之罪援引《春秋》大义，上奏立武为后之弊，终于打消了玄宗的这个念头。

武惠妃为自己的儿子谋求太子之位，就等于是在为自己争夺中宫之主皇后之位，玄宗也打消废立太子的想法。

玄宗宠妃赵丽妃生太子李瑛，皇甫德仪生鄂王李瑶、刘才人生光王李琚。因武惠妃得宠，三妃相继失宠。李瑛、李瑶与李琚三人常为母亲因为武惠妃的出现而失宠颇有怨言。武惠妃之女咸宜公主的驸马杨洄迎合武惠妃的意图，每天都在监视太子李瑛的一举一动，并向武惠妃及时

---

① （清）董诰.《全唐文》卷二百七十九 [M].上海：上海古籍出版社，1990年，第1250—1251页。

报告。武惠妃工于心计，在玄宗面前哭诉诬告太子结党营私，想要谋害她们母子。玄宗震怒，欲废太子。中书令张九龄以春秋时期骊戎国君之女骊姬，西汉赵国邯郸（今河北邯郸市）人江充，西晋太宰贾充之女、晋惠帝司马衷皇后贾南风，以及隋文帝杨坚的独孤皇后等人故事劝谏玄宗以社稷为重，不可感情用事，此事作罢。但不久，玄宗罢去张九龄的中书令，以李林甫取代其位。李林甫与武惠妃勾结在一起，时常对她说寿王李瑁的好话，武惠妃听后深以为意。

图30 张九龄像 明刻《三才图会》

开元二十五年（737）四月，杨洄再次向武惠妃构陷太子李瑛、鄂王李瑶和光王李琚，说他们与太子妃薛氏之兄薛锈共谋异事。武惠妃便以宫中有贼设下陷阱，派人急召三王入宫。接着，惠妃又飞报玄宗："太子跟二王要谋反了，他们已经身穿铁甲进宫了！"玄宗派人察看，果真如此，于是，便找宰相李林甫商议，李林甫说："这是陛下的家务事，不是臣等应该干预的。"四月二十一日，玄宗废太子瑛、鄂王瑶、光王琚为庶人，赐薛锈死。不久，三王被害，天下人都为他们感到冤枉。

武惠妃自陷害太子等人谋反之后，患了疑心病，屡次看到他们的鬼魂，竟一病不起。请来巫师在夜里作法，并为三王改葬，甚至用处死的人来陪葬，能想到的办法都用尽了，可全然没用。开元二十五年（737）十二月，武惠妃还是被自己吓死了，年仅三十八岁。葬长安以南四十公里处敬陵（今西安长安区大兆乡庞留村）。并于京中昊天观之南立庙以祀，玄宗伤心不已，遂颁《赠武惠妃贞顺皇后制》，制曰：

存有懿范，没有宠章，岂独被于朝班，故乃亚于施政（作者案：《旧唐书》卷五十一《玄宗贞顺皇后武氏》作"施于亚政"）。可以垂裕，斯为通典。故惠妃武氏少而婉顺，长而贤明，行合礼经，言应图史。承戚里之华胄，昇后庭之峻秩，贵而不恃，谦而益光。

以道饬躬，以和逮下。四德粲其兼备，六宫咨而是则。法度在已，靡资珩珮，躬俭化人，率先缔绤。夙有奇表，将加正位，前后固让，辞而不受，奄至沦殁，载深感悼。遂使玉衣之庆，不及于生前；象服之荣，徒增于身后，可赠贞顺皇后。宜令所司择日册命。①

中书舍人、集贤院学士徐安贞奉诏作《贞顺皇后哀册文》：

维开元二十五年岁次丁丑十二月庚子朔七日丙午，惠妃武氏薨于兴庆宫之前院，移殡春宫丽正殿之西阶。粤翌日，乃命有司持节册谥曰贞顺皇后，以旌德饰终也。洎明年春二月己亥朔二十二日庚申，将迁座于敬陵，礼也。启攒涂于春禁，候重门于初旭，转灵卫于金根，缅哀怀于上国。亦既有命，铭于贞王。其词曰《风》之始者，（阙二字）备内。职选才淑，政兼翊戴。化锡丕祉，繁华钟美。我天后之从孙，周桓王之季子。于渭之，涘重开戚里。鹓鸾飞翔，珮玉锵锵。自婕妤而三命，乃率先于雁行。出言有章，彤管有光。孝慈之心，谅自天启。鞠育孙幼，恩流恺悌。七子既均，六宫有礼。贵主三分于外馆，贤王两辟于朱邸。彼阴教兮惟微，承日月之光辉。辅圣人之至德，故动用而无违。骊谷汤泉，天行暮律。属车之内，陪游之日。孰谓荡邪，兹焉遇疾。（阙）焚香山，以邀元吉。却届重城，弥留永毕。思勿药之有喜，痛还年之无术。呜呼哀哉！览旧馆兮洞开，践芳尘兮徘徊。指甘泉之画像，谓德容之在哉！自昔层城之宫，椒风之殿，获遇明主，是矜邦媛。有平生之渥恩，无沦没之余眷。况贞顺之宠锡，伊往古而莫见。卜兆考常，三龟既良。园陵苍苍，在国之阳。傍芙蓉而左转，怨桃李之春芳。风卷旌旆，繁笳委咽。中使护道，懿亲辞诀。山藏玉衣，地留金穴。惟清灞之永矣，流国风而不竭。呜呼哀哉！②

---

① （清）董诰.《全唐文》卷二十四 [M]. 上海：上海古籍出版社，1990年，第115—116页。
② （清）董诰.《全唐文》卷三百五 [M]. 上海：上海古籍出版社，1990年，第1370页。

玄宗长子、庆王李琮上奏玄宗,是否需要按照皇后礼仪操办丧事?皇帝所有子女是否都要为其服丧?有关部门请以武惠妃忌日辍朝,玄宗不许,而是沿用妃嫔丧仪仅让其亲生子女服丧。然其谋害三皇子之事人尽皆知。乾元年间,肃宗废除皇后祠享。

天宝四载(745)八月十八日,玄宗册封武惠妃的女儿为太华公主,后嫁杨锜为妻。《封太华公主制》云:

肃邕禀德,邦化所崇,汤沐疏封,古训斯在。第二十一女,践修闱则,素承阿保之严;砥砺嫔仪,率由图史之范。璁珩既佩,柔愿无违,蕙问充昭,常华自著。肇施彩级,将具礼于辎軿;载锡粉田,俾申荣于井赋。可封太华公主,食实封一千户。①

---

① (清)董诰.《全唐文》卷二十四[M].上海:上海古籍出版社,1990年,第119页。

三九　不期而遇

李隆基即位后，开元之治确实为他挣足了颜面。李唐天下尽管国泰民安，但不幸的事件还是发生了，并且还是一起震惊朝廷内外的盗墓事件。

据肃宗朝校书郎载孚中国志怪传奇小说集《广异记》记载：开元二十八年（740），有一伙盗墓贼打起了当朝皇帝玄宗宠妃刘华妃墓的主意，由于刘华妃墓的目标太大，加之总有陵管人员巡视，不易下手。但这伙盗墓贼为了不被人发现，便在距刘华妃墓的百步之外造了一座假坟，白天晚上都在洞内休息，然后通过地下盗洞直达刘华妃的墓中。

当盗贼打开棺盖后，发现刘华妃真是一位绝色美人，面容气色与活人并无二致，并且四肢还能弯曲。当盗墓贼发现刘华妃的两只手腕上都戴着金钏，便残忍地将其手一刀剁掉，取下金钏。

据说这伙盗墓贼也很迷信，他们担心刘华妃会托梦给她儿子、唐玄宗长子、庆王李琮哭诉自己遭遇的劫难，于是，一不做二不休，又残忍地把刘华妃的舌头割去，使她无法说话。就这还不算，他们又将刘华妃的尸体侧立起来，将燃烧的蜡烛插进刘华妃的阴道里，一位大唐王朝的华妃，死后竟然遭到这伙盗墓贼的肆意凌辱，实在令人发指！

傍晚时分，这伙盗墓贼带着盗取的大量珍宝走出那座假坟，然后派人从都城拉来空棺材，再将盗得的宝物装进灵车空棺材返城。

就在盗贼准备行动之前，李琮就梦见自己的母亲披头散发，赤身裸体地悲泣道：可恶盗贼掘我坟墓，凌辱我身，我的遭遇，如何能说与人听？但我会看到他们败露于春明门下！

随后，刘华妃又向儿子李琮详细描述了各盗贼的面貌。李琮遂于梦中哭醒，天一亮便入奏玄宗。玄宗派人前去查看，刘华妃墓果然被盗，尸体被凌辱。玄宗大怒，立即召来京兆尹和万年令，令其限期捉拿盗贼。

再说那伙盗贼，正拉着装有珍宝的棺材回城，渐渐来到长安东城主城门春明门前。在城门口，门吏搜其车中棺材，发现里面装的尽是宝物，于是，运送宝物的盗贼立即遭到官府的捉拿。经过审讯，又逮捕其同伙数十人。负责审讯的官员一查这伙盗贼的身份，竟然都是长安城里的官宦子弟。

《唐律疏议》卷第十九《贼盗》第二百七十七条规定："诸发冢者，加役流；发彻即坐，招魂而葬，亦是。已开馆椁者，绞；发而未彻者，徒三年。"意思是说，凡开挖墓葬者，处以劳役流刑；打开棺材者，处以绞刑；发墓而未至棺材者，处以三年徒刑。

李琮恨意难平，于是，再次上奏玄宗，请求自己将亲手处置其中五名盗贼首领。玄宗准奏。李琮为母报仇，将其五人剖腹，掏取出心肝五脏烹炸，用以祭祀母亲刘华妃的在天之灵。其余盗贼皆被斩首。随后，重新择地安葬了刘华妃，李琮哀伤不已，再为其母守丧三年。

这起令人发指的辱尸事件，无论从哪个角度讲，都彻底丢尽了皇家的颜面。

四十　巧夺风情

杨玉环，字太真，生于开元七年（719）六月初一，祖籍弘农华阴（今陕西华阴市），后迁居蒲州永乐（今山西芮城县）。

杨玉环姿质娇艳。唐玄宗赞其"尔颜类玉"、白居易《长恨歌》云其"天生丽质"、陈鸿《长恨歌传》云其"殊艳尤态"、刘昫《旧唐书》云其"姿色冠代"、欧阳修《新唐书》云其"姿质天挺"、司马光《资治通鉴》云其"肌态丰艳"、蔡东藩云其"肌态丰艳"，性格婉顺，精音律，擅歌舞，善琵琶，智算过人。与春秋越国西施、西汉南郡王昭君及东汉貂蝉并称为"中国古代四大美女"，享有"闭月羞花之貌，沉鱼落雁之容"。

杨玉环曾祖父杨汪，字元度，少时凶恶，好与人斗。及年长，折节勤学，精《左传》，尤通三礼。因周冀王、刘臻推许，迁夏官府都上士。及高祖居相，引知兵事，迁掌朝下大夫。高祖受禅，赐爵平乡县伯，食邑二百户。历任尚书司勋兵部二曹侍郎、秦州总管长史、尚书左丞、荆州、洛州长史。隋炀帝即位，出任大理卿。年底拜国子祭酒。

图31 杨贵妃像　明刻《历代百美图》

大业九年（613），杨玄感叛乱，杨汪遂被隋炀帝贬出京城，出任梁郡通守。隋炀帝死后，杨汪依附洛阳王世充，帮其争夺天下。秦王李世民收复洛阳后，杨汪作为凶党被斩。祖父杨令本，仕途不顺，仅官金州（今陕西石泉县以东及旬阳县以西的汉水流域）刺史，家道从此渐见衰落。父亲杨玄琰，蜀州（今四川崇州市）司户参军。

杨玉环的童年是在蜀州度过的，在她十岁的时候，父亲以罪下狱死，她被三叔父、河南府（今河南洛阳）士曹参军杨玄璬收养。据说，杨玉环在从崇州到洛阳的途中不幸染病，幸遇一位尼姑搭救，才捡回了一条小命。

杨玄璬心地善良，为人忠厚，他视杨玉环为己出，处处关爱有加。杨玉环在三叔父的精心抚育下快乐地成长着。

长宁长公主系中宗李显第四女，生母韦庶人，玄宗李隆基的堂妹。初嫁杨慎交，生子杨洄。开元十六年（728），杨慎交死，再嫁苏彦伯。

在李唐皇室中，长宁公主有名望。开元二十二年（734）七月，玄宗第二十二女咸宜公主下嫁杨洄，在洛阳举行婚礼。身在洛阳的杨玉环应长宁长公主之邀，参加了咸宜公主的婚礼，这是杨玉环第一次参与皇室社交活动。在婚礼上，青春年少的杨玉环大展风姿，玄宗第十八子、寿王李清[作者案：开元二十四年（736）正月，改"清"为"瑁"]对杨玉环一见钟情。

开元二十三年（735）十二月二十四日，玄宗应武惠妃之请，册立十七岁的杨玉环为寿王妃。《册寿王杨妃文》云：

  维开元二十三年，岁次乙亥，十二月壬子朔二十四日乙亥，皇帝若曰：于戏！树屏崇化，必正闺闱，纪德协规，允资懿哲。尔河南府士曹参军杨元璬长女，公辅之门，清白流庆，诞钟粹美，含章秀出。固能徽范夙成，柔明自远，修明内湛，淑问外昭。是以选极名家，俪兹藩国，式光典册，俾叶龟谋。今遣使户部尚书同中书门下李林甫、副使黄门侍郎陈希烈持节册尔为寿王妃。尔其敬宣妇道，

> 无忘姆训，率由孝敬，永固家邦。可不慎欤？①

册妃大礼是在杨家举行的。礼部尚书、同中书门下三品李林甫及门下侍郎见集贤院学士陈希烈带领仪仗队来到杨家，杨氏父女与其家族属员出门迎接。使者、持节者、典谒者、赞礼者、持册案者以及主人、诸宗人各就其位。女相者从别室把杨玉环引到使者面前拜见使者，使者称有"制"，玉环再拜。使者宣读册书，玉环再拜，接受册书。册妃之后，又陆续进行了亲迎、同牢、妃朝见、婚会、妇人礼会、飨丈夫送者、飨妇人送者等礼仪后。从此，杨玉环就正式成为寿王瑁的妃子。

开元二十四年（736）正月，寿王李瑁与杨玉环大婚。婚后，夫妻二人恩爱，甜美异常。

开元二十五年（737）十二月初七，玄宗宠妃武惠妃病逝，享年四十岁，玄宗悼惜不已，整天一副憔悴的样子，对后宫数千人无顾盼之意。高力士深知玄宗心思，便顺着玄宗的目光投向了与武惠妃面貌相似的儿媳杨玉环。

开元二十八年（740）十月十一日，玄宗幸骊山温泉宫，命高力士宣杨玉环入见。杨玉环离开寿王府来到骊山，杨玉环轻移莲步，趋至御前，深情款款地拜将下去。玄宗满心欢喜，立即别赐汤沐。当晚宴毕，玄宗赐杨玉环金钗钿合为定情信物，又乘着酒兴，携手入内，演绎了一套翁媳联床、颠鸾倒凤的艳曲。次日清晨，杨玉环对镜梳妆，玄宗为示恩宠，又取出皇家镇库宝物——金步摇，代为插鬓。这一年，杨玉环二十二岁，李隆基已五十七岁。

开元二十九年（741）正月初二，玄宗欲将儿媳杨玉环纳入后宫，为掩人耳目，五十八岁的玄宗趁窦太后忌辰，令二十三岁的寿王妃杨玉环伪装出家，遂颁《度寿王妃为女道士敕》，敕曰：

> 圣人用心，方悟真宰，妇女勤道，自昔罕闻。寿王瑁妃杨氏，素以端懿，作嫔藩国，虽居荣贵，每在精修。属太后忌辰，永怀追福，

---

① （清）董诰.《全唐文》卷三十八 [M].上海：上海古籍出版社，1990年，第179页。

以兹求度，雅志难违。用敦宏道之风，特遂由衷之请，宜度为女道士。①

玄宗赐玉环道号太真。并让太真住进宫内的太真宫，算是与寿王瑁正式离婚。

不到一年，太真宠遇如同武惠妃，宫中呼她为娘子，仪礼如同皇后。凡玄宗出游巡幸，太真无不随侍。若乘马出游，则由内侍高力士执辔垂镫，宫中常年有七百人在为太真织锦刺绣，又有几百人专门为她熔镂各种金玉器物，供其生日及节庆之日使用。

天宝四载（745）七月二十六日，玄宗命光禄大夫、行左相兼兵部尚书、弘文馆学士李适之为正使，金紫光禄大夫、门下侍郎、集贤院学士兼崇文馆大学士陈希烈为副使，持节册立左卫勋二府右郎将韦昭训的次女为寿王妃。刚过了二十天，即八月十七日，玄宗则于凤凰园册封杨太真为贵妃，玄宗此举对寿王瑁而言，大有夺妃之恨。

在后宫，贵妃仅次于皇后。当时玄宗又没立皇后，杨贵妃实为后宫之主。玄宗曾对宫人说："朕得杨贵妃，如获至宝也。"还专门为杨贵妃谱写了一支《得宝子》的曲子。

天宝六载（747），玄宗在骊山大兴土木。十月初七，改温泉宫为华清宫，增开温泉，名曰华清池。池边建造楼台殿阁。又筑罗城，置十王宅及百司。

天宝七载（748）十月，在骊山华清宫中，玄宗封杨贵妃的大姐杨玉玲为韩国夫人，封三姐杨玉瑶为虢国夫人，封八姐杨玉琇为秦国夫人，玄宗按照她们在家族中的排行，依次呼为大姨、三姨、八姨。他们三人的权势很大，连皇子、公主都得对他们礼让三分。

杨贵妃喜食荔枝，荔枝生长在南方，果壳呈青绿紫红各色。白居易说荔枝"瓤肉莹白如冰雪，浆液甘酸如醴酪"。但荔枝极难保鲜，一日可色变，二日可香变，三日可味变，四五日香味俱尽。玄宗为了满足贵妃的嗜好，诏命蜀中涪州（今重庆市涪陵区）运送荔枝到皇宫。为了能使荔枝保持新鲜，先将成熟的荔枝树挖出，然后栽植于大瓮之中，用车马运至长安附近进行采摘，再派飞骑驰送宫中。杜牧曾作《过华清宫》

---

① （清）董诰.《全唐文》卷三十五[M].上海：上海古籍出版社，1990年，第166页。

诗云："长安回望绣成堆，山顶千门次第开。一骑红尘妃子笑，无人知是荔枝来。"张九龄曾作《荔枝赋并序》，其中云：

> 若乃华轩洞开，嘉宾四会，时当燠煜，客或烦愦，而斯果在焉，莫不心侈而体怢。信雕盘之仙液，实玳筵之绮缋；有终食于累百，逾益气而理内。故无厌于所甘，虽不贪而必爱；沉李美而莫取，浮瓜于而自退。①

除荔枝外，还有一种酒被玄宗封为宫廷御酒，其酿酒用的水是高山上的清晨甘露，此酒具得天独厚的四川兴农酿酒之地利优势，酿出来的美酒醇香芬芳，清而不淡，浓而不艳！作为贡品进入宫廷的美酒，被取名为露浓笑。

由于杨贵妃在宫中的服饰器玩过分华丽和奢侈，地方州县长官为求升迁，乘机进献珍奇异宝。岭南（今广东广州市）节度使张九章、广陵（今江苏扬州市）长史王翼等因进献之功，一人特加三品，一人擢升户部尚书。

郑处诲《明皇杂录》载：杨玉环被册立为贵妃后，岭南上贡了一只白鹦鹉，能模仿人语，玄宗和贵妃非常喜欢，呼其为雪衣女，左右则呼其为雪衣娘。玄宗令词臣教以诗篇，数遍之后，这只白鹦鹉竟然能吟诵出来，十分逗人喜爱。玄宗每与贵妃或诸王下棋，如果棋局对玄宗不利，侍从宦官就呼唤雪衣娘，于是，这只鹦鹉便飞扑棋盘，展翼拍翅，乱其盘中棋子，或啄贵妃及诸王之手，使之不能再与玄宗"争道"。

后来，玄宗与贵妃出入别殿，贵妃将雪衣娘放在步辇的竿子上。玄宗又命侍从将雪衣娘置于大殿，忽有一只老鹰飞将过来，将雪衣娘啄死，玄宗与贵妃十分伤痛，将它埋葬在御苑中，呼为鹦鹉冢。元朝诗人杨维桢《无题》诗云："金埒近收青海骏，锦笼初放雪衣娘。"咏的就是玄宗与贵妃的宠物白鹦鹉。

杨贵妃善于迎合玄宗的心意，每宴至酒酣，贵妃都会亲自统领宫女数百人，玄宗亲自统领家奴数百人，在掖庭排列成两队，谓之风流阵。

---

① 诏逯夫.《历代赋》[M].上海：上海辞书出版社，2017年，第580页。

双方均以彩锦做旗帜，互相攻打，败者罚酒十大杯，以相戏笑。

杨贵妃喜紫绡，紫绡是一种质轻如纱的紫色薄绢。贵妃喜高髻，高髻妆上饰金凤珠翠，后佩孔雀翎，两鬓簪步摇，步摇即古代妇女鬓发修饰品，缀有垂珠，步则摇动。后人谓之玉环髻，或贵妃髻。贵妃喜描眉，当时的宫眉为柳叶眉。

玄宗曾命画工绘制过十眉图，即鸳鸯眉（又名八字眉）、小山眉（又名远山眉）、五岳眉、三峰眉、垂珠眉、月棱眉（又名却月眉）、分梢眉、烟涵眉、拂云眉（又名横烟眉）及倒晕眉。

杨贵妃又喜黄裙。据说，李唐承汉代火运，为土德。为了符合土德，玄宗专门颁布《诸卫队仗绯色幡改赤黄色诏》。

杨贵妃的远房哥哥杨钊（即后来的宰相杨国忠，系贵妃三代直系之外亲属），其舅父就是臭名昭著的张易之。杨钊原为市井无赖，三十岁时投军蜀中，因常去堂叔父杨玄琰家，有机会与生性风流的三堂妹杨玉瑶（即后来的虢国夫人）私通。后又巧借椒房之亲，一跃而为监察御史。

天宝八载（749）春，玄宗赐杨国忠章服。不到一年的时间，杨国忠竟身兼十五职，权倾朝野，出入禁中，日加亲幸。三年后，即天宝十一载（752）十一月，玄宗《授杨国忠右相制》云：

> 先王立政，必惟择贤，所以时亮天工，叶修人纪。总资三事，是属中书，审于百工，佥曰亚相。银青光禄大夫御史大夫判度支事权知太府卿兼蜀郡长史持节剑南节度使支度营田等副大使本道兼山南西道采访处置使两京太府司农出纳监仓祠祭木炭宫市长春九成宫使关内道及京畿采访处置使上柱国宏农县开国伯杨国忠，纯粹精明，悬解虚受。比之管乐，文多体要之词；拟于邴魏，武有韬钤之学。直方其道，简易能成。往自星郎，爰秉天宪，军国大政，宏益滋多，则造膝沃心，已期王佐，弥纶经济，同致雍熙。况南台冢宰，尤思藻鉴，西垣鼎座，深伫变和。会予宿心，升尔为相，宜兼密启，式总如纶。可守右相兼吏部尚书集贤殿学士修国史崇元馆大学士太清太微宫使，仍判度支及蜀郡大都督府长史剑南节度支度营田副大使

本道兼山南西道采访处置使两京出纳勾当租庸铸钱等使并如故。①

从此，杨国忠代替李林甫为相，执掌国政。不久，玄宗又赐爵卫国公。

每年十月，玄宗都要游幸华清宫，必与贵妃同乘一辇。玄宗在华清宫专辟一楼，名曰端正楼，为贵妃梳洗之所。除专供唐玄宗洗浴的莲花汤池（又名御汤九龙殿）外，又为贵妃专辟一汤沐浴之所，因池子形状像海棠，故名海棠汤，或称贵妃汤。之前叫芙蓉池，因贵妃小名叫芙蓉。

1983年，经陕西省考古研究所考古发掘，此汤池比御汤浅小，亦呈椭圆形，池壁由24块墨玉拼砌而成，东西长3.60米，南北宽2.70米，深1.26米。池边有上下两层台阶，每层分别用十六块与八块弧形券石砌成盛开的海棠花形状。御汤和贵妃汤制作宏丽，以银缕漆及白香木作船，又以珍珠装饰楫橹，还在汤泉积累瑟瑟丁香，制成类似方丈、瀛州等仙山形状。李商隐《骊山有感》诗云："骊岫飞泉泛暖香，九龙呵护玉莲房。"玄宗还恩赐杨氏五家演奏内廷音乐之权。

图32 陕西临潼华清池杨贵妃之海棠汤　赵红 摄

① （清）董诰.《全唐文》卷二十五[M].上海：上海古籍出版社，1990年，第122页。

每当玄宗出巡,以杨氏五家为扈从,每家组成一队,每队穿清一色的衣服,五家队伍合在一处,五彩缤纷,彼此映衬。沿途散落的金花、鞋子、珍珠及翡翠等首饰闪闪发光,多得可以用手捧起,令人咋舌。诸杨又竞为车服,一车之费,动辄数十万贯,牛不堪重负牵引,奉旨乘马,又竞相争购名马,穷饰马匹,其奢侈无以复加。另有驼马千匹,以杨国忠兼任剑南节度使的旌旗为前导。

由于玄宗的专宠,杨贵妃恃色任性,妒悍异常,据史书记载,玄宗曾两次将杨贵妃驱逐出宫:

图33 贵妃出浴图 (明)仇英 绘

天宝五载(746)七月,贵妃因妒悍发飙,出言不逊,致使龙颜大怒,遣归崇仁坊杨贵妃娘家哥哥杨铦家。崇仁坊西连皇城,北连永兴坊,东连胜业坊,胜业坊东连兴庆宫。遣归的时间是在当天的上午。贵妃出宫之前,杨铦并不知情,看到贵妃突然而至,全家显得惊恐不安。又因韩国夫人、虢国夫人、秦国夫人、杨国忠四宅在位于崇仁坊之南、隔过平康坊的宣阳坊相毗邻,又自然引起杨门合族的极大震动。诸姊以为大祸就要降临,便聚在一起抱头痛哭。及至中午,玄宗愈觉烦躁不安,茶饭不思,动辄大发雷霆,随意命人殴打身边服侍他的内监和宫女。内侍高力士探知皇帝心思,请求将贵妃院中的供帐、器玩等尽数装至百余车,玄宗再分御膳,一并送之。下午,由中官护送至杨铦家,气氛骤然得到缓和,顿时充满了欢乐。当晚,高力士又奏请迎贵妃归院。玄宗命人打开安兴坊门入内,一路皆由禁军护送。贵妃见玄宗,边哭边伏地谢罪,玄宗欢然。次日，大摆宴乐，宠遇愈隆。

天宝九载（750）二月，贵妃因拿了已故宁王李宪的紫玉笛独吹自娱，从而引起玄宗的震怒，贵妃再次被玄宗遣送宫外贵妃娘家哥哥杨铦私第。这一次，先是杨国忠慌了手脚，忙向工于心计的户部郎中吉温讨主意，吉温答应杨国忠先劝玄宗回心转意。吉温遂利用"与中贵人善"的便利条件，让宦官入内奏请："妇人识虑不远，违忤圣心，陛下何爱宫中一席之地，不使之就死，岂忍辱之于外舍邪？"①意思是说：贵妃，乃一妇人。凡妇人皆见识短浅，有违圣情，当斩。然而，贵妃久承恩顾，要杀要斩何必在乎宫中的一席之地呢？陛下又怎能让她忍辱于宫外，贻笑大方呢！玄宗本来就有所后悔，听了奏请后停止进膳，立即派遣宦官张韬光将御膳分赐给贵妃，以示抚慰。贵妃见到张韬光，以为自己的死期已到，便哭着说："请代奏圣上，妾罪当万死，身体之外，皆圣上所赐，惟头发和肌肤乃父母所赐，不敢毁伤。今当即死，无以谢圣上。"说着就剪下一缕秀发，让使者献给玄宗，以此诀别。

张韬光回宫，玄宗闻奏贵妃举止后大惊失色，玄宗知道"剪发"后果的严重性。于是，急命高力士召还贵妃归院。贵妃归院后，宠待益深。

两次风波的结局颇为相似，都是以闹剧始，以悲情过，以戏剧终。

唐人张祜在《邠王小管》诗中写的却是虢国夫人窃取邠王李守礼玉笛一事。诗云："虢国潜行韩国随，宜春小院映花枝。金舆远幸无人见，偷把邠王小管吹。"

蕃将安禄山因边功备受玄宗恩宠。安禄山每次入朝，都是先拜贵妃而后拜玄宗，玄宗怪而问之，安禄山对曰："臣是蕃人，蕃人先母而后父。"②玄宗大悦，让他与杨铦、杨锜、杨贵妃三姊妹义结金兰。安禄山竟然恬不知耻地请为贵妃养子，须知，此时的安禄山要比杨贵妃大十五岁，算是一对奇妙的母子。

天宝十载（751）正月初一，是安禄山的生日。在安禄山生日的第三天，杨贵妃与安禄山作三日洗儿，玄宗闻知前往观看，还赏赐了贵妃洗

---

① （宋）司马光.《资治通鉴》卷第二百一十六[M].北京：中华书局，2009年，第9078页。
② （后晋）刘昫.《旧唐书》卷二百上[M].北京：中华书局，1975年，第5368页。

图 34 杨贵妃上马图 （元）钱选 绘 美国弗利尔美术馆藏墨迹

儿钱，又厚赏了安禄山。从此，安禄山出入宫掖如走平路一般。有诗道："唐书新旧分明在，那有金钱洗禄儿？"

安禄山对杨贵妃百依百顺。但宰相杨国忠几次试图拉拢他都未成功。直至最后，杨国忠屡次上奏安禄山有反状，太子也曾上奏安禄山必反。玄宗不信，贵妃也不信。

天宝十三载（754）三月二十九日，杨国忠次子、鸿胪卿杨朏迎娶玄宗第二十五女万春公主为驸马都尉，杨国忠长子、太常卿杨暄娶延和郡主，贵妃堂弟杨鉴娶承荣公主，杨贵妃大姐韩国夫人杨玉玲的外孙女嫁与玄宗之孙为妃，杨贵妃三姐虢国夫人杨玉瑶的女儿嫁与宁王李宪之子为妃，杨贵妃八姐秦国夫人杨玉琇女婿柳澄之弟柳潭娶太子李亨之女和政公主为妻，秦国夫人女婿柳澄之子柳均娶唐宗室女长清县主为妻。这样一来，杨氏一族，有一位贵妃、两位公主、三位郡主、三位国夫人。官府为杨家筑建家庙，玄宗为其亲撰家庙碑文。

四一 推恩杨门

一人得道,鸡犬升天。自杨玉环被册封为贵妃后,玄宗多次推恩杨氏家族:先追赠杨贵妃之父杨玄琰为兵部尚书,又追赠太尉、齐国公。赠杨贵妃之母为陇西郡夫人,再赠凉国夫人。先授杨贵妃二叔父杨玄珪为光禄卿,再授工部尚书。授杨贵妃族兄杨铦为殿中少监,再授鸿胪卿,再赐爵上柱国。杨贵妃的堂兄杨锜,因娶武惠妃的小女儿太华公主为妻,因其母受宠,太华所受到的恩礼之遇远远高于其他公主,又在禁宫旁赐予甲第。杨锜也从侍御史依例成为驸马都尉。杨氏一门显贵无比。

杨贵妃的三个姐姐皆丰硕修整。大姐杨玉玲,嫁给了崔家;三姐杨玉瑶,嫁给了裴家;八姐杨玉琇,嫁给了柳家。杨玉环得宠后,请求玄宗将她的三位姐姐一起迎入长安居住,玄宗恩准,并在长安城东南方向距皇城不远的宣阳坊分别赐以府第,自西而东分别是杨玉玲宅、杨玉琇宅、杨玉瑶宅,再往东就是杨国忠宅。玄宗恩泽并施,每人每月赏脂粉钱十万贯。另赐给虢国夫人照夜玑,秦国夫人七叶冠,杨国忠锁子帐,这些都是稀世珍宝。

天宝七载(748)十月,玄宗在骊山华清宫心血来潮,封杨贵妃大姐杨玉玲为韩国夫人,三姐杨玉瑶为虢国夫人,八姐杨玉琇为秦国夫人,玄宗依次呼为大姨、三姨、八姨。

国夫人为命妇称号,在唐代,只有一品官及国公的妻子才能受封。在各种礼节上,一品命妇享有优礼的待遇。比如:仪卫,一品命妇出行时,有清道二人,青衣六人,偏扇、团扇及方扇各十六人,行障三具,坐障二具,非公主、王妃者乘白铜装饰的犊车,架牛,驭者四人,从者十六人。从车六乘,大扇一,团扇二,执戟者六十。如此排场煞是威风,是贵族妇女身份和地位的一种鲜明标志。而玄宗打破成规，以此封赏杨氏姐妹，足见杨贵妃承蒙宠幸之深。

在三位国夫人中，虢国夫人最可人，自恃美艳，不施脂粉，一副倾城倾国之貌，唐人张祜曾作《集灵台二首》，其二首曰：

> 虢国夫人承主恩，平明骑马入宫门。却嫌脂粉污颜色，淡扫蛾眉朝至尊。

诗中表现虢国夫人轻佻风骚和刻意承欢的形象，也足见玄宗在虢国夫人面前魂迷色阵和难以自持的昏庸。这首诗语言含蓄，似褒实贬，欲抑反扬，作者以恭维的语言进行着辛辣的讽刺，艺术技巧颇为高超。

虢国夫人杨玉瑶。蒲州永乐（今山西永济）人。父亲杨玄琰，曾任蜀州（今四川崇州市）司户参军，曾随父母一起前往蜀州生活。

杨玉瑶和裴氏（早亡）育有一子一女。儿子裴徽，长大后娶肃宗李亨第七女郯国公主。裴徽死后，郯国公主又嫁萧升。杨玉瑶的女儿嫁与宁王李宪之子为妃。裴徽之子裴液又娶舅舅代宗李豫第十三女晋阳公主。

唐代画家张萱曾绘《虢国夫人游春图》，绢本设色，纵66厘米，横200厘米。此图描绘的是天宝十一载（752）玄宗宠妃杨玉环的三姐虢国夫人及其眷从盛装游春的景象。全图共八骑九人，前、后各三骑为侍从，虢国夫人在画面中部的左侧，身穿淡青色窄袖上襦，肩搭白色披帛，下着描有金花的红裙，裙下露出绣鞋上面的红色绚履。秦国夫人居右上首，正面向虢国夫人诉说什么。其中有五人（包括后面的小女孩）穿襦裙、披帛，另有四人穿男式圆领袍衫。全图疏密有度，错落有致，作品重人物内心刻画，通过劲细的线描和色调的敷设，浓艳而不失其秀雅，精工而不致其板滞。人与马的动势舒缓从容，正应游春主题。画家不着背景，只以湿笔点出斑斑草色以突出人物，意境空濛清新。图中用线纤细，圆润秀劲，在劲力中透着妩媚。设色典雅富丽，具装饰意味，格调活泼明快。画面上洋溢着雍容、自信、乐观的盛唐风貌。

《虢国夫人游春图》原作已佚，下图为宋摹本，绢本设色，纵51.8厘米，横148厘米，辽宁省博物馆藏墨迹。摹本犹存盛唐风貌。原作曾藏宣和内府，后由画院高手摹装。两宋时，为史弥远、贾似道收藏，后经台州榷场流入金内府，金章宗完颜璟在卷前隔水题签，指为宋徽宗赵佶所摹。《庚子销夏录》《墨缘汇观》《石渠宝笈续编》皆有著录。此为流传有绪的唐宋名迹中的稀世瑰宝之一。

图35 虢国夫人游春图 （唐）张萱绘 辽宁省博物馆藏宋摹本

除三位国夫人外，杨贵妃的堂兄杨铦、杨锜也日见隆遇，时称"五杨"。五杨宅中，四方贿赂者日夕不绝。凡官吏有所私求，但得五杨援引，无不如意。随着杨贵妃的宠遇加深，虢国、韩国、秦国三夫人也宠遇愈隆。他们三人的权势很大，别说朝臣，就是皇子、公主都得礼让三分。

按照惯例，玄宗每年十月都要游幸华清宫，届时，虢国夫人与韩国夫人、秦国夫人及杨国忠、杨氏兄弟一并从幸，车马仆从，连接数坊，锦绣珠玉，鲜艳夺目。杨氏五家，各自为队，队自异饰，分为一色，合为五色，仿佛云锦集霞，或百花之焕发。他们所经之处，沿途遗失丢弃的首饰珠宝玉器很多，香风飘达数十里。

后来，秦国夫人死，虢国夫人和韩国夫人更是权势冲天。凡十王宅和百孙院中的皇族婚配，也都由她俩充当媒人，而且每次都是先收取贿钱千贯，然后再奏请皇上恩准。

虢国夫人的丈夫早死，这位三十多岁的风流寡妇淫荡不羁，却每天都要和住在她邻近的表兄杨国忠一起到皇宫去。每天凌晨，以杨国忠为首的杨家豪门仪仗队装束鲜艳、招摇过市。在队列中行进的有侍女、护卫等多至百人。火把宫灯，照如白昼，杨国忠和虢国夫人经常并辔而行，还公然打情骂俏，从不避嫌，完全一副目中无人、骄焰冲天的架势。

四一 推恩杨门

在诸杨兄妹中，数虢国夫人的财源最盛。诸杨兄妹在宣阳坊竞相构筑宅第，相互进行攀比，倘若看到谁家的房子胜过自己的，必然要拆除重建，每重建一次的花费都在千万贯以上。土木之工，昼夜不息。这其中又数艳名远播的"雄狐"虢国夫人最豪侈。虢国夫人大修府第住宅，房屋修筑得宏伟高大，整个长安无人能与之相比。她新建造的府第原是已故朝臣韦嗣家的宅院。一天中午，韦家人忽然看见虢国夫人从步辇上走下来。在她身旁围着侍婢数十人，谈笑自若，如入无人之境。少许，虢国夫人对韦家的几个儿子说："听说这所宅院要卖，售价多少啊？"韦家人说："这宅院是先人留给我们的，我们不能将它卖了。"这话不等说完，韦家人就看见院中涌进来百余人，二话不说，就登上东西厢房掀瓦拆椽。韦家人只好率领童仆拿出房中的琴、书以及部分日常器具，站在路中间眼睁睁地看着他们拆扒自己的房屋。最后，虢国夫人只给了韦家十几亩的一块空地方，其余分文未付。

虢国夫人为人尖酸刻薄。新宅的中堂建好后，召来工匠粉刷墙壁。起初，谈好的工价是二百万贯。待粉刷完毕后，虢国夫人一面用金盏盛碧色宝石三斗，作为工钱赏给工匠们。一面又命人捉来蚂蚁和蜥蜴，并一一记数，散置堂中，过后收取，若丢失一物，就得克扣工钱。

后来，不知是什么原因，这座宅院又回归了韦家。有一次刮起暴风，将一株大树连根拔将起来，倒在了新宅的堂屋房上。待风停止后，韦家命人上到堂房顶上去察看，结果没有丝毫的损坏。原来，房上覆盖着的是精制的木瓦。整座宅院的精致程度，都跟这差不多。

虢国夫人每次入宫，总是骑着一匹紫骢马，旁边总有一位小太监随行。紫骢马的高大健美，小太监的端庄俊秀，都为当时首屈一指。

天宝十载（751）正月十五日，是长安灯会，杨氏五宅出门观灯。在西市门，他们与玄宗第二十四女广平公主的骑从相遇，双方为争道而相持不下，杨氏家奴挥鞭抽打，打中了公主的衣服，公主受惊坠马，驸马都尉程昌裔急忙下马搀扶公主，不料，也被抽了几鞭。事后，受此屈辱的广平公主回宫向父皇玄宗哭诉，玄宗命将杨氏家奴杖杀。第二天，又削去驸马的官职，不许入宫朝见。当时就有民谣唱道："生女勿悲酸，生男勿喜欢。"又唱："男不封侯女作妃，君看女却是门楣。

四二　册立太子

景云元年（710）八月，杨氏以其良好的出身和修为，被选入东宫立为太子良媛。唐制：太子妻称妃，太子妾可设良娣二人，正三品；良媛六人，正五品；承徽十人，正六品；昭训十六人，正七品；奉仪二十四人，正九品。杨氏先后生下了肃宗李亨和宁亲公主。

景云二年（711）九月初三，玄宗第三子出生在长安东宫之别殿，初名嗣升，后改名李亨。生母元献皇后杨氏，弘农华阴（今陕西华阴市）人，系关陇地区名门望族。杨氏曾祖父杨士达在隋炀帝执政时任门下省纳言，而杨士达的女儿就是武则天的生母。父亲杨知庆，武周天授年间，授左千牛将军，赠太尉、郑国公。武氏还政李唐后，杨氏的姐姐做了中宗故太子李重俊的太子妃。

就在嗣升出生的前一年的八月二十七日，其父李隆基被册立为太子。不久，杨氏怀孕，睿宗李旦担心皇妹太平公主从中发难，借口太子耽于女色难当大任而欲行废立。内心焦虑的李隆基担心节外生枝，决定打胎避祸。便让东宫僚属秘密弄来堕胎药，打算将其子扼杀于母腹之中。李隆基得药后，支开左右，便于内室煎药，恰在此时，李隆基竟然迷迷糊糊地伏案进入了梦乡；他梦见有一神人，身披金甲，手执长戟，围着药罐转了三圈，忽然将煎好之药掀翻在地，如此往复三次，李隆基忽被惊醒，甚感奇怪。翌日，便召来原来的太子侍读、后任宰相的张说商议，张说一听，当即说道："殿下，这是天命，这无辜的孩子不能打掉啊。"李隆基思来想去，事既如此，那就听天由命吧。但谁也想不到，他就是日后强行登基而将玄宗尊为太上皇的肃宗李亨。

嗣升出生后，不能够与生母杨氏在一起生活。因为杨氏是太子妾，而太子妃则是后来做了玄宗皇后的王氏。而太子妃一直没有生育，便把襁褓中的嗣升接到自己身边抚养，"慈甚所生"。嗣升两岁时被封为陕王。

开元三年（715）正月，嗣升的二哥李嗣谦（即李瑛）被册立为皇太子。嗣谦生母赵丽妃，本为伎人，有才貌，善歌舞，李隆基在为潞州别驾时，就一眼看中了她。李隆基即位后，便册封赵氏为丽妃。

开元三年（715）正月，年仅五岁的嗣升被拜为安西大都护，安抚河东、关内、陇右诸蕃大使，各设副使。嗣升所任职事只是遥领，并不出阁就职，唐朝始开诸王遥领节度使之例。玄宗对嗣升爱之甚切，特选师傅教其学业，嗣升有幸以贺知章、潘肃、吕向、皇甫彬等名士为侍读。开元十三年（725）十一月，玄宗泰山封禅归来后，便在长安城安国寺东修建了一处巨大宅院，号称"十王宅"，玄宗把渐渐长大成人的王子们分别安置在十王宅中分院而居，选派宦官担任监院使，负责管理诸王的日常活动。开元十五年（727）正月，李亨被封为忠王，改名浚。同年五月，领朔方大使、单于大都护。开元十八年（730），奚、契丹等少数民族进犯唐朝东北边境，李亨为河北道元帅，信安王李祎为副帅，率领御史大夫李朝隐、京兆尹裴伷先等八总管抵御契丹等兵的入侵。开元二十年（732），李亨遥率诸将大破奚、契丹等部落的兵马，李亨因功加封为司徒。开元二十三年（735），改名李玙。开元二十五年（737）七月，太子嗣谦改名瑛。由于武惠妃与其女咸宁公主的驸马都尉杨洄等对太子进行诬陷，玄宗大怒，召集宰相欲废除太子，张九龄说："陛下在位将近三十年了，太子和诸王都没有离开过皇宫，他们每天都在受到陛下的训诫，天下的人都庆幸陛下治国有方、教子有方，子孙满堂。现在太子李瑛、鄂王李瑶（生母皇甫德仪）、光王李琚（生母刘才人）都已经长大成人，真没听说过他们有什么过失，陛下不能听信那些无稽之谈，更不能以一时的喜怒而做出错误的事情。再说，太子是天下的根本，其地位是不可轻易去动摇的。春秋时期，晋献公因为听信骊姬的谗言而杀了太子申生，从而引起晋国三世大乱，汉武帝因为听信江充的诬告，治了太子刘据的罪，导致京城发生了流血事件。晋惠帝因为听信贾后的谗言，废除了愍怀太子，导致五胡乱华，隋文帝听信独孤皇后的谗言，废掉了太子杨勇而立杨广，以致失去了天下。由此看来，在废立太子问题上定要谨慎，陛下如果一定要废立，我难以从命。"玄宗听后很不高兴。起初，李林甫没说什么，退朝后，便私下对受玄宗恩宠的宦官说："此主上家事，何必问外人。"

武惠妃又暗中指使官奴牛贵儿对张九龄说："太子有废必有立，如果您能从中助一臂之力，就可以长久做宰相。"牛贵儿遭到了张九龄的严厉斥责，并把这些话禀告给了玄宗，玄宗听后，似有所悟。直至张九龄罢相，太子的地位没有被动摇过。

武惠妃心有不甘。秘密派人矫诏，命太子、鄂王及光王带领武装甲兵入宫擒盗，这边又报告玄宗说太子与二王起兵叛乱，玄宗即召宰相李林甫商议废太子和二王，李林甫说道："这是陛下的家事，微臣无法参与决断。"玄宗废太子瑛、鄂王瑶、光王琚为庶人被赐死。史称玄宗一日杀三子。宝应元年（762）五月，代宗下诏恢复李瑛、李瑶、李琚的封号。

不久，玄宗召李林甫进宫商议立储事宜，当时，玄宗第十七子寿王瑁的生母是独受玄宗宠爱的武惠妃，李林甫为了达到个人的目的，力荐寿王瑁为皇太子，而玄宗则倾向于仁孝恭谨的忠王李玙，玄宗立储，竟然被搞得寝食难安，史载玄宗"常忽忽不乐，寝膳为之减"。后来，高力士一句"大家何必如此虚劳圣心，但推长而立，谁敢复争"[①]促使玄宗拿定主意。

开元二十六年（738）六月初三，玄宗册立忠王李玙为皇太子。开元二十八年（740），更名绍，天宝三载（744），又更名亨。十天后，册立韦氏为太子妃。天宝五载（746）正月十五元宵之夜，李亨游幸，与太子妃之兄、刑部尚书韦坚相遇，韦坚又与河西节度使、鸿胪卿皇甫惟明相约一同前往崇仁坊景龙道观。太子妃之兄与边帅夜间私相往来，给了宰相李林甫以可乘之机。李林甫以韦坚乃皇亲国戚进行弹劾，说韦坚与边将私会，欲谋废立。玄宗得奏，诏令李林甫审讯。李林甫得旨，一心想把太子亨牵扯进来，于是，就让杨慎矜、杨国忠、王𬭎、吉温等人一起出来做证。玄宗却不想涉及太子，遂给韦坚定了因谋求官职地位，存有野心的罪名，贬为缙云（今浙江缙云县）太守，皇甫惟明因为挑拨

---

① （宋）司马光.《资治通鉴》卷第二百一十四[M].北京：中华书局，2009年，第9010页。

离间君臣关系，贬为播川（今贵州遵义）太守。兵权则移交给朔方、河东两道节度使王忠嗣。王忠嗣与太子李亨关系密切，朝廷上下尽人皆知。天宝六载（747），皇甫惟明被赐死。

在李林甫掀起的这场政治风波中，太子李亨有惊无险，李林甫终将无可奈何。

四三　边将崛起

安禄山（703—757），本姓康，名轧荦山，营州柳城（今辽宁朝阳）人，粟特族。出身西域康国。少孤，其父早逝，其母阿史德氏系突厥巫师，改嫁突厥人、右羽林大将军安波注之兄安延偃，遂改姓安名禄山，精通六蕃语言，为互市牙郎（古时互市交易的中间介绍人）。后与将军安道买逃离突厥。因偷盗羊事被发觉，幽州（今北京市燕山一带）节度使张守珪欲将其棒杀，禄山见状大呼："大夫不欲灭两藩耶？何为打杀禄山！"① 乃令其与同乡史思明一同捉拿俘虏。

安禄山骁勇善战，被张守珪收为养子。天宝元年（742），以功授营州都督及平卢军兵马使。后因厚贿往来朝官，博得玄宗宠信。天宝三载（744），得义父张守珪举荐，擢平卢、范阳节度使及河北采访使。多次率军击退奚和契丹的骚扰，被玄宗倚为安边长城。后来入朝，极尽献媚之能事，请为杨贵妃义子，玄宗赐予铁券和宅第。天宝九载（750）五月二十八日，赐爵东平郡王，镇抚东北地区。翌年二月初二，再兼河东节度使。

天宝十四载（755）十一月初九拂晓，身在范阳（今河北涿州市）的安禄山"矫称奉恩命以兵讨逆贼杨国忠"②率平卢、范阳、河东三镇唐兵以及同罗、奚、契丹、室韦共十五万（对外号称二十万）藩汉兵于范阳起兵，挥师南下。安禄山乘铁舆，其部下步骑精锐，烟尘千里，鼓噪之声震地。叛军所经过的州县，皆望风瓦解。当地县令或开门以迎叛

---

① （后晋）刘昫.《旧唐书》卷二百上 [M]. 北京：中华书局，1975年，第5367页。
② （后晋）刘昫.《旧唐书》卷二百上 [M]. 北京：中华书局，1975年，第5370页。

军,或弃城逃离他乡,或被叛军擒杀。十二月十二日,洛阳失守。十二月十六日,年已古稀的玄宗为了表明自己率军亲征,遂命太子李亨监国。

因太子一向憎恨杨国忠专权,杨国忠恐慌,立即与韩国、虢国、秦国三夫人商议对策,一场痛哭过后,决定由韩国和虢国二夫人前往兴庆宫找杨贵妃,"姊妹哭诉于贵妃,贵妃衔土请命,其事乃止"。[①]衔土,即口含泥土,是请求处死的一种表示。意思是说,贵妃衔土请命于玄宗,玄宗听后,立即停止了太子监国的诏命,同时也取消了亲征安禄山叛军的计划,杨国忠这才得以平安。

安禄山占据东京洛阳城后,"见宫阙尊雄,锐情僭号"[②],天宝十五载(756)正月初一,安禄山自称雄武皇帝,国号大燕,改元圣武,定都洛阳。范阳改称灵武,私宅改称潜龙宫。命唐廷正议大夫、河南尹达奚珣数人暂任丞相各职。五月,南阳太守鲁炅率领荆州、襄州、黔中、岭南兵卒十万多人,在叶县城北边的枌河跟叛军将领武令珣作战,唐全军覆没。

安禄山认为,自己现在就是全天下万人之上的皇帝。于是,将从长安城中搜寻来的嫔妃、官吏、梨园弟子,以及乐器、衣裳统统运送洛阳。一起被运入的还有外国进贡给唐朝的舞马、犀牛和大象。在洛阳禁苑的凝碧池,安禄山命将梨园子弟数百人作为战利品陈列,并命他们弹奏音乐,子弟们感到这是奇耻大辱,不觉坠泪。安禄山部下则持刀在旁。突然间,乐工雷海青扔掉手中的乐器,面向长安痛哭。安禄山部下便将雷海青用绳索捆绑在戏马台肢解示众,雷海青所发出的悲鸣,令人无不伤痛。当时,诗人王维被拘于长安城平康坊南门之东的菩提寺,听说此事后,遂作《菩提寺禁裴迪来相看说逆贼等凝碧池上作音乐供奉人等举声便一时泪下私成口号诵示裴迪》,诗云:

万户伤心生野烟,百僚何日更朝天。秋槐叶落空宫里,凝碧池

[①] (后晋)刘昫.《旧唐书》卷一百六 [M]. 北京:中华书局,1975年,第3245页。
[②] (宋)欧阳修,宋祁.《新唐书》卷二百二十五上 [M]. 北京:中华书局,1975年,第6418页。

头奏管弦。①

诗的大意是：千家万户看到满城荒烟感到悲哀，百官究竟什么时候才能朝见天子？秋天的槐叶飘落在空寂的深宫里，凝碧池头却在高奏管弦庆贺！其乐工皆为玄宗朝梨园弟子。凝碧池，唐洛阳禁苑中的池名，池上有凝碧亭。东西五里，南北三里，面积约3.75平方公里。昔唐高祖李渊第十八女安定公主曾于凝碧池辟设庄园，春暖花开之时，其驸马于此宴请宾客，结束后，再赐宾客沐浴。

后来，这首诗传到了身在凤翔的肃宗耳朵里。当洛阳收复后，曾被迫仕于安禄山朝廷伪职的官吏多被处死，王维却因此诗幸免于难。

六月，李光弼、郭子仪从土门路出征，在常山郡（今河北元氏县殷村镇故城村）东部的嘉山大败叛军，叛军控制的河北各州郡中有十多个归降朝廷，安禄山处境困迫、心绪惶急，打算退兵范阳，六月初四，拖着半身不遂之躯的太子先锋兵马元帅哥舒翰哭着率军出了潼关，驻扎在灵宝县（今河南灵宝县）西原，遂与叛军将领崔乾祐作战，官军几乎全军覆没，哥舒翰转身遁走潼关，不料却被部下骠骑大将军火拔归仁缚于马上，拱手送给了叛军。后来，哥舒翰被送往洛阳。

潼关失守，玄宗出逃蜀地避难，太子北上灵武设防平叛。于是，安禄山派遣张通儒担任西京长安留守，进攻潼关救此危难归来的将领田乾真担任京兆尹，安守忠则在唐廷禁苑驻兵守卫。

安禄山在入洛阳城前后，眼疾日渐严重，视力严重衰退，以至于模糊不清，加上背长痈疽，痛苦不堪。

李猪儿出自契丹部落。契丹部落曾降于安禄山。李猪儿十岁时就开始侍奉安禄山，后来，安禄山持刀将他阉割，血射数升，昏迷数天，安禄山用灰涂抹伤口，竟然奇迹般地恢复过来。随后受到安禄山的信任与重用。"禄山肚大，每著衣带，三四人助之，两人抬起肚，猪儿以头戴之，始取裙裤带及系腰带。"②

---

① （后晋）刘昫.《旧唐书》卷一百九十下[M]. 北京：中华书局，1975年，第5052页。
② （后晋）刘昫.《旧唐书》卷二百上[M]. 北京：中华书局，1975年，第5371页。

至德二载（757）正月初五夜，安禄山次子安庆绪伙同中书侍郎严庄，指使宦官李猪儿只身进帐弑杀安禄山，安禄山死年五十五岁。安庆绪等人在安禄山床下掘穴数尺，以毛毡裹尸掩埋。警告左右不得泄密。翌日，朝堂上称安禄山病情恶化，诏李晋王安庆绪为皇太子，军国大事皆由皇太子置决。安庆绪即位后，为安禄山发丧，李猪儿不知所踪。

安庆绪自立为帝，年号载初。日夜纵酒为乐，比起父更加昏懦。后因战争形势的发展，逼迫退出洛阳，逃亡邺城（今河南安阳市）。乾元元年（758），被唐军将领郭子仪等九节度使围困，史思明进兵解除邺城之围。旋被史思明绞杀。乾元二年（759），史思明于魏州（今河北大名县东北）称大圣燕王，还范阳（今河北涿州市），称大燕皇帝。建都范阳（今河北涿州市），改元应天。肃宗上元二年（761），与唐军相持于河南，后于邙山（今河南洛阳市西北）与唐将李光弼、仆固怀恩所率官军交战，大败，遂率残军西进永宁（今河南洛宁县北），为其子史朝义所杀，谥号昭武皇帝。

四四　怒开杀戒

玄宗执政期间，为了皇权的稳固，遂对朝臣怒开杀戒。

天宝五载（746）十二月二十七日，玄宗杖杀赞善大夫杜有邻及其婿左骁卫兵曹柳勣，杜有邻一女杜氏，为太子李亨的姬妾良娣。在东宫，内官有妃、良娣、宝林三级，另有诸多宫女。良娣是地位低于太子妃的姬妾，秩正三品。而杜良娣的姐姐又嫁给了柳勣。

柳勣生性狂疏，不拘小节，喜交豪俊之士，与淄川太守裴敦复、北海太守李邕及著作郎王曾等皆为好友。而杜有邻生性谨慎，拘泥小节，与女婿柳勣的性情截然相反，杜有邻不能接受女婿柳勣的轻傲狂放，而柳勣则讥笑岳父杜有邻的迂腐胆小。为此二人产生积怨，甚至相互仇视。有一天，因一件小事二人又争吵起来，杜有邻以长辈身份训斥了柳勣，柳勣心孤气傲，写了一篇诬告岳父的状子，罪名是亡称图谶，交构东宫，指斥乘舆。谁知，这诉状偏偏就落到宰相李林甫的手中，李林甫借口案情重大，除将李邕、王曾等人牵扯进去外，又将太子李亨牵连进来。玄宗听说此事涉及太子，即命京兆府会同御史台官员审问。案情很快查明，是柳勣挟怨报复岳父大人，但李林甫抓住不放，授意手下指使柳勣诬告，将案情进一步扩大化，然后再逼李邕出面做证。就这样，将案情扩大到地方官员，大有废黜太子李亨之势。

玄宗汲取祖母武则天朝政动荡之教训，尽管保持了谨慎的态度，但还是对下级官员的告密未加宽贷，因柳勣、杜有邻等与皇室有亲戚关系，特予免死，判杖决，贬往岭南。但执行杖刑之人在李林甫授意下，置杜有邻、柳勣于重杖之下丧命，积尸大理寺，妻儿家小均遭流放。

太子李亨非常喜爱杜良娣，但为了表明自己的清白，即派心腹李辅国去宣布他与杜良娣离婚决定。杜良娣被赶出东宫，废为庶人。据野史记载，李辅国揣测到太子是不会忘怀杜良娣的，便悄悄地为无家可归的杜良娣做了妥善的安排。李辅国这雪中送炭的举止令太子李亨格外感激，以至即位后，立即将把军政大权都委托于他。

翌年正月，杖杀北海太守李邕、淄川太守裴敦；杀皇甫惟明、韦坚兄弟。

李邕，唐朝大臣、书法家，文选学士李善之子。字太和，广陵江都（今江苏扬州）人，一说江夏（今湖北武昌）人。生于仪凤三年（678），博学多才，有文名，亦善书。起家校书郎。武则天时，拜左拾遗，曾助宋璟弹劾武则天幸臣张易之的弟弟张昌宗。玄宗时，迁御史中丞，历陈、括、淄、滑等州刺史。

玄宗泰山封禅驾归长安，车驾过汴州，李邕专程从陈州赶来谒见，并连献数篇辞赋，深得玄宗赏识。从此，李邕就有点飘然，自我吹嘘，说什么凭借自己的才华"当居相位"等等。这话偏偏被中书令张说听见，不久，李邕在陈州刺史任上挪用公款事发，新账旧账一块算，下狱鞫讯：罪当死。此时，有个名叫孔璋的许州人上奏玄宗，表示自己要解救李邕。结果，奏疏的文采深深地打动了玄宗，玄宗免去李邕死罪，贬其为遵化（今河北遵化市）县尉。而孔璋则被流配岭西（今属广东）而死。这两个以生死相交的人始终没有机会见上一面。

天宝初，李邕转汲郡北海（今广西北海市）太守，史称李北海。李北海为人辞烈义迈，天资豪放，不矜细行，与诗人李白、杜甫等及宰相李适之相友善。天宝六载（747）被诬入狱，宰相李林甫令罗希奭将其杖杀，年七十。其文章、书翰、公直、词辨、义烈、英迈皆过人，时称六绝，代宗即位，追赠秘书监。

作为行楷碑文大家，书法气体高异，风格奇伟，李志敏评价"李北海的《麓山寺碑》，其朴实厚重无疑来自北碑"。李后主称赞"李邕得右将军之气而失于体格"。《宣和书谱》云："李邕精于翰墨，行草之名由著。初学王右军行法，既得其妙，乃复摆脱旧习，笔力一新。"传世碑刻有《麓山寺碑》《李思训碑》等。

京兆尹王鉷可谓玄宗"委重斯大，宠寄惟深"之人。开元二十四年

（736），在地方做了十二年官的王鉷被擢为监察御史。数年后，又被擢为户部郎中，并身兼多重要职。在王鉷的兼职中，有一个"户口色役使"职，就是掌管稽核田亩、户口、徭役等事务。王鉷利用该职巧立名目，大肆征收赋税、肆意扩充徭役人数，结果每年各郡所收税款数量惊人，脚夫徭役人员也充足。"又王鉷进计，奋身自为户口色役使，征剥财货，每岁进钱百亿，宝货称是。"① 王鉷大肆敛财，极大地满足了玄宗在位时用度支出的毫无节制，加上他又喜欢随意赏赐后宫妃嫔。王鉷曾对玄宗称所敛之财是常年额外物，非征税物，致使玄宗以为王鉷有富国之术，对他"宠遇益厚"，② 却不知自己已经稀里糊涂地成为王鉷敛财的帮凶。

天宝六载（747），王鉷揭发杨慎矜与人研究图谶、巫术，龙颜大怒，赐杨慎矜三兄弟死，家产充公，子女流配岭南。而王鉷则因揭发谋反有功，受玄宗恩宠远甚于前，被擢为御史大夫，身兼二十余职，宫中赏赐不绝于门，史书上说"中外畏其权"。③

有一次，王鉷与其弟王銲找术士任海川相面时，脱口询问自己能否称王，事后担心此言传出而招致杀身之祸，除派人将任海川杀身灭口外，还缢杀了偶然得知此事的定安公主之子韦会，其他知情人自此惕息不敢言。

王鉷为在玄宗面前邀宠，聚天下良工画匠十八名，在陕州寿圣寺绘制了一幅精美绝伦的壁画。画成之后，他秘令杀尽匠人，并就近埋于寺西，目的是为了使天下不复有此笔，其残忍无道由此可见一斑。

尽管王鉷霸气冲天，但对李林甫还是一如既往地恭谨，甚至还希望别人也如他这般恭谨。就在此时，安禄山恃宠而骄，即使在李林甫面前，态度照样傲慢。于是，王鉷故意当着安禄山的面，摆出一副趋进俯伏的样子拜见李林甫，好让安禄山明白：即使是朝廷三品大员，见到李右相也得恭恭敬敬。这番表演把安禄山惊得目瞪口呆。从此，也将李林甫敬若神明，"虽忌其盛，亦以附己亲之"。④

---

① （后晋）刘昫.《旧唐书》卷四十八 [M]. 北京：中华书局，1975 年，第 2086 页。
② （宋）欧阳修、宋祁.《新唐书》卷一百三十四 [M]. 北京：中华书局，1975 年，第 4565 页。
③ （宋）欧阳修、宋祁.《新唐书》卷一百三十四 [M]. 北京：中华书局，1975 年，第 4565 页。
④ （宋）欧阳修、宋祁.《新唐书》卷一百三十四 [M]. 北京：中华书局，1975 年，第 4565 页。

天宝十一载（752）四月初九，王铁之弟王銲与鸿胪少卿邢璹之子邢縡图谋作乱，意欲诛杀李林甫、陈希烈、杨国忠等人，不料，在起兵前两日，谋反计划外泄，于是，玄宗派王铁和杨国忠率人缉拿刑縡。随后，双方在邢縡家门前展开刃战。因王铁与邢縡有交情，交战时邢縡吩咐手下不要伤及王铁，这话被杨国忠听得一清二楚，等到高力士领四百飞龙小儿甲骑助战，斩邢縡，尽擒逆党后，杨国忠以此为由，上奏王铁参与谋反。玄宗不信，再命宰相陈希烈和杨国忠审讯。事实上，陈、杨实为一党，所查结果依然是"谋反"，王銲坚称哥哥并未参与，但无人听信。最终，赐王铁自尽。在《赐王铁自尽诏》中，玄宗指责他"外饰公忠，干冒非据；内怀奸诈，包藏不测。任海川狂愚不逞，妖惑无良，而乃潜与通情，仍希非望"。①

事实上，王铁跟随玄宗多年，并被玄宗引为心腹，不会也不敢包藏不测，他虽因其弟受到牵连，被以"谋反"问罪，杖毙其弟王銲于朝堂。而杨国忠欲借此案牵连右相李林甫，宰相陈希烈与大将哥舒翰则从旁做证。不久，李林甫病逝，杨国忠拜相兼京兆尹，其势力开始逐渐膨胀。

---

① （清）董诰.《全唐文》卷三十三 [M].上海：上海古籍出版社，1990年，第156页。

四五　贬杀心腹

王毛仲，唐朝禁卫军将领。高句丽（今朝鲜）人。游击将军王求娄之子。年幼时，因其父违法，全家没入官府为奴。王毛仲有幸成为临淄王李隆基的奴仆。因其性识明悟、骁勇善骑射，深得李隆基的器重。虽名为主仆，却情同兄弟。

景龙元年（707）四月，李隆基以临淄王封爵和卫尉少卿的四品官职兼任潞州（今山西长治市）别驾。此时，长安宫廷正在孕育一场政治危机：中宗昏庸无能，皇后韦氏及女儿安乐公主干政参政，培植个人集团政治势力，意图步武则天后尘，李隆基在潞州时，获悉李宜德善骑射，遂以五万贯买之。

景龙三年（709）十一月十三日，临淄王李隆基入京参加中宗祭祀南郊的大典，礼毕，被解除潞州别驾职务，复居长安。此时，李隆基已经暗暗地投入维护李唐王朝的政治斗争之中。此时，王毛仲、李宜德担任李隆基的护卫侍从，二人以挟弓矢为翼。

李隆基为了粉碎韦后和安乐公主的政治阴谋，"常阴引材力之士以自助"。[①] 并将重点放在朝廷的精锐部队，也就是守卫宫城北门的万骑之上。

粉碎韦氏政治集团政变的成功，与王毛仲"布诚结纳"是分不开的。王毛仲承担了李隆基与千骑之间的联系。但是，在二十日夜的政变中，王毛仲避之不入，待政变结束后，数日而归，玄宗不但没有责罚他，反而破格提拔为将军。

---

① （宋）李昉．《太平御览》卷一百一十一《唐玄宗明皇帝》。

韦后及安乐公主等逆党伏诛后，李隆基被进封平王，与其姑姑太平公主等拥立父亲相王李旦复位。李隆基兼知内外闲厩、押左右厢万骑，掌管禁军和御马。是月二十七日，册立平王为皇太子。翌年正月十三日，以太仆卿郭元振、中书侍郎张说一并同平章事。太平公主欲陷害太子，宋璟与姚元之建议将其迁入东都，张说则建议令太子监国。

太子李隆基监国，遂改左右万骑左右营为龙武军，与左右羽林为北门四军，以葛福顺将军押之。龙武官尽功臣，号唐元功臣。而王毛仲专掌太子东宫驼马鹰狗等坊，由于管理得法，深得太子的赏识。"未逾年，已至大将军、阶三品矣。"①

李隆基为太子后，又与姑姑太平公主之间产生了尖锐的矛盾。太平公主在诛灭韦党、拥立相王复位过程中立有大功，地位日高，贵盛无比，飞扬跋扈，企图改易太子，但却以失败而告终。李隆基很快由太子即皇帝位。太平公主便依靠自己在宰相中的党羽图谋政变，废黜唐玄宗李隆基。事泄后，玄宗即与心腹商定行动，其中参与谋划的就有龙武将军王毛仲。

先天二年（713）七月，王毛仲率三百兵马控制了羽林军，然后搜捕太平公主余党，宰相萧至忠、岑羲被杀，窦怀贞自杀，太平公主被赐死于家。王毛仲劳苦功高，授辅国大将军、左武卫大将军、检校内外闲厩兼知监牧使，进封霍国公，食实封五百户。

王毛仲深受玄宗恩宠而位极人臣，他具有很高的文韬武略，在旧皇权向新皇权过渡中，竭诚为新皇权效命，遂被玄宗倚为心腹。"毛仲奉公正直，不避权贵，两营万骑功臣，闲厩官吏皆惧其威，人不敢犯。苑中营田草莱常收，率皆丰溢，玄宗以为能。"②玄宗赐毛仲宅第，奴婢、驼马及钱帛不可胜纪。每当玄宗宴赏，毛仲"与诸王、姜皎等御幄前连榻而坐。玄宗或时不见，则悄然如有所失；见之则欢洽连宵，有至日晏"。③又赐其妻姓李氏，仍为国夫人。每入朝，毛仲的两位夫人同样受到恩赐。

---

① （后晋）刘昫.《旧唐书》卷一百六[M].北京：中华书局，1975年，第3253页。
② （后晋）刘昫.《旧唐书》卷一百六[M].北京：中华书局，1975年，第3253页。
③ （后晋）刘昫.《旧唐书》卷一百六[M].北京：中华书局，1975年，第3253页。

王毛仲其中一夫人生有男孩，玄宗授予五品官，允许其可常与皇太子一起玩耍。杨思勖、高力士等宦官畏其权势而躲避。

开元七年（719），擢王毛仲为特进，行太仆卿，其余职务如故。

开元九年（721），王毛仲持节任朔方道防御讨击大使。

开元十三年（725）十月，毛仲扈从泰山封禅，马队马数万匹，每色为一队，望之如云锦，玄宗大悦，以宰相源乾曜、张说为左、右丞相，毛仲因养马之功，加开府仪同三司。要知道，在玄宗即位后的十三年间，只有四人享此殊荣：一是玄宗皇后之父王仁皎，二、三分别是开元名相姚崇和宋璟，四是王毛仲。右丞相张说奉诏撰写《监牧颂》，用以赞美王毛仲。

开元十四年（726），玄宗赠毛仲父亲秦州刺史。此时，在武将中，毛仲的声誉和地位是无人能够企及的。

开元十七年（729），有一位名叫齐澣的吏部侍郎瞅准机会向玄宗进谏："福顺典禁兵，不宜与毛仲为婚。毛仲小人，宠过则生奸，不早为之所，恐成后患。"①意思是说，葛福顺主管禁军，不宜与毛仲结为亲家。王毛仲是小人之辈，陛下过分宠爱他，他就会心生邪恶；如不及早给他安排一个去处，恐怕来日会有后患。玄宗表态说，朕知道你这是一片诚意，朕会慢慢考虑到一个妥善的办法。齐澣又说，陛下如不保守秘密就会失去臣子，微臣希望陛下您能把我所讲的当作秘密。不久，齐澣把禁中谏语泄露给了大理丞麻察，玄宗大怒，斥责他说，你怀疑朕不保密，你却将事情告诉麻察，麻察此人素无德行，难道你不知道吗？齐澣只是磕头请罪。七月二十九日，玄宗下制说：澣、察交构将相，离间君臣。遂贬齐澣为高州（今广东茂名市）良德县丞。麻察降为浔州（今广西桂平市）皇化县尉。

这件事足以说明，此时的玄宗对王毛仲还没有彻底失去信任。同年十一月初五，玄宗谒桥、定、献、昭、乾五陵，王毛仲扈从。还京后，又赠王毛仲父亲益州大都督。

王毛仲志得而骄。开元十八年（730），尽管他已官秩累叠，但还是

---

① （宋）司马光.《资治通鉴》卷第二百一十三[M].北京：中华书局，2009年，第8952页。

开口向玄宗索要兵部尚书一职，从而引起玄宗的不满。

自古以来，朝廷高品级官员皆由皇帝任命，但高品级官员是不可随意向皇帝索要的，何况还是兵部尚书职务。兵部尚书，或称武部尚书，"臣光曰：经纬天地谓之文，戡定祸乱谓之武"。① 唐置为尚书省兵部长官，正三品，因其地位特殊，一般多由宰相兼任。其"掌天下军卫武官选授之政令。凡军师卒戍之籍，山川要害之图，厩牧甲仗之数，悉以咨之"。② 玄宗觉得王毛仲贪得无厌，且不自量力，而毛仲求兵部尚书不得，颇有怨言，君臣之间的矛盾日显端倪，玄宗从言无不从到良有戒备。

典掌万骑的葛福顺的儿子娶了王毛仲的女儿，葛、王二人结为亲家后，相互依仗，时常会做一些出格之事。"毛仲为上所信任，言无不从，故北门诸将多附之，进退唯其指使。"③ 曾有万骑将军马崇正杀人，毛仲为了保全势力，意图包庇，从而引起刑部员外郎裴宽的不满。

是年十一月，王毛仲私调太原武器库兵器于京城，太原少尹严挺之发现王毛仲举止反常，认为私调甲仗可能有异图，于是便密奏玄宗。在当时，唐朝的兵器管理甚严，某官如果要调动十名以上甲兵或十匹战马或十件甲仗，必须携带皇帝敕书、兵部公文及兵符，缺一不可。

是年底，宦官高力士瞅准机会弹劾王毛仲，从此，才使玄宗担忧起来：在王毛仲妻子生下儿子的第三天，玄宗派遣高力士前去祝贺，除赐给王毛仲金帛酒馔等物外，又授予他刚出生的儿子五品官职。高力士回宫后，玄宗问：毛仲高兴吗？高力士回答道：毛仲抱着襁褓中的儿子给我看，并说：我这儿子怎么做不了三品官呢？

在当时，皇帝心腹高力士才被授予三品将军，王毛仲言下之意是说：我这健全的小孩难道比不上你一个身体残缺的宦官吗？王毛仲并不见得有拿小孩向玄宗抱怨的意思，但受到侮辱的高力士向玄宗上奏了毛仲的怨言，玄宗听后，勃然大怒：以前铲除韦氏集团，此贼就怀有二心，朕不想说他，今天竟然敢用他刚出生的儿子来埋怨朕，这还了得！高力士

---

① （宋）司马光.《资治通鉴》卷第二百一十三 [M]. 北京：中华书局，2009年，第8964页.
② （唐）李林甫.《唐六典》卷第五 [M]. 北京：中华书局，1992年，第151页.
③ （宋）司马光.《资治通鉴》卷第二百一十三 [M]. 北京：中华书局，2009年，第8952页.

向玄宗进言道：北门禁卫军皆毛仲之人，陛下给他们的官太大了，他们相互勾结，为所欲为，若不趁早铲除，必有大患降临。玄宗也在担心王毛仲党羽因惊惧而发生变故。

开元十九年（731）正月十三日，玄宗贬左领军大将军、耿国公葛福顺为壁州（今四川通江县）员外别驾；贬左监门将军、卢龙县子唐地文为振州（今海南宁远县）员外别驾；贬右武卫将军、成纪县侯李守德（本名宜德，因功改名守德）为严州（今浙江桐庐、淳安等县）员外别驾；贬右威卫将军王景耀为党州（今广西兴业县）员外别驾；贬右威卫将军高广济为道州（今湖南永州市）员外别驾；贬王毛仲之子、太子仆王守贞为施州（今湖北恩施土家族苗族自治州）司户；贬太子家令守廉为溪州（今湖南龙山县）司户；贬率更令守庆为鹤州司仓；贬左监门长史守道为涪州（今四川重庆市涪陵区）参军。受王毛仲案连累者数十人。玄宗《贬王毛仲诏》：

> 开府仪同三司兼殿中监霍国公内外闲厩监牧都使王毛仲，是惟微细，非有功绩。擢自家臣，升于朝位，恩宠莫二，委任斯崇。无涓尘之益，肆骄盈之至。往属艰难，遽兹逃匿。念深惟旧，义在优容，仍荷殊荣，蔑闻悛悔。在公无竭尽之效，居常多怨望之词。迹其深愆，合从诛殛，恕其庸昧，宜从远贬。可瀼州别驾员外置长任，差使驰驿领送至任，勿许东西。①

玄宗流放王毛仲于零陵（今湖南永州市零陵区），行至永州（今湖南永州市），惨遭缢杀。王毛仲、葛福顺皆怀野心，由于玄宗出手果断，及时粉碎了一次未遂政变。

随后，玄宗改组北门禁军，命由陈玄礼统率，凡营级以上军官皆由陈玄礼派遣。所以说，王毛仲的死是他自找的，怨不得别人。

---

① （清）董诰．《全唐文》卷三十[M]．上海：上海古籍出版社，1990年，第143页。

四六　奸相专权

　　李林甫，玄宗时期著名奸相。唐高祖李渊堂弟、长平王李叔良曾孙，玄宗心腹姜皎的外甥，小字哥奴。生于中宗弘道元年（683）。洞晓音律，擅长机变，善于投机钻营。

　　李林甫五世祖李祎，唐太祖李虎第六子，隋朝时，为仪同三司。高祖武德初，追封郇王。曾祖李叔良，隋恭帝义宁中，被授予左光禄大夫，封长平郡公。武德元年（618），拜刑部侍郎，进王爵。武德四年（621），突厥入寇，高祖命李叔良率领五军征讨，李叔良不幸中箭而亡。赠左翊卫大将军、灵州总管，谥曰肃。祖父李孝斌，官至原州（今宁夏同心、泾源、隆德、固原及甘肃平凉、静宁及崇信等市县地）都督府长史。父亲李思诲，系大名鼎鼎的画家李思训的弟弟。垂拱中，任扬州府参军。李思训善画山水、楼阁、佛道、花木、鸟兽，尤以金碧山水著称。其山水画主要师承隋代画家展子虔的青绿山水画风，并加以发展，形成意境隽永奇伟、用笔遒劲、风骨峻峭、色泽匀净而典雅，具有很强的装饰效果。题材上多表现幽居之所。画风精丽严整，以金碧青绿的浓重颜色作山水，细入毫发，独树一帜。在用笔方面，能曲折多变地勾画出丘壑的变化。法度谨严、意境高超、笔力刚劲、色彩繁复，显现出从小青绿到大青绿的山水画的发展与成熟的过程。它和同时期兴起的水墨山水画，都为五代和北宋时期的山水画奠定了基础。其作品均散佚。画迹有《山居四皓图》《春山图》《海天落照图》《江帆楼阁图》《江山渔乐图》《九成宫纨扇图》《群峰茂林图》等十七幅。现能看到台北故宫博物院藏《江帆楼阁图》和《九成宫纨扇图》。《唐朝名画录》称他为"国朝山水第一"，被明代董其昌推崇为"北宗"之祖。

李林甫从小受到舅父、楚国公姜皎的宠爱。起初，舅父让他做了个千牛直长的小官。玄宗开元初，被升为太子中允。因侍中源乾曜系孙光乘的叔父，而孙光乘又系姜皎的妹夫，李林甫凭借这么一层微妙的关系，让源乾曜的儿子源洁出面，向其父亲代求为司门郎中。源乾曜说："郎官必须具备才德和才望，哥奴根本就不是做郎官的料。"不久，即迁李林甫为国子司业。

开元十四年（726），李林甫因御史中丞宇文融的荐举，被拜御史中丞。后来，又做过刑部和吏部侍郎。

开元二十一年（733），侍中裴光庭病故，野心勃勃的李林甫想借机登上相位，便请曾与自己私通的裴光庭的夫人去求高力士帮忙推荐。裴夫人系武则天的侄儿武三思的女儿，她在高力士面前为李林甫苦苦哀求，为人谨慎的高力士当时虽然权倾朝野，但对旧主子的请托也不方便立即答应，况且这又是选择宰相的大事，他也不敢向玄宗提起，只有在暗中等待机会。

开元二十二年（734）四月，吏部侍郎李林甫为了不断得到高官厚禄，便与宦官及后宫妃嫔深相交结，每日都在通过他们打听玄宗的一举一动，故每次上朝奏事，都很符合玄宗的意图，李林甫因此获得玄宗的赏识。

当时，武惠妃专宠，其子寿王李清〔作者案：李清系玄宗第十八子，开元二十四年（736）二月二十日，玄宗统一更改皇子名，"清"被改为"瑁"〕以母爱"特见宠异"，李林甫看到太子李瑛被玄宗日渐疏远，于是，就极力献媚巴结武惠妃，向武惠妃表示无论如何都要拥立寿王为皇太子。武惠妃感激涕零之余，便在玄宗面前称颂李林甫有"德政"。

玄宗让中书令萧嵩选择宰相。萧嵩经过长期的考核，推荐右丞韩休为最佳人选。高力士第一个知道了这个消息，便及时告诉了裴夫人。裴夫人马上让李林甫将此消息透露给韩休本人，狡猾的李林甫又装模作样地上奏，推荐韩休为相。这自然是一推一个准，韩休当上宰相后，以为李林甫助力良多，并不知道是萧嵩举荐的结果。当韩休与真正举荐他为宰相的萧嵩反目成仇之后，便向玄宗推荐李林甫出任宰相之职，这一还一报，李林甫做的却是一笔空头大买卖。玄宗先擢李林甫为黄门侍郎。

五月二十八日，又任命黄门侍郎、平章事裴耀卿为侍中，中书侍郎、平章事张九龄为中书令，李林甫为礼部尚书、同中书门下三品，加银青光禄大夫。由此，李林甫渐渐专权。

在此之前，玄宗想任命李林甫为宰相，以此征求中书令张九龄的意见。张九龄回答说："宰相的地位，乃系国家之安危，陛下如果要任命李林甫担任宰相，恐怕以后会成为国家的祸患。"玄宗不以为然。不料，此话很快就传到李林甫那里，张九龄因其才学，深受玄宗的器重。李林甫虽然怨恨他，但还得表面上去奉承。与张九龄关系密切的侍中裴耀卿，也因张九龄而受到李林甫的嫉恨。

张九龄在朝，凡事有不对之处，都会与玄宗争论，李林甫为了置张九龄于死地，伺机窥探玄宗的意图，日夜都在想着如何阴谋陷害张九龄。

不久，李林甫引荐萧炅为礼部侍郎。萧炅本身就是一个不学无术之徒。有一次，萧炅在与中书侍郎严挺之同行庆吊时，读《礼记》中的一句"蒸尝伏腊"，竟然将"伏腊"读为"伏猎"，严挺之听后故意再问一次，萧炅仍然读作"伏猎"。严挺之便对张九龄说："怎么会有'伏猎侍郎'混在尚书省呢！"萧炅因此被贬为岐州（今陕西扶风县西）刺史，就为此事，李林甫又怨恨于严挺之。

张九龄想推荐严挺之为宰相，但李林甫那里却是一道坎。张九岭便对严挺之说："目下，李尚书（指李林甫）正是皇上身边的大红人，你应该考虑去登门拜访一下，与他先把关系搞好。"而严挺之自负清高，从来就没有把李林甫放在眼里，因此，李林甫就越发地恨他。严挺之与前妻离婚后，前妻改嫁给了蔚州（今山西阳曲西南）刺史王元琰，王元琰因贪污罪被御史台、中书省和门下省联合拘审，严挺之便疏通关系为王元琰说情。李林甫知道后，立即派人到宫中上奏玄宗，玄宗立即对宰相说："严挺之在相关部门的官吏面前为罪臣王元琰说情。"张九龄说："王元琰虽然娶的是严挺之的前妻，但已经都那么多年了，我看他们之间不会存在私情。"玄宗并不同意他的话。玄宗由此还联想到以前的事情，认为裴耀卿和张九龄都在庇护各自的亲信。十月二十七日，玄宗任命裴耀卿为左丞相，张九龄为右丞相，同时罢免二人参知政事。擢李林甫为中书令、集贤殿大学士、修国史，牛仙客为工部尚书、同中书门下三品。

仍兼领朔方（今宁夏灵武市西南）节度使。贬严挺之为洺州（今河北永年县东南）刺史，流放王元琰于岭南。

李林甫终于如愿以偿地替代张九龄的宰相之职，于是大权独揽。李林甫为了混淆玄宗的视听，他把谏官们召集来，明确地告诉他们："现在，圣上贤明，群臣顺从都顺从不过来，那里还用得着再多说什么！难道你们没有看见那些放置在正殿下面作为仪仗用的马吗？这些马食的可是三品官员的俸禄，但如果有哪匹马要嘶鸣一声，就会立即被拉下去，到那时想后悔都来不及了。"大臣们很开眼界地听了宰相李林甫的"马料论"后，果然都变得乖巧了，史书上称："由是谏诤路绝。"左补阙杜琎"不识时务"，偏偏要在这节骨眼上向玄宗上言政事，第二天，就被李林甫贬为下邽（今陕西渭南市北）令。

朔方（今宁夏灵武市西南）将领牛仙客目不识丁，但在理财方面很有一套。牛仙客是靠李林甫的举荐才当上宰相的，凡他遇到论政之事，只是随声附和，从来不敢有任何异议。

李林甫阴险毒辣，最善于当面奉承，背后极力进行陷害，给人设置套圈从来不露声色，让人防不胜防。有个成语典故叫作"口蜜腹剑"，就是专指李林甫的，意思是说嘴甜心狠。

开元二十四年（736）十月初二，玄宗居东都洛阳，适逢宫中闹鬼。第二天，玄宗召集宰相们上朝议事，说自己现在想还长安。裴耀卿和张九龄劝阻道："目前正值秋割打场，如果此时动身，随从的队伍浩浩荡荡，沿途势必要惊扰百姓，影响农忙。还是等到冬闲时再起驾西还。"而李林甫待到退朝时，假装腿瘸留在后面。玄宗问他："腿怎么瘸了？"李林甫回答说："我的腿不瘸。我是想单独向陛下谈谈我对起驾西返的看法。"于是，李林甫说："洛阳和长安就好像是陛下的东殿和西殿，陛下想要上哪个殿，难道还用得着选择日子吗？假如说陛下西返会妨碍百姓的秋割打场，到时候单独免去他们的赋税不就可以了吗？有什么大不了的！我请求陛下允许我立即指示有关部门，就说陛下马上回驾西京，您看如何？"玄宗当然非常高兴，于是，决定当天起驾西返。

到达长安后，李林甫揣测到玄宗已经厌倦了东巡，于是，就和宰相牛仙客谋划增加长安都城附近各道的赋税，并动用库钱购买粮食以充实关中。数年之内,关中的粮食确实蓄积丰实,玄宗很从容地对高力士说:"朕在长安,没有看到让天下百姓忧愁的事情,朕想将政事委托给李林甫去处理,你看可以吗?"高力士回答说:"天子巡行是古代遗留下来的制度,再说,国家政权是不能随意托付给他人的,如果被托付的人的威势一旦形成后,将会给家国带来不幸!陛下有的是皇太子。"玄宗听后,龙颜不悦,高力士连忙磕头谢罪:"请陛下息怒,我发疯了,刚才说的是胡话,罪该万死!罪该万死!"于是,玄宗为高力士设宴安慰,左右皆呼万岁。从此,高力士再也不敢与玄宗深谈国家政事了。

开元二十五年(737)四月十七日,监察御史周子谅上书弹劾牛仙客,并引谶书中的谶语为证,说他当宰相很不称职,并且是朝廷的耻辱。玄宗听后大怒,立即命人在朝堂上棒打周子谅,使周子谅几至昏死过去,并被流放瀼州(今广西上思县西南)。可怜浑身杖伤的周子谅在狱吏的押送下,勉强行至蓝田(今陕西蓝田县)时不胜痛楚,宛然毙命。李林甫乘机说:"周子谅是张九龄推荐的人。"于是,玄宗再贬张九龄为荆州(今湖北荆门市)刺史。

有一次,玄宗第二十九女咸宜公主的驸马杨洄上奏:太子李瑛与鄂王李瑶、光王李琚与太子妃的哥哥,及玄宗第四女唐昌公主驸马薛锈图谋不轨。玄宗就此事召集宰相商议,李林甫说:这是陛下的家事,臣下是不应该参与的。玄宗听后,主意已定。

四月二十一日,玄宗废太子李瑛、鄂王李瑶、光王李琚为庶民,流放薛锈于瀼州(今广西上思县西南)。二十二日,李瑛的舅家赵氏、妃子家薛氏及李瑶的舅家皇甫氏皆因此案或被贬官或被流放达数十人,只有李瑶妃子家韦氏因韦妃贤惠而免受惩罚。不久,李瑛、李瑶、李琚三兄弟被同日赐死于京东驿站,薛锈被赐死于蓝田(今陕西蓝田县)县。李瑶和李琚非常有才学,无罪而死,朝臣深感惋惜。民国史学家蔡东藩叹道:"父子由来冠五伦,如何一日杀三人?可怜龙种遭残戮,不及民家骨肉亲。"①五伦,指君臣、父子、兄弟、朋友、夫妇这五种重要的人伦关系。

---

① 蔡东藩.《唐史通俗演义》卷四十五[M].北京:中国书籍出版社,2016年,第427页。

是年七月初七,大理少卿徐峤上奏:今年,全国被判处死刑的仅有五十八人,过去一直传说,大理寺的狱院中杀气太盛,以至于麻雀等鸟类都不敢栖息,而现在,却有喜鹊在树上开始垒巢。针对此事,朝中百官认为,这便是国家安宁和谐的具体征兆,所以,集体上表祝贺。玄宗觉得应该把这件事归功于宰相。翌日,赐爵李林甫晋国公,牛仙客豳国公。随后,李林甫、牛仙客与法官们一道修订的《律令格式》竣工,不久,玄宗颁布实施。

开元二十六年(738)正月二十三日,玄宗命李林甫兼领右陇节度副大使。自太子李瑛死后,李林甫多次劝说玄宗立寿王李瑁为太子。但玄宗认为忠王李玙年长,并且仁慈、忠孝、谨慎,由于高力士的适机上奏,六月初三,玄宗立忠王李玙为太子。

开元二十八年(740)二月,荆州长史张九龄去世。玄宗虽然因他不听话而把他赶出了朝廷,但还是喜欢他的风度、他的为人和他的办事作风。之前,每当宰相向他推荐官员的时候,玄宗总是先问:"风度得如九龄否?"①

有一次,玄宗在勤政楼上观看乐舞,兵部侍郎卢绚以为玄宗已经离开此楼,便骑马按辔从楼下穿行绝尘而去,玄宗望其英武之姿赞赏良久,并流露出了想委以重任的意思。第二天,李林甫担心卢绚得到重用,便以宰相的身份把卢绚的儿子召来说:卢大人很有名望,现在,交趾(今越南北部红河流域)和南海(今广东广州市)急需像他这样有才干的人去治理,皇上说了,想让卢大人去,不知道卢大人愿不愿意?接着又继续说:如果卢大人嫌路途遥远而不愿赴任,那就得降职,只能担任太子宾客或太子詹事,这也是朝廷对贤者的最终优待。后来,卢绚听儿子这么一说,心中惧怕起来,于是,就主动奏请担任太子宾客。玄宗看到奏章莫名其妙,李林甫赶忙进言:卢绚资历尚浅,出任太子宾客恐怕难以服众,不如先让他任华州(今陕西华县、华阴、潼关等市县地)刺史。玄宗觉得李林甫的话很有道理。于是,就将卢绚出为华州刺史。卢绚到任不久,李林甫又诬说卢绚身体有病,不理州事,再一次将他降为员外

① (后晋)刘昫.《旧唐书》卷九十九 [M]. 北京:中华书局,1975 年,第 3099 页。

詹事。

天宝元年（742）三月，玄宗突然想起了原尚书左丞严挺之，便问李林甫：严挺之现在何处任官？此人应该重用。当时，严挺之在担任绛州（今山西新绛县）刺史。退朝后，李林甫即召严挺之的胞弟严损之到府上叙旧，李林甫貌作亲密之状对严损之先许以高官，然后告诉他说：现在，皇上十分惦念你哥哥，你为何不借此机会，让你哥哥上奏，就说患了风疾，请求回京医治。严损之听了李林甫的话后，立即通告了哥哥严挺之，严挺之也就听从了李林甫的话而上奏玄宗。李林甫又因严挺之的奏言惋惜地对玄宗说：严挺之已经衰老中风，不再适合担任朝中重要职务，还是授予他一个闲散的职务，以便于他治病养身。玄宗听后，叹息不已。四月二十八日，玄宗只得任命严挺之为员外詹事。李林甫因嫉恨汴州（今河南开封、封丘、尉氏及兰考等市县地）刺史、河南采访使齐澣，同日也被玄宗命为员外少詹事。不久，严挺之和齐澣结伴去了东都洛阳养病。

天宝二年（743）正月，全国将举行科考取士。兼任吏部尚书的李林甫便将科举取士的大事全权交给侍郎宋遥和苗晋卿处理。此时，御史中丞张倚深得玄宗的宠信，宋遥和苗晋卿为了依附张倚，在当年应考的一万多名士子中，进士及第、赐进士及第、赐同进士及第者仅有六十四名，而且还将张倚的儿子张奭名列本科状元。朝野上下议论纷纷。

前蓟县令苏孝韫便把此事告诉了边将安禄山，而安禄山在入朝时，又将此事告诉了玄宗。于是，玄宗命将六十四名及第者召来重试，而头名状元张奭手持试卷，一整天竟然没有写出一个字，时戏其为"曳白"。

正月二十三日，玄宗贬宋遥为武当（今湖北丹江口市西北）太守，贬苗晋卿为安康（今陕西安康市）太守，贬张倚为淮阳（今江苏淮阴市西南）太守。流放同考判官、礼部郎中裴朏于岭南。

天宝三载（744），户部尚书裴宽受到玄宗的器重，李林甫担心裴宽出任宰相。十二月初四，刑部尚书裴敦复奉命讨伐海盗吴令光，而李林甫接受他人请托，为人夸大军功，裴宽便将此事暗奏玄宗。李林甫知道后，就告诉了裴敦复，裴敦复告诉李林甫说，裴宽也曾把他的亲戚托付过自己。李林甫听后，急促地说你赶快上奏皇上，不要让别人抢了先。后来，裴敦复用五百两黄金贿赂杨玉环的三姐虢国夫人杨玉瑶，拜托她去上奏玄宗。初五，玄宗将裴宽贬为睢阳（今河南商丘市南）太守。

当初，玄宗立李亨为太子时，李林甫就不同意。之后，千方百计动摇李亨的太子位置。韦坚是太子妃的哥哥，皇甫惟明在李亨为忠王时就与他是一对要好朋友。他在打败吐蕃入朝献俘时，就看到李林甫专权，心中愤然不平。后来，上奏玄宗不要任用李林甫。李林甫知道后，就让杨慎矜暗中监视皇甫惟明的一切活动。

正月十五日夜，适逢太子出游观灯，与韦坚相见，韦坚又与皇甫惟明在景龙观道士房会面。于是，杨慎矜就向玄宗揭发此事。他认为韦坚是皇戚，不应该与边将的关系过于密切。李林甫乘机上奏诬说韦坚和皇甫惟明阴谋拥立李亨为皇帝，玄宗听后，立即将韦坚和皇甫惟明逮捕入狱，李林甫特地安排杨慎矜与御史中丞王铁，及京兆府曹吉温共同审讯。玄宗也很怀疑韦坚和皇甫惟明结谋，但却没有确凿的证据。正月二十一日，只好贬韦坚为缙云（今浙江缙云县）太守，贬皇甫惟明为播川（今贵州遵义市）太守。并以此事训诫文武百官。

四月十七日，左相李适之看到韦坚等人被贬后，惧怕起来，上奏玄宗，将自己改为散官。于是，他被命为太子太师，罢免参知政事。李适之的儿子、卫卿少卿李霅设宴款待客人，但客人因李林甫的淫威，竟然没有一个人敢来赴宴。在李适之罢相后，李林甫便引荐门下侍郎、崇文馆大学士陈希烈为左相、同平章事。李林甫深知陈希烈没有什么本事，专用神仙符瑞取媚于上，遇事只会唯唯诺诺，所以引为同列。从此，军国机务皆由李林甫在家中决策，再由管理文书的官吏把决策已定的方案递交陈希烈署名而已。

五月，将作少匠韦兰和兵部员外郎韦芝为其哥哥韦坚喊冤，并希望太子能够出面做证，以洗清韦坚的罪名。玄宗大怒，太子惧怕起来，上表请求与韦妃离婚，并说自己不愿意以亲毁法。二十六日，玄宗再贬韦坚为江夏（今湖北武汉市江夏区）别驾，流放韦兰和韦芝于岭南。此时，李林甫乘机又向玄宗谗言说韦兰和韦芝等人结为朋党。仅仅过了数天，再流放韦坚于临封（今广东封开县），贬太子太师李适之为宜春（今江西宜春市东）太守，太常少卿韦斌为巴陵（今湖南岳阳、临湘部分地区）太守，贬韦坚的外甥、嗣薛王李琄为夷陵（今湖北宜昌市东南）别驾。

天宝六载（747）正月，李林甫奏请玄宗，欲派自己的女婿、鸿胪少卿张博济之堂外甥罗希奭等人前往皇甫惟明及韦坚兄弟的贬所将其全部赐死。罗希奭从青州到岭南，沿途对所贬官员大开杀戒，李适之从安排驿马的文书口中获知此事后，深感忧虑和恐慌，遂服毒自杀。罗希奭又绕道安陆（今湖北安陆市），打算恐吓裴宽，让他自杀，不料，裴宽磕头求生，罗希奭放他一马。李适之的儿子李霅将父亲的遗体迎护东都，李林甫又指使人诬告李霅。于是，李霅被杖杀于河南府。房融的儿子、给事中房琯因与李适之关系密切，遂被贬为宜春（今江西宜春市东）太守。

为了进一步治理国家，玄宗欲求天下贤能，下诏让天下凡通一艺以上的士子都来长安面试，然后授以官职。李林甫害怕这些人在面试时会揭发自己贪权不法之事，便对玄宗说：这些人都是贫贱寒士，不懂忌讳，恐怕口出狂妄之语有污圣上听觉，还是让尚书省长官考他们吧。于是，李林甫便让御史中丞担任总考官，结果无一人过关。玄宗感到纳闷，李林甫立即上表祝贺，说是圣上清明，野无遗贤。

此时，陇右、河西节度使王忠嗣功名日盛，李林甫恐怕玄宗召他出将入相，假称要抵御外寇，以建雄武城储藏兵器为由，建议王忠嗣率领部下前去帮忙，并打算趁机将他的全部兵马扣压起来。王忠嗣事先前往，并没有发现外寇的影子。

十二月二十五日，玄宗命朝廷百官于尚书省观赏天下每年进贡给朝廷的贡品，观赏完后，全部装车赐给李林甫。玄宗有时不上朝，命各部门都集中到李林甫家里去办公，朝中为之一空。

由于李林甫作恶多端，虽然权高势崇，却也如同火堆上的木柴。他的儿子将作监李岫感到恐惧。一天，他陪李林甫游后花园，看见一个拉着重物的民夫，李岫便对李林甫说：您久为宰相，树敌太多，仇家满天下，如果一朝祸至，想要像这些民夫那样，恐怕是不能的了。李林甫听后很不高兴地说：事情已经到了这般地步，还能怎么办呢？李林甫也未必没有感觉到危险，他却想继续把恶做到极处。

李林甫在向玄宗推荐文臣武将时说，不若用寒族胡人。胡人勇决习战，寒族孤立无党。陛下以恩洽其心，他们必然会为朝廷尽死。这当然又是李林甫的一条奸计。少数民族将领不识汉字，因此功勋再大也难以入朝拜相，可惜玄宗看不透他的奸诈用心，竟然准奏，致使诸道节度使尽用蕃将如安禄山之流，精兵强将集中在北方的边境，从而遗患于天宝末年。历史学家认为：安禄山之所以倾覆天下，皆出于李林甫专宠固位之阴谋。

按照朝廷的规定，宰相出行，随从不过几人，所经之处或所到之处，民众根本不用回避。而李林甫知道自己结怨甚多，常常担心会遭刺客的暗算。每当他上朝或出门时，有骑兵百余人在左右两边护卫，还让金吾卫兵赶走街上的所有人，并列好队形走在前面数百步处护卫，所有人都要回避。他所居住的府邸不但重门复壁，而且还要用石头砌地，墙中要放置木板，晚上睡觉竟然要多次转移房间，连他的家人都不知道他睡在什么地方。

李林甫为了打击政敌，还在家中特设了一个专用厅堂，形如弯月，号称"月堂"。每当想要排斥陷害某位大臣，他就住进月堂，绞尽脑汁，苦思冥想。如果他欣喜若狂地从月堂出来，那肯定是有个政敌将要家破人亡。李林甫出于陷害打击异己的需要，还蓄意豢养了一批酷吏充当帮凶。他重用吉温和罗希奭作为心腹打手。吉、罗两人审理狱案完全是按照李林甫的意图进行的，从而制造出了许多冤案。李林甫的政敌一旦落入吉、罗二人之手，没有一个能逃脱厄运，时谓"罗钳吉网"。

天宝八载（749）四月十一日，御史大夫宋浑因贪污罪被流放潮阳（今广东潮阳市西北）。之前，吉温因受李林甫的提拔而受到玄宗的重用。后来，杨贵妃的远房族兄、兵部侍郎兼御史中丞杨钊（即后来的杨国忠）逐渐受到玄宗的器重。于是，势利小人吉温就公然背叛了李林甫而投靠杨钊，又为杨钊亲自谋划取代李林甫相位的计策。萧炅和宋浑都是李林甫的党羽，吉温就专门搜集他俩的罪证，让杨钊上奏玄宗，企图将其贬出京城。

咸宁（今湖北咸宁市）太守赵奉璋专门搜集掌握了李林甫罪状二十余条，但还未来得及向玄宗揭发，就被李林甫获知。于是，李林甫指使御史台以妖言惑众罪将其逮捕杖杀，著作郎韦子春也因此受到了牵连。

天宝十载（751）正月十三日，玄宗命李林甫兼任朔方节度使。李林甫在京城的府第建筑丽比皇宫。后来，玄宗又将长安城东的薛王别墅赏赐给他。

起初，李林甫以为陈希烈容易被控制，所以才推荐其为宰相。起初，陈希烈对朝中所有大事都听李林甫的，但到后来却与李林甫势不两立，李林甫惧怕。适逢李献忠叛逃，李林甫便推荐河西节度使安思顺替代自己所兼任的朔方节度使之职。玄宗表示同意，并对安思顺进行了任命。

杨国忠初列朝班时，李林甫并未在意。他认为杨国忠的机智与狡诈远远不是他的对手。及至杨贵妃专宠内宫，满族富贵之后，李林甫才想加以钳制，但为时已晚。正好有西南少数民族发动叛乱，李林甫以杨国忠兼任剑南节度使为由，想把他赶出朝廷，但玄宗另有想法，为了讨杨贵妃的欢心，让杨氏一家鸡犬升天，正欲授杨国忠宰相之职，怎么能让他永驻边陲呢？杨国忠哭着向玄宗辞别，说此行一定会被李林甫害死。辞别之日，玄宗特意嘱咐杨国忠：你把边事安置好以后就回来，我等你，另有重用。玄宗在写给杨国忠的一首送行诗中就清楚地表明了要任他为相之意。李林甫心里虽然不悦，但也无可奈何。加之此时李林甫身患重病，深感力不从心，无法再与杨国忠一争高下，只能唉声叹气而已。

天宝十一载（752）十月，玄宗幸骊山温泉宫，李林甫抱病扈从。旅途颠簸之辛劳，使其病情加剧，服药无效，危在旦夕，只得求神问卜。有巫医告诉他说：只要您能看见圣上的面，病情就会好转。玄宗知道后，想去探望李林甫，但左右劝阻说圣上万万不可以去。于是，便用折中的办法来挽救李林甫的命，请玄宗登上华清宫的降圣阁，将李林甫的病榻置于阁下，遥相观望，玄宗以红巾在空中挥动，像是在为李林甫招魂。此时，病入膏肓的李林甫已经不能下拜，就让家人代他向玄宗拜谢。

当杨国忠刚到四川剑南，玄宗就派人将他召回京师。杨国忠去看望仇人李林甫，并拜倒在他的床下。李林甫流着泪对杨国忠说：看样子我活不长久了，我死后你必定要当宰相，后事就拜托您了。杨国忠也泪流满面表示感谢。

是年十一月二十四日，高居相位十九年之久的李林甫一命呜呼，时年七十岁。赠太尉、扬州大都督，给班剑及西园秘器，发丧于长安外郭城平康坊宅第。

李林甫曾从幸华清宫，玄宗给御马及武士百人。李林甫姬侍盈房，晚年更喜好声色之娱，玄宗还赐给两部女乐伎人。他有二十五个儿子，二十五个女儿。

天宝十二载（753）正月，宰相杨国忠派人劝说安禄山，让他诬告李林甫与西部叶护阿布思谋反，安禄山还安排阿布思部落的降将来朝做证，说李林甫和阿布思确实结为父子。玄宗对此深信不疑。李林甫的女婿、谏议大夫杨齐宣害怕受到牵连，便按照杨国忠的意图出了伪证。正月二月十一日，玄宗命削去李林甫的官爵，子孙中凡有官职者一律罢免，统统流放岭南或黔中，只给随身衣物和所食口粮，其余家产全部没收。

在此案中，受到免官或贬官的亲戚及党羽多达五十余人。此时，李林甫尚未下葬，杨国忠命人劈开棺材，取出其含在口内的珠玉，剥下金紫朝服，改用小棺材按一般平民的仪式埋葬。

四七　出奔剑南

天宝十四载（755）十一月初九拂晓，安禄山挥师南下叛唐。十二月十二日，东都洛阳失守。高仙芝、封常清派军队入关中驻守，玄宗任命边令诚为监门将军至陕州监军，开唐代宦官监军之先。边令诚向高仙芝索贿不成，便向玄宗诬奏高、封二人无故弃地，贪污军饷。十二月十八日，玄宗命监门将军边令诚斩高仙芝、封常清于潼关军中。高仙芝临死前说："我遇敌而退，死则宜矣。今上戴天，下履地，谓我盗减粮赐则诬也。"[①]士卒皆为高、封二人喊冤。之后，玄宗进拜已经患半身不遂的哥舒翰为兵马副元帅。

天宝十五载（756）六月初九，叛将安禄山部下崔乾祐率兵攻陷灵宝及潼关。潼关失守的当天，哥舒翰派使者急驰朝廷报告前线情况危急。当时，玄宗并没有召见哥舒翰的使者。只是派遣李福德等人率领由监牧小儿组成的部队前往潼关增援。玄宗准备命皇太子李亨为天下兵马元帅，监抚军国事。翌日，玄宗急召宰相商议对策。杨国忠因为自己兼任剑南节度使，在闻知安禄山反叛后，即命剑南节度副使崔圆暗中筹备物资，以备不时之需。杨国忠认为剑南安全，建议玄宗不妨先到蜀中避难。玄宗赞成杨国忠的意见。

六月十一日，危难之中的杨国忠以宰相身份召集文武百官于朝堂，神色惊惧、痛哭流涕地询问朝臣有什么计策，百官默不作答。杨国忠说道："人告禄山反状已十年，上不之信，今日之事，非宰相之过。"[②]在火

---

① （宋）司马光.《资治通鉴》卷第二百一十七[M].北京：中华书局，2009年，第9130页。
② （宋）司马光.《资治通鉴》卷第二百一十八[M].北京：中华书局，2009年，第9158页。

烧眉毛的关头，杨国忠还在责怪玄宗。

此时，城中百姓都在慌乱之中逃命，杨国忠不放心，又派韩国夫人杨玉玲和虢国夫人杨玉瑶入宫，再次劝说玄宗入蜀。

六月十二日，上朝的文武百官不足十分之一二，玄宗登临勤政楼，颁《亲征安禄山诏》：

> 黄轩抚运，既统蚩尤之旅；炎汉应期，亦有陈狶之伐。虽德合仁覆，或震雷霆之威；功侔载物，匪容原野之罪。盖所以除残救暴，伐罪恤人，圣帝贤君，孰能无此？朕以菲薄，缵承丕构。乘时御宇，惭继统于百王；旰食宵衣，轸纳隍于一物。多历年所，亿兆咸知。安禄山本自细微，擢之行伍，进小忠而自售，包巨猾以贪天。予每含容，冀其迁善，列在衣冠之右，授之师旅之权。赐予无涯，邀求罔极，凡经宠任，中外毕闻。今遂窃我干戈，欺我将士，妄宣密旨，假托妖言。人畏凶威，苟从逼胁，称兵向阙，杀掠无辜。此而可原，孰不可忍？
>
> 前所出师命将，足以除凶去孽，仍闻阻兵西路，左次南辕。朕义在救焚，情存拯溺，虽螳螂举斧，自当屠溃；而蜂虿有毒，必藉讨除。今亲总六师，率众百万铺敦元恶，巡幸洛阳，将以观风，因之扫殄。太山压卵，未可喻其轻重；洪波注萤，不暇收其光焰。宜令所司，即择日进发。其河西、陇右、朔方，除先发番汉将士及守军郡城堡之外，自余马步军将兵健等，一切并赴行营，各委节度使统领，仍限今月二十日齐到。既缘翦除凶逆，暂赴东京，宫掖侍从，并令减省。至于供拟，都无所须，其扈从文武官及飞骑闲厩马家并诸色人等应食公粮者，并以官物支供。仍从此身赍锅幕，缘路并不须置顿，在于黎庶，固免劳烦。布告遐迩，宜知朕意。①

诏书说年过古稀的玄宗要亲自率兵征讨安禄山，朝官听后都不相信，认为这是玄宗在朝官面前故作姿态而已。玄宗又任命京兆尹魏方进为御史大夫，兼置顿使，京兆少尹崔光远为京兆尹，兼西京留守。并安排宦

---

① （清）董诰.《全唐文》卷三十三[M].上海：上海古籍出版社，1990年，第158页。

官边令诚全面掌管长安城所有宫殿的钥匙。玄宗又假称自己的十三子、剑南节度大使、颖王李璬将要赴任，令剑南道准备所用物资。

当天夜里，玄宗移居大明宫。等天黑以后，玄宗命龙武大将军陈玄礼集合六军将士，重赏他们金钱布帛，又从闲厩中精心挑选骏马九百余匹，玄宗秘密进行的这些事，外人皆莫知之。六月十三日，"黎明，上独与贵妃姊妹、皇子、妃、主、皇孙、杨国忠、韦见素、魏方进、陈玄礼及亲近宦官、宫人出延秋门，妃、主、皇孙之在外者，皆委之而去"。① 当玄宗途经左藏大盈库时，杨国忠建议放火焚烧，理由是不能把这些钱财留给叛贼。玄宗听后，心情沉痛地说：叛军一旦到了长安，如果弄不到钱财的话，一定会向百姓摊派，还不如留给他们，至少还能减轻百姓的苦难。

此时，还有朝臣陆续入朝，到了宫门口，还能听到漏壶的滴水声。卫士依然整齐地站在那里，待宫门打开后，只见宫人乱哄哄地拼命往外逃，宫里宫外一片混乱，都不知道玄宗现在哪里。王公贵族忙于往外逃命，山野之民则争着在皇宫或王公贵族宅第抢夺财宝。有人还骑驴上殿，放火焚烧左藏库。京兆尹崔光远和边令诚带人前来救火，又招募人代理府县长官守护，当斩杀了十余人后，哄抢局面才被控制。崔光远派遣他的儿子去见安禄山，边令诚则把宫殿各门的钥匙顺便送给安禄山。

---

① （宋）司马光.《资治通鉴》卷第二百一十八 [M]. 北京：中华书局，2009 年，第 9158 页。

四八　马嵬兵变

　　六月十四日中午，扈从玄宗奔蜀的杨贵妃、韩国夫人、虢国夫人、秦国夫人、太子、亲王、妃主、皇孙，以及杨国忠、韦见素、高力士、魏方进、陈玄礼等到达马嵬驿（今陕西兴平市马嵬镇），六军将士饥饿难耐，龙武大将军陈玄礼因势利导，忙派东宫宦官李辅国转告太子李亨，就在太子犹豫不决时，六军将士哗变，斩杀杨国忠及其子户部侍郎杨暄、御史大夫魏方进，以及韩国夫人等。宰相韦见素却被识者救之，才幸免于难。杨国忠的妻子裴柔和她的小儿子杨晞以及虢国夫人和她的儿子裴徽趁乱逃走，不料却遭到了陈仓县（今陕西宝鸡市东渭水北岸）令薛景仙率众追赶。仓皇之中，虢国夫人逃入竹林，先杀死自己的儿子裴徽和杨国忠的妻子裴柔，然后自刎，并未死，被薛景仙抓获，关押狱中。虢国夫人从容地问抓她的是何人，不久，刎伤出血凝喉窒息而死，被葬在陈仓郊外。

　　玄宗下令收队，竟无一人从命。于是，玄宗忙派高力士宣问，陈玄礼回禀道："国忠谋反，贵妃不宜供奉，愿陛下割恩正法。"① 玄宗听后，依杖低头，迟迟不予表态。过了一会儿，还是韦见素的儿子京兆司录韦谔上前禀道：现在是众怒难犯，安危系于一刻，形势十分危急，希望陛下赶快作出决断！玄宗抢白道："贵妃常居深宫，安知国忠反谋？"② 高力士说："贵妃诚无罪，然将士已杀国忠，而贵妃在陛下左右，岂敢自安！愿陛下审思之，将士安则陛下安矣。"③ 意思是说，贵妃确实没有罪，

---

① （宋）司马光.《资治通鉴》卷第二百一十八 [M]. 北京：中华书局，2009年，第9162页。
② （宋）司马光.《资治通鉴》卷第二百一十八 [M]. 北京：中华书局，2009年，第9162页。
③ （宋）司马光.《资治通鉴》卷第二百一十八 [M]. 北京：中华书局，2009年，第9162页。

但将士们已经将贵妃之兄诛杀,而贵妃却还在陛下左右侍奉,他们怎么能安心呢?希望陛下好好地考虑考虑,只有将士安宁了,陛下才会安全!玄宗闻之不语,许久,强忍着内心巨大的疼痛,走进行宫,搀扶杨贵妃出厅门,至马道北墙口诀别。贵妃泣涕,语不胜情,说道:"愿大家好住,妾诚负国恩,死无恨矣。乞容礼佛。"①玄宗默许。末了,缢杀贵妃于佛堂前梨树下,贵妃死年三十八岁。玄宗命高力士将贵妃遗体裹上锦衣,胸前放上锦囊,掩埋在驿馆西一里的一个小山坡下。

美人流芳千古,青冢独向黄昏。清初戏曲家尤侗在《美人判》中写道:雪肤花貌,争看被底鸳鸯;国色天香,独对亭前芍药。金钗钿合,自应冠此三千;霓裳羽衣,犹当宥之十世。

屈指算来,杨贵妃陪伴玄宗前后十六年,在这十六年间,她对政事从不过问,她始终把陪伴伺候玄宗作为她唯一的职责。直至跟随玄宗出奔剑南的最后时刻,她竟然又以自己的生命换取了玄宗老皇帝的平安。

图36 杨贵妃墓 党明放 摄

贵妃能诗,曾作《赠张云容舞》诗云:"罗袖动香香不已,红蕖袅袅秋烟里。轻云岭上乍摇风,嫩柳池边初拂水。"张云容是杨贵妃的侍女,

---

① (宋)乐史.《杨太真外传》,见《开元天宝遗事十种》,上海:上海古籍出版社,1985年,第142页。

善霓裳羽衣舞。这是贵妃以女人写女人的舞姿，比之秋烟芙蓉，若隐若现；复比之岭上风云，飘忽无定；更比之柳丝拂水，婀娜轻柔，衬以罗袖动香，可谓出神入化。

在玄宗心里，杨贵妃始终是一位貌美如花的佳人，玄宗对她情有独钟。玄宗为了排遣心中的思念，曾派遣道士杨通幽去仙境觅寻杨贵妃的芳魂。在《长恨歌》中，白居易就有李隆基移居太极宫后为杨贵妃招魂的诗句，读来令人荡气回肠：

> 芙蓉如面柳如眉，对此如何不泪垂？春风桃李花开日，秋雨梧桐叶落时。西宫南内多秋草，落叶满阶红不扫。梨园弟子白发新，椒房阿监青娥老。夕殿萤飞思悄然，孤灯挑尽未成眠。迟迟钟鼓初长夜，耿耿星河欲曙天。鸳鸯瓦冷霜华重，翡翠衾寒谁与共？悠悠生死别经年，魂魄不曾来入梦。临邛道士鸿都客，能以精诚致魂魄。为感君王辗转思，遂教方士殷勤觅。排空驭气奔如电，升天入地求之遍。上穷碧落下黄泉，两处茫茫皆不见。忽闻海上有仙山，山在虚无缥缈间。楼阁玲珑五云起，其中绰约多仙子。中有一人字太真，雪肤花貌参差是。金阙西厢叩玉扃，转教小玉报双成。①

杨贵妃因得宠于玄宗而扬名于时，可谓名垂千史。后世关于杨贵妃的故事传说比较多，戏剧有：元人白朴《唐明皇秋夜梧桐雨》等，传奇有：明人屠隆隆《彩毫记》、吴世美《惊鸿记》、无名氏《磨尘鉴》，清人洪昇《长生殿》等。小说有：唐人乐史《杨太真外传》、唐人陈鸿《长恨歌传》、清人褚人获《隋唐演义》及民国蔡东藩《唐史演义》等。京剧有：《贵妃醉酒》《太真外传》《马嵬坡》《百花亭》等，其他地方剧种不胜枚举。尤以梅兰芳主演的京剧《贵妃醉酒》，以其独创性及卓越演技唱腔，饮誉海内外。

马嵬历经六军将士哗变后，父子分道扬镳。一路玄宗继续剑南避乱，一路太子北上灵武平叛。

---

① （清）蘅塘退士：《唐诗三百首》[M]. 长沙：岳麓书社，1991年，第62页。

四九　蜀途拜相

　　天宝十五载（756）六月十五日，高力士、韦见素及其次子韦谔等扈从玄宗继续朝蜀郡进发。玄宗发现朝臣中仅有韦见素一人随行，于是，玄宗命韦谔为御史中丞，并兼任置顿使。就在此时，将士们都说：杨国忠谋反被杀，蜀中全是他的亲信和部下，不能去那里。有人请求可去河西或陇右，有人又建议去灵武，也有人请求去太原，还有人请求返回京师长安。其实，"上意在入蜀，虑违众心，竟不言所向"。① 御史中丞韦谔说：如果要返回京师，就要有足够的兵力抵御叛军。而现在兵力单薄，寡不敌众，不如暂时先到扶风郡，再从长计议去向也不迟。玄宗及扈从者赞同。当玄宗车驾准备出发时，当地的父老乡亲拦在路中，请求玄宗能够留下来："宫阙，陛下家居；陵寝，陛下坟墓，今舍此，欲何之？"② 意思是说，宏大壮丽的宫殿是陛下的家居，列祖列宗的陵园是陛下先人的墓地，作为一代君王，竟然舍弃不顾这些，究竟想要到哪里去呢？玄宗骑在马上，停留了很长时间。然后，命太子留在后面安慰这些父老乡亲。父老乡亲们见此情景，对太子说，皇上既然都不愿意留下来，我们愿意率领众多子弟跟随太子殿下向东讨伐叛军，收复长安。不一会儿，聚集在太子面前之众多达数千。太子说道：父皇冒艰历险，我身为太子，怎么能忍心不在父皇身边呢？再说，我也没有当面向他辞别。我要去禀报父皇，然后听从他的吩咐。说完，悲痛垂泪，要策马西行。此时，建宁王李倓和宦官李辅国赶忙拉住太子的马笼头进谏道：安禄山举兵反叛，

---

① （宋）司马光.《资治通鉴》卷第二百一十八 [M]. 北京：中华书局，2009 年，第 9162 页。
② （宋）司马光.《资治通鉴》卷第二百一十八 [M]. 北京：中华书局，2009 年，第 9164 页。

进犯长安，致使国家分裂，如果再不顺从民愿，怎么能够复兴李唐天下呢？殿下现在随从皇上入蜀避难，如果叛军抢先烧断通往蜀中的栈道，中原大地就等于拱手送给叛军了。真不如现在就聚集兵力。加上郭子仪与李光弼在河北地区的兵力，合兵东讨叛军，收复两京，平定四海，拯救国家于危难之中，使大唐基业得以继续，然后再迎接皇上返回长安，这难道不是最直接的孝敬行为吗？

此时，广平王李俶也劝说父亲留下来。于是，太子殿下命广平王驰报玄宗。而玄宗骑在马上久等太子不来，便派人返回打探情况，玄宗得到禀报，长叹一声：这就是天意！天意难违！于是，便从军中分出二千人，加上一批最好的飞龙厩马给太子，并告谕将士们说："太子仁孝，可奉宗庙，汝曹善辅佐之。"① 意思是说，太子仁义孝顺，能够继承李唐的大业，希望你们好好辅佐他。又令高力士口宣太子曰：

> 汝好去！百姓属望，慎勿违之。莫以吾为意。且西戎北狄，吾尝厚之，今国步艰难，必得其用，汝其勉之！②

意思是说，你可以去，这是天下百姓的由衷愿望，希望谨慎而不要随意违背。希望你不要为我担心。西北地区的胡人，我曾一直厚待他们，今天国家遇到困难，你定能用得上，希望你勤而勉之。太子听后，向南号泣。玄宗又派人把东宫中的宫女送给太子。并宣旨要传位于太子，太子表示不受。

六月十七日，玄宗到达岐山县（今陕西岐山县）。士卒多有怨言，龙武大将军陈玄礼无可奈何。玄宗看在眼里，深感忧虑。如果再不稳定军心，就有可能还会闹出新的兵变。恰在此时，成都向朝廷进献的十多万匹春丝织绸的车队进入扶风境内，玄宗闻知，命将其全部陈列院内，又召来随从将士，玄宗站立在庭前台阶上说道：

> 朕比来衰耄，托任失人，致逆胡乱常，须远避其锋。知卿等皆

---

① （宋）司马光.《资治通鉴》卷第二百一十八 [M]. 北京：中华书局，2009 年，第 9164 页.
② （后晋）刘昫.《旧唐书》卷十 [M]. 北京：中华书局，1975 年，第 240 页.

苍猝从朕，不得别父母妻子，茇涉至此，劳苦至矣，朕甚愧之。蜀路阻长，郡县褊小，人马众多，或不能供，今听卿等各还家，朕独与子、孙、中官前行入蜀，亦足自达。今日与卿等诀别，可共分此彩以备资粮。若归，见父母及长安父老，为朕致意，各好自爱也！①

意思是说，朕近年来由于衰老糊涂，用人失察，以致造成安禄山举兵反叛，逆乱天常，朕不得不远赴剑南，以避叛军兵锋。朕知道诸位由于仓促跟随而来，根本来不及与自己的父母和妻子儿女告别，艰难跋涉到了这里，路途上也很辛苦，朕深感惭愧。客观地说，去蜀中的道路还很艰险而长远，而且那里的地方狭小，难以供养如此众多的人马，现在，朕允许你们各自回家与家人团聚，朕可与儿子、孙子以及侍奉的宦官一同前往，这些随从者也能够保朕抵达。朕现在将与你们分别，你们可将这些丝绸分掉作为资费。如果见到自己的父母和长安城中的父老乡亲们，请一定代朕向他们问好，并请他们多加保重。

玄宗说到此，已经泪流沾襟，将士们都哭着说，我们生死在所不惜，愿永远跟随陛下，不敢有二心。玄宗等了一会儿，说道：是去是留，听从你们的自愿。至此，那些怨言才被平息。

六月十八日，玄宗任命剑南节度留后崔圆为剑南节度等副大使。翌日，玄宗从扶风出发，晚上住陈仓（今陕西宝鸡陈仓区）。二十日，玄宗一行到达散关（今陕西宝鸡市南郊秦岭北麓），遂将护卫的士兵分为六军，先遣第十三子颍王李璬前往剑南，第十八子寿王李瑁率领六军随后。二十五日，玄宗抵达河池郡（今陕西凤县凤州镇），蜀郡长史崔圆奉表迎驾，"具陈蜀土丰稔，甲兵全盛"。②玄宗大悦，当天，任命崔圆为中书侍郎、同平章事。崔圆成为玄宗蜀途中第一位被拜之相。

叛将安禄山绝对预料不到玄宗那么快就会弃京奔蜀。于是，就命崔乾祐留守潼关（今陕西潼关县），十天后，安禄山才派心腹孙孝哲率兵进入长安，以张通儒为西京留守，崔光远为京兆尹。以安忠顺率重兵驻守禁苑。

---

① （宋）司马光.《资治通鉴》卷第二百一十八 [M]. 北京：中华书局，2009 年，第 9166 页。
② （宋）司马光.《资治通鉴》卷第二百一十八 [M]. 北京：中华书局，2009 年，第 9168 页。

安禄山又命搜捕朝臣、宦官和宫女,每抓够一百人时,便派兵送至洛阳。对于跟随玄宗奔蜀避难而家还在长安的王侯将相,包括婴儿在内,悉数处斩。

七月十二日,玄宗抵达普安郡(今四川剑阁县普安镇),宪部侍郎房琯独来谒见。当天,玄宗命房琯为文部尚书、同中书门下平章事,赐紫金鱼袋。房琯成为玄宗蜀途中第二位被拜之相。

七月十五日,玄宗下制书,任命太子李亨为天下兵马大元帅,统辖朔方、河东、河北及平卢节度都使。南下收复长安、洛阳。

安禄山命身在长安的孙孝哲于崇仁坊杀害睿宗之女霍国长公主及其王妃、驸马等人,并挖出他们的心肝,用来祭奠长子安庆宗。凡杨国忠、高力士的亲信党羽,以及安禄山平时所憎恨之人统统杀掉,此次杀了八十三人。之后,叛军又杀死皇孙、郡主及县主共二十多人。

七月十八日,玄宗到达巴西郡(今四川阆中县西),中宗朝特进、中书令、博陵郡王崔玄暐之孙、巴西郡太守崔涣亲自奉迎圣上,玄宗大悦,加上宰相房琯在旁举荐,当天,玄宗任命崔涣为门下侍郎、同平章事。崔涣成为玄宗蜀途中第三位被拜之相。

七月二十八日,玄宗一行到达剑南,扈从皇子、皇孙、官员及六军将士仅剩一千三百人。

唐人李昭道曾绘制《明皇幸蜀图》,又称《春山行旅图》,表现的是玄宗幸蜀情景。

图 37 明皇幸蜀图 (唐)李昭道绘 台北故宫博物院藏墨迹

晚唐浙江婺州和安寺僧贯休作《读〈玄宗幸蜀记〉》，诗曰：

> 宋璟姚崇死，中庸遘变移。如何游万里，只为一胡儿。泣溺乾坤色，飘零日月旗。火从龙阙起，泪向马嵬垂。始忆张丞相，全师郭子仪。百官皆剽劫，九庙尽崩隳。尘扑银轮暗，雷奔栈阁危。幸臣方赐死，野老不胜悲。及溜飘沦日，行宫寂寞时。人心虽未厌，天意亦难知。圣两归丹禁，承乾动四夷。因知纳谏诤，始是太平基。

据《重修梓潼县志》记载：明皇幸蜀，途经四川梓潼县北之四十里的上亭铺夜宿，雨夜中于此闻铃声，似言三郎郎当者。明皇深感奇怪，今非"七月七日长生殿，夜半无人私语时"，怎会有如此之声？怅然而起，急问侍臣黄幡卓铃作何语？黄说："陛下特郎当，特郎当！俗称不整治世。"明皇怆然一笑，喃喃自语道："翠翠红红，处处莺莺燕燕，穷尽一时风流梦；风风雨雨，年年暮暮朝朝，惹就几多相思情。"黄幡卓亦叹道："细雨霏微七曲旋，郎当有声哀玉环。爪牙厚重纲纪乱，前程飘渺路茫然。"玄宗采其铃声，作《雨淋铃曲》，以曲寄寓"行宫见月伤心色，夜雨闻铃肠断声"之繁杂心绪。"自从天子游幸后，此山此名天下知。"从此，梓潼山被改称七曲山。上亭驿改称郎当驿。

另据《晶莹吟》记载，广政二十五年（962）三月，后蜀皇帝孟知祥偕惠妃花蕊夫人及属僚游历东川，至梓潼郎当驿，花蕊夫人闻唐明皇与杨贵妃，感其事而抒其情，即赋七绝两首。其一：云从东山冉冉起，忽悠又入深谷间。豁然忆思前朝事，始信人间如梦间；其二：驿馆之西列百峦，容华艳艳将欲然。风柔日丽鸟凌云，回旋往复哀玉环。

后来，宋人在此建庙竖碑，以资纪念。清人王世祯作《郎当驿雨中二首》，其一云："金鸡赐帐事披猖，河朔从兹不属唐。却使青骡行万里，三郎当日太郎当。"

原有上亭驿、驿衙及上亭公馆，早已荡然无存。今存石碑一通，碑高2.60米，宽0.86米，厚0.18米，正中阴刻正楷"唐明皇幸蜀闻铃处"八字，字径0.30米×0.20米，侧题：大清光绪二十年岁次甲午仲夏知梓潼县事昆明桂梁材立。现此碑立于七曲山风景区内，四周群峰陀起，景色丽人。

八月十二日，灵武使者抵达剑南。玄宗面对太子已即帝位既成的事实，在表面上，高兴地对使者说："吾儿应天顺人，吾复何忧！"①意思是说：我儿子顺应天命人心，即皇帝位，我还有什么忧愁的呢？

须知，在中国历史上，在同一个月内，出现两位皇帝、两个中央政府并存的局面，玄宗在毫不知情的情况下，依旧颁诏下敕，积极推进中央政府机制的运转。

八月十六日，李隆基最后一次以皇帝的身份发布两道诏书：一道《命皇太子即皇帝位诏》，一道《命群臣辅嗣皇帝诏》。玄宗制书称：自即日起，凡是他发布的公文不再称诏书或敕书，改称诰；所有的表疏称太上皇。国家的所有军政大事，都得先听皇帝的处置，然后再禀报朕知即可。等两京收复后，朕就不再参与政事。

图38 唐明皇幸蜀闻铃处　胡江水 摄

---

① （宋）司马光.《资治通鉴》卷第二百一十八[M].北京：中华书局，2009年，第9182页。

五十　灵武称帝

太子一行自马嵬驿北上，经奉天（今陕西乾县）、永寿（今陕西永寿县）、新平（今陕西彬县）、安定（今甘肃泾川县）、彭原（今甘肃庆阳西南）、乌氏县（今宁夏固原县东南）、平凉郡（今宁夏固原市）、白草顿（今宁夏同心县南）、丰宁南（今宁夏中宁县鸣沙镇），最终到达灵武（今宁夏吴忠市西南）。当太子到达乌氏县，彭原太守李遵出面迎接，适时地献上衣服和干粮，并招募了数百士卒。到达平凉郡时，朔方节度使郭子仪、朔方节度判官崔漪、朔方支度判官卢金简、朔方盐池判官李涵、朔方留后杜鸿渐及六城水运使魏少游商议认为：平凉乃散地，非屯兵之所。而朔方兵实完富，还可以北收诸城守军，西发河陇劲骑，南向以定中原，这才能立万世之功。于是，派遣盐池判官李涵赴平凉奉迎太子李亨，"备陈兵马招集之势，仓储库甲之数，上大悦"。① 同时将朔方兵马、盔甲、兵器、谷帛等账册献予太子，太子大悦。恰在此时，河西行军司马裴冕新授御史中丞入朝，路过平凉，与太子相遇，也劝太子北上，以图进取。太子为了扩充随军，开始招兵买马，得士兵数百，战马百匹。太子察看监牧所养之马，约数万匹，又招士兵五百多人。将自平凉出发时，"有彩云浮空，白鹤前引，出军之后，有黄龙自上所憩屋腾空而去"。② 此时，杜鸿渐、崔漪等发朔方数千步骑奉迎太子于白草顿。当太子行至丰宁南，"忽大风飞沙，跬步之间，不辨人物，及回军趋灵武，风沙顿

---

① （后晋）刘昫.《旧唐书》卷十 [M]. 北京：中华书局，1975 年，第 241 页。
② （后晋）刘昫.《旧唐书》卷十 [M]. 北京：中华书局，1975 年，第 241 页。

止,天地廓清"。① 太子继续前行,魏少游等又率领千人迎接太子于鸣沙。是年七月初九,太子历时月余,历经艰辛,终于到达灵武。

李亨抵达灵武后,魏少游等灵武官员为太子登基称帝紧锣密鼓地作准备。"殿宇御幄,皆象宫闱;诸王、公主各设本院,饮食进御,穷其水陆。"② 裴冕、杜鸿渐等先后五次上书太子即位,辞情激切,太子再三推却。

自开元二十六年(738)六月初三至天宝十五载(756)七月十二日,整整做了十八年皇太子的李亨在远离京师长安的西北重镇灵武城南门楼即位,史称肃宗。即位后的肃宗"流涕歔欷,感动左右"。③ 是日,肃宗御灵武南门,下制曰:

> 朕闻圣人畏天命,帝者奉天时。知皇灵睠命,不敢违而去之;知历数所归,不获已而当之。在昔帝王,靡不由斯而有天下者也。乃者羯胡乱常,京阙失守,天未悔祸,群凶尚扇。圣皇久厌大位,思传眇身,军兴之初,已有成命,予恐不德,罔敢祗承。今群工卿士佥曰:"孝莫大于继德,功莫盛于中兴。"朕所以治兵朔方,将殄寇逆,务以大者,本其孝乎。须安兆庶之心,敬顺群臣之请,乃以七月甲子,即皇帝位于灵武。敬崇徽号,上尊圣皇曰上皇天帝,所司择日昭告上帝。朕以薄德,谬当重位,既展承天之礼,宜覃率士之泽,可大赦天下,改元曰至德。内外文武官九品已上加两阶、赐两转,三品已上赐爵一级。④

在制书中,肃宗尊称父皇玄宗为上皇天帝,称登基是"须安兆庶之心,敬顺群臣之请",是"既展承天之礼,宜覃率士之泽",遂改元至德,从此,李亨开启了他的帝王生涯。

---

① (后晋)刘昫.《旧唐书》卷十[M].北京:中华书局,1975年,第241页。
② (后晋)刘昫.《旧唐书》卷一百一十五[M].北京:中华书局,1975年,第3377页。
③ (后晋)刘昫.《旧唐书》卷十[M].北京:中华书局,1975年,第242页。
④ (后晋)刘昫.《旧唐书》卷十[M].北京:中华书局,1975年,第242页。

肃宗即位后，首先组建了中央政府机构班子。任命朔方度支副使、大理司直杜鸿渐为兵部郎中，以朔方节度判官崔漪为吏部郎中并知中书舍人，以御史中丞裴冕为中书侍郎、同平章事。以河西兵马使周佖为河西节度使，以陇右兵马使彭元晖为陇右节度使，以前蒲关防御使吕崇贲为关内节度使兼顺化郡太守。以陈仓县令薛景仙为扶风太守兼防御使。以陇右节度使郭英乂为天水郡太守。诏改灵武郡为灵州大都督府。改关内采访使为节度使，迁治所于安化郡，擢朔方节度使郭子仪兼任灵州大都督府长史，再加兵部尚书。擢范阳节度使李光弼为户部尚书，兼太原尹、北京留守、同中书门下平章事。同时诏令郭子仪、李光弼率其所统河北步兵五万回师灵州勤王。肃宗即位以来，归附的人越来越多。

那些曾跟随安禄山反叛的同罗和突厥部落军队屯驻在长安禁苑中，七月二十二日，他们的酋长阿史那从礼率领五千骑兵，盗得二千匹厩马逃归朔方，阴谋联合其他胡人部落占领边区。"上遣使宣慰之，降者甚众。"①叛军进攻扶风郡，被薛景仙击退。安禄山派遣部将高嵩携带敕书和丝绸前去诱降河西和陇右的将士，被天水郡太守郭英乂抓获诛杀。

阿史那从礼率部逃归朔方后，长安大乱，官吏到处躲藏，狱中犯人出逃。京兆尹崔光

图39 唐肃宗李亨像

远以为叛军要撤退，便派重兵把守住孙孝哲的住宅。孙孝哲知道后，就把此事告诉了安禄山。此时，崔光远和长安县令苏震率领府县二十多人投奔肃宗，七月二十七日，抵达灵武。肃宗大悦，遂命崔光远为御史大夫兼京兆尹，诏其返回陕西关中渭水北岸召集逃散的官民。任命苏震为御史中丞。敕改扶风郡为凤翔郡。

是月，史思明和蔡希德率兵数万人南攻九门，到第十天，九门士卒佯装投降，伏兵于城上，史思明登城后中了埋伏，慌忙之中，从城头上掉落下去，被埋在城墙下的树枝刺伤了左胁，连夜逃奔博陵（今河北定州、

---

① （宋）司马光.《资治通鉴》卷第二百一十八[M].北京：中华书局，2009年，第9176页。

深州、饶阳及安国等地）。

户部侍郎、河北招讨采访处置使颜真卿派遣使者将用蜡丸密封的表书送至灵武，肃宗任命颜真卿为工部尚书兼御史大夫，仍为河北招讨采访处置使，肃宗又下敕书，也用蜡丸密封送达颜真卿。颜真卿便把敕书颁布给河北的郡州，以及河南与江淮地区的各郡，各地因此才知道太子已于灵武即位。

郭子仪等率兵自河北到达灵武，八月初一，肃宗任命郭子仪为武部尚书、灵武长史，李光弼为户部尚书、北都留守，二人并同平章事，成为肃宗朝的宰相。

五一　李泌出山

李泌，唐朝政治家、谋臣。字长源，祖籍辽东襄平县（今辽宁辽阳市），生于京兆府（今陕西西安）。西魏太保、八柱国、司徒李弼六世孙，吴房（治今河南遂平县）令李承休之子。少时聪敏，"博涉经史，精究易象，善属文，尤工于诗。以王佐自负"。①

李泌深得宰相张九龄、少府监张廷珪的器重。天宝十载（751），隐居嵩山的李泌上献《复明堂九鼎议》，玄宗召见，并命其入朝讲授《老子》。因其讲解有法，被命为翰林待诏，在供奉东宫时，太子李亨待其优厚。李泌曾写诗讥诮玄宗宠臣杨国忠、安禄山等人。杨国忠忌其才辩，诬称李泌曾写《感遇诗》讽刺朝政，结果被赶出京师长安，送往蕲春郡（今湖北蕲春县）安置。李泌从此离开了京师，脱离了朝廷，潜遁名山，以习隐自适。

肃宗即位后，派人四处寻访，准备请他出任宰相。李泌自称山人，固辞官秩，请求肃宗能以宾友相待。君臣二人出则联辔，寝则对榻。肃宗称其为先生而不呼名。从制书文诰，到将相升迁，无所不预，史称权逾宰相。肃宗多次说："卿当上皇天宝中，为朕师友，下判广平王行军，朕父子三人，资卿道义。"②

肃宗耐心说服李泌，请先穿上紫袍，担任侍谋军国、元帅广平王军司马事。双方同时约定：待平定叛乱后，再放李泌归山。

至德二载（757）九月二十九日，广平王、天下兵马元帅李俶及司空、天下兵马副元帅郭子仪一举收复长安，当捷报传到凤翔后，百官入贺，

---

① （后晋）刘昫．《旧唐书》卷一百三十 [M]．北京：中华书局，1975年，第3620页。
② （后晋）刘昫．《旧唐书》卷一百三十 [M]．北京：中华书局，1975年，第3621页。

肃宗喜不自胜。

十月初三，肃宗派遣中使啖庭瑶入蜀恭迎上皇还京的同时，又遣使访召行军长史李泌速还行在。当李泌赶到凤翔后，肃宗说：朕已经上表请求上皇回京，朕当让帝位，还东宫重新为太子。李泌忙问：上表还能追回来吗？肃宗说：已经走远了。李泌说：上皇绝对不会回来。肃宗忙问是什么原因，李泌说：按情理和情势分析，不回来是很自然的事。肃宗着急：那该怎么办呢？李泌说：我看这事不难，现在再写一份群臣贺表，就说自从在马嵬被留北上，在灵武被劝即位，到今天收复长安，陛下时刻都在思念着上皇，恭请上皇即返京师，以就尽孝养之心。

肃宗听后，即请李泌起草，李泌一挥而就，捧呈肃宗御览。肃宗被李泌情真意切、朴实无华的文笔感动得泣不成声，呜咽地说：朕开始时，是真心想把帝位复归上皇，现在听了先生的话，才知道那是失策。肃宗立即派遣太子太师韦见素奉表入蜀，然后与李泌一起宴饮。

晚间，李泌乘机向肃宗请求道：我现在已经报答了陛下的知遇之恩，想重新归隐山林，祈请陛下恩准。肃宗听后，大感不解：多年来，朕与先生患难与共，现在到了同享欢乐的时候了，先生为何要离开朕呢？李泌说：我有五条理由不能留下来，希望陛下能答应我离去使我免于一死。我与陛下相遇太早，陛下任用我太多，宠爱我太深，而我的功劳太高，事迹太奇，这就是我不愿留在陛下身边的原因。肃宗听后，便说：现在先睡觉吧，以后再说这件事。李泌说：陛下现在与我同榻而卧，我请求的事情都不答应，何况以后在廷殿上还敢有所请求吗？如果陛下不答应我，这事实上就等于是在杀我。肃宗怒道：真没想到你对朕如此疑心，朕怎么能够杀你呢！你真是把朕当成春秋时期的越王勾践了！李泌回答说：正因为陛下不杀我，所以，我才请求归隐，如果真的要杀掉我，我还怎么敢说这件事呢？再说，要杀掉我的并不是陛下，而是我所说的不能留下来的五条理由。陛下过去待我如此之好，我有时遇事还不敢尽言，何况现在天下已经安定，我还敢直言吗！

肃宗想了想，说：你是因为朕没有听从你关于北伐的计谋吗！李泌回答说不是北伐的事，我所不敢直言的是关于建宁王李倓的事。肃宗说：建宁王李倓是朕的爱子，性果敢，在艰难时刻立了大功，朕怎么能不知道呢？但他涉世未深，受小人的教唆，想要加害他哥哥广平王李俶，图谋为太子，朕从国家的利益考虑，不得已，才除掉了他，你难道不知道这个原因吗？李泌说：建宁王如果有谋害太子的想法，应该是广平王怨恨他。但广平王每当与我言其此事，总是涕泣呜咽，说建宁王死得冤枉。我现在决意归去，所以才敢直言这件事，肃宗说：建宁王曾在夜间摸广平王的门，这分明是要加害广平王啊！李泌说：这都是小人的谗言，建宁王孝友聪明，怎么肯做这种蠢事呢？再说，陛下过去想任用建宁王为元帅，而我请求任用广平王。建宁王如果有谋害广平王而当太子的野心，应该恨的是我，而他却始终认为我对李唐忠心耿耿，所以，才与我过从甚密，陛下可以通过这件事洞察出建宁王的心意。

　　肃宗听后，悲哀地说：先生所言极是，既往不咎，朕不想再听这件事了。李泌说：我之所以提起这件事，并不是在说陛下的过错，而是想要陛下从此能够谨慎地处理将来的政事。过去，武则天有四个儿子，长子李弘，被册立为太子，当武则天图谋称帝时，憎恨太子的聪明，觉得对她日后专权不利，于是就鸩杀了他。随后，复立次子雍王李贤为太子，李贤心怀忧惧，作《黄台瓜辞》，辞曰："种瓜黄台下，瓜熟子离离。一摘使瓜好，再摘使瓜稀。三摘犹为可，四摘抱蔓归。"希望能以此诗唤起母后的感悟。而则天不听，最终，李贤还是死于巴州，死时才三十一岁。神龙二年（706），追赠司徒，以亲王礼陪葬乾陵（今陕西乾县）。景云二年（711），睿宗追谥章怀太子，与太子妃房氏合葬。肃宗惊愕地说：怎么会那样呢？你录下这些歌辞，朕当书于条幅之上，作为醒言警语的座右铭。李泌说："我只希望陛下识之于心，何必要形之于外呢！"

　　当时，广平王李俶对大唐建有奇功，遂引起了皇后张良娣的忌恨，张皇后故意在暗中散布流言蜚语，所以，李泌才对肃宗谈起此事。

　　集贤殿及崇文馆大学士、修国史、知院事李泌有谠直之风，缺点是好大言论。历仕玄宗、肃宗、代宗、德宗四朝，贞元五年（789）三月初二，李泌病卒，年六十八岁。德宗赠太子太傅，所赐赙礼加等。有文集二十卷，已佚。《全唐诗》收录其诗四首。康熙六十一年（1722），李泌与历代功臣四十人得以从祀历代帝王庙。

五二 四相出蜀

玄宗觉得，自己现在已非皇帝，在身边没有必要置留宰相。八月十八日，玄宗亲临殿前台阶，命韦见素、房琯及崔涣奉赴灵武向肃宗传国器及玉册，谓之禅位奉诏使，并留在灵武辅佐肃宗。崔圆因别事继后而至。

玄宗遂颁《命皇太子即皇帝位诏》：

元子亨，睿哲聪明，恪慎克孝，才备文武，量吞海岳。付之神器，佥曰宜然。今宗社未安，国家多难，宜令即皇帝位，朕称太上皇。且天下兵权，宜制在中夏，朕据巴蜀，应卒则难。其四海军权，先取皇帝处分，然后奏朕知。待克复上京，朕将凝神静虑，偃息大庭也。①

又颁《命群臣辅嗣皇帝诏》：

皇帝自幼仁孝，与诸子有异，朕岂不知。往十三年，已有传位之意，属其岁水旱，左右劝朕，且俟丰年。尔来便属禄山构逆，方隅震扰，未遂此心。昨发马嵬，亦有处分。今皇帝受命，朕心顿如释负，劳卿等远去，勉辅佐之。多难兴土，自古皆有，卿等尽心王室，以宗社为念，早定中原，吾之望也。②

在此四相中，韦见素向来依附杨国忠，房琯缺才少干徒有虚名，崔

---

① （清）董诰.《全唐文》卷三十三 [M]. 上海：上海古籍出版社，1990年，第158—159页。
② （清）董诰.《全唐文》卷三十三 [M]. 上海：上海古籍出版社，1990年，第159页。

涣缺乏主见惑于听授，崔圆厚结李辅国。对此四相，肃宗待之各异。

韦见素（687—762），字会微，京兆万年（今陕西西安市）人，开元中太原尹韦凑之子。进士及第后，授相王府参军，任河南府仓曹。为父守孝后，起为大理侍丞，袭爵彭城郡公。因坐事，被出为坊州（今陕西黄陵县隆坊镇）司马。入为库部员外郎、加朝散大夫。迁谏议大夫。天宝五载（746）任江西、山南黔中、岭南等地黜陟使，"观省风俗，弹纠长吏，所至肃然"。① 还朝后，迁吏部侍郎，典选累年，铨叙平允。拜给事中，累迁检校尚书工部侍郎、尚书右丞。天宝九载（750），迁吏部侍郎。加银青光禄大夫。"见素仁恕长者，意不忤物，及典选累年，铨叙平允，人士称之。"② 天宝十三载（754），韦见素得杨国忠举荐，替代陈希烈，拜武部尚书、同中书门下同平章事，充集贤院学士、知门下省事。安史之乱后，扈随玄宗入蜀，至马嵬驿。六军将士哗然，杀杨国忠、杨贵妃等，韦见素见状，为保命逃匿而去，被乱兵所伤，众人惊呼，请勿伤害韦宰相，被认识者救之。至巴西郡，诏命其兼左相、武部尚书。至蜀郡，加金紫光禄大夫，进封豳国公，再授一子五品官。后奉命与宰相房琯等赴灵武辅佐肃宗，临行前，太上皇对韦见素等说皇帝自幼仁孝，与其他皇子不一样等等。韦见素等听后，悲不自胜。太上皇以韦谔及中书舍人贾至充册礼使判官。翌年，肃宗至凤翔（今陕西凤翔县），左迁韦见素为左仆射，罢知政事。以苗晋卿代为左相。五月，肃宗迁韦见素为太子太师。十一月，肃宗自右辅（京西之地，今陕西扶风县）还京，诏韦见素赴剑南奉迎太上皇还京，加开府仪同三司，食实封三百户。上元中，韦见素以足疾表请致仕，肃宗准许。宝应元年（762）十二月卒，年七十六，赠司空，谥曰忠贞，丧事一切官给。

崔圆（705—768），字有裕，贝州武城（今河北清河县东北）人。北魏左仆射崔亮八世孙，大理评事崔景晊之子。少孤贫，好读兵书，有经济宇宙之心。开元中，以武科入仕，授执戟郎。喜好文艺，获得武职，极不乐意。得京兆尹萧炅举荐，任会昌县丞，累迁司勋员外郎、杨国忠

---

① （后晋）刘昫．《旧唐书》卷一百八 [M]．北京：中华书局，1975 年，第 3275 页。
② （后晋）刘昫．《旧唐书》卷一百八 [M]．北京：中华书局，1975 年，第 3275 页。

为剑南节度使，引崔圆为僚属，奏授尚书郎，兼蜀郡大都督府左司马。安史之乱时，玄宗幸蜀，遂修城池。馆宇，设百司殿宇迎之。特迁蜀郡大都督府长史、剑南节度。

崔圆、房琯、韦见素同从肃宗还京，以功拜中书令，赐爵赵国公。赐实食封五百户。翌年，被罢知政事，迁太子少师，留守东都洛阳。闻军兵过洛阳，弃城南奔襄阳（今湖北襄阳市襄州区），被削阶封。后起为济王（李环）傅，怀、汾二州刺史，扬州大都督府长史，淮南节度观察使，加检校左仆射，兼御史大夫，转检校左仆射知省事。大历三年（768）六月卒，年六十四，代宗辍朝三日，赠太子太师，谥曰昭襄。

房琯（697—763），字次律，河南缑氏（今河南偃师市）人。武周时期正议大夫、平章事房融之子。房琯风仪沉整，以门荫补弘文生。开元十二年（724），玄宗将泰山封禅，房琯撰《封禅书》一篇及签启以献，中书令张说奇其才华，奏授秘书省校书郎，调补冯翊（今陕西大荔县）尉，改授虢州卢氏（今河南卢氏县）令。开元二十二年（734）拜监察御史，后贬睦州（今浙江淳安县）司户。天宝元年（742），拜主客员外郎。天宝五载（746）正月，擢给事中，赐爵漳南（今河北故城县东北）县男。天宝十四载（755），征拜左庶子，迁宪部侍郎。

肃宗即位，房琯前往投奔，颇承恩泽，被委以平叛重任。房琯不谙兵事，加之肃宗用人失察，结果在咸阳陈涛斜惨败而归。

房琯好谈虚论。至德元载（756），自请选将督师，反攻长安，大败而归。后来，在北海太守贺兰进明及宰相崔圆等人进言下，房琯被肃宗逐渐疏远。至德二载（757）五月，被罢为太子少师，以张镐替代房琯为宰相。长安收复后，随肃宗还京，肃宗策勋行赏，加房琯金紫光禄大夫，封清河（今河北省清河县）郡公。后因结党，被贬为邠州（今陕西彬州、长武、旬邑、永寿四市县地）刺史，历任太子宾客、礼部尚书、晋州（今河北晋州市）刺史、汉州（今四川广元市）刺史。广德元年（763）四月，拜特进、刑部尚书，后在入京途中病逝，年六十七，赠太尉。

崔涣（707—769），博陵安平（今河北安平县）人。神龙功臣、博陵郡王崔玄暐之孙，礼部侍郎崔璩之子。崔涣博览经籍，尤善言谈，以门荫入仕，起家亳州司功参军，历任尚书司门员外郎、巴西太守。安史之乱时，崔涣迎谒玄宗于路，"抗词忠肯，皆纠理体"。[①]扈从玄宗入蜀，玄宗途中拜其为黄门侍郎、同中书门下平章事。后奉太上皇之命，与宰相韦见素、房琯、崔圆前往灵武，肃宗诏崔涣出任江淮宣谕选补使。至德二载（757）罢相，外放为余杭太守，江东采访防御使。不几，授正议大夫、太子宾客。乾元三年（760）正月，转大理卿，再迁吏部侍郎、检校工部尚书、集贤院待诏。后迁御史大夫，税地青苗钱物使（时以此钱充给京百官料）。坐事贬道州（今湖南永州市）刺史，卒于任上，赠太子太傅、左仆射，谥号元。

---

① （后晋）刘昫.《旧唐书》卷一百八 [M]. 北京：中华书局，1975 年，第 3280 页。

五三　收复两京

至德元载（756）冬十月初三，肃宗从顺化郡出发到达彭原（今甘肃庆阳市西峰区彭原镇）。贺兰进明派遣第五琦上朝奏事，第五琦奏道：现在正是朝廷用兵之时，而军队强大战斗力源自于充足的粮饷供给，若粮饷能直接同赋税挂钩，而江、淮一带则多出于赋税，倘能授我一职，我可悉数将东南的钱财化作军饷，支援函谷关、洛阳前线，只待陛下下令。肃宗听后大喜，擢第五琦为监察御史、江淮租庸使。累迁司虞员外郎、河南等五道支度使、司金郎中，兼御史中丞、诸道盐铁铸钱使。盐铁使官职，设置始于第五琦。

图40　乾元重宝　肃宗乾元元年（758）铸

乾元元年（758）七月十六日，为了筹措军费，填补国家财政亏空，御史中丞兼铸钱使第五琦奏请铸行乾元重宝，俗称乾元大钱。"以一当十，别为新铸，不废旧钱，冀实三官之资，用收十倍之利"，[①]可一文抵开元通宝十文，故称当十乾元，肃宗准奏。乾元重宝钱径2.7厘米，重1钱6分（合5.97克），钱文为隶书。乾元二年（759），又铸重轮乾元重宝，俗称重棱钱，以一文可抵开元通宝五十文。重轮钱径3.5厘米，重3钱2分（合11.94克），钱文为隶书。

---

① （宋）王溥．《唐会要》卷八十九[M]．北京：中华书局，1960年，第1624页。

玄宗第十六子、永王李璘幼年失母，由皇兄李玙（玄宗第三子，即后来的肃宗）抚养，李玙常常把李璘抱在怀里同睡。天宝十五载（756）六月十三日拂晓，李璘扈从玄宗入蜀，玄宗命诸子分别兼领天下节度使。谏议大夫高进谏阻不可。玄宗不听，遂命李璘兼领四道节度都使，坐镇江陵（今湖北江陵县）。李璘招募数万勇士为兵，每日开支巨大。李璘之子、襄城王李玚勇武有力，嗜好用兵，身旁又有薛镠等人为谋士，认为当今天下大乱，只有富饶的南方没遭破坏，李璘手握四道重兵，疆土数千里，应该占领金陵（今江苏南京市）。肃宗得知后，"敕璘归觐于蜀，璘不从"。① 于是，江陵长史李岘借口患病，辞别李璘，觐见肃宗。肃宗召来高適商量对策。十二月，设置淮南节度使，管辖广陵等十二郡，以高適为节度使。又设淮南西道节度使，管辖汝南等五郡，命来瑱为节度使。让高適、来瑱与江东节度使韦陟共同对付李璘。

十二月二十五日，永王李璘擅自率兵东行，吴郡太守兼江南东路采访使李希言写信给李璘，质问他擅自发兵东行的意图。李璘大怒，遂派部将浑惟明奔吴郡袭杀李希言，遣季光琛奔广陵袭杀广陵长史、淮南采访使李成式。此时，李璘已率兵至当涂（今安徽当涂县），李希言派遣部将元景曜于丹徒（今江苏镇江市丹徒区）太守阎敬之率兵抵挡，李成式也派遣部将李承庆迎击。"璘击斩敬之以殉，景曜、承庆皆降于璘，江淮大震。高適与来瑱、韦陟会于安陆，结盟誓众以讨之。"②

至德二载（757）春正月，上皇颁下诰令，任命宪部（刑部）尚书李麟同中书门下平章事，总管朝廷各个部门。崔圆奉诰命赶赴彭原（今甘肃庆阳市彭原镇）。正月十七日，剑南镇兵贾秀等五千人举兵谋反，遭到席元庆将军和临邛（今四川邛崃县）太守柳奕讨伐诛杀。二月初十，肃宗到达凤翔（今陕西凤翔县）。二月二十日，永王李璘兵败身死，其党羽薛镠同时遭诛杀。三月十三日，身在剑南的太上皇忽然思念起开元宰相张九龄有先见之明，遂遣宦官到韶州曲江县（今广东韶关市曲江区）吊祭，并重赏了张九龄的遗属。夏四月，平原（今山东平原县）太守颜

---

① （宋）司马光.《资治通鉴》卷第一百一十九[M]. 北京：中华书局，2009年，第9198页。
② （宋）司马光.《资治通鉴》卷第二百一十九[M]. 北京：中华书局，2009年，第9200页。

真卿绕道从荆州、襄阳至凤翔拜见肃宗，被任命为宪部（刑部）尚书。同时任命郭子仪为司空、天下兵马副元帅，命其率兵赶赴凤翔。十三日，叛将李归仁率领五千精锐骑兵在三原县（今陕西三原县）以北截击郭子仪，郭子仪获知情报后，立即派遣部将仆固怀恩、王仲昇、浑释之及唐高祖李渊堂弟李若幽等埋伏于白渠留运桥，待叛军接近时，以迅雷不及掩耳之势，将其几乎全歼，李归仁游水脱逃。

随后，郭子仪与武功驻守王思礼会于西渭桥，合兵进军驻扎在滺水西岸。在京师之西的清渠则驻扎着叛军大将安守忠及李归仁。官军与叛军相持七天。五月初六，安守忠假装撤退，郭子仪率军追击。"贼以骁骑九千为长蛇陈，官军击之，首尾为两翼，夹击官军，官军大溃。判官韩液、监军孙知古皆为贼所擒，军资器械尽弃之。"① 郭子仪只好退军防守武功。

当时，朝廷府库甚无积蓄，对于立功的将士只能赏赐官爵，诸将出征时，皆给予空名委任状，"自开府、特进、列卿、大将军，下至中郎、郎将，听临事注名"。②

之后，又允许使用信牒授予官爵，信牒，也是一种委任状，在未有正式任用证明前所给的一种文书凭证。元代史学家胡三省《资治通鉴》注云：信牒者，未有告身，先给牒以为信也。各路军队皆以职务大小相互统辖，不管官爵高低。清渠军败，又滥赏官爵以招募散兵游勇。因此，官爵贱而钱货贵，"大将军告身一通，才易一醉"。③ 凡被招募参军之人，都统一穿上金紫色衣服，甚至有朝士的仆人也身着金紫色衣，口称自己是大官。唐朝的封官赏爵之滥，至此已经达到了极点。

山南东道节度使鲁炅守卫南阳（今河南南阳市），相继遭到叛军将领武令珣和田承嗣的攻打。因耗时已久，城中的粮食被吃一空，以至于一只老鼠都要卖到数百缗钱，饿莩遍野，尸塞于道。肃宗获知后，赶忙派遣宦官将军曹日昇赴南阳宣慰士卒，南阳城因被叛军包围，无法入内。

---

① （宋）司马光.《资治通鉴》卷第二百一十九 [M]. 北京：中华书局，2009 年，第 9216 页。
② （宋）司马光.《资治通鉴》卷第二百一十九 [M]. 北京：中华书局，2009 年，第 9216 页。
③ （宋）司马光.《资治通鉴》卷第二百一十九 [M]. 北京：中华书局，2009 年，第 9218 页。

于是，曹日昇请求单枪匹马入城传达肃宗诏令，遭到襄阳太守魏仲犀的阻拦。此时，颜真卿恰好从河北到达此地，说道："曹将军不顾万死以致帝命，何为沮之！借使不达，不过亡一死者；达，则一城之心固矣。"①意思是说，曹将军冒着生命的危险要求去传达皇帝的命令，为什么要阻拦他呢！假使他不能到达，也只不过是死去一个使者；如果他能够顺利到达，则城中之人的信心就会增加百倍。于是，十位骑兵随曹日昇一起入城，叛军惧怕，不敢接近。城中人见到曹日昇，欢天喜地。曹日昇率领一千人去襄阳（今属湖北）运粮入城，叛军不敢阻挡。

司空郭子仪潏水兵败，赴朝自请贬官，肃宗遂命其为左仆射。

是年六月，王去荣将军因报私仇，杀害本县富平（今陕西富平县）县令。唐律规定：凡杀本属府主、刺史、县令、现受业师，吏卒杀本部五品以上官长，及闻夫丧匿不举哀，若作乐、释服从吉及改嫁者，均为不义之罪。又规定：诸谋杀制使，若本属府主，刺史，县令及吏卒谋杀本部五品以上官长者，流二千里；已伤者，绞；已杀者。皆斩。王去荣按罪应当处死，但肃宗因他善用石炮，敕免其死，并免官以白衣效力军中。敕书下至中书省，中书舍人贾至暂时扣留了敕书，认为这是以下犯上，罪大恶极，不能因其有一技之长便宽贷其死；如果此例一开，军中若再有技能者效法，当如何处置？肃宗乃令百官集议此事，议者认为：尽管陕郡（今河南陕县老城）刚刚收复，没有王去荣难以坚守。但法律为天地之大典，今王去荣擅杀本县县令，是犯了十恶重罪，若免其死，是大坏国法。肃宗最终还是赦免了王去荣的死罪。

七月初一，河南节度使贺兰进明率军收复高密（今山东高密市）和琅琊（山名，今山东诸城县东南），杀叛军二万多人。初二夜，驻扎在成都的蜀兵郭千仞等人发动兵变，玄宗御玄英楼谕降无果，遂令六军兵马使陈玄礼、剑南节度使李峘讨杀。驸马柳潭亦率折冲张义童等殊死搏斗，主毂弓授潭，潭手斩贼五十级。初六，安禄山之子安庆绪派遣部将尹子奇率同罗、突厥、奚等部族精锐兵力与杨朝宗合，共十多万人，南侵江、淮屏障睢阳（今河南商丘市睢阳区），真源（今河南鹿邑县旧称）

---

① （宋）司马光.《资治通鉴》卷第二百一十九 [M]. 北京：中华书局，2009 年，第 9218 页。

令张巡与睢阳太守许远在内无粮草、外无援兵的情况下死守睢阳，前后交战四百余次，叛军损失惨重，有效地遏制叛军南犯之势，暂时保障了唐朝东南地区的安全。

后来，张巡和许远终因粮草耗尽、士卒死伤殆尽、外援不至、城破被俘遇害。诏赠张巡扬州大都督、邓国公。诏赠许远荆州大都督。皆图像于凌烟阁，并建双忠庙于睢阳，岁时致祭。许远的高祖许敬宗，秦王府十八学士之一，高宗朝右相、高阳缪公。

七月十一日，叛将安武臣率军攻打陕郡（今河南陕县老城），陕郡贼将杨务钦战死，叛军遂在城中大肆屠杀。七月二十三日，肃宗犒劳诸位将领，诏令他们攻占京师长安，"谓郭子仪曰：'事之济否，在此行也！'对曰：'此行不捷，臣必死之。'"①肃宗对郭子仪说：事情成功与否，在此一举。郭子仪回禀道：此次如果不能战胜，我会以死相报陛下。七月二十六日，御史大夫崔光远破贼于骆谷（今陕西周至县西南）。崔光远的行军司马王伯伦、判官李椿率领官军二千人进攻中渭桥，杀死叛军守桥将士千余人，并乘胜进军至禁苑门。先前驻扎在武功的叛军得知后，纷纷逃回长安，与官军相遇于禁苑北并展开激烈的交战，王伯伦战死，李椿被俘后送至洛阳。叛军从此不再占据武功。

九月初二，叛将蔡希德率军多次挑衅，围攻上党城（今山西长治市），御史中丞、上党长史程千里率领百名骑兵突开城门杀出，意欲活捉蔡希德，恰逢叛军援兵赶到，程千里只好收兵回城。因城门口的过桥被毁，程千里坠入城壕之中，反而遭到蔡希德俘虏。程千里仰天长叹对随从的骑兵说："吾不幸至此，天也！归语诸将，善为守备，宁失帅，不可失城。"②程千里被执送洛阳，安庆绪任命程千里为特进，囚禁于客省。

郭子仪认为，回纥兵英勇善战，劝说肃宗借兵回纥参与平叛。于是，回纥怀仁可汗派遣他的儿子叶护及将军帝德率精兵四千多人来到凤翔，肃宗出面接见，并设宴款待，赏赐财物，唯其所欲。

九月十二日，天下兵马大元帅、广平王李俶统率朔方等各镇兵，以

---

① （宋）司马光.《资治通鉴》卷第二百一十九[M].北京：中华书局，2009年，第9226页。
② （宋）司马光.《资治通鉴》卷第二百二十[M].北京：中华书局，2009年，第9228页。

及回纥、西域各国兵共十五万，号称二十万，自凤翔向扶风进军。李俶与回纥叶护两人约为兄弟，李俶为兄，叶护为弟。到达扶风后，郭子仪宴请他们三天。叶护说：目前，国家正处在危难之中，我们远道而来援助，哪里还顾得上大吃大喝！随即出发。朝廷每天供应回纥军羊二百只，牛二十头，米四十斛。九月二十五日，各路大军同时向约定地点进发。二十七日，陈兵于长安城西香积寺北沣水东岸。香积寺，是我国佛教净土宗正式创立后的第一个道场。始建于高宗永隆二年（681），东依神禾莽原，西临滈潏二水，南望终南群峰，北接秀丽樊川，山环水绕，堪称名刹宝地，系长安八大寺之一。以李嗣业为前军，郭子仪为中军，王思礼为后军。叛军十万列阵于北，叛将李归仁出阵挑衅，官军迎头痛击，叛军乘机掉头突进，官军十分吃惊，叛军争抢军用物资。李嗣业说：今天如果不拼死抵抗，官军就会彻底灭亡。说罢，手执长刀，袒露上身，立于阵前，大声呼喊，奋勇杀敌，连杀数十叛军，并与前军排成横队，持刀推进，自己身先士卒，叛军纷纷后退，官军所向披靡。都知兵马使王难得为了搭救他的裨将，被叛军射中眼眉，垂下来的肉皮遮挡住了眼睛，王难得拔去箭头，撕掉肉皮，顿时血流满面，但仍奋勇作战。朔方左厢兵马使仆固怀恩率领回纥兵突袭叛军伏兵，后又绕道叛军阵后，与大军前后夹击，以迅雷不及掩耳之势，大开杀戒，歼敌六万之众。"填沟堑死者甚众，贼遂大溃。"①

仆固怀恩对广平王李俶说：从局势判断，叛军将要放弃长安城逃走，请您让我立即率领二百名骑兵追击，活捉安守忠和李归仁等人。李俶说：暂时先休息，明天再作商议。仆固怀恩说：李归仁和安守忠都是叛军中的骁将，现在是天赐良机，为何要放虎归山呢？如果他们折回来再与我们作战，到时后悔就来不及了。再说，用兵贵在神速，为何要等到明天呢？广平王依然不同意，仆固怀恩如坐针毡，一夜坚请四五次。及至天亮，有消息报告说，叛军守将李归仁、安守忠、张通儒、田乾真等皆已逃逸，九月二十八日，广平王李俶令官军进入长安。

起初，肃宗因急于收复京师，曾与回纥约定："克城之日，土地、

---

① （宋）司马光.《资治通鉴》卷第二百二十[M]. 北京：中华书局，2009年，第9230页。

士庶归唐，金帛、子女皆归回纥。"① 此时，叶护想率兵"如约"劫掠，广平王李俶拜于叶护马前说：现在刚刚收复了长安，如果你们大肆抢掠，那么，身在洛阳的百姓就会为叛军卖命死守，而我们就难以攻取。希望到东京之后再践行约定。叶护吃惊地从马背上跳将下来，跪捧着兄长广平王李俶的脚，说："当为殿下径往东京。"②

于是，便与仆固怀恩率领回纥、西域的军队从长安城南经过，扎营于浐水东岸。城中百姓以及胡人见到广平王李俶纷纷下拜，哭着说道："广平王真华、夷之主。"③ 意思是说：广平王真不愧汉夷百姓的主人！肃宗得知已经收复长安的捷报后，高兴地说：朕不如广平王！此时，广平王李俶整军进入东城，城中百姓夹道欢呼哭泣。广平王看到此景，便留下来镇守安抚。三天后，才率领官军东去收复洛阳。临行前，任命太子少傅、虢王李巨为长安留守。

郭子仪率领藩、汉兵士追击叛军，至潼关（今陕西潼关县），杀敌五千，并攻克了华阴（今陕西华阴市）和弘农（治今河南灵宝县南）二郡，关东向朝廷献俘一百多人，肃宗敕将斩之。监察御史李勉进言道：现在，发动叛乱的元凶尚待捉拿，战乱仍然波及大半个国家，有很多人都知道殿下已即帝位，并率军平叛，都想洗心革面，重新做人，如果陛下将这些被俘者杀掉，实际上是逼迫那些反叛者继续作乱。肃宗听后，立即赦免了他们。

身在凤翔（今陕西凤翔县）的河南节度使张镐获知睢阳（今河南商丘市睢阳区）危急，一方面率兵日夜兼程赶赴睢阳，一方面发布文书，报告浙东、浙西、淮南及北海等节度使，以及谯郡（今安徽亳县）太守闾丘晓率兵出救，而闾丘晓拒不奉命，坐视睢阳被安禄山属将尹子奇攻陷，真源（今河南鹿邑县旧称）县令张巡守城捐躯，张镐大怒，杖杀闾丘晓。安史之乱时，著名边塞诗人、江宁县丞王昌龄途经亳州时，惨遭亳州刺史闾丘晓杀害。

---

① （宋）司马光.《资治通鉴》卷第二百二十 [M]. 北京：中华书局，2009 年，第 9230 页。
② （宋）司马光.《资治通鉴》卷第二百二十 [M]. 北京：中华书局，2009 年，第 9230 页。
③ （宋）司马光.《资治通鉴》卷第二百二十 [M]. 北京：中华书局，2009 年，第 9230 页。

叛军大将张通儒等收罗残兵退走陕郡（今河南三门峡市西陕县老城）。此时，安庆绪调集了扎住在洛阳的全部兵力，令御史大夫严庄率领并与张通儒合兵，步兵和骑兵约有十五万众，以此来阻挡官军。

十月十五日，广平王李俶率兵到达曲沃（今山西省曲沃县）。叶护命其回纥部将鼻施吐拨裴罗率兵顺着南山搜寻叛军，郭子仪等人与叛军相遇于新店，叛军依山布阵，郭子仪初战不利，遭到叛军的驱赶。恰时，"回纥自南山袭其背，于黄埃中发十余矢"。① 叛军回头一看，惊呼道：回纥兵来了！于是溃败。官军与回纥军乘机前后夹击，叛军尸横遍野，庄严、张通儒等弃陕郡向东败逃。严庄先张通儒一步进入洛阳，向安庆绪报告阵战败状。十月十六日，郭子仪先期到达洛阳。夜晚，安庆绪率领部下从苑门出逃河北，在逃走前，杀害了被俘的朝廷将领哥舒翰、程千里等三十多人。许远则死于偃师县（今河南洛阳市偃师区）。十月十八日，广平王李俶率兵进入东都洛阳，回纥兵在城内劫掠了三天还不满足，有许多士女逃到圣善寺或白马寺里避难，而野蛮的回纥兵竟然纵火烧寺，死伤无数。广平王深感忧虑，后来，还是东京的父老兄弟拿出一万匹丝织品给回纥军，回纥军这才罢休。十九日，肃宗自凤翔移驾京师长安，"遣中使啖庭瑶入蜀奏上皇，命左仆射裴冕入京师，告郊庙及宣慰百姓"。② 二十一日，郭子仪派遣左兵马使张用济及右武锋使浑适之率兵攻占了河阳（今河南孟县西）及河内（今河南沁阳市）二郡，叛军大将严庄投降缴械。陈留人诛杀叛将尹子奇，献郡来降。在颍川，叛军将领田承嗣围攻来瑱，并派遣使者请求投降，终因郭子仪接应缓慢，导致田承嗣再度反叛。后与叛将武令珣退走保定（今河北保定市）。肃宗遂任命来瑱为河南节度使。二十五日，御史中丞崔器命令凡是接受过安禄山叛军官爵的人都卸下头巾，赤脚站立于含元殿前，命他们一边自己捶打自己的胸口，一边向肃宗叩首请罪，周围站满了持械的士卒，让朝廷文武百官在含元殿台上观看。然后将他们统统关进大理寺和京兆的狱中。凡府县中那些为叛军干过事的小官吏，一旦被抓，也关狱中。

---

① （宋）司马光. 《资治通鉴》卷第二百二十 [M]. 北京：中华书局，2009年，第9238页。
② （宋）司马光. 《资治通鉴》卷第二百二十 [M]. 北京：中华书局，2009年，第9232页。

此时,太庙已经被叛军烧毁,"上肃服向庙哭三日"。①事就偏偏凑巧,就在当天,太上皇离开蜀郡回驾长安。二十八日,肃宗登临丹凤门,颁下制书:

> 士庶受贼官禄,为贼用者,令三司条件闻奏;其因战被虏,或所居密近,因与贼往来者,皆听自首除罪;其子女为贼所污者,勿问。②

意思是说:凡官吏和百姓中接受过安禄山叛军官爵、俸禄,以及为叛军干过事的人,御史台、中书省和门下省三司分别不同情况上奏。凡在战斗中被叛军俘虏过的将士,或者居住地靠近叛军,或与其有过往来的人,凡自首者皆免罪。凡家中有妇女被叛军侮辱的,一律不问罪。

十月二十九日,叶护将离开东都洛阳而返回回纥,肃宗命文武百官至长安东十五里处的长乐驿迎接。然后在大明宫的常朝殿堂宣政殿宴请叶护。叶护上奏说:军中缺少战马,请把军队留在沙苑,自己回国取马,然后为陛下扫除安禄山叛军的残余。肃宗大悦,重赏叶护,准其回去。

十一月,广平王李俶与郭子仪班师回朝,肃宗亲率仪仗队迎于灞上(今陕西西安市东)。肃宗紧紧握住郭子仪的双手,感激道:"吾之家国,由卿再造。"③屈指算来,从肃宗出兵长安,到收复洛阳,仅仅用了一个月时间。

---

① (宋)司马光.《资治通鉴》卷第二百二十[M].北京:中华书局,2009年,第9240页。
② (宋)司马光.《资治通鉴》卷第二百二十[M].北京:中华书局,2009年,第9241页。
③ (宋)司马光.《资治通鉴》卷第二百二十[M].北京:中华书局,2009年,第9242页。

五四　劫后重逢

　　肃宗派遣中使啖庭瑶到达成都，上皇听说已经收复了长安，并且收复洛阳在望。现在恭迎上皇还京。当上皇看完肃宗的奏表后，立即表现出了惶恐和不安。半月后，中使返回长安，并且带回了上皇的诰文："当与我剑南一道自奉，不复来矣！"①意思是说：只要给我剑南一道可以容身自保就足够了，不想再回长安。肃宗览后，忧心忡忡，不知如何是好。正在这时，后来派遣的使者也从成都返回，带回了成都方面的最新消息：上皇看到群臣的上表后，心中大喜，立即命人准备饮食歌舞，并颁下诰命确定了返回京师的日期。肃宗听后，忧怀顿释，当即命人召来李泌，见到李泌后，肃宗感激地说：我与上皇相见，真是先生您的功劳啊！李泌虽然没有身居要职，但却"权逾宰相"。②正是因为与肃宗这种亲密无间的关系，无形中招来了宰相崔圆和李辅国的猜忌。李泌鉴此，去意已定，遂伏身下拜：两京收复，上皇归来，在此再次恳请陛下恩准我归隐山林。肃宗执意挽留，李泌长跪不起。肃宗无奈，准他遁避衡山，并下敕书命郡县官为李泌在山中建造房屋，给三品官的俸料和隐士服。

　　至德二载（757）十月二十二日，肃宗率领"流亡政府"到达咸阳望贤宫，忽然传来了收复洛阳的捷报。翌日，肃宗车驾进长安，城中百姓出城门二十里来恭迎圣驾，有拜舞雀跃者，有山呼万岁者，也有悲哀哭泣者。

　　上皇车驾经过四川剑阁县城南剑门山，山门左右岩壁峭绝，直插云霄，峰峦倚天似剑；绝崖断离，两壁相对，享有"剑门天下险"之誉。当年，

---

①　（宋）司马光.《资治通鉴》卷第二百二十[M]. 北京：中华书局，2009年，第9240页。
②　（后晋）刘昫.《旧唐书》卷一百三十[M]. 北京：中华书局，1975年，第3621页。

诸葛亮任蜀汉丞相时，见大小剑山之间有阁道三十里，又见大剑山中断处壁高千仞，天开一线，便在此垒石为关，以为屏障，称剑阁，又称剑阁关。后来，诸葛亮六出祁山，姜维十一次北伐中原，都曾经过此地。上皇感慨万分，遂对侍从道："剑门天险若此，自古及今，败亡相继，岂非在德不再险耶！"① 因驻跸题诗《幸蜀回至剑门》曰：

剑阁横云峻，銮舆出守回。翠屏千仞合，丹嶂五丁开。灌木萦旗转，仙云拂马来。乘时方在德，嗟尔勒铭才。②

诗的大意是说：剑门山高耸入云，险峻无比；我避乱到蜀，今日得以回京。只见那如翠色屏风的山峰，高有千仞，那如红色屏障的石壁，全凭五位大力士开出路径。灌木丛生，好似缠绕旌旗，时隐时现；白云有如飞仙，迎面拂拭着马来。治理国家应该顺应时势，施行仁德之政，各位大臣，你们平定叛乱，建功立业，是国家的栋梁之才。清人李因培《唐诗观澜集》云："四十字中雄浑工密，气象万千，觉沈宋、燕许皆在度内。"是年，普安郡（今四川剑阁县、梓潼县等地）太守贾深勒诗于石。

上皇车驾过剑门、汉中、散关，历时三十天，于十一月二十二日抵达凤翔。上皇为避嫌疑，命将扈从禁卫全部解甲，将兵器存放在凤翔的武器库里（一种说法是李辅国献计于肃宗借"迎卫"上皇之机缴械，并解散了上皇的禁军）。肃宗则派李辅国率三千精锐骑兵前往凤翔奉迎护驾。

十二月初三，上皇到达咸阳望贤宫，肃宗前来奉迎。此时，上皇正在望贤宫的南楼上，肃宗到达后，立即脱掉黄龙袍，换上紫绣袍，望着南楼，快步前行，然后伏身跪拜于楼下。上皇看到后，转身走下楼来，弯腰抚摸着肃宗，悲哀地哭泣着。而肃宗则伏在地上，手捧上皇的双脚泣不成声。上皇见此情形，要来了黄龙袍，亲自给肃宗穿上，肃宗则伏

---

① （唐）郑綮.《开天传信记》，见《开元天宝遗事十种》，上海：上海古籍出版社，1985年，第53页。
② （唐）郑綮.《开天传信记》，见《开元天宝遗事十种》，上海：上海古籍出版社，1985年，第53页。

地叩头,坚辞不受。上皇说:"天数、人心皆归于汝,使朕得保养余齿,汝之孝也!"①意思是说:天命与人心都已经归你,你能够让我安度晚年,就是你最大的忠孝了!肃宗推辞不过,只好穿上。此时,被拦在仪仗外面围观的父老百姓见此情景,都情不自禁地手舞足蹈,山呼万岁!肃宗感动,令开仪仗,邀千余百姓参拜上皇。众人看到玄宗、肃宗父子劫后重逢,高兴地说:我们今天能够重见二圣相逢,就是死了,也不感到遗憾。

图 41 望贤迎驾图 (南宋)佚名 绘 绢质
上海博物馆藏

图 42 望贤迎驾图 (局部)
上海博物馆藏

礼毕,上皇与肃宗一起步入行宫,进殿后,上皇望着正殿,郑重地说,这是天子的住所。肃宗再三推让,并亲自扶玄宗入正殿。用餐时,都是由肃宗先尝,然后才奉献给上皇。

翌日,上皇起驾回长安,肃宗亲自挑选了一匹自己曾经骑过的温顺的马给上皇骑,并亲自扶上皇上马,然后在马前揽辔而行。行至数步,上皇止之,肃宗这才上马走在前面,不敢在路中央驰奔。上皇见此情景,颇为感慨。看到肃宗贵为一国之主,到如今反为自己执鞭垂镫,似乎感

---

① (宋)司马光.《资治通鉴》卷第二百二十 [M].北京:中华书局,2009 年,第 9244 页。

觉到自己又尊贵无比了。于是，得意地对左右侍从说："吾为天子五十年，未为贵，今为天子父，乃贵耳！"①意思是说：我做了五十年天子，都没有感到高贵过，如今作了天子的父亲，才感觉高贵了。左右侍从听后，连忙山呼万岁。

由此看来，上皇对由他亲手导致大唐由盛及衰、由治转乱的政治局面并无悔意。对此，胡三省在《资治通鉴批注》中尖锐地批评道："玄宗失国得反（返），宜痛自刻责以谢天下，乃以为天子父之贵夸左右，是全无心肠矣。"

上皇总算回到了阔别的长安。屈指算来，自天宝十五载（756）六月十三日拂晓弃京出奔，迄今已有一年零四个月又十天。上皇在剑南的这段时间，虽无甚建树，但却留下了好的印象，他走后，蜀人将他的行宫改为道观，并为他铸了铜像。

当肃宗陪同上皇进入长安城时，欢迎盛况空前。从长安城西北的开远门至大明宫的丹凤门，一路旗帜如林，彩棚夹道。长安父老在路旁载歌载舞。此时，上皇进入大明宫，登上含元殿，左相苗晋卿率文武百官跪拜称贺，君臣相见，喜极而泣。

朝拜仪式结束后，上皇径往长乐殿临时设置的太庙向列祖列宗请罪。当天，上皇很知趣地离开了当朝皇帝与百官议政之所大明宫，而住进了兴庆宫。肃宗多次上表请求归政于上皇，自己仍还东宫做太子，上皇遣使亲信宦官高力士劝慰而止。十二月二十一日，上皇诰敕曰：

> 王公文武百官等，迩者事出不虞，凶邪构逆。赖天地叶德，宗社降灵，应时诛翦，朝野宁谧。庆慰之至，与卿等同怀。太上皇志尚无为，捐兹俗务，军国庶政，寄成朕躬。祗奉圣谟，膺斯负重，顾惟菲薄，何以克堪？若临大川，罔知攸济。冀王公卿士，百辟庶寮，戮力同心，辅相休命，各尽诚节，共洽维新。②

---

① （宋）司马光.《资治通鉴》卷第二百二十 [M]. 北京：中华书局，2009年，第9244页。
② （清）董诰.《全唐文》卷三十四 [M]. 上海：上海古籍出版社，1990年，第159页。

乾元元年（758）正月初五，上皇登临宣政殿，传肃宗国玺，授肃宗玉册，并加尊号。肃宗坚辞"大圣"称号。上皇不答应。肃宗反过来又尊太上皇为太上至道圣皇天帝。

在当时，为睿宗、玄宗两代皇帝撰写传位册文的分别是礼部尚书贾曾、中书舍人知制诰贾至父子，由此，构成了唐代皇帝传位的一段佳话。

贾曾（？—727），河南洛阳人。少以词学著称。景云中，为吏部员外郎。玄宗为太子，以其为太子舍人。曾谏止遣使访召女乐。擢中书舍人，以其父名忠与中同音，固辞，改授谏议大夫，知制诰。开元初，与苏晋同掌制诰，时称"苏贾"。后坐事贬洋州（今陕西西乡县）刺史，历庆州（今甘肃庆阳市一带）、郑州（今河南郑州市）刺史。入为光禄少卿，礼部侍郎，卒赠礼部尚书。

贾至（718—772），字幼邻，礼部尚书贾曾之子。开元二十三年（735），进士及第，授单父（今山东菏泽市）县尉。安史之乱爆发，从玄宗幸蜀，授中书舍人、知制诰，撰写传位册文。至德年间，贬为岳州（今湖南岳阳市）司马。宝应初，迁尚书左丞。广德初，拜礼部侍郎，赐爵信都县伯，累迁京兆尹、御史大夫。大历年间，历任兵部侍郎、右散骑常侍，卒赠礼部尚书，谥号为文。著有文集三十卷。

二月初五，肃宗登临明凤门，大赦天下，改元。三月初二，移封楚王李俶为成王。三月初六，册立淑妃张良娣为皇后。十月初五，肃宗册立嫡长子李俶为皇太子，并改名李豫。十月十五日，太上皇前往骊山脚下华清宫避寒。之前在位时，每次来华清宫都是骑着马，这次却改乘步辇。临潼的父老问上皇，怎么不骑马而来呢？上皇回答说："吾老矣，岂复堪此。"[①]听者莫不悲泣。是年，上皇七十四岁。

到了华清宫，上皇召见了与杨贵妃关系密切的新丰舞女谢阿蛮，阿蛮向上皇出示了当年杨贵妃送给她的物品金粟装臂环，上皇睹物思人，老泪横流，左右莫不感到悲凄。

上皇在华清宫住了二十多天，于十一月初八返回京师长安。十一月二十一日，群臣请加肃宗尊号为乾元大圣光天文武孝感皇帝。

---

① （唐）郑处诲.《明皇杂录》[M].北京：中华书局，1994年，第46页。

肃宗在位，尤宠宦官，尤其是对李辅国。宦官，又称太监、宦者、中官、内官、内臣、内侍等，是中国古代专供皇帝及其家族役使的奴仆，不得参与国家政务。在先秦和西汉时期，宦官并非全是阉人，自东汉开始，宦官则全部由阉人担任。但因与皇帝朝夕相处，如玄宗朝的高力士、肃宗朝的李辅国，容易博取皇帝的信赖。唐太宗鉴于前代之弊病，严格抑制宦官的官阶不得超过四品。玄宗在位时，破坏了原有的规定，尤其是到了晚年，竟然让官居从一品的骠骑大将军高力士批复奏章。肃宗更甚，竟将李辅国引以为相。以至于后来的文宗朝，宦官仇士良竟然敢在朝堂上劫持皇帝李昂。真乃"宦官之祸，始于明皇，盛于肃、代，成于德宗，极于昭宗"。①

李辅国（704—762），本名静忠，博陆郡（今北京市平谷区）人。唐代第一个封王拜相的宦官。净身入宫，奇丑无比，粗知书计。初为闲厩马家小儿，事奉宦官高力士。天宝年间，得闲厩使王鉷举荐，入东宫侍奉太子李亨。天宝十五载（756），安史之乱爆发，玄宗奔蜀避难，辅国献计于太子李亨："请分玄宗麾下兵，北趋朔方，以图兴复。"②肃宗即位，被擢为太子家令，判元帅府行军司马事。以功赐名护国。辅国常常于处理事情之隙，手持念珠，人皆信以为善。随从太子于凤翔，授太子詹事，改名辅国。肃宗还京，拜殿中监，闲厩、五坊、宫苑、营田、栽接及总监等使。又兼陇右群牧、京畿铸钱、长春宫等使。至德二载（757）十二月，加开府仪同三司，进封郕国公，食实封五百户。凡府县拘拿，御史台、中书省、门下省三司想要审理案件，都得取决于李辅国同意，然后必须随他的意思而判。声称是肃宗的制敕，没有人敢站出来违抗。权倾朝野，宦官都要呼其为五郎。凡宰相及朝中大臣想见肃宗一面，都必须要经过李辅国的安排，凡肃宗的诏书也必须有李辅国的署名才能施行。群臣不敢提不同意见。当时宰相李揆系崤山以东地区名门大族，每次见到李辅国都要行弟子礼，称李辅国为五父。后来，肃宗命李辅国专门掌管禁军，并于宫内赐予内宅。再拜兵部尚书。后求宰相而不得。

---

① （宋）司马光.《资治通鉴》卷第二百六十三 [M]. 北京：中华书局，2009 年，第 11264 页.
② （后晋）刘昫.《旧唐书》卷一百八十四 [M]. 北京：中华书局，1975 年，第 4759 页.

宝应元年（762）四月，肃宗病，朝臣皆不可谒见。李辅国经常在银台门处理政事，事无巨细，皆由李辅国口宣制敕，待写好后，直接交给外面去执行就是。待事情完结后，才上奏肃宗。如果李辅国想要追查什么案子，朝廷的任何部门都不敢加以拒绝。

李辅国又与张皇后互为表里，谋杀建宁王李倓。后与宦官程元振合谋诛杀张皇后及越王李系，跋扈嚣张，擅权作福。私下语与代宗曰："大家但内里坐，外事听老奴处置。"①

代宗在位，虽恶其恣横，但念其有定策和拥立之功，尊其为尚父。五月，拜其为司空、中书令，食实封八百户。程元振欲夺其权，上奏肃宗须对其严加禁制，六月十一日，代宗解除了李辅国行军司马及兵部尚书职务，命程元振取代李辅国兼任元帅行军司马，又迁李辅国出皇宫于外居住。李辅国开始惧怕起来，上表请求退位，六月十三日，代宗罢免了李辅国所兼任的中书令职务，进爵博陆王。

李辅国入宫致谢，对代宗愤恨哽咽道：老奴侍候不了郎君了，请让老奴到九泉之下侍候先帝吧！代宗对其安慰了一番，然后请先回去。

十月十七日夜，李辅国被人杀于宅第，携其头颅和手臂而去。代宗遣使宦官慰问李辅国家属，诏刻木首以葬之，追赠太傅。

张良娣虽貌美可人，但狡黠刻薄，爱慕虚荣。李亨即位后，册立其为皇后。颇有政治野心的张皇后结党营私，朋比为奸，骄横跋扈，勾结宦官李辅国，阴谋驱逐名臣李泌，企图迫害建宁王李倓，图谋废黜太子李豫，欲改立自己的亲生儿子李侗为太子，但未成功。

宝应元年（762）四月，肃宗病重期间，张皇后图谋掌控朝廷政局，事泄被捕，坐罪处死。肃宗驾崩，太子李豫发丧于两仪殿，并宣读遗诏：

敕：帝王享国，天命有常，大历传归，皇纲无易。朕幸以凉德，继承宗祀。在长乐问安之日，属元凶间衅之初。南奉圣皇，北集戎事，赖将相同德，社稷降灵，爰发五原，成师一旅。丕图克振，华夏乂宁。旰昃之心，每勤思于兆庶；晨昏之礼，尝不匮于庭闱。而天祸上延，

---

① （后晋）刘昫.《旧唐书》卷一百八十四 [M]. 北京：中华书局，1975年，第4761页。

神心未悔，正当金革，罹此凶灾。遂遘膏肓，惟兹大渐，及兹理命，获著誓言。庶安国以保人，岂嘉生而恶死。审以大计，属于公卿。皇太子豫，仁孝元良，聪明齐圣，佐成大业，能事神祇。朕既弥留，可守宗社，宜令所司，当日具礼。于柩前即皇帝位，应缘朕丧事制度，并准圣皇遗诏。其诸道节度使、都督、刺史等，并不须赴哀。又为兵革未宁，邮驿艰弊，一切不须专使奉慰。朕执丧在疚，不食荤膻，所设馈奠，皆须如在。有违本意，神亦不歆。其祭祀之礼，一切不得宰杀。且国储非广，虚费稍多，宫掖之间，须有厘革。所有三宫内人，宜量事减省。及至德已来籍没家口，非切要者，并与放出。诸王院内，亦宜准此。其文武官僚，合须褒赏，天下百姓，宜在优矜。每当变易之时，皆下惟新之命，并委皇帝节级处分。呜呼！股肱勋臣，敬保元子，事居送往，谅在于兹。宣示万邦，宜从朕意。①

四月二十日，太子李豫在宦官李辅国、程元振的拥立下，于两仪殿即位。遂废张皇后为庶人。

---

① （清）董诰.《全唐文》卷四十三 [M].上海：上海古籍出版社，1990年，第207页。

五五　命断长安

太上皇自从蜀地返回长安后，一直居住在兴庆宫。左龙武大将军陈玄礼和内侍监高力士侍奉太上皇。肃宗经常会从夹城前来问安。肃宗又命玉真公主、如仙媛、内侍王承恩、魏悦，以及梨园弟子等在上皇左右。上皇也会经常登临长庆楼，凡过此楼下的百姓看见后，总是下拜，并高呼万岁。于是，上皇会在楼下宴请他们。有一次，剑南道来京师奏事的官吏经过楼下，向楼上的上皇拜舞，上皇即命玉真公主和如仙媛设宴款待。

上元元年（760）六月，以拥戴肃宗有功的宦官李辅国趁太上皇与肃宗之间的政治矛盾，诬奏太上皇与高力士在兴庆宫常与外人接触，"上皇居兴庆宫，日与外人交通，陈玄礼、高力士谋不利于陛下。今六军将士尽灵武勋臣，皆反仄不安，臣晓谕不能解，不敢不以闻"。[1]肃宗听后，痛哭流涕地说："父皇仁慈，岂容有此！"[2]李辅国又继续煽动道：上皇不一定会做那种事，但很难说上皇身边的人就不做那种事。陛下为天下君主，当为国家前途着想，设法消除内乱于萌芽之时，怎么能够遵从凡夫俗子之孝而误国呢！再说，兴庆宫与坊市居民相互混杂，宫墙低矮，出于安全考虑，不是上皇应该居住的地方。而太极宫则不同，戒备森严，如果把上皇迎接进来居住，就可以杜绝那些小人对上皇的蛊惑，也可以让陛下尽到一份应有的孝道，有什么不好呢！在遭到肃宗的断然拒绝后李辅国便私自将太上皇的御马从三百匹削减为十匹。上皇见此，对高力

---

[1] （宋）司马光.《资治通鉴》卷第二百二十一[M].北京：中华书局，2009年，第9302、9304页。

[2] （宋）司马光.《资治通鉴》卷第二百二十一[M].北京：中华书局，2009年，第9304页。

士说:"吾儿为辅国所惑,不得终孝矣。"①

七月十九日,李辅国伪称肃宗诏令,哄骗太上皇说到太极宫"游幸",当兴致勃勃的太上皇骑马行至宫内睿武门时,却被突来而至的李辅国率领的殿前五百名手执兵刃的骑兵拦住了去路。李辅国轻蔑地说道:皇上说了,太上皇现在居住的兴庆宫太过狭小,让我们来迎接太上皇到太极宫居住!玄宗听后,差点从马背上跌落下来。高力士连忙向前扶住,厉声呵斥李辅国:李辅国下马!休得无礼!李辅国冷笑道:高公公,事到如今,你怎么还这么不懂事?言罢,手起刀落,砍死了高力士身边的一名小宦官。高力士面对李辅国的威胁,直接对那五百骑兵喊话道:诸位辛苦了!你们在太上皇面前拔刀拦路,难道就不怕犯王法吗?高力士的气概突然把李辅国和五百骑兵都给镇住了,只见他们慌忙收刀下马,跪伏在地,齐呼万岁。局面算是逐渐稳定下来。高力士唯一能做的只有保护太上皇的人身安全了。他眼睛盯着李辅国厉声喝道:李辅国牵马!李辅国只好悻悻地过来拉住马缰。这样一来,他与李辅国两人一左一右牵着太上皇的马,平安把太上皇护送到了太极宫甘露殿。待关上宫门后,李辅国这才带兵离去。而玄宗握住高力士的手时已是泪流满面:将军,今天多亏了您,不然的话,阿瞒(玄宗小名)早就成了李辅国刀下之鬼了。

从此,太上皇被幽禁于太极宫,肃宗另选百余名宫女负责宫内的洒扫,又命万安公主和楚国公主[作者案:《资治通鉴》卷第二百二十一上元元年七月条谓咸宁公主]侍奉左右。万安公主,玄宗第七女,生母不详。开元四年(716)五月二十日,祖父睿宗驾崩。为睿宗追福,万安公主请为道士。天宝七载(748)出居金仙观(今陕西西安市长安区终南山子午镇西侧的子午峪内),食实封一千户,奴婢随从一仍公主标准配给。楚国公主,玄宗第十六女,生母不详。始封寿春公主,下嫁吴澄江。兴元元年(784),请为道士,德宗诏许,赐名上善。

高力士挺身保护太上皇,此举引起了李辅国和肃宗的不满。七月二十八日,也就是李辅国欺骗上皇事件刚刚过了九天,肃宗下制曰:

---

① (宋)司马光.《资治通鉴》卷第二百二十一[M].北京:中华书局,2009年,第9304页。

力士潜通逆党，曲附凶徒，既怀枭獍之心，合就鲸鲵之戮。以其久侍帷幄，颇效勤劳，且舍殊死，可除名，长流巫州。①

流高力士于巫州（今湖南黔阳县西南），流王承恩于播州（今贵州遵义市），流魏悦于溱州（今重庆綦江东南），勒令陈玄礼解甲归田。

高力士到巫州时，随从不过数十人，所余衣粮，仅够数月之用。他见当地盛产芥菜而本地人又不采食，有感而作《咏荠》（又名《感巫州荠菜》）诗："两京作斤卖，五溪无人采。夷夏虽不同，气味终不改。"②[作者案：唐人郭湜《高力士外传》，"作"作"称"，"虽不同"作"虽有殊"，"终"作"应"]

在诗中，高力士借物咏志，表明自己现在虽然身处异境，但赤诚忠心始终不会改变。

上皇自知命数将至，感慨过后，遗诰如下：

惟天鉴下，享年有期；惟人奉天，获没为善。予嗣承丕业，敬守宗祧，中暍憸人，几沦大宝。赖皇帝拨乱反正，戡难济时，幸以暮年，复兹安养，常惧有悔，以羞先灵。今病既弥留，殆将不寤，其国务之事，非予所图，哀制之间，兹审遣训者。皇帝不务（疑）厥疾未瘳，礼贵适时，或无封（疑）执。宜令天下吏人，令到出临三日，皆释服。无禁婚娶祠祀饮酒音乐。其殿中当临者，晓夕各十五举音，礼毕而罢。皇帝宜三日而听政，十三日小祥，二十五日大祥，二十七日而释服。以日易月，固有前闻。人子之念，皆所未忍，而艰难之际，万国事殷。其葬送之仪，尤须俭省，特宜裁改，无守常规。呜呼万方，勿乖予志。③

---

① （唐）郭湜.《高力士外传》，见《开元天宝遗事十种》，上海：上海古籍出版社，1985年，第121页。
② （后晋）刘昫.《旧唐书》卷一百八十四[M].北京：中华书局，1975年，第4759页。
③ （清）董诰.《全唐文》卷三十八[M].上海：上海古籍出版社，1990年，第176页。

是奸相李辅国和自己的儿子肃宗夺走了太上皇人生最后的自由和尊严。宝应元年（762）四月初五，绝望中的上皇于西内太极宫神龙殿离世，享年七十八岁。群臣谥曰至道大圣大明孝皇帝。黄门侍郎、同平章事王缙奉诏撰《元宗大明皇帝哀册文》，文云：

  维宝应元年岁次壬寅建巳月五日，元宗至道大圣大明孝皇帝崩于神龙殿，旋殡于太极殿之西阶。粤以宝应二年三月甲辰朔十一日将迁座于泰陵，礼也，象物已设，仙驭将飞，空闻脱屣，无复求衣。孝孙皇帝亲临遣奠，意延晷刻，向池绋而涕流，想山园而心恻。九天兮无所，一往兮何极？感贻美于孙谋，俾述事于祖德。其词曰：

  天厌隋乱，中原无主。人归唐德，上帝是辅。以圣易暴，兴文继武。义冠殷汤，威包汉祖。仰膺历数，光宅区寓。惟皇得一，承乾嗣五。赫哉厥初，万物斯睹。景龙之际，乾仪反坤。不利王室，将开祸门。吕危刘氏，赵啄皇孙。我独杖剑，神期武贲。上排阊阖，俯扫轩辕。不惊宗庙，大造黎元。为而不有，礼备尊尊。乃奉睿宗，爰受宝命。问安视膳，纯孝至敬。维城之年，佐潞之政。一蓍献兆，百灵翼圣。跃马截流，水不敢竞。潜龙变海，池亦呈庆。有开必先，兴王之盛。诰曰皇帝，余倦于勤。往缵丕绩，以顺兆人。辞之不可，其命维新。体乾之大，法土之均。临之以日，生之以春。寒暑彰信，动植知仁。九族既睦，四门既宾。天通之圣，电断之神。求贤篡篡，就列缙绅。谠言是听，庶政必亲。刑措兵弭，咸加德驯。戎狄詟窜，塞不警尘。琛赆争入，来自无垠。驾鼓斥骏，焚裘弃珍。风雨时若，京坻相因。师于上古，思与还淳。然后制礼节焉，作乐和焉。北祠后土，南郊上元。斋祭陵庙，位号山川。教战讲武，祈农籍田。冕旒问俗，旌旗幸边。文物蔽地，英声动天。凤巢麟扰，甘露醴泉。九尾三脊，朱草飞烟。缤纷效祉，每岁且千。道德洋溢，乾坤交泰。成功如何，登封于岱。太平如何，是时无外。才艺余美，帝王之最。学究天人，乙夜惭对。文齐日月，秋风靡逮。推历正元，调律平害。札动云落，弦开叶碎。挥琴陋虞，教歌轻沛。良辰可赏，听政方退。钟鼓屡陈，君臣高会。巍巍荡荡，四十余载。巡省顺动，西南奥区。命子出震，继明握图。长驱猛士,累剪封狐。不失旧物,言旋上都。离宫就养,寿酒多娱。习道久矣,神仙远乎。呜呼哀哉。湖上铸鼎,海中祈药。忽乘紫气,长游碧落。千门万户,若无天兮寥廓。八达九衢,虽有人兮寂寞。泪为雨于宸扆,哭成雷于郊郭。遗辙迹而徒攀,葬衣冠而何托。同轨毕至,初陵已开。震凤辇于仙仗,降龙輴于帝台。俨将行兮肃穆,似有顾兮徘徊。过春城兮如送,望暮山兮谓来。呜呼哀哉。寿元肇吉,先天不违。接桥山之大隧,营金阜之元扉。拥驰道兮皆往,独宫车兮不归。厚夜兮藏昼,终天兮戢辉。文始建极,武余英威。立德不朽,至道惟微。虽阴阳之与变化,伴神圣兮安可希。超前古以作则,遗后代以垂衣。呜呼哀哉。①

在哀册文中,其中的"常惧有悔,以羞先灵""震凤辇于仙仗,降龙輴于帝台"流露出的家国情怀,真是遗恨绵绵无绝期。

翌日,迁上皇神座于太极殿。时肃宗重病卧榻而无法临丧,特于内殿举哀,并命太子李豫监理国政,大臣则在太极殿举哀。此时。则有四百多名蕃官划破面孔、割破耳朵,以示对上皇的沉痛哀悼和深切怀念。

四月十五日,也就是上皇驾崩后的第十一天,肃宗改元宝应,大赦天下。四月十七日,病入膏肓的肃宗命年迈的侍中苗晋卿摄冢宰,苗晋卿固辞。四月十八日,也就是在上皇驾崩后的第十三天,李辅国发动兵乱,肃宗由于受到惊吓,于大明宫长生殿恐惧而亡,享年五十二岁。群臣谥曰文明武德大圣大宣孝皇帝。

二帝一先一后驾崩,实令朝野震诧。

开元十七年(729)十一月初十,玄宗拜五陵,"至桥陵,见金粟山岗有龙盘凤翥之势,复近先茔,谓侍臣曰:'吾千秋后宜葬此地,得奉先陵,不忘孝敬矣'"。②

宝应元年(762)三月,高力士遇赦还京。途中,知二帝噩耗,呼天号地,悲不自胜。以不能为上皇送葬为恨,每一号哭,数回气绝。七月,

---

① (清)董诰.《全唐文》,卷三百七十[M].上海:上海古籍出版社,1990年,第1663页。
② (后晋)刘昫.《旧唐书》卷九[M].北京:中华书局,1975年,第235页。

行至朗州（今湖南常德市），由于哀悲过度成疾，遂对左右说："吾年已七十九，可谓寿矣。官至开府仪同，可谓贵矣。既贵且寿，死何恨焉。所恨者二圣升遐，攀号不逮；孤魂旅梓，飘泊何依？"[①]八月十八日，薨于朗州开元寺西院。远近闻之，莫不伤感。代宗以高公为前朝耆旧保护先帝有功，诏令恢复他过去的所有官爵，赠扬州大都督。陪葬泰陵，丧事一切官给。大历十二年（777）五月十一日，立碑表彰。

宝应元年（762）四月二十日，太子李豫于肃宗柩前即位，是为代宗。

宝应二年（763）三月十八日，代宗葬祖父李隆基于同州奉先县（今陕西蒲城县）东北二十五里的金粟山泰陵。八天后，即三月二十七日，代宗再葬父皇李亨于京兆醴泉县（今陕西礼泉县）西北三十里的武将山建陵。

图 43 唐玄宗泰陵　党明放 摄

---

① （唐）郭湜.《高力士外传》，见《开元天宝遗事十种》，上海：上海古籍出版社，1985年，第 121 页。

五六 遗恨绵绵

"天长地久有时尽,此恨绵绵无绝期。"① 玄宗以七十八岁高龄走到了人生的尽头。纵观风烛残年的李隆基在驾崩前,遗恨至少有三。

一、无力改葬杨贵妃

"帝至自蜀,道过其所,使祭之,且诏改葬。"② 太上皇欲派宦官改葬杨贵妃,不料,却遭到了礼部侍郎李揆的反对。李揆系贞观朝给事中李玄道玄孙,字端卿,郑州(今属河南)人。出身陇西李氏姑臧房。少聪敏好学,善属文。开元进士,补陈留(今河南开封市祥符区)尉。李揆见李辅国执子弟之礼,谓之五父,表现出一副摇尾乞怜样子。

李揆认为:在马嵬坡,诛杀宰相杨国忠、虢国夫人杨玉瑶、韩国夫人杨玉玲、秦国夫人杨玉琇,以及杨国忠长子、检校户部侍郎杨暄,缢杀贵妃杨玉环,皆六军将士哗变之功,在这起政治事件中,太子李亨、龙武大将军陈玄礼以及权宦李辅国等起到了积极的促使作用。事件发生后,使得国家逐步迈入发展正轨。上皇如果改葬杨贵妃,势必会引起六军将士的恐慌,故改葬之事绝不可行。如果为贵妃举行葬礼,实际上也就等于否定了肃宗支持、李辅国参与的马嵬哗变,也就等于彻底否定了六军将士诛杀杨氏兄妹的功绩。最后,李揆向上皇表明态度:如果"使祭之",则可以;倘若"诏改葬",恐不能。

上皇听后,默然不语。在安史之乱中,李揆曾扈从玄宗避难剑南,

---

① 萧涤非.《唐诗鉴赏辞典》[M]. 上海:上海出版社,1983年,第871页。
② (宋)欧阳修,宋祁.《新唐书》卷七十六[M]. 北京:中华书局,1975年,第3495页。

后在肃宗朝任中书舍人、吏部侍郎。乾元二年（759），上奏反对张皇后（良娣）加号"翊圣"。三月，迁中书侍郎、同平章事，从此跨入宰相行列。肃宗谓其门第、人物、文章皆为当朝第一，再拜集贤殿崇文馆大学士、监修国史，封姑臧县（今甘肃武威市凉州区）开国伯。入拜国子祭酒、礼部尚书，加左仆射。后因弹劾前宰相吕諲过失，被贬为袁州（今江西宜春市袁州区）长史，徙歙州（今安徽黄山市）刺史。元载居相位，以私怨改试李揆为秘书监，无俸禄萍寄诸州十五六年。大历十二年（777），元载伏诛，徙睦州（今江苏淳安县）刺史，擢礼部尚书。又为宰相卢杞所忌，建中四年（783），德宗以礼部尚书之职，出李揆为入蕃会盟使。兴元元年（784）四月，使还，卒于途中，年七十四，赠司空，赐谥恭。

不肯善罢甘休的上皇遂遣使者将杨贵妃秘密改葬在别处。据说，贵妃的肉体已经腐烂，胸前尚留一只香囊，使者将此香囊献上，上皇睹物，恓感流涕。遂令王文郁为贵妃图像，上皇并题《王文郁画贵妃像赞》云：

万物去来，阴阳反覆。百岁光阴，宛如转毂。悲乐疾苦，横天相续。盛衰荣悴，俱为不足。忆昔宫中，尔颜类玉。助内躬蚕，倾输素服。有是德美，独无五福。生平雅容，清缣半幅。①

上皇一味赞杨贵妃的美貌和品德，命将画像置于别殿，朝夕往视。

二、被禁幽宫，至死没有获得尊严和自由

上皇在剑南住了十四个月就被儿子肃宗诏还长安，上皇心绪复杂，喜忧同至。不久，李辅国打着肃宗的旗号，从南内兴庆宫骗上皇至西内太极宫后，就被幽禁了起来，撤马换人，"高力士、陈玄礼等迁谪，上皇寖不自怿"。②"万安、咸宜二公主视服膳。四方所献珍异，先荐上皇。然上皇日以不怿，因不茹荤，辟谷，浸以成疾。"③辟谷，道教术语。

---

① （清）董诰.《全唐文》卷四十一 [M].上海：上海古籍出版社，1990年，第193页。
② （后晋）刘昫.《旧唐书》卷九 [M].北京：中华书局，1975年，第235页。
③ （宋）司马光.《资治通鉴》卷第二百二十一 [M].北京：中华书局，2009年，第9307页。

即不食五谷杂粮。是以修仙问道的名义绝食。年迈的太上皇孤独凄凉地在太极宫过了一年零八个月,就老死于禁宫,不能不说这是风流天子李隆基人生中的一大悲哀。

三、至死没有看到安史之乱的结束

玄宗在位的后期,政治黑暗腐败,宦官参政乱政,国戚掌控朝权,导致阶级、经济、朝廷等出现严重的矛盾。

天宝十四载(755)十一月初九,平卢、范阳、河东三镇节度使的安禄山于范阳(今河北涿州市)起兵反唐,叛军到处烧杀掠抢。当时的百姓听说后,极为震惊。

天宝十五载(756)正月初一,安禄山在洛阳称帝,改元圣武。半年后,玄宗被逼迫弃京奔蜀。途经马嵬驿,六军将士哗变,太子北上灵武平叛。

至德二载(757),安禄山被其次子安庆绪指使宦官李猪儿杀害,郭子仪等率领唐军与回纥援军收复两京。安庆绪逼迫退至邺郡(今河南安阳市),安禄山部将史思明向唐廷奉上归降书,愿以所领十三郡及兵八万降唐,肃宗得报大喜,即封史思明为归义王,兼范阳节度使。但史思明"外示顺命,内实通贼",在范阳期间,不断招兵买马,用以扩充队伍。信息传至长安,立即引起肃宗的警觉。肃宗暗中策划将其消灭,不料,计划泄露,史思明复叛,率兵南下邺郡,全力救援安庆绪。

乾元二年(759),史思明杀安庆绪于范阳,自称燕帝。并再度南下,攻占洛阳及附近州县。上元二年(761)三月,叛军内部出现分裂,五十九岁的史思明被其子史朝义部下骆悦等人缢杀,用毡毯裹尸,用骆驼运回洛阳。

宝应元年(762)四月二十二日,太子李豫即位,是为代宗。三天后,代宗发布第一道诏书就是任命其长子奉节(今重庆市奉节县)郡王李适为天下兵马元帅,统仆固怀恩等军再度收复洛阳,叛军闻风北逃。五月十八日,史朝义宣布史思明"遗诏",并为其发丧,葬于幽州良乡(今北京房山区)东北冈,谥昭武皇帝。

宝应二年(763)正月,唐军攻打洛阳,史朝义逃往莫州(今河北任丘北),败走范阳。此时,范阳守将李怀仙已经降唐,史朝义不得入城,其部将见状，纷纷离去。于是，史朝义仅率数百骑逃奔广阳（今北京房山东北），不料，又遭守军拒绝。不得已，只得北入奚、契丹，当行至温泉栅（今河北唐山市丰润区东）时，李怀仙的追兵赶到，史朝义众叛亲离，走投无路，被迫于林中自杀，其部分叛将降唐。历时七年零两个月的安史之乱，至此宣告结束。这已经是上皇李隆基驾崩十个月之后的事情。

在中国历史上，"之治"，通常指一个新兴国家由于改朝换代等因素，导致社会生产力水平落后，经过数代皇帝的励精图治，百姓安居乐业，国家繁荣昌盛，整个社会出现安定大好局面。据文献记载，从夏至清的四千一百余年间，共出现了"之治"三十七次，著名的有西周周成王姬诵及周康王姬钊的"成康之治"，西汉汉文帝刘恒及汉景帝刘启的"文景之治"，唐朝唐太宗李世民的"贞观之治"等，而这些"之治"的共同特征都是发生在创建王朝的早期。

中兴，或称振兴、复兴。一般而言，中兴之前的王朝往往会陷入低迷状态。据文献记载，从夏至清的四千一百余年间，共出现了十四次"中兴"，著名的有汉昭帝刘弗陵及汉宣帝刘询的"昭宣中兴"，唐宪宗李纯的"元和中兴"，明孝宗朱祐樘的"弘治中兴"。

盛世，指在比较长的时间内，保持国家繁荣昌盛，统治集团文治武功达到一定水平的社会现象。据文献记载，从夏至清的四千一百余年间，共出现了八次"盛世"，著名的有汉武帝刘彻的"汉武盛世"，唐玄宗李隆基的"开元盛世"，清圣祖爱新觉罗·玄烨及清高宗爱新觉罗·弘历的"康乾盛世"。

玄宗在位长达四十四年之久，开元时期，为李唐社稷开创了惊天动地的辉煌；天宝年间，却给李唐社稷带来了背宗忘祖的耻辱。"玄宗躬定大难，手振宏纲，开怀纳忠，克己从谏，尊用旧老，采拔群才。大臣不敢壅下情，私昵不敢干公议。朝清道泰，垂三十年。"[①] 北宋史臣司马光认为："圣人以道德为丽，仁义为乐；故虽茅茨土阶，恶衣菲食，不耻其陋，惟恐奉养之过以劳民费财。明皇恃其承平，不思后患，殚耳

---

① （唐）陆贽.《奉天论前所答奏未施行状》。

目之玩,穷声技之巧,自谓帝王富贵皆不我如,欲使前莫能及,后无以逾,非徒娱己,亦以夸人。岂知大盗在旁,已有窥窬之心,卒致銮舆播越,生民涂炭。乃知人君崇华靡以示人,适足为大盗之招也。"①

---

① (宋)司马光.《资治通鉴》卷第二百一十八 [M]. 北京:中华书局,2009年,第9184页。

附　录

一　唐朝职官的品阶爵勋

唐朝职官品阶制度基本沿袭隋制。《新唐书》卷四十六《百官志一》云："其官司之别，曰省，曰台，曰寺，曰监，曰卫，曰府，各统其属，以分职定位。其辨贵贱，叙捞能，则有品，有爵，有勋，有阶，以时考核而升降之，所以任群材，治百事。"对于一大串的官名，古称结衔，在结衔中，既有实职，也有虚衔。

品，即品级。是区别职官的等级制度，后来逐渐发展成为官员身份地位的一种标志。唐朝流内的文职官员共分九品三十阶，实为九品二十九阶。

阶，即阶官。是由品级派生出来的另一套等级制度，流内九品二十阶。

爵，即爵位。系王者之制禄爵。是授予贵族或高级官员的一种等级制度。唐朝的爵位分为九等。

勋，即勋官。北周时用以奖励作战有功的士兵，后来渐及朝官。至唐遂为定制。勋官自上柱国至武骑尉共十二转。转愈多，勋愈高。是一种荣誉性的称号，与俸禄等实际利益无关。

正一品
职　官：太师，太傅，太保，太尉，司徒，司空
爵　号：亲王，公主
从一品
职　官：太子太师，太子太傅，太子太保

文散官：开府仪同三司

武散官：骠骑大将军

爵　　号：嗣王，郡王，国公

正二品

职　　官：尚书令，大行台尚书令（唐高祖设），太子少师，太子少傅，太子少保

文散官：特进

武散官：辅国大将军

爵　　号：开国郡公

勋　　号：上柱国（十二转）

从二品

职　　官：尚书左右丞相，尚书左右仆射，府牧（京兆、河南、太原），大都督（扬、幽、潞、陕、灵五州），大都护（单于、安西）

文散官：光禄大夫

武散官：镇军大将军

爵　　号：开国县公

勋　　号：柱国（十一转）

正三品

职　　官：中书令，西台右相，门下省侍中，东台左相，黄门监，吏部尚书，户部尚书，礼部尚书，兵部尚书，刑部尚书，工部尚书，太常卿，左右卫，左右骁卫，左右武卫，左右威卫，左右领军卫，左右金吾卫，左右监门卫，左右羽林军，左右龙武，左右英武六军大将军，左右千牛卫大将军，太子宾客，太子詹事，左右散骑常侍，中都督府都督，上都护府都护

文散官：金紫光禄大夫

武散官：冠军大将军，怀化大将军

勋　　号：上护军（十转）

从三品

职　　官：御史大夫，秘书监，内侍监，门下省左散骑常侍，中书省右散骑常侍，光禄卿，卫尉卿，太仆卿，大理卿，鸿胪卿，司农卿，太

府卿，宗正卿，国子祭酒，殿中监，宗正卿，少府监，将作监大匠，左右卫将军，左右威卫将军，左右金吾卫将军，诸卫羽林将军，千牛龙武将军，下都督府都督，上州刺史，府尹（京兆、河南、太原），都督府长史（扬、幽、潞、陕、灵五州），大都护府副都护（单于、安西），亲王府傅

文散官：银青光禄大夫

武散官：云麾将军，归德将军

爵　号：开国县侯

勋　号：护军（九转）

正四品上

职　官：黄门侍郎，中书侍郎，门下侍郎，尚书左丞，吏部侍郎，太常少卿，北都军器监，太子左庶子，太子少詹事，太子左右卫率，太子左右司御率，太子左右清道率，太子左右内率，太子左右监门率府率，中州刺史，军器监，上都护府副都护，上府折冲都尉

文散官：正议大夫

武散官：忠武将军

爵　号：开国县伯

勋　号：上轻车都尉（八转）

正四品下

职　官：尚书右丞，尚书侍郎，户部侍郎，礼部侍郎，兵部侍郎，刑部侍郎，工部侍郎，光禄卿，卫尉卿，太仆卿，大理卿，鸿胪卿，司农卿，太府少卿，亲府、勋一府、勋二府、翊一府、翊二府等五府中郎将，太子右庶子，太子左右谕德，太子左右千牛卫，太子左右监门卫中郎将，亲勋翊卫羽林中郎将，翊府中郎将，中都督府别驾，下州刺史

文散官：通议大夫

武散官：壮武将军

从四品上

职　官：秘书少监，太中大夫，殿中少监，光禄，卫尉，太仆，大理，鸿胪，司农，太府少卿，宗正少卿，太子左右卫副率，太子左右司御率，太子左右清道副率，太子左右内率，太子左右监门副率，太子亲

勋翊，卫羽林中郎将，太子家令，太子率更令，太子仆，内侍，大都护府，亲王府长史

文散官：太中大夫

武散官：宣威将军

勋　号：轻车都尉（七转）

从四品下

职　官：国子司业，少府少监，将作少匠，府少尹（京兆、河南、太原），司马（大都督府、大都护府），亲王府司马，上州别驾，中府折冲都尉

文散官：中大夫

武散官：明威将军

正五品上

职　官：谏议大夫，御史中丞，国子博士，门下省给事中，门下省谏议大夫，中书舍人，北都军器少监，将作监都水监使，太子中允，太子左右赞善大夫，都水使者，县令（万年、长安、河南、洛阳、太原、晋阳、奉先、会昌），亲勋翊卫羽林郎将，长史（中都督府、上都护府），军器少监，太史少监，亲王府咨议参军事，亲王府事府典军，亲王帐内府典军

文散官：中散大夫

武散官：定远将军

爵　号：开国县子

勋　号：上骑都尉（六转）

正五品下

职　官：太子中舍人，尚食尚药奉御，太子亲勋翊卫郎将，内常侍，司马（中都督府、上都护府），中州别驾，下府折冲都尉

文散官：朝议大夫

武散官：宁远将军

从五品上

职　官：尚书左右司郎中，吏部郎中，司封郎中，司勋郎中，考功郎中，户部郎中，户部度支郎中，户部金部郎中，户部仓部郎中，礼部郎中，礼部祠部郎中，礼部膳部郎中，礼部膳部主客郎中，兵部郎中，兵部职

方郎中，兵部驾部郎中，兵部库部郎中，刑部郎中，刑部都官郎中，刑部比部郎中，刑部司门郎中，工部郎中，工部屯田郎中，工部虞部郎中，工部水部郎中，秘书丞，著作郎，殿中丞，太常寺丞，尚衣、尚舍、尚乘、尚辇奉御，献陵、昭陵、恭陵、乾陵、定陵、桥陵署令，亲王府副典军，亲王帐内府副典军，长史（下都督府、上州），下州别驾

　　文散官：朝请大夫

　　武散官：游骑将军

　　爵　号：开国县男

　　勋　号：骑都尉（五转）

从五品下

　　职　官：大理正，太常丞，太史令，内给事，太子内坊典内，上牧监，司马（下都督府、上州），亲王友，京、都宫苑总监，九成宫总监，左右卫奉车都尉，太子洗马，亲王府友，上府果毅都尉，驸马都尉，奉车都尉

　　文散官：朝散大夫

　　武散官：游击将军

正六品上

　　职　官：太学博士，太子詹事府丞，太子司议郎，太子舍人，中郡长史，太子典膳药藏郎，亲勋翊卫校尉，县令（京兆、河南、太原），亲王府掾，武库中尚署令，左右卫司阶，诸卫左右司阶，中府果毅都尉，司马（镇军兵满二万人者），亲勋翊卫校卫

　　文散官：朝议郎

　　武散官：昭武校尉

　　勋　号：骁骑尉（四转）

正六品下

　　职　官：千牛备身，太子文学，下州长史，中州司马，内谒者监，中牧监，上牧副监，上镇将

　　文散官：承议郎

　　武散官：昭武副尉

从六品上

职　官：门下省起居郎，门下省城门郎，门下省符宝郎，中书省起居舍人，中书省通事舍人，尚书左右司员外郎，吏部员外郎，户部员外郎，礼部员外郎，礼部祠部员外郎，礼部膳部员外郎，礼部主客员外郎，兵部员外郎，兵部职方员外郎，兵部驾部员外郎，兵部库部员外郎，刑部员外郎，刑部都官员外郎，刑部比部员外郎，刑部司门员外郎，工部员外郎，工部屯田员外郎，工部虞部员外郎，工部水部员外郎，光禄丞，卫尉丞，太仆丞，大理丞，鸿胪丞，司农丞，太府丞，大理司直，国子助教，城门符宝郎，通事舍人，秘书郎，著作佐郎，内谒监，少府中尚署令，左右卫长史，左右骁卫长史，左右威卫长史，左右金吾卫长史，侍御医，诸卫羽林长史，两京诸市署令，亲王府文学，下州司马，亲王府主簿，记室，亲王府录事参军事，诸州上县令，诸率府左右司阶，司马（镇军兵不足两万人者），左右监门校尉，亲勋翊卫旅帅

文散官：奉议郎

武散官：振威校尉

勋　号：飞骑尉（三转）

从六品下

职　官：侍御史，少府丞，少府将作，国子监丞，太子内直典设宫门郎，太公庙令，武库令，司农寺诸园苑监，下牧监，京、都宫苑副监，互市监，中牧副监，沙苑监，九成宫副监，将作监丞，下府果毅都尉，亲王府校尉

文散官：通直郎

武散官：振威副尉

正七品上

职　官：四门博士，太子詹事司直，左右千牛卫长史，尚食、尚药直长，北都军器丞，太子左右卫司御清道率府长史，军器监丞，诸州中县令，府司录参军（京兆、河南、太原），大都督大都护府录事参军事，亲王府诸曹参军，中镇将，太子千牛，亲勋翊卫队正副队正

文散官：朝请郎

武散官：致果校尉

勋　号：云骑尉（二转）

正七品下

职　　官：尚衣、尚舍、尚乘、尚辇直长，少府左右尚署令，少府诸冶监，太子通事舍人，内寺伯，京兆、河南、太原府大都督大都护府诸曹参军，中都督上都护府录事参军事，诸仓诸冶司竹温汤监，诸卫左右中候，上府别将，上轨长史，上镇副，下镇将，下牧副监，沙苑副监，诸仓（太原、永丰、龙门）仓监，司竹监，温泉汤监，左右卫中候

文散官：宣德郎

武散官：致果副尉

从七品上

职　　官：殿中侍御史，左右补阙，太常博士，太学助教，门下省录事，中书省主书，尚书省都事，中书省右补阙，光禄、卫尉、太仆、大理、鸿胪、司农、太府主簿，将作监都水监丞，太子左右内率监门率府长史，太子左右内率府长史，太子侍医，太子三寺丞，亲王府东西阁祭酒，万年、长安、河南、洛阳、太原、晋阳、奉先、会昌县丞，都水监丞，下都督府上州录事参军，中都督上都护府诸曹参军事，中府别将长史，中镇副，左右监门直长，勋卫，太子亲卫

文散官：朝散郎

武散官：翊麾校尉

勋　　号：武骑尉（一转）

从七品下

职　　官：太史丞，御史台、少府、将作、国子监主簿，掖庭令，宫闱令，两京郊社令，献陵、昭陵、恭陵、乾陵、定陵、桥陵丞，永康、兴宁陵署令，太乐令，鼓吹令，太医令，汾祠令，两京齐太公庙令，光禄、卫尉、太仆、大理、鸿胪、司农、太府署令，乘黄令，典厩令，典客令，上林署令，太仓署令，诸州下县令，司农寺诸园苑副监，京、都宫苑总监丞，诸屯监，九成宫丞，太府寺平准署令，太府寺左藏署令，太府寺常平署令，太子内坊丞，公主邑令，下都督府诸曹参军，公主家令，上州诸参军事，下府别将长史，下镇副，诸屯监，诸率府左右中候，镇军满两万人者诸曹判司，太子左右监门直长，亲王国令，亲王府旅帅，诸折冲府校尉

文散官：宣义郎

武散官：翊麾副尉

正八品上

职　　官：监察御史，太常寺协律郎，诸卫羽林龙武军录事参军事，中署令，中州录事参军事，太医博士，典牧署令，钩盾署令，太府寺右藏署令，太府寺掌冶署令，太子典膳药藏丞，北都军器监主簿，武库署丞，两京市署丞，上牧监丞，左右卫录事参军事，左右骁卫录事参军事，左右威卫录事参军事，左右金吾卫录事参军事，镇军不满两万人者诸曹判司，翊卫、太子勋卫、亲王府执仗执乘亲事

文散官：给事郎

武散官：宣节校尉

正八品下

职　　官：奚官内仆内府局令，下属令，诸卫羽林龙武诸曹参军事，中州诸司参军事，亲王府、京兆、河南、太原府大都督大都护府参军事，尚药局司医，京兆、河南、太原府诸县丞，诸太子庙令，太乐丞，良酝署令，掌醢署令，武库署令，武器署令，守宫署令，崇玄署令，车府署令，司仪署令，少府监甲坊署令，少府监弩坊署令，将作监舟楫署令，太子内直宫门丞，诸宫农圃监，互市监丞，司农寺诸园苑监丞，太史局灵台郎，导官署令，司竹副监，左右卫仓曹参军事，左右卫兵曹参军事，左右卫骑曹参军事，左右卫胄曹参军事，左右卫司戈，左右骁卫仓曹参军事，左右骁卫兵曹参军事，左右骁卫骑曹参军事，左右骁卫胄曹参军事，诸卫左右司戈，左右威卫仓曹参军事，左右威卫兵曹参军事，左右威卫骑曹参军事，左右威卫胄曹参军事，左右金吾卫仓曹参军事，左右金吾卫兵曹参军事，左右金吾卫骑曹参军事，左右金吾卫胄曹参军事，上戍主，备身

文散官：征事郎

武散官：宣节副尉

从八品上

职　　官：门下省左拾遗，中书省右拾遗，太史局章正，两京郊社署丞，太医署鍼博士，两京齐太公庙丞，诸太子庙令，珍羞署令，良酝署令，太原、永丰、龙门诸仓仓丞，少府诸冶监丞，四门助教，左右千牛卫录事参军，

下州录事参军，诸州上县丞，中牧监丞，太仓署丞，司竹丞，温泉汤丞，京县主簿，太子左右卫司御清道率府录事参军，中都督府上市斗护府参军，亲王府行参军，京兆、河南、太原大都督府博士，诸仓、诸冶、司竹、温汤监丞，保章正，太子翊卫诸府旅帅

文散官：承奉郎

武散官：御武校尉

从八品下

职　官：吏部主事，礼部主事，兵部主事，门下省主事，中书省主事，隐、章怀、懿德、节愍、惠庄、惠文、惠宣七太子陵令，鼓吹丞，医监，乘黄丞，典厩署令，大理评事，国子律学博士，太医署丞，医监，太子左右春坊录事，左右千牛卫诸曹参军，内谒者，太子左右卫司御清道率府诸曹参军，太医署廪牺令，掖庭宫闱局丞，光禄、卫尉、太仆、大理、鸿胪、司农、典客、太府署丞，上林署丞，太府寺平准署丞，太府寺左藏署丞，太府寺常平署丞，少府中尚署丞，少府左尚署丞，少府右尚署丞，将作监左校署令，将作监右校署令，将作监中校署令，将作监甄官署令，太子食官署令，太子典仓署令，太子司藏署令，太子厩牧署令，都水监主簿，中书门下尚书都省兵部吏部考功礼部主事，上属令，下都督府上州参军事，中都督府上州博士，诸州中县丞，诸王府典签，京县尉，亲王国大司农，公主家丞，诸屯监丞，将作监都水监主簿，亲王国大农，公主邑丞，上关令，上府兵曹，上镇仓曹兵曹参军事，挈壶正，中戍主，上戍副，诸率府左右司戈，太子备身，亲王府队正

文散官：承务郎

武散官：御武副尉

正九品上

职　官：秘书省校书郎，太常寺太祝，太医署廪牺丞，太子左右内率监门府录事参军，太子内方典直，中丞署，典牧署丞，典客署掌客，亲勋、翊卫府、羽林兵曹参军事，五岳四渎令，诸津令，下牧监丞，诸州中下县丞，武库监事，沙苑监丞，钩盾署丞，太府寺右藏署丞，太府寺织染署丞，少府掌冶染署丞，将作监诸津令，左右卫兵曹参军事，中郡博士，京兆河南太原府诸县主簿，武库署监事

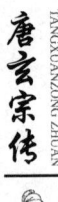

文散官：儒林郎

武散官：仁勇校尉

正九品下

职　　官：太子校书，秘书省正字，奚官内仆丞内府局丞，下署丞，尚食局食医，尚药局医佐，尚乘局奉乘司库，司廪，太史局司辰，奚官内仆内府局丞，诸太子庙丞，良酝、掌醢署丞，崇玄署丞，典厩署主乘，车府署丞，司仪署丞，少府监甲坊署丞，太子左右内率监门率府诸曹参军事，太子三寺主簿，太子典仓署丞，太子率更寺主簿，亲王国尉，詹事府录事，亲勋翊卫府兵曹参军事，诸州下县丞，诸州上县中县主簿，中州参军事，下州博士，京兆、河南、太原府诸县尉，上牧监主簿，导官署丞，北都军器录事，少府监弩坊署丞，将作监右校署丞，将作监中校署丞，将作监甄官署丞，将作监舟楫署丞，左右卫执戟，诸宫农圃监丞，中关令，中府兵曹，亲王国尉，上关丞，诸卫左右执戟，中镇兵曹参军，下戍主，诸折冲府队正

文散官：登仕郎

武散官：仁勇副尉

从九品上

职　　官：尚书主事，吏部主事，诸司御史台、秘书省、殿中省主事，户部主事，户部仓部主事，祠部主事，膳部主事，主客主事，职方主事，刑部主事，刑部都官主事，刑部比部主事，刑部司门主事，工部主事，工部屯田主事，工部虞部主事，工部水部主事，殿中主事，奉礼郎，律学助教，太子正字，弘文馆校书郎，太史局司历，太医署医助教，光禄、卫尉、太仆、大理、鸿胪、司农、少府将作监录事，都督都护府上州录事市令，京、都宫苑总监主簿，中牧监主簿，国子助教，诸州中下县主簿，上县中县尉，下府兵曹

文散官：文林郎

武散官：陪戎校尉

从九品下

职　　官：门下省典仪，内侍省主事，国子书学、筭学博士，国子监亲王府录事，隐、章怀、懿德、节愍、惠庄、惠文、惠宣七太子陵署丞，

太子左右春坊主事，崇文馆校书，太医署卜博士，太医署医正，太医鍼助教，太医署按摩博士，太医署呪禁博士，太医署卜正博士，太史局监候，良酝署监事，武库署监事，武器署监事，守宫署丞，典牧署监事，太府寺织染署兼作，掖庭局宫教博士，太子诸署丞，太子典食署丞，太官署监膳，太乐鼓吹署乐正，大理寺狱丞，下州参军事，中州下州医博士，诸州中夏下县尉，京县录事，下牧监主簿，沙苑主簿，大理狱丞，上林署监事，太仓监事，鉤盾署监事，导官署监事，九成宫主簿，太府寺左藏署监事，太府寺右藏署监事，太府寺常平署监事，少府监作，少府掌冶染署，少府掌冶染署监作，少府诸冶监作，少府监甲坊监作，少府监弩坊署监作，将作监监作，将作监右校署监作，将作监中校署监事，将作监诸津丞，太子食官署丞，太子司藏署丞，太子厩牧署丞，亲王府录事，亲王国丞，公主邑录事，下关令，中关丞，诸卫羽林长上，公主邑司录事，诸津丞，下镇兵曹参军，诸率府左右执戟，亲王府队副，诸折冲府队副

　　文散官：将仕郎

　　武　官：陪戎副尉

（据中华书局《旧唐书》《新唐书》《资治通鉴》《唐六典》整理）

二 唐玄宗大事纪年

垂拱元年 (685) 一岁

八月初五，生于洛阳，名隆基，睿宗李旦第三子，或称三郎。母昭成顺圣皇后窦氏。李旦温恭好学，通诂训，工草隶书，窦氏出身名门。

正月初一，改元垂拱，大赦天下。

二月初七，太后命朝堂所放登闻鼓及肺石不必派人看守，凡有人击鼓或站立在石上，就让御史接受诉讼。二十九日，春官尚书武承嗣、秋官尚书裴居道、右肃政大夫韦思谦皆同凤阁鸾台三品。

三月十一日，迁庐陵王李显于房州。二十六日，颁布《垂拱格》。

六月，以天官尚书韦待价同凤阁鸾台三品。

七月初五，以文昌左丞魏玄同为鸾台侍郎、同凤阁鸾台三品。

十一月初一，以天官尚书韦待价为燕然行军大总管以讨伐吐蕃。太后修故白马寺，以僧怀义为寺主。

垂拱二年 (686) 二岁

正月，太后下诏复政于睿宗，睿宗知太后非诚意，奉表固让。太后继续临朝称制。

二月，新罗请《礼记》等书，赐之。

三月初八，太后采纳侍御史鱼承晔之子鱼保家上书请铸铜匦，以受天下密奏。不久，鱼保家的仇人投表疏，告发他曾为徐敬业制造兵器，死伤很多官军，于是，太后将他处死。

六月初三，以苏良嗣为尚书左丞相，同凤阁鸾台三品韦待价为尚书右丞相。十一日，以韦思谦为纳言。

九月，因右台御史郭翰举荐，太后征召宁州刺史狄仁杰为冬官侍郎。

垂拱三年 (687) 三岁

闰正月初二，徙封李隆基为楚王。李成美为恒王、李隆范为卫王、李隆业为赵王。

五月初三，以夏官侍郎张光辅为凤阁侍郎、同平章事。初七，因凤阁侍郎、同凤阁鸾台三品刘祎之私下对凤阁舍人贾大隐议论太后专权，不料，贾大隐向太后告发，刘祎之被赐死于家。

七月三十日，以钱玄同为检校纳言。是月，突厥寇朔州，遣燕然道大总管黑齿常及左鹰扬大将军李多祚率兵讨伐，突厥败于黄花堆。

九月十八日，虢州人杨初成伪称郎将，假传太后令于都市招募人去房州迎接庐陵王，事发，被处死。

十一月，罢御史监军之制。

垂拱四年 (688) 四岁

二月，毁东都乾元殿，原址作明堂，以僧怀义为使者，役使数万人。

五月十一日，太后朝拜洛水，接受宝图。祭祀于南郊，礼毕，驾临明堂，接见群臣。十八日，太后加尊号为圣母神皇。

六月十六日，制作神皇三玺。

七月初一，宝图更名为天授圣图，洛水为永昌洛水，其神封为显圣侯，加特进，禁渔钓。名图所出之地称圣图泉，泉侧置永昌县。

八月二十三日，琅琊王李冲、越王李贞起兵谋匡复唐，事败而死，历时不过七天。

九月，武太后杀戮唐宗室。

十二月二十五日，太后朝拜洛水，接受天授圣图，皇帝、太子、文武百官、蛮夷首领皆从，并各依方叙立。珍禽、异兽、宝物列于坛前，礼乐仪仗之盛，唐兴以来未曾有之。二十七日，明堂落成，号万象神宫。僧怀义以功拜左威卫大将军，赐爵梁国公。

是年，江南道巡抚大使、冬官侍郎狄仁杰奏废吴楚淫祠，准奏。焚毁一千七百多所，仅留夏禹、吴太伯、季礼、伍员四祠。

永昌元年 (689) 五岁

正月初一，大飨万象神宫，太后穿帝王礼服礼帽，手执镇圭为初献，睿宗为次献，太子为终献。太后御则天门，大赦天下，改元。初三，太后御明堂接受朝贺。初五，太后于明堂宴赏群臣。

二月十四日，太后追尊其父魏忠孝王为周忠孝太皇，其母为忠孝太后，文水陵为章德陵，咸阳陵为明义陵。设置崇先府官员。

三月二十日，以天官尚书武承嗣为纳言，张光辅署理内史。

五月初五，以僧文昌右相韦待价为安息道行军大总管征讨吐蕃。十八日，以左威卫大将军薛怀义为新平军大总管北讨突厥。行至紫河，没见敌人。于是，便在单于台刻石纪功而还。

九月初三，以薛怀义为新平道行军大总管，统兵二十万讨伐突厥阿史那骨笃禄。

天授元年 (690) 六岁

十一月，改永昌元年十一月为载初元年正月，以十二月为腊月。凤阁侍郎宗楚客造"天""地"等十二字进献，太后令推行。太后自名曌，称诏为制。除唐室属籍。

腊月二十三日，以薛怀义为右卫大将军，赐爵鄂国公。

一月初十，以武承嗣、岑长倩为文昌左、右相，皆同凤阁鸾台三品。凤阁侍郎武攸宁为纳言，邢文伟署理内史，迁左肃政大夫、同凤阁鸾台三品王本立为地官尚书。

二月十四日，太后策贡士于洛城殿，殿试制度始此。

四月十一日，春官尚书、同平章事范履冰因曾举荐犯叛逆罪之人，下狱死。

七月，太后颁行东魏国寺和尚法明等撰《大云经》四卷于天下。此经言太后乃弥勒佛降生，当取代唐朝为人间主宰。

八月二十八日，太后大杀唐宗室，凡幼弱者悉数流放岭南。唯千金长公主以巧媚善奉独存；请以则天为母，因得恩宠，改封安定公主，加实封，赐姓武氏，每入宫，不限早晚。

九月初三，侍御史傅游艺率关中百姓九百多人上表，请改国号为周，赐皇帝姓武。太后不许。于是，百官及帝室宗室、四夷酋长、和尚道士六万多人表请赐姓武氏。初九，太后御则天楼，改唐为周，改元天授，大赦天下。十二日，以豫王旦为皇嗣，赐姓武，以皇太子为皇孙。封武氏外戚皆为王，诸姑姊为长公主。

十月二十九日，太后敕两京诸州各置大云寺一座，内藏《大云经》，命僧人登高座讲解。为《大云经》注疏的僧人云宣等六人皆赐爵县公，给紫袈裟，银龟袋。

天授二年(691) 七岁

正月初一,太后始受尊号于万象神宫。初九,安置武氏神主于太庙,改长安太庙为享德庙,四时值祭享高祖以下,关闭宣帝、元帝、光帝、景帝四室。二十七日,废唐永康陵、兴宁陵、隐陵官署和官员,只设守陵户。

二月二十二日,太后命名始祖墓曰德陵,睿祖墓曰乔陵,严祖墓曰节陵,肃祖墓曰简陵,列祖墓曰靖陵,显祖墓曰永陵,改章德陵为昊陵,显义陵为顺陵。

四月,令佛教排在道教前,僧尼位于道士前。

七月,移关内户数十万于洛阳。

天授三年(692) 八岁

正月初一,太后于万象神宫献祭。

四月初一,改元如意,大赦天下。

九月初九,太后御则天楼,改元长寿,大赦天下。令在山西并州设置北都。二十二日,因受王弘义诬陷,流同平章事李游道、王璿、袁智弘、崔神基、李元素、春官侍郎孔思元、益州长史任令辉于岭南。

长寿二年（693）九岁

正月初一,太后于神都洛阳万象神宫献祭,以魏王武承嗣为次献,梁王武三思为终献。太后自编神宫乐,用人九百员。初二,皇嗣妃刘氏,德妃窦氏朝见太后于嘉豫殿,瘗于宫中。莫知所在。德妃,即李隆基生母。

十二月初七,降皇孙李成器为寿春王,恒王李成义为衡阳王,楚王李隆基为临淄王,卫王李隆范为巴陵王,赵王李隆业为彭城王。

延载元年（694）十岁

正月,突厥可汗骨笃禄卒,其子幼,弟默啜自立叵汗,侵扰灵州。

三月初一,以僧薛怀义等十八将军讨伐默啜。

五月十一日,太后临则天门,接受魏王武承嗣等两万六千多人所上越古金轮圣神皇帝尊号。更改年号,大赦天下。

八月二十七日,流鸾台侍郎、同平章事崔元综于振州。

是年,摩尼教始传入中国。

证圣元年（695）十一岁

二月初四，杀僧薛怀义，送尸白马寺，焚之以造塔。

四月，太周万国颂德天枢柱成。高一百零五尺，直径十二尺，柱身八面，面宽五尺。

九月初九，太后于南郊祭祀，加号天册金轮大圣皇帝，改元天册万岁，大赦天下。

万岁登封元年（696）十二岁

十二月初一，武皇从神都出发，十一日，祭天于嵩山，改元万岁登封。十四日，祭地于嵩山少室峰，二十日还宫。

春正月，改长安崇尊庙为太庙。

三月十六日，新明堂落成，高二百九十四尺，纵横三百尺。上置涂金铁凤，高二丈。改元万岁通天。

九月，吐蕃请和，令山东诸州置武骑团兵。

令天下系囚及士庶家奴骁勇者，官偿其值，发击契丹。

十月，契丹攻陷冀州。

神功元年（697）十三岁

正月，太平公主荐张昌宗入侍武皇，昌宗复荐其兄易之，兄弟二人得宠。其母臧氏获赠封号。武承嗣、武三思、武懿宗、宗楚客、宗晋卿时常在张易之家门口等候，争着为他执鞭牵马，称易之为五郎，宗昌为六郎。

四月，九鼎铸成，共用铜五十六万零七百余斤。

六月二十四日，以特进武承嗣、春官尚书武三思皆同凤阁鸾台三品。

闰十月二十一日，以幽州都督狄仁杰为鸾台侍郎，以司刑卿杜景俭为凤阁侍郎，并同平章事。

圣历元年（698）十四岁

三月初九，太后在狄仁杰的劝说下，遣使职方员外郎徐彦伯召庐陵王李显及王妃、诸子。二十八日，至神都洛阳。

六月初六，武皇令武承嗣之子淮阳王武延秀赴突厥，娶阿史那默啜之女为王妃。

九月十五日，复立庐陵王为太子，大赦天下。

十月，以夏官侍郎姚崇、秘书监李峤一并同平章事。

圣历二年（699）十五岁

正月初六，武皇以皇嗣李旦为相王，领太子右卫率。初八，武皇设控鹤监丞、主簿等官以司卫卿张易之为控鹤监，银青光禄大夫张昌宗、左台中丞吉顼等六人为控鹤监内供奉。

腊月初二，以左台中丞吉顼为天官侍郎，右台中丞魏元忠为凤阁侍郎，一并同平章事。二十五日，武皇赐太子姓武，大赦天下。

二月，武皇恐自己死后，李、武两家不和，十八日，令太子李显、相王李旦、女儿太平公主和梁王武三思、定王武攸止等立誓于明堂，誓词镌刻于铁契，藏之于史馆。

八月二十七日，以武三思为内史。

久视元年（700）十六岁

正月二十八日，罢内史武三思为特进、太子少保。出天官侍郎、同平章事吉顼为安固县尉。

六月，武皇改控鹤监为奉宸府，以张易之为奉宸令。又命张易之、张昌宗及文学侍从李峤在内宫编写《三教珠英》。

九月，内史狄仁傑病卒，武皇废朝三日，追赠文昌右相，谥号文惠。生前，武皇请为其荐相，狄仁傑荐举年逾八十的荆州长史张柬之。

十二月初十，突厥兵掠走陇右诸牧监军马一万多匹。

大足元年（701）十七岁

正月初三，改元大足。

五月，为防突厥侵扰，以魏元忠为灵武道行军大总管。

九月初三，武皇逼令邵王李重润、永泰郡主及武承嗣之子魏王武延基自杀。二十七日，令相王李旦主持左、右羽林卫大将军事务。

十月，改元长安。

十一月初十，武皇改含元殿为大明宫。

长安二年（702）十八岁

正月十七日，于科举考试中增加武科。

五月二十九日，武皇以相王李旦为并州牧，充安北道行军元帅，魏元忠为副元帅。

八月二十三日，太子李显、相王李旦、太平公主上表，请求封张昌宗为王，太后拒绝。二十七日，这些人又上表请求封张昌宗为王，太后赐张昌宗爵位邺国公。

九月十七日，太后以相王李旦为并州道元帅，以武三思、武攸宜、魏元忠为副元帅。

长安三年（703）十九岁

四月，吐蕃遣使献马千匹，黄金二千两求婚。

六月初一，突厥默啜遣使莫贺干前来，请求把他的女儿嫁给皇太子的儿子。

七月十九日，以相王李旦为雍州牧。二十一日，以夏官尚书、检校凉州都督唐休璟为同凤阁鸾台三品。

长安四年（704）二十岁

二月初八，因监察御史马怀素弹劾，贬夏官侍郎、同凤阁鸾台三品李迥秀为庐州刺史。

三月，以夏官侍郎宗楚客同平章事。

十月，武皇再一次向天下僧尼征税。

七月二十三日，贬夏官侍郎、同平章事宗楚客为原州都督，充灵武道行军大总管。三十日，鸾台侍郎、同凤阁鸾台三品韦安石检举张易之等人的罪行，武皇命韦安石及右庶子、同凤阁鸾台三品唐休璟拘捕审讯。

八月初一，武皇命韦安石兼任检校扬州刺史。初七，命唐休璟兼任幽州、营州都督及安东都护。二十五日，突厥遣还淮阳王武延秀。

史载李隆基"仪范伟丽，有非常之表"。历右卫郎将尚辇奉御。

神龙元年（705）二十一岁

正月，武则天病重，凤阁侍郎同凤阁鸾台平章事张柬之、鸾台侍郎同凤阁鸾台平章事崔玄暐、尚书台右丞敬晖、司刑少卿桓彦范、相王府司马袁恕己等密谋诛杀二张，拥太子李显为帝。二十二日，张柬之等五百多名左、右羽林军来到玄武门前，派李多祚、李湛及驸马都尉王同皎迎接太子李显，匡复李唐江山社稷。二十三日，太后颁制，太子监国，大赦天下。二十五日，太子即位，复为中宗。二十六日，迁太后居上阳宫，李湛留守宿卫。在迁太后于上阳宫时，太仆卿、同中书门下三品姚崇，感念旧情，痛哭流涕，当日出为亳州刺史。二十九日，以张柬之为夏官尚书、同凤阁鸾台三品，崔玄暐为内史，袁恕己同凤阁鸾台三品，桓彦范、敬晖皆为纳言，并赐爵郡公。李多祚赐爵辽阳郡王，王同皎为千牛将军、琅琊郡公，李湛为右羽林大将军、赵国公。其余官赏有差。

二月初二，复国号为唐。郊庙、社稷、陵寝、百官、旗帜、服色、文字皆如永淳以前故事。复以神都为东都，北都为并州，老君为玄元皇帝。十六日，以太子宾客武三思为司空、同中书门下三品。十七日，以散骑常侍、安定王武攸暨为司徒、定王。二十一日，相王李旦辞让太尉及宰相职务，准奏。中宗欲立相王为皇太弟，相王推辞而作罢。

三月初十，以袁恕己为中书令。

四月二十六日，以张柬之为中书令。

中宗以张柬之、武攸暨、武三思等十六人为立功者，赐以铁券，除谋反谋逆罪外，各恕死罪十次。

五月十六日，中宗偏信武三思和韦后谗言，封张柬之、崔玄暐、桓彦范、敬晖、袁恕己为王，皆罢知政事，朝归武、韦。二十五日，令降武氏集团成员爵位。

六月十五日，以韦安石为中书令，魏元忠为侍中，杨再思为检校中书令。是月，黄河南北十七州大水。

十月二十五日，以魏元忠为中书令，杨再思为侍中。

十一月初六，中宗及韦后谒太庙，诏免天下罪囚，相王及太平公主加实封皆满万户。二十六日，太后驾崩于上阳宫，享年八十二岁。遗制："去帝号，称则天大圣皇后。王、萧二族及褚遂良、韩瑗、柳奭亲属皆赦之。"

是年，天下户六百一十五万，口三千七百一十四万。

神龙二年（706）二十二岁

正月二十三日，以吏部尚书李峤为同中书门下三品，以侍中于惟谦为同平章事。

闰正月，太平、长宁、安乐等七公主皆开府置官属。出敬晖、桓彦范、袁恕己分别为滑、洛、豫州刺史。

二月二十二日，僧慧范等九人并加五品阶，赐爵郡公或县公。道士史崇恩等加五品阶，任国子祭酒。加叶静能金紫光禄大夫。

三月，又迁敬晖、崔玄暐、桓彦范、袁恕己分别为朗、均、亳、郢州刺史。

大置员外官凡二千余人。超受阉官七百以上。

四月，贬黄门侍郎宋璟为检校贝州刺史。改赠韦后之父为酆王，追赠韦后的四个弟弟为郡王。

五月十八日，合葬则天于陕西乾陵。

七月初七，册立卫王李重俊为太子。二十五日，以李峤为中书令。三十日，以左散骑常侍李怀远为同中书门下三品，充东都留守。敬晖等长流岭南，旋被武三思遣人矫制虐杀。

十二月，突厥入寇灵、原、会诸州，掠牧马数万。

景龙元年（707）二十三岁

三月初二，吐蕃遣使悉薰热入朝纳贡。

七月初六，太子李重俊会同左羽林大将军李多祚等，矫制发羽林千骑兵三百余人，杀武三思、武崇训于其第，并诛亲党十余人。后羽林军倒戈，太子领百骑败走终南山，途于树林休息，被部下偷杀。中宗以太子首级献享于太庙，然后祭奠武三思、武崇训的灵柩。最后，在朝堂上悬首示众。太子同党皆被处死。中宗追赠武三思为太尉、梁宣王，追赠武崇训为开府仪同三司、鲁忠王。

八月十三日，韦后及王公以下上中宗尊号曰应天神龙皇帝，改玄武门为神武门，玄武楼为制胜楼。兵部尚书宗楚客又率百官表请加皇后尊号曰顺天翊圣皇后。初，安乐公主和宗楚客指使侍御史冉祖雍诬奏相王李旦和太平公主与李重俊通谋，中宗令吏部侍郎兼御史中丞萧至忠拘捕审讯，萧至忠哭道："陛下富有四海，却不能容一弟一妹，难道还要听信他人罗织罪名，把亲人置于死地吗？"

九月初五，贬中书令魏元忠为务川尉，死于贬途。

景龙二年（708）二十四岁

二月十七日，宫人言韦后的裙子上五色祥云升起，中宗令画图以示百官，魏巨源请布天下，中宗准奏，大赦天下。

三月二十三日，朔方道大总管张仁愿在黄河边上修建中、东、西三座受降城。

四月二十一日，令置修文馆大学士四员，直学士八员，公卿以下善为文者为之。

七月初三，以左屯卫大将军、朔方道大总管张仁愿为同中书门下三品。

安乐公主、长宁公主、韦后妹妹郕国夫人、上官婕妤及其母亲沛国夫人、尚宫柴氏等人大肆收受贿赂卖官。

十一月二十一日，安乐公主与武延秀成婚，翌日，以武延秀为太常卿兼右卫将军。是月，以婕妤上官氏为昭容上官氏。

景龙三年（709）二十五岁

正月初九，诏令扩建东都圣善寺。

二月十五日，以魏巨源为尚书左仆射，杨再思为尚书右仆射，并同中书门下三品。

三月初一，以宗楚客为中书令、萧至忠为侍中，太府卿韦嗣立为中书侍郎、同中书门下三品。中书侍郎崔湜和赵彦昭同为同平章事。二十一日，以礼部尚书韦温为太子少保、同中书门下三品，以韦后之兄太常卿郑愔为吏部尚书、同平章事。

五月十一日，流郑愔至吉州，贬崔湜为江州司马，因上官昭容与安乐公主说情，翌日，改崔湜为襄州司马，郑愔为江州司马。

八月二十五日，以李峤为同中书门下三品，韦安石为侍中，萧至忠为中书令。

九月十五日，以苏瓌为尚书右仆射、同中书门下三品。是月，太平公主与安乐公主各树朋党，彼此诬陷，中宗忧虑。

十一月十三日，中宗祭祀于南郊，李隆基离开潞州入京参加大典。礼毕，复居长安。时皇室多故，李隆基暗地拉拢志士以助。

唐隆元年（710）二十六岁

正月十四日，中宗与韦后微服观灯于市，放数千宫女出宫游玩，多者不归。二十五日，金城公主在左骁卫大将军杨矩等人的护送下，赴吐蕃与赞普成亲。

六月初二，韦后与安乐公主毒死中宗，韦后临朝称制，改元唐隆。年十六岁的李重茂即皇帝位。以外戚韦温总知内外守提兵马事。时韦后拟篡位，深忌相王旦及太平公主，密与安乐公主、韦温及私党宗楚客、武延秀等谋除之。二十日，临淄王李隆基与太平公主及公主子卫尉卿薛崇简、苑总监钟绍京、前朝邑尉刘幽求等密谋诛除韦党。万骑果毅葛福顺、陈玄礼、李仙凫等皆参与。三更时分，诛杀韦后、武延秀、安乐公主、宗楚客、韦温、贺娄氏、上官婉儿等。翌日，李隆基出见相王李旦，叩头谢不先启之罪。相王抱着李隆基哭泣道："大唐社稷宗庙得以保全，全是你的功劳。"二十三日，太平公主传少帝命，让位于相王。以平王李隆基为殿中监、同中书门下三品，以宋王李成器为左卫大将军，以衡阳王李成义为右卫大将军，以巴陵王李隆范为左羽林大将军，以彭城王李隆业为右羽林大将军。以黄门侍郎李日知、中书侍郎钟绍京二人同中书门下三品，以太平公主之子薛崇训为右千牛将军。二十四日，相王李旦于中宗柩前即位，复为睿宗，复以少帝为温王。睿宗以钟绍京为中书令，二十六日，改中书令钟绍京为户部尚书，不久，出为蜀州刺史。二十七日，册立平王李隆基为太子。二十八日，以宋王李成器为雍州牧、扬州大都督、太子太师。令削武三思、武崇训父子爵位和谥号，斫棺暴尸，平其坟墓。以许州刺史姚崇为兵部尚书、同中书门下三品。

七月二十日，改元景云，大赦天下。二十六日，废武氏崇恩庙及昊陵、顺陵，追废韦后为庶人，安乐公主为悖逆庶人。

八月十五日，罢斜封官数千人。十八日，诏复天后武则天大圣皇后尊号。

十月，太平公主忌太子英武，欲以久其权，散布流言说："太子非长，不当立。"又派人监视太子活动，事无巨细密报睿宗。

十一月初一，以礼仪使姚崇为中书令。翌日，葬孝和皇帝于定陵，庙号中宗。

十二月初七，诏复王同皎官爵。十月，以中书令姚崇为兵部尚书，以陆象先、卢怀慎为兵部左右侍郎。

景云二年（711）二十七岁

正月十三日，以太仆卿郭元振、中书侍郎张说一并同平章事。太平公主欲陷害太子，宋璟和姚崇建议将其迁往东都，张说建议令太子监国。

二月初一，令太平公主徙居蒲州，太子监国。初三，复斜封官，以量才使用。迫于太平公主淫威，太子感到害怕，奏称姚、宋二人挑拨自己与姑母等人之间的关系，求对二人严加惩处。初九，贬姚崇为申州刺史，宋璟为楚州刺史。十月，左、右万骑军与左、右羽林军为北门四军，令葛福顺等人统领。

四月初五，改张说为兵部侍郎，依旧同平章事。十三日，制：所有朝廷政务，皆由太子全权处理。涉及军旅重事、死刑复核，以及五品以上官员任命，需上奏。

五月，太子请让太子位于兄长宋王李成器，不许。太子请召太平公主还京，准奏。

六月，全国设十道按察使，置二十四都督。

七月二十日，诏复上官昭容官职，赠谥曰惠文。

十月初三，太平公主以张说之前不阿附自己，罢知政事，被贬尚书左丞，令往东都留司。

先天元年（712）二十八岁

正月十九日，改元太极，大赦天下。

二月二十二日，诏废右御史台。

五月十三日，改元延和，大赦天下。

六月十五日，以岑羲为门下省侍中。二十二日，左羽林大将军、检校幽州大都督孙佺于冷陉（今内蒙古巴林右旗西北坝后）与奚首领李大酺交战，官军全军覆没。

七月初八，以窦怀贞为尚书左仆射兼御史大夫、平章军国重事。二十五日，制传位于太子李隆基，李隆基坚辞。

八月初三，太子李隆基即位，是为玄宗。尊奉睿宗为太上皇。三品以上官除授及大刑政仍决于上皇。初七，改元先天，大赦天下。初九，册立妃王氏为皇后。以王后之父王仁皎为太仆卿。是月，尚书右仆射、同中书门下三品刘幽求与右羽林将军张暐以羽林兵除太平公主之党，密言于玄宗，玄宗同意。后来，张暐泄密于侍御史邓光宾，玄宗大惧。二十六日，睿宗流刘幽求于封州，张暐于峰州，邓光宾于绣州。

十月初四，玄宗谒太庙，大赦天下。初七，幸新丰，猎于骊山脚下。

先天二年（713）二十九岁

二月初七，京城大开门户燃灯，夜以继日，凡月余。左拾遗严挺之上谏，乃止。

三月初六，王皇后亲自采桑养蚕。

六月二十四日，太上皇以兵部尚书郭元振为同中书门下三品。时太平公主依上皇之势，擅权用事，宰相七人，五出其门。文武大臣一半附之。又与宫女元氏合谋，欲投毒于玄宗所服的天麻粉中。与其私党图谋废立，王琚、张说、崔日用等催促玄宗速除之。时尚书左丞张说派人从东都洛阳给玄宗送来了一把佩刀，暗示玄宗抓住机遇，果断行事。

七月初，侍中魏知古向玄宗密告太平公主将于是月初四作乱：令常元凯、李慈率羽林兵突入武德殿劫持玄宗，另派窦怀贞、萧至忠、岑羲等人在南牙举兵响应。初三，玄宗与薛王业、岐王范、宰相郭元振、龙武将军王毛仲、殿中监姜皎、尚乘奉御王守一、内给事高力士等发兵，杀萧至忠、岑羲，窦怀贞自杀。初四，太上皇诰："自今军国刑政，一皆皇帝处分。"赐太平公主死于家中。初八，赏赐郭元振等功臣官爵、第舍、金帛。以高力士为右监门将军，知内侍省事。十四日，以尚书左丞张说为检校中书令。十九日，贬中书侍郎、同平章事陆象先为益州刺史、剑南按察使。

八月初二，诏流放封州的刘幽求还京。初七，封检校中书令张说为燕国公，食实封三百户。初十，以刘幽求为尚书左仆射，平章军国大事。

十月十三日，玄宗讲武于骊山下，突然以军容不整，欲治兵部尚书、同中书门下三品郭元振之罪，刘幽求、张说跪于马前求情，乃流新州。十四日，以同州刺史姚崇为兵部尚书、同中书门下三品。张说欲阻，玄宗不纳。

十一月初八，玄宗令张说等两省侍臣讲读。十二日，诏令张说监修国史。二十一日，群臣上表为玄宗加号开元神武皇帝，数天后，玄宗纳受。

十二月初一，改元开元。改尚书左右仆射为左右丞相；中书省为紫微省，门下省为黄门省，侍中为监，雍州为京兆府，洛州为河南府，州的长史称尹，司马称少尹。十三日，以姚崇兼紫微令。为避开元年号，复原名崇。张说因私临岐王宅第，左迁相州刺史、河北道按察使。罢尚书右仆射、中书门下三品刘幽求为太子少保。二十五日，以黄门侍郎卢怀慎同紫微黄门平章事。

开元二年（714）三十岁

正月二十日，以卢怀慎为检校黄门监。是月，淘汰全国因虚伪诈妄被迫还俗的僧尼一万二千多人。

闰二月十八日，申王李成义请以己府录事阎楚珪为王府参军，准奏。二十五日，突厥大将石阿失毕因折了可汗之子同俄特勒，不敢回去，便携其妻前来投降，被命为右卫大将军，授封为燕北郡王，册封其妻为金山公主。

三月，毁天枢及韦后所建天街石台。

五月初三，悉罢员外官、试官、检校官。二十三日，吐蕃宰相坌达延致函唐朝宰相魏知古，请求派遣解琬前往河源划定国界，然后两国再订立盟约。二十五日，姚崇请魏知古摄吏部尚书，知东都选事。

六月初二，以宋王成器兼任岐州刺史，申王成礼兼任幽州刺史，豳王守礼兼任虢州刺史。十一日，吐蕃派遣宰相尚钦藏入朝献两国盟书。

七月初十，提倡俭约，下制销毁乘舆服御、金银器玩、珠玉锦绣，令后妃以下，勿得服珠玉锦绣。禁铸佛、写经。建兴庆宫。岐王范、薛王业外任刺史。二十二日，房州刺史、襄王李重茂去世，辍朝三日，谥曰殇皇帝。二十九日，令在兴庆宫西、南两处置楼，西曰花萼相辉之楼，南曰勤政务本之楼。

八月初十，选后宫多出者还家。时吐蕃攻临洮，从此连年犯边。

九月二十四日，幸骊山温泉宫，十月初四还京。

十一月初七，葬殇皇帝于武功西原。

十二月二十八日，册立次子郢王李嗣谦（后改名瑛）为太子。

开元三年（715）三十一岁

正月二十日，以卢怀慎为检校吏部尚书兼黄门监。是月，御史大夫宋璟因在朝堂上监督杖刑时，因处刑稍轻于罪人应得之刑，被贬睦州刺史。

三月，突厥十姓降者入朝觐见。

四月十二日，张说因坐事贬岳州刺史，停食实封三百户。

五月，山东蝗灾，吏民不敢捕杀，姚崇奏遣御史督促各州县捕而埋之。

九月，以马怀素为左散骑常侍，与右散骑常侍褚无量，每人一天入宫侍读。每次命人用肩舆将他们抬进宫内。

十一月，转杭州刺史刘幽求为郴州刺史，心中愤恨不已，初六，死于任途。京兆尹崔日知贪赃不法，御史大夫李杰准备揭发，崔日知却反诬李杰有罪。

十二月，因侍御史杨玚上奏，贬崔日知为歙县县丞。

开元四年（716）三十二岁

正月，王皇后妹丈长孙昕等，以私愤殴打御史大夫李杰，玄宗敕令于朝堂杖杀长孙昕等人，以谢百官。初十，宋王李成器改名李宪，申王李成义改名李㧑。

二月初九，幸骊山温泉，二十日还京。

四月，玄宗悉召县令于宣政殿庭，试以理人策。试者百余人，不入第者二十余人还旧官，四十五人放归习读。惟鄄城令韦济词理第一，擢为醴泉令。

五月，山东大蝗又起，姚崇又命捕杀。左迁吏部侍郎卢从愿为豫州刺史，李朝隐为滑州刺史。

六月十九日，睿宗于百福殿驾崩，享年五十五岁。二十五日，为给太上皇祈福，玄宗度己之女万安公主为女道士。二十九日，拔曳固、回纥、同罗、霫、仆固五个部族的人众前来归降。

十月二十八日，葬大圣贞皇帝于陕西桥陵，庙号睿宗。

十一月二十四日，以尚书左丞乾源曜为黄门侍郎、同平章事。姚崇因两个儿子受贿问题，请辞宰相职位，荐举广州都督宋璟担任。

十二月十四日，幸骊山温泉，二十三日还京。

闰十二月二十八日，罢姚崇为开府仪同三司，罢乾源曜为京兆尹、长安留守。三十日，罢十道按察使。

开元五年（717）三十三岁

二月初十，前往东都。二十五日，迁张说为荆州大都督府长史。

三月十三，抵达东都，大赦天下。

七月二十七日，改明堂为乾元殿，每年的冬至和元日在此接受朝贺。

九月，中书省、门下省及侍中皆恢复旧名。恢复贞观时谏官、史官参加宰相议率会议。

十一月，诏访遗书。秘书监马怀素奏请编校群书。是年，日本吉备真备入唐，回国后仿汉字作日本假名，即日本文字。

开元六年（718） 三十四岁

正月二十六日，禁用恶钱，京城骚动，贸易几绝。

三月初十，征召嵩山处士卢鸿入朝并担任谏议大夫，辞而不应。

春，张说离荆州任赴东都入朝。迁右羽林将军、河北节度使、摄御史大夫。

五月十八日，以突骑施都督苏禄为左羽林大将军，赐爵顺国公，兼任金方道经略大使。

八月，为增加官俸始加赋税。

十月，广州吏民为宋璟立遗爱碑，宋璟上言请敕下禁止，玄宗从之。

十一月初一，西还长安。

开元七年（719） 三十五岁

春正月，吐蕃遣使朝贡。

三月二十六日，以左武卫大将军、检校内外闲厩使、苑内营田使王毛仲为太仆卿。渤海郡王大祚荣卒，敕其子大武艺袭位。

九月，改昭文馆为弘文馆，徙封宋王李宪为宁王。

十月初七，幸骊山温泉，十九日还京。张说自幽州入朝，复授检校并州长史，监修国史。

是年，设置剑南节度使，领益、彭等二十五州。

开元八年（720） 三十六岁

正月二十八日，宋璟、苏颋罢相，以京兆尹源乾曜为黄门侍郎，并州长史张嘉贞为中书侍郎，二人一并同平章事。

春，张说已右羽林将军、摄御史大夫如故，并检校并州大都督府长史、持节天兵军节度大使。

五月初九，复置十道按察使。十五日，以源乾曜为侍中，张嘉贞为中书令。

六月，东都洛阳暴雨，巩县等庐舍荡尽者九百六十一户，死者八百十五人。

十月，令禁诸王与群臣交结。

开元九年（721） 三十七岁

正月，削杨敬述官爵，以白衣检校凉州都督，仍旧充任节度使、支度使和营田使。十七日，幸骊山温泉，二十六日还京。

二月，以宇文融为劝农使，检括黑地和隐户。设置劝农判官二十九人，分行天下。凡新入籍客户，免六年户税，每丁税钱一千五百文。

四月二十日，敕五口以上京官与各州刺史及京兆、河南、河中、太原四府的官属各举荐县令一人，根据其政绩好坏对举荐者进行赏罚。

闰五月，张说往朔方巡边，奏罢边兵二十万，勒还劝农，准奏。

九月初三，开府仪同三司姚崇薨，赠扬州大都督，谥文贞（又作文献）。十九日，以张说为兵部尚书、同中书门下三品。

十一月十三日，国子祭酒元行冲《群书四部录》成，二百卷。收唐内府图书二千六百五十五部，四万八千一百六十九卷。

十二月十三日，幸骊山温泉，二十日还京。

是年，悉召外刺诸王还京。李元纮奏请毁三辅权贵缘渠朔立水硙。召僧一行入京，令造新历。始置朔方节度使。

开元十年（722） 三十八岁

正月十五日，行幸东都洛阳，以刑部尚书王志愔为长安留守。

二月初七，抵达东都。二十三日，令收回文武百官职分田，每亩大致给予粟米二斗。

四月二十九日，命张说兼任朔方节度使。

五月，河南许、汝、陈等州洪水，淹没庄稼、漂没民居，溺者甚众。

闰五月初二，张说赴朔方巡查边境。

八月，王皇后色衰无子，武惠妃得宠，玄宗与秘书监姜皎密谋废后。姜皎泄密，杖刑六十，流钦州，后卒于道。贬其弟吏部侍郎姜晦为春州司马。亲党坐流死者数人。

十月十六日，玄宗幸寿安兴泰宫。二十二日，波斯国遣使进献狮子。

十一月二十八日，令宰相实食封为三百户。

是年，玄宗长女永穆公主出嫁，令依太平公主出嫁规格置办嫁妆。僧一行谏阻，玄宗罢停。安南首领梅叔鸾与林邑、真腊国通谋起兵，自称黑帝，诏命宦官杨思勖往讨。

开元十一年（723）三十九岁

二月十三日，左迁张嘉贞为幽州刺史。十六日，依张说之言，祭后土神于汾阴。平遥县令王同庆因迎驾烦扰百姓，被贬为赣县尉。二十日，以张说兼中书令。

四月三十日，以吏部尚书王晙为兵部尚书、同中书门下三品。

五月二十五日，命王晙兼任朔方军节度大使，巡察河西、陇右、河东、河北诸军。是月置丽正书院，聚文学之士修书、侍讲，以张说为修书使。

八月十五日，诏尊宣皇帝庙号为献祖，光皇帝庙号为懿祖，并祔于太庙九室。

九月，颁广济方于天下，令诸州各置医博士一人。

十月初五，行幸骊山温泉，二十二日还京。

十一月二十六日，挑选府兵及白丁十二万，组建长从宿卫。

十二月二十九日，兵部尚书、同中书门下三品王晙坐党引疏族，贬蕲州刺史。

是年，张说改政事堂为中书门下，列吏房、兵房、户房、枢机房、刑礼等五房于其后。

开元十二年（724）四十岁

三月，依僧一行建议，命太史监南宫说等赴河南等地实测子午线。

四月十一日，立李义珣为嗣泽王，削李璆所冒袭之爵位，贬李瑾为鄂州别驾。玄宗亲赐中书令张说获中上之考。

五月，罢停各道按察使。

七月二十二日，废王皇后为庶人，中书舍人张九龄奉拟《废王皇后制》。贬皇后兄太子太保王守一为潭州别驾，赐死于贬途。户部尚书张嘉贞坐贬台州刺史。

八月十二日，以宇文融为御史中丞，巡行天下，查得拖漏民户八十余万。十五日，以开府仪同三司宋璟为长安留守。

十月，废后王氏卒，宫人悲哀，玄宗悔之。

十一月十四日，移驾东都洛阳，二十二日抵达。二十五日，司徒、申王李㧑薨，赠谥惠庄太子。

闰十二月十二日，张说等奏请泰山封禅，定于明年十一月十日泰山举行封禅大典。房琯撰《封禅书》一篇及笺启以献，中书令张说奇其才，奏授秘书郎，调补同州冯翊尉。

开元十三年（725）四十一岁

二月初六，以御史中丞宇文融兼任户部侍郎。二十一日，改长从宿卫亲军为彍骑，总十二万人分隶十二卫六番。诏大理寺卿源光裕、兵部侍郎寇泚等十一人诸司长官外任刺史，命百官饯行。

四月初三，诏改集仙殿为集贤殿，置书院学士、直学士。以张说知院事，右散骑常侍徐坚为副职。

八月，诏燕国公张说改定乐章，玄宗自定声度，张说为之词令，名《大唐乐》，就集贤院教习。

九月初六，敕各州县自今不得再报祥瑞。十三日，潞州献瑞应图，玄宗命唤取蕃邸旧僚，问其实事以修图，张九龄奉撰《圣应图赞并序》。

十月十一日，泰山封禅，车驾发自东都，文武百官、皇族贵戚、四夷酋长及外国使节扈从东行。载运供具车马数百里不绝。十二日，玄宗撰《纪太山铭》，张说撰《封祀坛颂》，源乾曜撰《社首坛颂》，苏颋撰《觐朝坛颂》。

十一月初六，抵达泰山脚下。泰山封禅礼毕，推恩颁赏随从上山官员。以张说为尚书右丞相兼中书令，乾源曜为尚书左丞相兼侍中，太仆寺卿王毛仲为内外闲厩使。十三日，特加王毛仲开府仪同三司衔。翌日，离开泰山，至孔子宅致祭。

十二月二十六日，车驾还东都。遣吏部尚书苏颋等十人主持吏部铨选。

是年，陇右牧马由二十四万匹增至四十三万匹。东都斗米价十五钱，山东青州斗米价五钱。

开元十四年（726）四十二岁

正月初四，玄宗以契丹松漠王李邵固为广化王，奚人饶乐王李鲁苏为奉诚王，封自己的堂外甥女陈氏为东华公主，嫁与李邵固为妻。封中宗第六女成安公主李季姜与韦捷所生之女韦氏为东光公主，嫁与奚族首领李鲁苏为妻。

二月初八，擢崔隐甫为御史大夫。

四月初四，御史大夫崔隐甫、宇文融及御史中丞李林甫弹劾张说引江湖术士占卜星象，徇私舞弊、收受贿赂等，玄宗命乾源曜等拘捕审讯。初九，以户部侍郎李元纮为中书侍郎、同平章事。十二日，张九龄奉拟停张说中书令制，余职如故。张九龄曾《为何给事进亡父所著书表》、改太常少卿。是月，玄宗欲立武惠妃为皇后，朝臣谏阻而止，然宫中礼秩，一如皇后。

五月十四日，出张九龄为冀州刺史。二十六日，户部奏天下七百零六万九千五百六十五户，口四千一百四十一万九千七百一十二。

九月十五日，以安西副大都护、碛西节度使杜暹为同平章事。

开元十五年（727）四十三岁

二月初二，诏令尚书右丞张说致仕，罢御史大夫崔隐甫官职，贬宇文融为魏州刺史。后来，张说为父亲张骘立碑，玄宗以御书碑额，以示恩宠。

五月初一，始以诸皇子遥领州牧、刺史、节度大使、大都护、经略使，皆不出阁。

七月初八，冀州黄河泛滥。

闰九月二十二日，幸东都洛阳，十月十一日，西还长安。

十二月初八，幸骊山温泉，十九日还京。

是年，僧一行卒，所撰《开元大衍历》成。

开元十六年（728）四十四岁

正月十五日，以魏州刺史宇文融为户部尚书兼魏州刺史、充河北宣抚使。二十九日，以魏州刺史宇文融检校汴州刺史、充黄河南北沟渠堤堰决九河使。

二月初六，以尚书右丞退休的张说为集贤殿学士。二十六日，改彍骑为左右羽林军飞骑。诏全国今后放债，宜四分收利，官本五分取利。

八月，集贤院事张说进献《开元大衍历》，诏令推行。

十月十七日，幸骊山温泉，二十七日还京。

十一月初一，以河西节度副大使萧嵩为兵部尚书、同中书门下平章事。

开元十七年（729）四十五岁

三月初十，特进张说复为尚书右丞相，依旧知集贤院事。是月，限明经、进士年录取勿过百名。

五月初三，复置十道及京、都两畿按察使。

六月，李元纮、杜暹同时被罢相位。贬李元纮为曹州刺史，贬杜暹为荆州长史。以户部侍郎宇文融为黄门侍郎，兵部侍郎裴光庭为中书侍郎，并为同平章事。萧嵩兼中书令，遥领河西节度使。

八月初五，适逢玄宗生日，尚书左丞相源乾曜与尚书右丞相张说率文武百官上表请定此日为千秋节，王公以下献镜及承露囊，天下诸州咸令燕乐、休假三日，玄宗从之。二十七日，复迁张说为尚书左丞相。

九月十一日，玄宗令张说修《八阵图》十卷成。二十五日，贬好大言功的宇文融为汝州刺史，居左丞相位仅月余。

十月，再贬宇文融为昭州平乐县尉。再流宇文融于崖州，死于流途。追赠台州刺史。

十一月初五，玄宗谒桥、定、献、昭、乾五陵，二十二日还京。大赦天下。内外官三品以上加爵一等，四品以下赐一阶，五品以上请父母亡者依级赐官及邑号，诏百姓当年地税免半。

十二月初五，幸骊山温泉，十六日还京。

开元十八年（730）四十六岁

正月初六，以中书侍郎、同平章事裴光庭为侍中。是月，加张说开府仪同三司。

三月十三日，复给百官职田。

四月十一日，以裴光庭兼吏部尚书，裴奏用循资格，无问能否，限满即注，限年升级，勿得逾越，才俊之士无不怨叹。

五月，吐蕃遣使致书，请求和解。

六月二十九日，洛水泛滥，淹没洛阳一千多户人家。

八月初五，千秋节，玄宗御花萼相辉楼，百官献贺。赐四品以上金镜珠囊缣䌽，赐五品以下束帛有差。

十一月十七日，幸骊山温泉，二十七日还京。

十二月二十八日，尚书左丞相、燕国公张说病故，享年六十四岁。玄宗素服举哀。废朝三日，赠太师。罢十九年元正朝会。

是年，天下奏判死罪者仅二十四人。

开元十九年（731）四十七岁

正月十三日，贬王毛仲为瀼州刺史，贬葛福顺等为壁州员外别驾，贬王毛仲的四个儿子为边远数州参军，连坐者几十人，王毛仲至永州赐死。二十二日，赐吐蕃所求《毛诗》《春秋》《礼记》。二十七日，玄宗于兴庆宫旁耕田方圆三百步。

三月初七，玄宗依张说生前之言，从岭南召回张九龄。

四月十八日，命两京各州分别建造太公庙，汉张良配享。选古代名将，以配齐十哲。定每年二月、八月第一个戊日进行祭祀，仪如孔子。

五月十五日，令建五岳真君祠。

十月二十一日，幸东都洛阳。

是年，制职田地租每亩六斗，不毛者二斗。

开元二十年（732）四十八岁

二月下旬，御赐张九龄紫金鱼袋。

四月初三，设宴款待百官于洛阳上阳宫东洲，凡醉者皆赐给被褥，并用轿子抬送回去。

五月，寒食上墓，编入五礼，永为恒式。

六月初六，以信安王李祎为开府仪同三司。

七月，以宰相裴光庭、萧嵩分押左、右厢兵。

九月初五，中书令萧嵩等上《开元礼》，一百五十卷，制颁行天下。初，令张说与诸学士刊定五礼，张说卒，萧嵩继之。二十二日，给河西节度使牛仙客加官六阶。

八月之前，玄宗为张说御制碑文，赠谥曰文贞。十四日，葬张说于万安山之阳。

是年，天下户七百八十六万一千二百三十六，口四千五百四十三万一千二百六十五。

开元二十一年（733）四十九岁

正月初六，祔宁王生母肃明皇后于太庙睿宗室，拆毁仪坤庙。诏每年贡试加试老子策。

二月二十九日，采纳金城公主建议，与吐蕃立和盟碑于赤岭。

三月十六日，侍中裴光庭卒，以尚书右丞韩休为黄门侍郎、同平章事。

闰三月初八，加张九龄正议大夫。

五月二十一日，正议大夫张九龄奉拟皇太子纳妃敕文。

六月二十八日，吏部奏天下太师、太傅、太保以下官吏一万七千六百八十六员，佐史以上胥吏五万七千四百一十六员。

十月十七日，幸骊山温泉，二十六日还京。二十五日，尚书左丞相宋璟致仕，回东都洛阳。

十二月二十四日，萧嵩、韩休同时罢相，以萧嵩为右丞相，韩休为工部尚书。以京兆尹裴耀卿为黄门侍郎，以中书侍郎张九龄并同中书门下平章事。张九龄监修国史。

是年，天下分为十五道，各道皆置采访处置使，掌管检查刑狱和监察州县官吏。京畿道采访使治所在长安（今陕西西安），都畿道治洛阳，关内道采访使由京官兼任。特擢太仆卿杨崇礼之子、汝阳令杨慎矜为监察御史，主管太府出纳事宜。

开元二十二年（734）五十岁

正月初，中书侍郎、同中书门下平章事张九龄奉诏自韶至洛。初六，玄宗发长安往洛阳，二十六日抵达，诏令张九龄入见。是日，中使李仁智奉宣口敕，表赐张九龄甲第一区。复有高力士奉宣圣旨，赐御马一匹。二十七日，张九龄奏请丧终回朝，不许。

二月，方士张果自称有神仙术，遣使通之，肩舆入宫，恩礼殊厚。张九龄奏请不禁私人铸钱。敕勒百官议之。

五月二十八日，以黄门侍郎裴耀卿为侍中，中书侍郎张九龄为中书令，黄门侍郎李林甫为礼部尚书、同中书门下三品。

七月初十，薛王李业薨，赠谥惠宣太子。

八月，以裴耀卿兼江淮、河南转运使，改革漕运。三年间运米七百余万石，省却车钱三十万缗。

十一月，日本学者吉备真备携带《唐礼》一百三十卷、《太衍历》一卷、《太衍历立成》十二卷及《乐书要录》十卷等书籍，随第十次遣唐使的第一艘船回国，结束了在唐朝十八年的学习和生活。

开元二十三年（735）五十一岁

正月十八日，行籍田礼，以示重农。九推乃止。令五品以上清官及军将、都督、刺史各举一人，玄宗欲以边功赏官，引张守珪为相，张九龄谏阻。

二月，幽州节度使张守珪破契丹有功，欲拜宰相，张九龄谏止。遂拜右羽林大将军兼御史大夫。

七月十五日，更诸皇子名，太子鸿曰瑛。是月，武惠妃之女咸宜公主，加食实封至一千户，此封突破开元以来"皇妹止千户，皇女又半之"的规定。

八月初五，千秋节，玄宗命诸学士即僧道讲论儒道佛三教同异。

十二月二十四日，册故蜀州司户杨玄琰之女杨玉环为寿王李清妃。寿王因系武惠妃所生，宠冠诸皇子。

开元二十四年（736）五十二岁

二月初四，玄宗作《令长新戒》一篇，赐天下县令。

三月，敕令从本年开始，全国科举考试由考功员外郎改为礼部侍郎主持。

四月初二，张守珪部将、平卢讨击使安禄山讨契丹战败，张守珪执送长安，奏请斩首，张九龄支持斩首，玄宗惜其才，敕令免官，以白衣将领。

八月初五，千秋节，群臣皆献宝镜，唯张九龄以前代兴亡之原委，编撰《千秋金镜录》五卷奉上，玄宗赐书褒美。二十七日，追赠李承乾为恒山愍王。

十月初二，车驾发洛阳，二十一日，抵达长安。

十一月二十三日，赐爵牛仙客陇西县公，食实封三百户。二十七日，贬宰相张九龄、裴耀卿分别为尚书左、右丞相，以李林甫兼中书令，牛仙客为工部尚书、同中书门下三品。

是年，玄宗欲废太子瑛，改立武惠妃之子寿王瑁，李林甫支持，张九龄反对，玄宗难以定夺。

开元二十五年（737）五十三岁

正月，始置玄学博士，习《老子》《庄子》《文子》《列子》。

二月，立进士试经法。

四月十七日，监察御史周子谅廷上弹劾牛仙客非宰相之才，玄宗大怒，杖于朝堂，流放瀼州。二十日，李林甫以周子谅系张九龄举荐，玄宗遂贬张九龄为荆州长史。二十一日，废太子瑛、鄂王瑶、光王琚为庶人，旋即赐死。

七月初七，大理少卿徐峤奏是岁天下死刑者五十八人，上表祝贺，玄宗将此事归功于宰相。翌日，赐李林甫爵晋国公，牛仙客爵豳国公。

九月初一，颁布实施《律令格式》，此系李林甫、牛仙客奉旨与法官删修而成。

十二月初七，武惠妃卒，年四十余，赠谥贞顺皇后，玄宗从此郁郁寡欢。

开元二十六年（738）五十四岁

正月初六，诏豳国公牛仙客为侍中。令州县各乡置学。以李林甫遥领陇右节度副大使。

二月十七日，以侍中牛仙客兼河东节度副大使。

三月十五日，京兆地震。吐蕃侵河西，毁赤岭界碑。

五月十八日，李林甫兼任河西节度使。

六月，勃海求写《唐礼》《三国志》《晋书》等，玄宗恩准。李林甫建议立寿王李瑁为太子，玄宗欲立忠王李玙（即后来的李亨）。

七月初二，玄宗御宣政殿，册立李玙为皇太子，大赦天下。内外文武官及五品以下为父后者，各赐勋一转。是月，荆州长史张九龄接玄宗册立玙为皇太子文，遂上表庆贺。

九月二十三日，册封南诏蒙归义为云南王。

十月十四日，幸骊山温泉，二十八日还京。

是年，在长安至洛阳往来之道建置行宫一千余间。

开元二十七年（739）五十五岁

正月初九，命陇右节度大使、荣王李琬巡行考察各地军事，并有权处理军务。

二月初七，群臣加玄宗尊号开元圣文神武皇帝，玄宗同意群臣所加尊号圣文，大赦天下，免百姓当年田租。三品以上赐爵一级，四品以上加一阶，赐酺五日。

四月二十八日，以牛仙客为兵部侍郎兼侍中，李林甫为礼部尚书兼中书令，并总管天下文武科选事务。

六月十二日，幽州节度使张守珪因隐瞒部下与奚军交战败状，坐贬括州刺史。太子太师萧嵩因贿赂宦官牛仙童，坐贬青州刺史。牛仙童被杨思勖杖死，挖取心肝，割其肉一并吃之。

八月二十四日，玄宗追谥孔子为文宣王，其弟子皆为公、伯。

九月，皇太子玙更名绍。

十月二十七日，幸骊山温泉，十一月十三日还京。

十二月，以章仇兼琼为剑南节度使。

开元二十八年（740）五十六岁

正月初六，幸骊山温泉，十三日还京。

三月二十八日，碛西节度使盖嘉运入朝献俘。碛西节度使盖嘉运请立阿史那怀道之子阿史那昕为十姓可汗，玄宗准奏。

五月初七，荆州长史张九龄病故于韶州曲江之私第，享年六十三岁。尽管忤旨被逐，然终爱其人，每当有宰相荐士，辄问："风度得如九龄不？"玄宗震悼其丧，褒赠荆州大都督，谥文献。

十月十一日，幸骊山温泉，二十七日还京。在骊山召见年仅二十二岁的寿王妃杨玉环，使为女冠，号太真，潜纳宫中。数月间，宠爱如惠妃，仪礼如同皇后。

是年，县一千五百七十三个，户八百四十一万二千八百七十一，口四千八百一十四万三千六百零九。

开元二十九年（741）五十七岁

正月十一日，幸骊山温泉，十八日还京。立赈济法，制两京诸州各置玄元皇帝庙。玄元皇帝，即李耳。

闰四月，玄宗梦玄元皇帝，遣使求其像，得之，迎置兴庆宫。

五月，命画玄元皇帝真容，分置各州玄元观。

六月，吐蕃四十万大军入侵。

八月十七日，以安禄山为营州都督，兼平卢节度副使，两番、勃海、黑水四府经略使。

十月十九日，幸骊山温泉。十一月十四日还京。

十一月初三，司空、邠王李守礼薨。二十四日，太尉、宁王李宪薨，享年六十三岁。玄宗哀惋特甚，赠谥让皇帝，挽词称"李隆基表白"。号墓为陵，曰惠陵。

十二月二十八日，吐蕃军队屠杀达化县民，攻陷石堡城，盖嘉运难以抵挡。

天宝元年（742）五十八岁

正月初一，御勤政楼，接受群臣朝贺，改元天宝。初六，以安禄山为平卢节度使。初八，遣使于旧函谷关尹喜台旁寻得玄元皇帝灵符，改州为郡。老庄等四子书皆称真经，设崇玄学，置博士、助教各一员，学生百人。

二月十五日，于新玄元庙祭祀玄元皇帝老子。改侍中为左相，中书令为右相，尚书左、右丞复为左、右仆射。刺史为太守，改桃林县为灵宝县。

三月，以长安县令韦坚为陕郡太守，兼江淮租庸转运使。

七月二十九日，左相牛仙客去世。

八月初五，以刑部尚书李适之为左相。

九月初九，御花萼楼宴请突厥归降者，赏赐甚厚。十六日，护密王顶吉里匐遣使请求降附唐朝。

是年，天下郡府三百六十二，县一千五百二十八个，乡一万六千八百二十九个，户八百五十二万五千七百六十三，口四千八百九十万九千八百。

天宝二年（743）五十九岁

正月，安禄山入朝，宠幸甚隆。

三月十二日，追尊玄元皇帝老子为大圣祖玄元皇帝，老子的父亲周朝上御大夫为先天太皇。改两京崇玄学为崇玄馆。二十六日，陕郡太守、江淮租庸转运使韦坚于望春楼跪向玄宗进献诸州珍宝并美食。

四月，加韦坚为左散骑常侍，其部属皆得赏赐。

十月十三日，幸骊山温泉，不久还京。

天宝三载（744）六十岁

正月初一，改"年"为"载"。初六，幸骊山温泉。

二月初六，还京。二十七日，太子更名李亨。

三月初五，以平卢节度使安禄山兼任范阳节度使。范阳节度使裴宽为户部尚书。

四月，河南尹裴敦复活捉海盗吴令光。

九月十四日，以杨慎矜为御史中丞，兼诸道铸钱使。

十月初四，幸骊山温泉，十一月初八还京。

十二月初四，置会昌县于温泉宫下。初五，贬户部尚书裴敦复为睢阳太守。

天宝四载（745）六十一岁

二月二十一日，以朔方节度使王忠嗣兼任河东节度使。

三月十四日，封外孙女独孤氏为静乐公主，嫁给契丹王李怀节；封外甥女杨氏为宜芳公主，嫁给奚王李延宠。

七月二十六日，册封韦昭训之女为寿王妃。

八月十七日，册封杨太真为贵妃。追赠其父杨玄琰为兵部尚书，其叔父杨玄璬为光禄卿，其从兄杨铦为殿中少监，杨锜为驸马都尉，皆赐第于长安。其从祖兄杨钊于蜀入京，任金吾兵曹参军。十八日，册封武惠妃的女儿为太华公主，嫁给杨锜为妻。

九月二十九日，以陕郡太守、江淮租庸转运使韦坚为刑部尚书，罢诸使职务。

十月十三日，幸骊山温泉，擢王鉷为户口色役使，继而御史中丞、京畿采访使。王鉷举荐杨钊为判官。

十二月十五日，还京。

天宝五载（746）六十二岁

正月十三日，以陇右节度使皇甫惟明兼任河西节度使。十五日夜，太子出游，途中与户部尚书韦坚相遇，韦坚又与皇甫惟明会于景龙观。李林甫诬陷韦坚与皇甫惟明结谋，玄宗贬韦坚为缙云太守，皇甫惟明为播州太守。

四月，尚书左丞相李适之因受到李林甫的排斥，被贬为太子少保。以门下侍郎、崇玄馆大学士陈希烈为同平章事，凡政事皆取决于李林甫。

五月二十四日，因杨钊援引，以剑南节度使章仇兼琼为户部尚书。

七月，因贵妃妒悍，命送杨铦家。入夜，又迎入。二十六日，再贬韦坚为江夏别驾。不几，流放韦坚于临封，亲党坐流贬者数十人。贬李适之为宜春太守。

十月二十日，幸骊山温泉。十一月二十八日还京。

天宝六载（747）六十三岁

正月初五，杖毙临川太守裴敦复、北海太守李邕与柳勣。李林甫又遣使至贬所杀害韦坚兄弟及皇甫惟明。以安禄山兼任御史大夫。玄宗命杨铦、杨钊、杨贵妃皆与安禄山叙为兄弟。安禄山得出入禁宫，请为贵妃义子。

四月，朔方、河东节度使王忠嗣上奏安禄山必反，玄宗不信。

十月初七，幸骊山温泉，改温泉宫为华清宫。是月，李林甫诬告王忠嗣欲拥兵以奉太子，玄宗命御史进行审判。

十一月十九日，以哥舒翰为陇右节度使，兼任西平太守。三司奏王忠嗣当死，哥舒翰为其伸冤，二十七日，贬王忠嗣为汉阳太守。

十二月二十五日，命文武百官于尚书省观看天下岁贡，悉以车载赐李林甫。二十八日，以高仙芝为安西四镇节度使。

天宝七载（748）六十四岁

四月初二，加右监门卫大将军、知内事省事高力士为骠骑大将军。力士承恩岁久，中外畏之。玄宗呼为将军，太子呼之为兄，诸王公呼之为翁，驸马辈呼之为爷。

五月十三日，群臣上玄宗尊号曰开元天宝圣文神武应道皇帝。

六月初一，赐安禄山铁券。初五，以杨钊为给事中兼御史中丞、专判度支事。

十一月十七日，封杨贵妃大姐杨玉玲为韩国夫人，三姐杨玉瑶为虢国夫人，八姐杨玉琇为秦国夫人。三人皆貌美色绝，玄宗呼之为姨，出入禁宫，并承恩泽，势倾天下。

十二月初二，或言玄元皇帝老子降身于华清宫朝元阁，命改会昌县为昭应县。

天宝八载（749）六十五岁

二月十三日，带领百官参观左藏库，赏赐不同数量的布帛。

三月，以振远军使郭子仪为横塞军使。

四月，咸宁太守赵奉璋上书控告李林甫二十条罪，状未达，李林甫知之，重杖决杀。

五月，因府兵制遭到破坏，各军停用鱼符。

六月十五日，尊圣祖老子为大道玄元皇帝。十八日，刑部尚书、京兆尹萧炅因贪污事发，被贬为汝阴太守。

闰六月初，命哥舒翰攻克吐蕃石堡城。

七月，册封突骑施移拨为十姓可汗。

十月初四，幸华清宫。

天宝九载（750）六十六岁

正月初十，还京。

二月，杨贵妃再次忤旨，送归杨家。贵妃剪发一缕而献，玄宗见而召还。

四月十一日，御史中丞宋浑贪污钱财数万，流放潮阳。

五月二十八日，赐安禄山为东平郡王爵位。节度使封王始于此。

七月，设广文馆于国子监，教授国子监考进士的学生。

八月初一，以安禄山兼任河北采访处置使。

十月初五，幸华清宫。中旬，安禄山入朝献奚俘八千人。下旬，赐杨钊名杨国忠。

十二月，高仙芝俘虏石国王及部众。二十日，还京。

是年，南诏王阁罗凤杀唐云南太守，侵略夷州三十二处。杨国忠举荐鲜于仲通为剑南节度使。玄宗尊道教，慕长生，群臣纷纷上表，各地争献符瑞。

天宝十载（751）六十七岁

正月，命在长安亲仁坊为安禄山建宅第，穷极豪丽。十三日，以李林甫兼任朔方节度使。

二月初二，以河东节度使韩休珉为左羽林将军，安禄山求兼河东节度使，准奏。李林甫的走狗吉温任河东节度副使。时安禄山以高尚、严庄、张通儒为军师，私养同罗、契丹、奚降者八千余人，号曳落河（胡语壮士之意）。又多聚兵仗，私制官服，企图阴谋作乱。

四月，剑南节度使鲜于仲通率兵讨伐南诏蛮，大败，阵亡六万多人。杨国忠掩其败状，又遣使分道捕人强募，再攻南诏。高仙芝在怛罗斯被大食打败。

八月初六，武库失火，烧毁兵器三十七万件。安禄山率范阳、平卢、河东三镇兵讨伐契丹，大败，死六万余人。

十月初三，幸华清宫。

十一月二十七日，以杨国忠兼领剑南节度使。

天宝十一载（752）六十八岁

正月初九，自华清宫还京。

三月二十八日，改吏部为文部，兵部为武部，刑部为宪部。京兆尹王铁之弟户部郎中王銲与邢縡谋杀李林甫、陈希烈及杨国忠，被人告发，赐王铁自缢，王銲被杖死于朝堂。

四月十二日，杨国忠兼京兆尹，身领二十余职。

五月十一日，以京兆尹杨国忠为御史大夫、京畿、关内采访使等。凡王铁原来所领使职，悉归杨国忠。杨国忠权震天下，王铁始与李林甫结仇为敌。

十月初五，幸华清宫。十二月十五日还京。是月，南诏犯边，李林甫奏遣杨国忠赴川。将行，泣辞，玄宗安慰道："朕屈指待卿，还当入相。"

十一月二十四日，李林甫卒。杨国忠任右相，身兼四十余使。杨国忠征魏郡太守吉温为御史中丞兼京畿、关内采访使。吉温系范阳坐探，凡朝廷动静，悉报安禄山。

十二月十二日，以平卢兵马使史思明兼北平太守，充卢龙军使。二十五日，以封常清为安西节度使。

天宝十二载（753）六十九岁

二月十一日，杨国忠诬陷李林甫勾结突厥预谋反叛，诏削李林甫所有官爵，剖棺，薄葬。流贬近亲及党羽五十余人。二十七日，赐杨国忠魏国公爵位，陈希烈许国公爵位。

五月，安禄山诱吞阿希思部。

八月三十日，赐哥舒翰西平郡王爵位，兼河西、陇右节度使，使之对抗安禄山。淫雨，京师米贵，令出太仓米十万石减价出售。

十月十一日，幸华清宫。翌年正月初十还京。

十一月，始筑兴庆宫墙，起楼观。

十二月，鉴真和尚率弟子四十余人第六次东渡日本，被日本民众誉为"文化之父""律宗之祖"。

天宝十三载（754）七十岁

正月初三，安禄山入朝。太子李亨及杨国忠皆奏安禄山必反，玄宗不听。初九，再加安禄山尚书左仆射。二十四日，安禄山请求兼闲厩、陇右群牧等使，准奏。二十六日，以安禄山兼任总监。另赐一子三品官，一子四品官。安禄山精选良马千匹单独饲养。

二月初六，朝献太清宫。尊老子为大圣祖高上大道金阙玄元大皇太帝。十一日，以杨国忠为司空。二十三日，准安禄山部下五百人为将军，二千人为中郎将。

三月初一，安禄山辞行，玄宗脱下御服赏赐给他，安禄山受之惊喜。玄宗命高力士在长乐坡为安禄山饯行。二十八日，以程千里为金吾大将军，封常清代理北庭都护、伊西节度使。

六月，剑南留后李宓出兵七万讨击南诏，全军覆没，杨国忠再次为其掩败。

八月二十三日，陈希烈罢相，为太子太师。以韦见素为兵部尚书、同平章事。科考增加诗赋。

十月二十三日，幸华清宫，十一月还京。

闰十一月，贬吉温为澧阳长史，安禄山为其诉冤。

是年，天下郡三百二十一个，县一千五百三十八个，乡五千二百八一万六千八百二十九个，户九百六万九千一百五十四，口十八万四百八十八。

天宝十四载（755）七十一岁

二月二十二日，安禄山派遣副将何千年入朝，奏请以蕃将三十二人代替汉将，准奏。河西、陇右节度使哥舒翰入朝，途中身患风疾，留京养病。

四月，杨国忠欲搜安禄山谋反证据，令京兆尹突围安禄山长安宅第，捕杀其门客。

六月，安禄山子娶荣义郡主，敕安禄山入京观礼，安禄山称病不至。

七月，安禄山上表献马三千匹，每匹马马夫二人，另以蕃将二十二人护送，玄宗不许。

十月初四，幸华清宫。

十一月初九，安禄山以讨杨国忠为名，率部及同罗、契丹、奚、室韦兵十五万，号称二十万，于晋阳起兵叛唐。后闻河北郡县失守，即命安西节度使封常清急赴东都募兵抵抗。二十一日，玄宗还京，杀安禄山子太仆卿安庆宗。以朔方节度使安思顺为户部尚书，其弟安元贞为太仆卿，以朔方右厢兵马使、九原太守郭子仪为朔方节度使，以右羽林大将军王承业为太原尹。

　　十二月初一，命高仙芝统兵五万于陕郡，遣使监门将军宦官边令诚监军。叛军渡河，陈留陷落，东都失守，边令诚诬陷高仙芝、封常清，玄宗怒斩高、封二位于军中。以哥舒翰为兵马副元帅，统兵十余万坚守潼关。

天宝十五载（756）七十二岁

　　正月初一，安禄山在东都自称大燕皇帝。改元圣武，以达奚珣为侍中，张通儒为中书令，高尚、严庄为中书侍郎。初八，叛军将领史思明攻陷常山，颜杲卿被押送到洛阳，殉职。郭子仪荐部将李光弼为河东节度使。初十，玄宗以哥舒翰为左仆射、同平章事，原职如旧。十一日，安禄山遣其子安庆绪率兵进攻潼关，被哥舒翰击退。十五日，以颜真卿为户部侍郎兼本郡防御使。

　　三月二十九日，以河东节度使李光弼为范阳长史、河北节度使。加封颜真卿为河北采访使。

　　四月初九，郭子仪与李光弼合兵，与史思明交战于九门县城南，史思明大败，十七日攻取赵郡。

　　五月，河北十余郡重新归唐，安禄山大惧。

　　六月初四，命哥舒翰率兵出关反攻叛军，导致潼关失守。十三日清晨，玄宗弃京奔蜀。宦官边令诚将长安宫殿各门的钥匙委托给京兆尹崔光远的儿子献给身居洛阳的安禄山。十四日，行至马嵬驿，六军哗变，杀杨国忠等，缢杀杨贵妃。十五日，玄宗逃奔成都，太子北上平叛。潼关失守后，叛军入长安。

　　七月初九，太子至灵武，十二日，玄宗任命房琯为文部侍郎、同平章事。裴冕、杜鸿渐上表太子即位，是为肃宗。尊玄宗为太上皇，改元至德。十五日，制书：任命太子李亨为天下兵马元帅，统辖朔方、河东、河北、平卢节度都使，南下收复长安、洛阳。二十八日，玄宗至成都，随从官吏及六军仅一千三百余人。时李泌奉诏至灵武。

八月初一，以郭子仪为武部尚书、灵武长史。李光弼为户部尚书、北都留守，俩人一并同平章事。郭子仪应召统兵五万至灵武。李光弼领兵五千守太原。肃宗遣使赴蜀，向上皇报告即位事。上皇遂命宰相韦见素、房琯、崔涣奉传国玺、玉册到灵武传位。

九月，肃宗以广平王李俶为天下兵马元帅，李泌为侍谋军国、元帅府行军长史。

十月初三，肃宗至彭原（今甘肃庆阳市），宰相房琯自请领兵攻克长安，结果大败。

十二月，永王璘镇兵江陵，欲据金陵。敕璘归蜀，不从。二十五日，永王引兵东巡，江淮大震。

至德二载（757）七十三岁

正月，安庆绪杀父安禄山，史思明与蔡希德统兵十万攻太原，久持不下。安庆绪命史思明归守范阳，留蔡希德围太原。

二月，李光弼捷胜，斩首七万余级。初十，肃宗进据扶风（今陕西凤翔）。二十日，永王璘兵败身死。

三月十三日，肃宗以左相韦见素为左仆射、中书侍郎、同平章事裴冕为右仆射，并罢政事。

四月，以郭子仪为司空、天下兵马副元帅。初十，贬房琯为太子少师，以谏议大夫张镐为中书侍郎、同平章事。十三日，玄宗追封肃宗生母杨妃为元献皇后。司空郭子仪赴朝自请贬官，十七日，迁郭子仪为左仆射。

七月初二，蜀郡兵郭千仞等人谋反，遭到六军兵马使陈玄礼、剑南节度使李峘讨杀。

九月，应唐朝请求，回纥怀仁可汗遣其子叶护领兵四千至扶风。广平王俶与郭子仪率汉、蕃及回纥十五万军，二十七日，与各路大军在香积寺之北沣说东岸排列成阵，攻取长安，叛军败于长安西，二十八日，唐军进入长安。二十九日，肃宗遣使啖庭瑶入蜀上奏上皇。又命左仆射裴冕入京，告慰祖宗陵庙并安抚百姓。

十月十六日夜晚，安庆绪弃东都，退至邺城。十八日，广平王入东都。

二十三日，肃宗入长安，太上皇离蜀返京。

十二月初四，太上皇归长安，居兴庆宫，陈玄礼、高力士侍卫。二十二日，史思明假降，封归义王，任范阳节度使。

乾元元年（758）七十四岁

正月初五，上皇登临宣政殿，授肃宗传国玉册并加肃宗尊号。肃宗坚辞不应。

二月初一，以殿中监宦官李辅国兼太仆卿，兼任元帅府行军司马。初五，改元乾元，大赦天下。并改"载"为"年"。

三月初二，徙楚王李俶为成王。初六，册立张淑妃良娣为皇后。

五月十九日，册立成王俶为皇太子。

六月，史思明叛乱。

七月十六日，采纳御史中丞第五琦的建议，铸"乾元重宝"钱，以一当十。二十五日，郭子仪入朝。

八月十一日，李光弼入朝。十七日，以郭子仪为中书令，李光弼为侍中。

九月二十一日，命郭子仪等九地节度使领兵二十万围攻安庆绪于邺城，不置统帅，以宦官、开府仪同三司鱼朝恩为观军容宣慰处置使节制全军。

十月初五，太子俶更名豫。史思明发兵十三万增援安庆绪。十五日，玄宗幸华清宫，十一月初八还京。

十一月二十一日，群臣上肃宗尊号为乾元大圣光天文武孝感皇帝。二十九日，史思明攻陷魏州，杀死三万人。

乾元二年（759）七十五岁

正月初一，身在魏郡的史思明自称大圣燕王，任命周挚为行军司马。

二月十五日，百官请求加封张皇后尊号为辅圣，中书舍人李揆反对，肃宗无奈。

三月，九节度军二十万与史思明军五万战于滏水。飙风忽起，两军大惊，唐军自溃四散，郭子仪率朔方残军回退河阳。史思明杀安庆绪，归范阳。二十八日，以兵部侍郎吕諲同平章事，翌日，以中书侍郎、同平章事苗晋卿韦太子太傅，王玙为刑部尚书，皆罢政事。

七月，鱼朝恩陷害郭子仪，肃宗撤其军职。以李光弼为朔方节度使、兵马元帅。

九月初五，命绛州铸乾元重宝大钱，以一钱当五十钱用。史思明挥师南下，唐军势弱，弃东都退守河阳。史朝义入东都，屯兵白马寺南。

十月初四，肃宗下制书要亲自征讨史思明，因群臣上表书谏，乃罢。

十一月初一，以殿中监董秦为陕西、神策两军兵马使，赐姓李名忠臣。

上元元年（760）七十六岁

正月十九日，以李光弼为太尉兼中书令，余职如旧。二十六日，以郭子仪兼邠宁、廊坊节度使，留守京师。借其威名镇抚党项。

闰四月十九日，改元上元，大赦天下。史思明入东都洛阳。

五月十七日，以太子太傅苗晋卿为侍中。二十三日，贬黄门侍郎、同中书门下三品吕諲为太子宾客。翌日，以京兆尹刘晏为户部侍郎，兼度支、铸钱及盐铁等使。

六月，宦官李辅国矫制，将上皇原有的三百匹马削减为十匹。

七月，宦官李辅国迫上皇徙居西内太极殿。尽逐上皇左右及故人，另以宫人百名侍奉。上皇郁愤，浸以成疾。二十五日，命天下重轮钱皆以一钱当三十钱。二十八日，流高力士于巫州，王承恩于播州，魏悦以溱州，勒令陈玄礼致仕。

八月十三日，以卫伯玉为神策军节度使。三十日，追赠兴王李佋为恭懿太子。

十一月初六，泾阳兵打败党项军队。

十二月二十日，党项军队侵扰掠夺美原县和同官县。

是年，户减至一百九十三万一千一百四十五。

上元二年（762）七十七岁

正月十七日，史思明改元应天。

二月十三日，新罗王金嶷入朝，奏请留下为朝廷值宿警卫。李光弼被鱼朝恩催促，出河阳攻取东都，败于邙山。

三月，史朝义杀其父史思明，称帝，改元显圣。

宝应元年（762）七十八岁

正月二十四日，吐蕃遣使入朝，请求与唐朝和好。

二月二十一日，河中军乱，封郭子仪为汾阳王，担任朔方、河中、北庭、潞泽节度行营兼兴平、定国等军副元帅。

三月二十三日,以司农卿陶锐为京兆尹。二十九日,罢萧华宰相职,任礼部尚书。以元载为同平章事,仍兼度支使、转运使。

四月初五,以吏部侍郎裴遵庆为黄门侍郎、同平章事。是日,太上皇李隆基于太极宫神龙殿驾崩,享年七十八岁,卧病的肃宗于内殿举哀。谥号至道大圣大明孝皇帝,庙号玄宗。初七,肃宗诏令太子监国。十五日,改元宝应,大赦天下。张皇后与越王李系密谋除掉皇太子,李辅国知道后,率兵逮捕了张皇后和李系及其党羽。十八日,肃宗驾崩于长安大明宫寝殿,享年五十二岁。谥号文明武德大圣大宣孝皇帝。李辅国等人诛杀张皇后、越王系及兖王僩。二十日,拥立太子李豫即位,是为代宗,代宗表面上尊李辅国为尚父。

五月初四,代宗以李辅国为司空兼中书令。在中国历史上,以宦官封王拜相者仅此一例。

六月十一日,解除李辅国元帅行军司马及兵部尚书之职,余职不变。以宦官程元振代判元帅行军司马。十三日,罢李辅国中书令职务,进爵博陆王。二十七日,代宗诏命通州刺史刘晏为户部侍郎兼京兆尹、度支使、转运使、盐铁使、铸钱使等职。

八月,徙封鲁王李适为雍王。

九月加封程元振为骠骑大将军兼内侍监。

十月十六日,诏命雍王李适为天下兵马元帅,仆固怀恩为副元帅。以御史中丞药子昂、魏琚为左、右厢兵马使,中书舍人韦少华为判官,给事中李进为行军司马率蕃汉军讨伐史朝义,收复东都洛阳,回纥大肆掳掠。

十一月初二,捷报传到京师。

以京兆尹刘晏兼河南道水陆转运都使。

以仆固怀恩为河北副元帅,加左仆射兼中书令、单于、镇北大都护、朔方节度使,指挥讨伐史朝义。加太子少师衔,食实封一千一百户。

安史之乱中,仆固怀恩家族中有四十六人为国殉难,可谓满门忠烈。

后 记

李隆基，唐睿宗李旦第三子，垂拱元年（685）八月初五生于东都洛阳。生母昭成顺圣皇后窦氏。唐隆元年（710）六月二十日晚，临淄王李隆基起兵，诛杀韦后党羽包括上官婉儿在内多人。李旦复位后，擢平王李隆基为殿中监、同中书门下三品。

如何选立皇位继承人的问题一直困扰着睿宗。嫡长子宋王李成器（后改名宪）跪请睿宗："储副者，天下之公器，时平则先嫡长，国难则归有功……"最终，册立李隆基为皇太子。先天元年（712）八月初三，二十八岁的李隆基即位，是为玄宗。

为了李唐政权的长久稳固，先天二年（713）七月初三，玄宗逼迫再次发动宫廷兵变，诛杀姑母太平公主及其党羽多人。是年十二月初一，改元开元，大赦天下。

玄宗在位长达四十四年之久。开元时期，玄宗纠之以典刑，明之以礼乐，爱之以慈俭，律之以轨仪，以雄武之才任贤用能，先后擢拜姚崇、宋璟、张说、李元纮、张九龄等为相，刑罚清平，百姓乐业，颇具贞观遗风。可谁也不曾料到，宋王李成器以功见让，竟然让出了一个被历代广为传颂的"开元盛世"。天宝年间，玄宗沉湎酒色，怠于政事，先后征拜李林甫、杨国忠、牛仙客、陈希烈、韦见素等为相，或结党营私、或跋扈专权，导致朝廷政治日益腐败，久酿蕃将安禄山起兵反唐。

在本书撰写过程中，承蒙我的导师、著名学者丁家桐先生，承蒙我的恩师、全国优秀教师常树民先生，承蒙陕西师范大学历史文化学院博士生导师介永强、焦杰、胡耀飞、傅绍良（文学院）诸教授，以及西北大学文学院博士生导师张文利教授，台湾兰台出版社社长卢瑞琴博士，南京大学出版社编审胡豪先生，广陵书社副总编辑刘栋先生，北京朗朗书房图书出版公司总裁呼延华博士，唐陵石刻艺术史研究专家、西安建筑科技大学艺术学院陈雪华教授，乾陵博物馆研究馆员、原副馆长刘向阳先生，昭陵博物馆研究馆员、原副馆长李浪涛先生、唐史唐陵研究者曹红卫先生，以及家人的热忱鼓励，在此一并表示诚挚的谢意！

脱稿后，承蒙中国唐史学会会员、唐史及唐陵研究者郑茂良先生拨冗通审全书，删繁削芜，补漏订谬；承蒙中国唐史学会会长、陕西师范大学历史文化学院博士生导师拜根兴教授不辞鄙人之请，欣然作序，使本书增辉益多，在此一并深表谢忱！

大唐王朝二十一帝历十四世二百八十九年，史学研究者普遍认为，出现真正的明君仅有两个半：其一，唐太宗李世民；其一，唐玄宗李隆基；其半，唐宣宗李忱。玄宗在位时，极力纵容宦官势力的扩张，宣宗在位时，时常遭受宦官势力的钳制。

唐之得国因由受禅，唐之失国也由传禅。为风流天子唐玄宗立传，以笔者之荒学偏识，舛错疏漏在所难免，诚望识者不吝赐教。

感谢杨铠瑞女士担任拙著的责任编辑！

党明放

2023 年 7 月 6 日识于问字庵